響きあう運動づくりを
村田久遺稿集

村田久遺稿集編集委員会編

海鳥社

1978年、第5回九州住民闘争交流団結合宿（志布志）での村田久

2008 年 9 月 26 日、北海道（美瑛町）·哲学の木の前にて。右より大嶋薫さん、七尾寿子さん、花崎皋平さん、村田久・和子、越田清和さん

二十代の村田久

1997年冬、かわいがっていたトモコと

2005 年 6 月、第 1 回「竜一忌」にて

2011 年 2 月 6 日、日出生台にて

序文

村田久遺稿集編集委員会

私たちの友人であり先輩である村田久さんが二〇一二年八月八日に七七歳で亡くなってはや二年。全九州を、そして日本、アジアを活動の場として縦横に駆け回った村田さんの足跡は、いまも多くの人々の心に鮮烈な記憶を残している。本書は、この村田さんの事跡をふりかえり、これからの地域のあり方や人々の生き方を考えていく手がかりとすることを目的として編まれた。

本書のタイトルは第七章に収録した論文からとった。個々の運動がタコツボ化することなく、相互に触発的な討論とエネルギーを共有していくことを生涯の基本姿勢とした村田さんのあり方をよく示していると思われたからだ。

本書を一読すればわかるように、村田さんの生涯にわたる活動の軌跡は多分野・多地域に関わるものであり、一冊の本に集約することは困難であるが、村田さんの問題関心を示し、生き方や運動の作り方がよくあらわれた文章を中心に取捨選択を行なった。各章は大まかな時期区分と課題別にまとめられている。これらを読み解いていくことで、村田さんの生涯を知るとともに、労災・職業病、公害を始めとした九州の地域問題をめぐる同時代史を追体験することになるだろう。そして生きた九州住民運動の記録として、いまなお鋭い問題意識に貫かれた運動論や状況分析を知ることができるだろう。

村田さんが編集・発行したミニコミの多くは、ガリ切りやタイプ打ちをパートナーである和子さんが担当し、印刷・丁合・発送まで和子さんの力がなければ継続刊行は不可能だった。その意味で本書に収録された文章は、二人の「合作」といってよいものである。

村田さん本人は、第六章に収録した「（第Ⅲ期サークル村）編集後記にかえて」で語っているように、自分が関わった運動のうちでも、自らがその社員であった三菱化成と闘うことになった労災闘争（第二章）とマレーシア・ブキメラ村での放射能公害被害者の支援（第五章）の記録を残すことを晩年の課題としていた。後者は果たされなかったが、本書ではこの活動を主として担った（村田さん本人は「陰」として支えたと書き遺されている）村田和子さんのレポートを中心に編集を行なった。

同様に、第七章のテーマである「田をつくる」運動も、哲学者・花崎皋平さんとの合作であることから、花崎さんとの往復書簡も収録した。

各章の冒頭には、該当時期・テーマに関わっての村田さんの活動をふりかえり、収録された文章が書かれた背景を理解するための「解題」が付されている。これとともに、巻末には、生涯に膨大なミニコミを編集・発行した村田さんの足跡をふりかえる「村田久ミニコミ書誌」と「年譜」も掲載した。これらを合わせ読むことで、「村田久」という人物の生涯を知っていただければと思う。

なお、本書が企画される経緯について、どうしても記録しておかなければならないことがある。二〇一二年八月に村田さんが亡くなったとき、すぐに追悼文集を発刊しようと呼びかけ、わずか二カ月足らずの期間に広汎な人々の寄稿を集めた文集『村田久さんを偲んで』（二〇一二年九月）を編集・発行したのが北海道のNGO活動家・越田清和さんだった。一九八〇年代末の「ピープルズ・プラン21世紀」以来親交のあった越田さんは、追悼文集の編集が終わるとすぐ、一周忌までに遺稿集を出版しようと呼びかけた。彼を知る者からは拙速ではないかと批判も出たが、実は越田さん自身が病魔に侵されていたことをわずか数カ月後に知ることになる。二〇一二年一二月、食道がんで入院した越田さんは、二カ月後には帰らぬ人となった。その間、友人・知人たちに村田久さんの遺稿集を実現してほしいと呼びかけ続けていた。

その渾身の〝オルグ〟にほだされ、最初の編集打ち合わせが行なわれたのは二〇一三年二月二日。本を出そうということが決まり、編集委員会が発足した。この日、福岡県みやこ町の原田さやかさんのお宅に集まったのは、梶原得三郎、渡辺ひろ子、新木安利、村田和子、道場親信の各氏。これに北海道の花崎皋平、水溜真由美両氏を加えて編集委員会を構成することになった。その報告が越田さんに水溜さんから伝えられたのが二月四日。彼は「それはいい」と感想を述べたが、翌五日朝亡くなった。

本書は、このような経緯で村田久、越田清和という二人と志をつなぐ精神のリレーによって成り立っている。

本書の編集にあたっては、資料閲覧と複写に関し、埼玉大学共生社会教育研究センターおよび立教大学共生社会研究センター、大韓教会小倉教会そして富山の埴野謙二氏にお世話になった。また、みずのわ出版からは『出すぎる杭は打たれない』からの転載をお許しいただいた。海鳥社の西俊明さんには、出版事情も厳しい折、本書の出版をご快諾いただき、刊行まで熱心なサポートをいただいた。記して感謝したい。

二〇一四年七月

［凡例］

本書の編集にあたって、次のような表記上のルールを採用した。

①旧かな・旧漢字は、新かな・新漢字に変更した。

②明確な誤字・脱字・誤記は訂正した。

③「つ」「や」「よ」などの大文字表記のうち、現在小文字表記をしている表現については変更した。

④難解な漢字にルビを振った。また、送りがなを補ったり、句点を追加した箇所がある。

⑤収録文中の文脈から年や月が、わかりにくい箇所は（編注）を入れて補っている。

⑥年齢を表す「才」や、「労仂者」「斗争」などの慣用表記・略字はすべて「歳」「労働者」「闘争」などの正字に改めた。また、「云う」は文脈に従って「言う」と「いう」に変更した。

⑦雑誌名、書籍タイトル、映画タイトルは『　』で、論文や固有名詞、キーワードを示すカッコは原文にかかわらず「　」で統一した。

⑧数字の表記はパンフレットなどの号数をのぞき漢数字に統一し、十、百、千などの単位語は使用していない。

⑨文章中の小見出し等は基本的に原文のままであるが、小見出しの前後を含め、必要に応じて行を開けた。

響きあう運動づくりを　村田久遺稿集◉目次

序文　村田久遺稿集編集委員会　1

第一章　出発、サークルの時代

「だるま会」から「サークル村」そして七〇年代へ
一九五四―一九七一年

第二章　大企業の向こうずねを蹴る

労災問題への取り組み　一九七二―一九七四年

第七章　長期的な志を軸に　田をつくる　二〇〇四―二〇一〇年

第一章　出発、サークルの時代

「だるま会」から「サークル村」そして70年代へ

1954－1971年

『サークル村』1958年11月号表紙

解題

水溜真由美

第一章は、七〇年代以降に村田が市民運動家として本格的に活動を開始する以前の、いわば「助走」の期間を扱う。

村田は五〇年代半ばから居住地の香月町を拠点として、当時全国各地に広がっていたサークル運動に関わるようになった。一九五四年、村田は幼馴染みで三菱化成の同僚でもあった年上の友人と共に中尾青年団を組織した。中尾青年団は香月町青年団体協議会の構成団体となった。「だるま会」は、香月町青年団体協議会のネットワークを基盤として村田らが組織した学習サークルである。

「胸を病む父へ」は、機関誌『だるま』第3号に掲載された。「だるま会の現状」は、一九五九年三月頃に開催された拡大運営委員会のための資料の一部である（文責は村田であると推定される。なお、第二項以下は省略した）。

一九五八年九月、谷川雁、上野英信、森崎和江らは、旧香月町（一九五五年八幡市に編入）に隣接する中間町（一九五八年一一月に中間市）を拠点として『サークル村』を創刊した。『サークル村』には、大正鉱業、日本炭礦高松炭坑で働く労働者など、事務局の周辺で活動するサークル運動家が多数参加した。香月町青年団体協議会のコアメンバーも、こぞって『サークル村』に加わった（村田は、一九五四年に香月町青年団体協議会を通じて上野と知り合った）。

『サークル村』に掲載された「蚤はひねりつぶせ」、「救われざるの記」からは、地域のサークル運動のリーダーとして活動を続けていた村田の自信をうかがうことができる。また、一九六〇年頃に、『サークル村』と並行して、職場の同僚と共に『がいたん』というミニコミを発行した。その0号の巻頭に掲載された「落第生募集」は、文化サークルを設立するための呼びかけが中心的な内容となっている。労働組合の停滞を打開するため、文化サークルを通じて交流の場を創り出そうとする発想には、『サークル村』の大きな影響が見られる。

一九六一年秋に『サークル村』が終刊すると、村田

サークル村第２回総会。1959年７月24日、旧五高阿蘇保険寮にて

は六〇年代末まで社会運動から遠ざかった。大正鉱業における反合理化闘争（大正闘争）にも関心が持てなかったという。だが一九六九年になると、村田は、森崎和江宅で知り合った八幡製鉄の労働者らと共に、東陽一監督のドキュメンタリー映画『沖縄列島』の上映運動を組織する。村田らは「おきなわを考える会」を結成し、機関誌『わが「おきなわ」』を発行した。「六・一五」は、匿名の記事が少なくなかった『わが「おきなわ」』において、村田によるものと特定できたほぼ唯一の文章である。

おきなわを考える会の運動は、安保闘争後沈静化した社会運動が再度活発化する時代状況に呼応するものだった。「おきなわを考える会」のみならず、当時、九州でも様々な問題に取り組むグループが各地に組織された。村田はこれらのグループのネットワーク化を目的とした、九州活動者連合準備会の運動に加わった。「擬制の「情報化時代」の空洞を更に凝視せよ！」は、機関誌『九州通信』第四号の巻頭に掲載された。

八幡だるま会

胸を病む父へ

お父さん

長らく御無沙汰致しましたが、体の具合はどうですか？　私は相変らず、毎日弁当を持って会社に出勤しています。最近は会社の仕事が忙しく、それに加えて例の「だるま会」があるものですから、いつも時間に追われ、せかせかと落ち着きの無い生活を送っています。

もう四月も半ばを過ぎ、桜の花も殆んど散ってしまいましたが、病室から桜の花が見えましたか？

四月、桜の花、といえば次には「花見」とすぐ連想されますが、先日（四月一四日）日曜日に花見を兼ねて、母、輝夫、一朗と家族四人連れで、畑の貯水池にハイキングを行いました。

桜の木は殆んどなく、畑の分教場の近くに僅かにあるだけでしたが、好天気に恵まれ、日頃金のない重苦しい生活をしていたのを吹きとばし、家族四人、楽しく過ごして来ました。

家族連れでのハイキングなんて、最近数年間やった事がありませんでしたが、考えてみると末の一朗が、もう高校を出て就職する年頃になって母を中心に威勢のいい青年が三人というパーティーは、大変素晴らしいハイキングでした。

「ささやかなしあわせ」という言葉を何回か頭の中に浮かべ、これから先も機会を見てたびたび行いたいと思いました。

お父さんも退院されると一緒に行けるでしょうし、その様な日の来るのも、そう遠い先の事ではないでしょう。治療費の件、請求書を頂き、家の経済上のヤリ繰りがつかぬまま、そのままにしていて、お父さんもいろいろと頭を痛めておられることと思います。私達も医療費そのものより、その事で苦しんでいらっしゃるだろうお父さんの事を考えて心配しています。

確かに私の家の経済情勢は逼迫しているし、苦しい事は間違いの無い事ですが、お父さんも入院されて、既に気がついておられる事でしょう。世の中の大部分の人達が、経済的に追いつめられ、苦しんでいるのです。何も私の家だけに限った事でなく、社会全体がその様な仕組になっているのですから、別にアセル事も気に病む必要もないと思うのです。

といって、私は決してこの問題を軽く見過すわけではありません。

現在の私の家の経済情勢をより好転させるために、私達兄弟五人はお母さんを中心にして、ガッチリ、スクラムを組んでこの問題に当る覚悟ですし、又、実際的にこれを行っているわけです。

勿論、現在努力している成果というものは、そんなに早く表れないかも知れませんが、未来に対する希望を失わず、未来は私達のものだという確信を持って、明るくつき進んで行きたいと思っています。

黒崎の孝英兄さんとも、いろいろ連絡を取りお互いに生活に追われて苦しい中で、より効果的な力を発揮する様に努力しています。

お父さんも終始ベッドに寝ていて、いろいろと考え苦しまれている事と思いますが「心配ご無用、安心して居て下さい」と大きな声で叫ぶ事が現在の私達兄弟では言えそうです。

私は歌が好きで、暇のある時は、何時でも、どこででも口笛をふいたり、本を出して歌ったりしていますが、私の好きな歌に次の様な歌が有ります。題は「てのひらの歌」というのですが、同室の人たちにも読んであげて下さい。今度そちらへ行った時には、実際に歌ってお聞かせしたいと思っています。

てのひらの歌

一　苦しい時には　見つめてみよう
仕事に疲れた　手のひらを
一人だけが　苦しいんじゃない
みんな　みんな　苦しんでる
話してみようよ　語り合おうよ
積り積った胸の内を

二　悲しい時には　みつめてみよう
ひどくあれてる　てのひらを
一人だけで　泣くんじゃない
じっと　じっと　我まんしろ
話し合おうよ　語り合おうよ

積り積った胸の内を

三　みんなで笑って　みつめてみよう
汗にまみれた　てのひらを
ひとりでいては　何にも出来ぬ
みんな　みんな　手をつなげ
話し合おうよ　語り合おうよ
積り積った胸の内を

私は本当に筆不精なんですね。

この手紙はもっと早く書くべきでした。

私は、もっと沢山のことを、もっといろいろなことをお父さんに書くべきでした。

私にとってもっとも身近な、そしてもっとも大切な事に、私は忙しかったとはいえ余りにも無関心でした。

お父さん
独りで淋しい事でしょう。いろいろと苦しんでおられることでしょう。

しかし、お父さんだけが苦しんでいるのではないのです。みんな、みんな苦しんでいるのですね。元気を出して、明るく笑いましょう。


私達は、現在の苦しみにじっと耐え、この苦しみの原因を、私達の目の前にあるたくさんの障害物を、一つ一つ、ゆっくりと確実に除いて行きましょう。

そうすればきっとしあわせな日がやって来ます。

お父さんは、現在街で流行している「ケ　セラ　セラ」という歌を御存知ですか？　病室にとじこもっておられ「ラジオ」も聞く機会に恵まれないお父さんは、御存知ないことでしょう。

「ケ　セラ　セラ」とは、日本語で「なるようになる」という意味だそうです。

今の世の中の矛盾を目の当りに、見たり、聞いたりして、どうにもならない、がんじがらめの社会の仕組をひどく感じた人達がこの矛盾を解決しようという意識を失った時、その人達は現在の社会に何の希望をも見い出すことが出来ず、酒を飲んだり、パチンコをしたり、その日、その日の快楽に身を弱らせて行きます。

「ケ　セラ　セラ」という歌は、その様な姿を背景として出来たし、この様な歌が流行るということは、こんな考え方を持っている人達が現在の日本には、たくさんいることをはっきり物語っています。

「ケ　セラ　セラ」（なるようになる）……これでは

母を囲んで兄弟旅行、1983年８月

駄目ですねえ……

　こんなことになれば、何の発展もないし、いつまでたってもその人達はその苦しみから脱却出来ない事でしょう。

　私は輝夫、一朗と共に、この様なアキラメやヤケを起さずに、自分達の前進を阻んでいる物を、しっかりと見極め、ジックリと腰を落ち着けて生活して行きたいと思っています。

　字の下手なのは、私の生れつきと自分勝手な理屈をつけ、今迄ペン習字もやらずに過してきて、金釘流もはなはだしい悪筆で、だらだらと駄文を書き続けてしまいました。

　字が下手なら下手で、もっとていねいに書き直すと良いものをと自分で思いますが、下の柱時計が午前一時を打ったようです。明日は又、六時に起きて会社に出勤しなくてはいけませんので、このまま投函します。又近い内に手紙を書きましょう。

一九五七・四・一八

（『だるま』第3号、一九五八年二月）

だるま会の現状

一、概要

だるま会は昭和三一年一月、当時の香月地区での青年運動の中心であった香月青協の活動家達の努力で歌う会や演劇研究会のメンバーを集めて作られた社研に端を発している。

この社研はテキストとして『社会発展略史』をとりあげたが、中心層の必死の努力にもかかわらず集まりが重ねられるたびに雰囲気が固くなり、何よりも各人の生活と密着していない社研の進め方は集まりの不振の原因となった。最後迄残った五人のメンバーは、「自分達が心から求めているものは裸になって話し合える仲間である」という事を確認し合い、殆んど休会状態になっていた社研を「だるま会」という新しい名前で再発足させる事にした。

五人の合言葉は「お互いが裸になって話し合える仲間に」であり、そのためにテキストを保留にして回覧ノート等を利用する話し合いを中心に運営を行った。

だるま会発足と同時に出されたKさんの結婚問題は五人の仲間の激しい討論と同時にお互いの友情を深め、六月に入ってから残る一人の女性のTさんに加えられた警察権力からの干渉、家庭内での矛盾をめぐる問題は更に五人の仲間の結び付きを濃くした。

社会的にも経済的にも何の力を持たない仲間たちに加えられる周囲からのいろいろな圧迫、中傷に対して、五人は、唯お互いの仲間としての結び付きのみを頼りにして耐え、この問題の克服に努力した。

だるま会のサークルとしての基盤はこの五人のスクラムの固さにより作られたし、それ以後のだるま会の諸活動の中で、その核としての役割を果してきた。

この事は現在に至っても尚五人の内三人迄が、運営委員に残っている事にも現れており、振りかえってみると、三年間にわたるだるま会の活動の中で「サークルらしかった」ということの出来るのは、この五人の仲間の時代の活動と、昨年夏以来の運営委員会の二つ位である。

昭和三一年七月、だるま会は「五人の仲間がガッチリとスクラムを組む」という発足当初の目的を一応果たし、その様な仲間をどの様にして殖やしてゆくかという方向へと視野が拡がった。

その結果、再び学習活動が採り上げられ、『学習の友』を中心とした学習サークルへとだるま会は発展していった。

だるま会が現在でも尚、対象を限られた会員のみに眼を向けるのでなくて、触れ合う周囲の人達をすべて対象にした活動を行うのは、この当時から始まっていると言える。

その様な意味から言うと、だるま会はその発足当初から「狭く深く結ばれる」という内部へ入ろうという意識と、すべての人達と仲間になりたいという外へ広がろうとする意識の矛盾をかかえこんでいたと言える。

だるま会は、それ以後、学習会、機関紙作り、レクリエーション企画と精力的な活動を続けて来たが、学習活動を意識的に進めながらも、尚集まった人達の要求に沿って運営を行った結果、だるま会に集まる人達が必ずしも学習を要求していない以上、学習サークルとはいいながらも実質上はむしろ、学習サークルとしての性格は残しながらも更に幅の広い総合サークル的な性格のものになっていった。

昭和三二年に入ってだるま会は〝新しい社研〟という様になり、従来の社研にその当時全国的に発展して来た「話し合いサークル」の持つ仲間づくりをくわえたもの……といったサークルを指向するようになった。

これには『学習の友』八月号に発表された「東京つくし会」という学習サークルの会員が退会するに当たって『つくし会』へ寄せた原稿がきっかけになっている。

『学習の友』に寄せられたのは、「仲間を求めて学習サークルへ入ったのにサークルが事務的で満たされない」というサークルの機械的な運営に対する不満であったのだが、当時のだるま会は「サークルへ何を求めるのか」という採りあげ方から「現在のだるま会ははたしてこの様な人達の要求を正しく採りあげているか」という自己反省、更に「だるま会の今後の目標は何か」という基本路線を明らかにする方向へと発展していった。

昭和三二年暮よりだるま会の歩みの総括の準備が行われ始めた。しかし中心層の能力の不足は周囲の情勢の変動に耐える事が出来ず、だるま会の内包する一切の諸問題を討論する総会を準備する中で、その中途で中心的な活動家が就職で遠くへ去ったり、だるま会を退会したりした事が続き、開かれないままにだるま会は休会のやむなきに至った。

討論資料のガリ切りの半ばで、刀折れ矢つきた格好で休会に入らざるを得なかったのは残念だったが、総会が開かれなかったのは、唯単に中心的活動家であった、石依、牧山、髙野……といったメンバーの退会だけが原因でなく、既にその当時のだるま会には、総会を開くだけの条件がなかったとも言えるが、この点についてはまだ検討の余地がありそうである。

休会当時のだるま会の確認正会員は三名だったが、三月にだるま会報七〇部発行したという事実を考えてみる時、だるま会が周囲に拡がった結果、だるま会の主体がぼやけて来た事を意味し、その事はだるま会がこの世から消え去った事ではなかった。

それは三名がだるま会の休会を止むを得ない事と認め乍らも毎月一回のレクリエーションだけは行ない、四月の牛斬縦走には一〇名、五月の古処登山には一二名、六月の三郡登山にも同じく一二名の参加者を記録している。

だるま会の休会は四月より六月迄続いた。（レクリエーションだけではだるま会は休会も同然であると思っていた。）

その当時、だるま会とは独立して持っていた学習会のメンバーが、その学習会の発展の方向として、かつてのだるま会がそうであった如く、眼がその学習会をとりまく周囲に拡がると同時に、理論化されていないという弱みを持ちながらも、だるま会が意図して来たものと一致する事に依り、「だるま会を再建する」という形で七月一九日、二〇日の三三名に上るキャンプを持つ原動力となった。

現在のだるま会は昨年七月のキャンプの成功をきっかけに再建されたものであるが、キャンプ以後のだるま会は、その活動舞台を八幡に伸ばし、従来の香月だるま会より八幡だるま会として大規模な活動を展開する様になった。

一九五八年九月に創刊された『サークル村』はだるま会が以前から待望していたサークル間の経験の交流及びサークル理論の確立化への第一歩であり、サークル村の出現とそれに伴うサークル村関係者との交流はだるま会にとって大きな刺激になると同時にだるま会がかかえていた問題に強烈なスポットライトを当てる事となった。

何よりも実感にのみ頼って来ただるま会の活動家にとっては、理論化する力がなくて、問題意識としてしか感じていなかった「サークル運動」及び仲間意識、集団性をめぐる諸問題について、確信を持たせることが出来、『サークル村』創刊宣言が提起している現在のサークル運動の問題点については、だるま会としては、多少の抵抗を示し乍らも共感する点が多かった。

サークル村創刊宣言の問題提起の中でだるま会にとって衝撃的だったのは次の様な事である。

一、現在自分達の持っているサークル運動に就いての認識の仕方が甘く、サークル運動をめぐっての考え方の視野が著しく狭い事。

この事は必然的にサークルの直面している問題点を克服するのに技術主義的な偏向をひきおこしている事。

二、その事は対立点をぶつけあうという事が交流である……という解放された気分になれずに、ともすれば「まあまあ……」という八方美人的な事なかれ主義が根強くある事。

制服姿の村田久

従来のだるま会が持っていた「ぬるま湯」的な雰囲気は、だるま会の中心層が更に密接に結ばれる事を阻げていたし、密着しようと努力すればする程、お互いの断層を鋭く意識せざるを得なかった。この事は単に会内部だけの問題でなく、だるま会をめぐる周囲のサークル団体との関係についても同様である。

その様な問題をかかえてだるま会の活動家が暗中模索の形で苦しんでいた時、サークル村が出現した事は正に「地獄で仏にめぐり合った」ようなものであり、だるま会がそれ以後、サークル村にひきつけられたのは当然の事であろう。

机に向かう。生家にて

今年に入ってのだるま会は視野を広く持つ努力とお互いの対立点を明らかにして、その対立を更に鋭いものにしてゆく中で、お互いに現在以上に密接に結び付き発展してゆく努力を積み重ねた。

だるま会はその内部においても、又、だるま会と関係しているさまざまなサークル及び個人との討論（それは部分的には必要以上の対立を招いたが）を行ってきた。中心的な活動家のだるま会の運営に対する基本的な態度は以上の様なものだったが、それと同時にだるま会をめぐる人達のエネルギーを結集すべく、以前より以上のエネルギッシュな活動を展開する様になった。

だるま会は以上の様な活動家のエネルギーにより、活動が充実して来るに従い、会員の幅も広くなり、組織的にも安定してくるかの様にみえたが、だるま会の基本的な路線が、明確にされていずに基本的な性格、方向については以前からのメンバーの実感としてのみとらえられており、彼らの経験が理論化されていないという致命的な欠点はだるま会の活動が表面上活発になるにつれ、その発展を阻む主要なガンとなってきた。

この事は会報製作の行き詰りに端的に表れ、実感にのみ頼る運営は、それらの人のエネルギッシュな活動にもかかわらず、充分な成果を挙げる事がなかった事にうかがう事が出来る。

だるま会の基本的性格、路線をその経験の中から総括し、理論化してゆく事は、運営委員会設立当初からの懸案事項であったが、最近ではその問題を解決する事なくしては、何も出来ないという所まで追いつめられており、内含する矛盾が極度に激化しており爆発寸前である。現実的にはどの様な点にその事が表れているかということについては、既に「拡大運営委員会の開催をめぐって」というパンフレットで明らかにしたのでここでは省略する。

（『だるま会の現状』一九五九年三月？）

サークル村

蚤はひねりつぶせ

「一口でいうたらくさ。今度の交流会は、汽車賃を払ってはるばる阿蘇まで、谷川雁の話を聞きに行ったげなもんやないか。」

交流会の帰りの列車で飲んだアルコールのせいでもなかろうが、交流会で掘り下げた討論が行われなかったことに何となく物足りない気持のメンバーたちだ。それが帰路谷川留守中のサークル村役場におしかけてきたことを機会に、二七日夜、一二人が小児病的デカダニズムをふりまわすことにより、既成のサークル活動のモラルに悲しい抵抗をしていた福森隆を座長にすえて、「阿蘇交流会の印象及び全体討論の中で問題になった点で討論不充分の箇所をより掘り下げる」ことをテーマにテープレコーダーを囲んで集まりを持った。各人の印象発表で、私が最初に口にしたのが、冒頭の言葉である。

阿蘇集会の全体討論のきっかけとしての現在のサークル運動の現状についての問題提起は、そのポイントを鋭く指摘はしていたが、それだけに抽象的な響きを持っていたのは、やむをえなかった。

この問題提起を自分たちの現実の問題と対比させつつどのように受けとめ、またどのようにその壁を突き破ってゆくかが交流会の主旨であったろうし、またその事こそもっとも重要な点であったと考える。にもかかわらず、全体会議はそろそろ問題の核心に触れてきたなという所で時間切れになった。だからこそその後の交流懇親会にもっと掘り下げられるだろうことを期待したのだが、実際は全体会議以上に掘り下げられることなく、むしろ酒のサカナとしての議論と安易な仲間意識の現れとしてのうたごえに解消されてしまった。

ただ、夜もふけて、ノラの会の問題を中心とした女の自己閉鎖的な姿勢とその上にあぐらをかいている男の横暴さについての交流が行われたのが、せめてもの救いだったろうが、これだって一般論以上に深入りしないままに話は脱線してしまっている。

後で聞くところによると、女性同志の交流は極めて非サークル的な姿勢で、集団的には行われていないとのことであるが、ここにも前記の交流懇親会の馬鹿げた混乱と相通ずるものがあるようである。

そのような意味では、私は今度の交流会は大失敗であったと思っているが、その原因は単に事務局が懇親会に不用意にも酒を用意したということではない。

混乱は、参加者の内部にある。交流会の中で積極的に討論の渦に身を投げこみ、その渦の中でもがく事によって解決の糸口を摑もうとしない受身の姿勢と、もう一つは、問題提起を自分の置かれている条件、それまでの実践の中からとらえようとせず、表面的な言葉として軽く受けとめ、かつそれを安易に口に出すことによって折角の問題提起の正しい方向を自らゆがめている余りにも軽い意識であったと思われる。

そして、この両者は、いずれもサークル活動そのものについての取り組み方が趣味の段階をぬけきらず、自分自身は安全な地点に立っていて、その限りでちょっと手を出して何かやっているといった甘い姿勢であることについては共通の分母に納められるべき性質のものである。

前者の低姿勢についてはすでに交流会の席上でも問題になったので省略するが、後者の問題提起をムードとしてしか受けとらない軽い意識は、サークル村創刊以来内部に持ってきたガンだ。創刊以来はなばなしく議論した割には出発点からどれだけも歩みえなかった病原体として、この際摘出される必要があるだろう。

阿蘇集会の討論の焦点は「サークルの行動主義批判」だったと思うが、行動主義を批判するところまで、参加者が追い込まれていたかどうか？

「サークルの神様」のお告げを創価学会の信者なみに安易に信じこんでいる形跡がありはしないのか？

福岡貯金文学サークルが三九名を九名にふるい分けたことに端を発して、新しく造られた「斬る」ことについても同じようなことがいえる。交流会では「斬り方」をめぐっての討論が大分なされたが、「本当に斬らねばならない」「斬り捨てることでしか、つながることができない」ところまで追いつめられた、いわばどうにもしようもない切羽詰ったところでの悲鳴に近い意見交換であったかどうか？　これらのことについて、私は極めて否定的な疑問を投げかけざるをえない。だから、行動主義批判が闘争に突入した労組の蹶起大会に参加しないのが、サークル人としての本来の姿であるなどという行動そのものを否定したり、斬り捨てることを否定の否定として受け取らずに、単なる孤立を以てよしとする裏返しの誤ちを生むようになる。

言葉の上だけの議論は八方美人的なマアマア主義の裏返しの、対立でない対立であること、そしてそのようなことはサークル本来の交流と縁もゆかりもないしろもので、つまるところは、マスタベーションにしかすぎないのではないか？

二七日夜の集まりは、メンバーを限定していたので「サークルの低姿勢」と「それから必然的にひき起される行動主義」について、低姿勢にならざるをえない背景、またその克服のための方法論などがかなり具体的に掘り下げられたが、メンバーの熱意ほどは十分に深められていない。むしろ「サークル村親衛隊」と悪口をいわれながらも、その内部における対立点が明らかにされないままのうたごえ的仲間意識の再確認に終っている。

ひとしきり活発な討論のあと、しめくくりとして、「では、今後各自は具体的にどのような方向で進んでゆくか」という公約をテープに録音する段階になって、「おれは……」といった新しい方向を出す者も少く、従来の「知識人に対しては大衆であり、大衆に対しては知識人である。」といった極めて平凡な工作者宣言が多かったのは、サークル村のガンとしての高くもないのに余りにも軽すぎる意識が、親衛隊の内部にも根強く巣喰っていることを如実に物語っている。

そのような〝ほいとのばくち〟に近い議論をする蚤は一匹ずつ根気よくひねりつぶしてゆく以外に、現在のサークル村を侵している病は救いようがない。この二七日の集会で、もっとも多く発言し他の者を大きくひき離しておしゃべりチャンピオンの地位を守り抜いたのは、ほかならぬ私であった。

（『サークル村』一九五九年八月号）

救われざるの記

「金とヒマがない」ことは活動家の常識ではあっても、大企業のはしくれである三菱化成の活動家ともなれば、金がないなんてことは口先だけの嘘っぱちであり、必要とあればアルプスに遊ぶだけの、トランジスタラジオをアクセサリーにするだけの余裕があるのが連中の実体だが、そのような意味からは大阪で開かれた国民文化集会に参加する費用などアルプスに行くのに較べて物の数ではないはずだが、アルプスに行くときほどの情熱を持ち合わせた人間が残念ながら他に一人もいなかった。労組結成以来ストをしたことがないという哀れな誇りを持つ周囲の状況であれば、まともなことでは定められた有給休暇をとるだけの自由もなく、窮余の策としてかねてから機会あればとねらっていた結婚式をあげて新婚旅行は京都、大阪ですというもっともな理由で結婚給付金一万二〇〇〇円をふところに、あまり気乗りのしない表情の新妻という名の古い恋人と共に大阪へ出かけた。

学習サークルでない学習サークルを四年間ボソボソとやってきた経験もあって学習分科会に出席したが、「これが日本の学習運動の現在地点なのか」と考えると背筋に冷いものが走るような感じで「救われんなあ」というのがつまるところの私の感想である。分科会の冒頭に出された参加者からの問題提起は相も変らぬ「アカ攻撃」「レベルの矛盾」「広めるにはどうしたらよいか」など実直であるが故に馬鹿げたものであり、聞いていてウンザリするところがあったが、それにもまして、それをめぐる討論のまたなんと低温且つ常識的であったことか。アカ攻撃をうけて周囲から孤立させられたサークルの悩みに対して、「そのためには根強い日常活動が大切だ。基本的な学習をやる中でレクリエーションもやり、まず隣の人と手を組んでやれるようにしなければならない」などというおよそ解りきったことを真面目くさって発言するのがいたり、それをまた参加者の大部分がもっともらしくうなずく。既成の社会科学の知識をどのようにしたらまだ社会科学を知らない無知な大衆に普及させることができるかといった夜店のたたき売りみたいなセンスで、国民文化の創造という集会のスローガンには程遠いようなというより、こんなことでは創造の道には通じないのではないかとさえ感じられる。ついには、「最近の職場闘争は思想闘争の段階になっており、我々はマルクス・レーニン主義をそのかなめに置かなければならない」という、特攻隊出身ではなかろうかと思われるようなマルクス主義啓蒙家が現われる始末で、生来気弱く人前で反対意見などめったにいったことのない善良な私であるが、あまりのことについふらふらと手を挙げてしまって司会者から指名されてへどもどしながら、「いままでの学習運動の常識というものを根こそ

『サークル村』時代からのあこがれの的森崎和江さんと。2009年４月11日

ぎひっくり返す必要があるのではないか。何を広めようとするのかという点は一向に疑われずに既成知識の切り売りかメッセンジャーボーイ的な感覚では運動にプラスしないどころか、前進していると錯覚するだけマイナスではないのか。特にただいま発言されたマルクス・レーニン主義を金科玉条の如く信じて疑わない活動家の思考方法は極めて非マルクス主義的ではないのか」といった意味のことをいうと一斉にふりむいた疑惑と非難に満ちた視線の中に、そして次々に出された反対意見の中に、自分たちのやっているものにしがみつくいわば進歩的保守主義の一面を見出して愕然とした。

　他の分野ではいざしらず、学習運動の分野ではここ数年来一歩も前進していないように感じられる。経済学教科書ブーム以来の学習運動の経験が正しく理論化されておらず、その当時の活動家の苦しみが受けつがれていない。知識人による学習運動の総括はなされても実感でしか運動をとらえることのできない下部活動家による総括は皆無であり、そのことが現在もっとも必要なことなのに、一向に問題にされないところに病の深さがある。学習サークルの交流のための組織（全国的な学習サークル協議会）の要求は依然として根強いものがあるが、サークル運動をさしみのつまとしてしかとらえないような姿勢では、実現は困難だろう。

（『サークル村』一九五九年一一月号）

落第生募集

レッドパージから既に一〇年。

私たちの生活と権利を守るとりでである労働組合は私たちの働く仲間たちとの断絶もきびしく、真綿で首を絞めるようにじりじりと迫ってくる合理化攻勢、猫なで声でささやく資本側からのＰＲ・ＨＲの危機感もないままに労資繁栄の幻想にとりつかれ、泰平の夢をむさぼっている。

今更もっともらしく述べるまでもなく、資本との力関係は圧倒的に弱く次々に襲ってくる転勤という名のパージにもなすすべもなく後退に後退を重ねつつある。ホワイトカラー階級だとおだてられ、サラリーマンという呼び名に何の抵抗感も感じていない組合員の大部分は組織された労働者（プロレタリアート）としての爆発的なエネルギーを顕在化することのないままに、非生産的な消費者部門へ分散、消耗させられている。

組合員の組織意識の向上、地道な活動の積み重ねによる組合員と組織機関の結びつきの強化は毎年の運動方針に姿を見せており、方針としてのその明確さ、正しさにも関わらず、実質的には何の成果も挙げていない。

紋切型の運動感覚では、戦後たなからぼた餅式に結成された労働組合を堂々と引き継ぐだけに留まっており、動脈硬化症状が進んでいることに関しては、他産業の労働組合を大きく引き離していて、労組結成以来ストライキをしたことがないという美風とともに、悲しむべき誇りとなっている。

「大衆とともに」などというキャッチフレーズは幾つか覚えたにしろ大衆のエネルギーと組合の運動を交絡《ママ》させることなど思いもよらず、いたずらに「うちの組合員の意識は低い」を連発して、結構どうにかその日を過ごしているのが関の山である。

このことは労資協調をメインスローガンにしている懇親会世話役型活動家にも、企業意識の克服、職場闘争の必要性と生産点における権力少数孤立でありながらも断固主張する正義派活動家にも共通に見られる点であり、イデオロギー以前のいわば活動家としての姿勢の問題であると考えられる。

無関心をよそおい、沈黙をまもる組合員大衆は状況をどのようにとらえ、何に苦しんでいるのか？

原則と状況とが月とスッポンほどにかけ離れている現在、潜在している大衆のエネルギーを組織的観点から探り出そうとする試み、又は動脈硬化におちいって紋切型でしか展開し得ない労働運動を側面から補正しようとする試みが全然なされていないことは、私たちの陣営の致命的な弱点として、且つ緊急の課題として考えなければなるまい。

直接的な組合運動の次元でなく、資本の攻撃の土台となっている思想文化の領域での労働者の立場に立った文化創造であり、巻き返しを画策することである。

「教宣活動の徹底」というまことに立派なスローガンを運動方針に掲げながらも、どうひいき目に見ても社内報よりも見劣りする「嘘は書いてないかもしれないが一向に面白くない」組合機関誌が機械的に発行され、労働者教育など年に何回かの労働講座でお茶を濁している現状を考えるとき、肌寒いものを感じる。

働く者の労働条件の向上と権利の確保のために、かなり積極的に動いている層へ注目してみる。

そこでは、労資協調の是非をめぐってかなり深刻な対立があり、その対立を大きな流れにして、今後の運動の進め方をめぐっていくつかの意見がわかれている。

労働組合が大衆組織であることを考えれば、思想が異なり且つ情勢分析、運動の進め方が異なることは至極当たり前の話ではあるが、この対立がどのような地点でどのようにかみ合っているのかが一向に明確にされておらず、イデオロギー的対立の場合でも、又その他の場合でも単なる表面的な感覚的な対立に終始しているのは、階級敵に対する労働者全体の統一と団結の障害となっている。

対立が深まっていないことは、そのまま両者の断絶にもつらなっており、ここでは「対立を大胆に深めることが、とりもなおさず両者の連携を強める鍵になるのだ」という逆説が成立する。

対立点の明らかでない統一などあり得ないわけだから、対立が激化することを恐れる必要は毛頭ない。

むしろ自分の意見が相手に反映せず、相手の気持が自分に伝わってこないという断絶を決定的に重要視する姿勢こそ大切なのである。

対立を不毛なものにしているのは、中身を充分に検討しようともせず、レッテルですべてを判断しようとする主観主義的傾向、孤立を恐れるあまり無原則的なれ合いをもって統一しているという錯覚にとらわれ誇らしげにやに下る傾向、敵の中の味方、味方の中の敵という複眼の視点を持つことのできない機械的唯物論、組合民衆主義の原則を忘れ、自分の立場を危くするもの一切をアカ呼ばわりすることで自分をかばおうとするダラ幹的傾向……であるが、根本的には自己閉鎖的に自分たちの主体性を守ることに汲々としているセクト主義にある。

セクト主義を攻撃する側が又或る種のセクト主義であったという悪循環を断ち切るために、私は異質の思想を同一の次元で衝突させようという試みを、即ち交流の広場を作らねばならないと考える。

新しくサークルの設立を思いたったのはこのことを痛感したからにほかならない。

思想信条の多様性を認め、特定のグループがイニシャチブをとることなく形成されるサークル運動の次元で自己閉鎖的なセクト主義の克服をめざし、加えて前に述べた階級敵の攻撃の土台である思想文化の次元でのたたかいをダブらせることを意図している。

狭義の意味での創造を直接の課題とせず、主要な動機を交流の広場に置くことから、機能未分化の総合サークルの形をとることが予想されるが、原則と状況のギャップをうずめようともだえ、資本に対決する労働者階級の統一のイメージを模索する点、そしてなによりも行動の原点となる意識の変革を追求する意味においては、「テキスト中心の社研」の枠から脱皮した学習サークルとしてとらえることも可能であろう。

一口にサークル運動といってもその果たすべき役割については「前衛を生み出す装置としてのサークル」から「大衆風呂のようなサークル」までいろいろな見解があるようだが、私は冒頭で述べたように動脈硬化現象の労働運動にエバーソフトの如き柔軟性とホルモン料理を食べた人間のように精気溌剌たる姿を与えることのできる集団をイメージとして持っているわけである。

オルガナイザーとしての自意識に燃えてはいても、思想文化の次元における運動を直線的に政治労働運動に短絡させようとする性急さなど、否定されるべき要素をかなり根強く持っている私自身であれば、何よりも自分自身の変革を通じてしか運動を前へ進めることが出来ないことを充分認識しており、一切を暗中模索の形でしか進めることの出来ない能力の不充分さは、その過程において多少の偏向をも覚悟しなければならず、その行く手はかなり困難であることが予想される。

特に現在のようにサークルと名付けられるもの一切を共産党の工作者集団と見なすサークル恐怖症患者や、「存在が意識を決定する」という唯物論の命題を一面的に信じこみ、その逆を順路としている文化運動の役割を正当に評価することが出来ない機械的唯物論者がみちあふれている状況では、「新しいサークル」の提唱など歓迎されそうもないことも充分認識しておかねばなるまい。

生家にて。1957、8年頃

もともと潜在している大衆の爆発的なエネルギーは原則として大義名分を振りかざすことではどうにも組織のしようがないことは事実が示しており、むしろ大義名分に抗し難く、それにいちまつの疑問を保留しながら、そのような疑問を持つことが自分の弱さであるかのようなコンプレックスに悩まされたら、沈黙を続けている模範的優等生ならぬ、落第生の方にこそ、私は現在の停滞を突き破る貴重なエネルギーが潜んでいることを確信する。

従来のサークル運動の認識では気が遠くなるような大風呂敷を、これまた落第生ばかりが寄り集まって広げる図は、「現代のドン・キホーテ、旅に出る決意を固めた」とでもいうべきか。

（『がいたん』第0号、一九六〇年？）

わが「おきなわ」／九州通信

六・一五

「ベトナムで戦争があったら、どうして電車をとめなきゃならないんだ」　西鉄電車の運転手

六・一五……九年前のその日、一人の女子学生が殺された。そのことが、いま、何を意味しているのか。それを自らに問い直すために「反戦、反安保のための六月行動委員会」主催の集会に参加した。

小倉・木町公園から山田弾薬庫へ。初見参の弾薬庫のゲートは固くとざされていたが、その内側の番兵たちは、のんびりとわたしたちを見守っていて、とにかく「平和」なひとトとき。「山田弾薬庫を自然公園へ」というキャッチフレーズが頭に去来する。

北九大で行われた「労学集会」に合流して小倉駅までのデモ。先頭は勿論、ヘルメット姿もりりしい若武者たち、わが「市民文化団体」はしっぽにつく。そのあとにピッタリと機動隊のトラックがゴエイする。「軌条を歩いちゃいかん。デモの最後尾、もっと左によれ」という声が耳許で炸裂する。これ以上、左によるわけには行きませんよと何回もふり返る。何回目かに、おのれがその最後尾とすら思われていない程、最後尾であることを発見して、ノロノロと動く電車と足並をあわせる。

定年までの年数を数えた方が早い電車の運転手にアッピールがとぶ。

「あんたも労働者なんだろう……」

それがどうしたという表情の運転手。「ベトナムで戦争があったら、どうして電車をとめなきゃならないんだ」と言い返した。

「労働者とは、一体、何?」わたしは、一瞬わからなくなる。

俺はいったい何のために今歩いているのか?

これでよいのか。これで……それ許りを考え乍ら、くたくたに疲れた一日だった。

（『わが「おきなわ」』第3号、一九六九年六月）

擬制の「情報化時代」の空洞を更に凝視せよ！

二月二三日黒崎公民館第一回活動者会議へ結集を!!

月世界におりたった宇宙飛行士と同時刻に月の表面を眺めることができ、世界のすみずみのニュースをすばやく、わが耳に入れることができる結構な世の中であるが、これらの情報を受身の形でしかとらえることができない不満はどうしようもない。わたしたちを包んでいる大量の情報は、その大部分がわたしたちが生きていく上で直接的な意味を持たず、むしろわたしたちにとって必要な情報は極度に不足しているとさえいえる。

こわいのは、その情報の渦におし流され、いつの間にか、情報とは与えられるもの、せいぜい選択の自由があるだけという考えが日常化して、自分に必要な情報を主体的に求める姿勢が弱くなることである。その結果、ごく限られた世界を全世界であるかのように錯覚して「井の中の蛙大海を知らず」という古いことわざを地で行くようになる。

「世界の〇〇」をキャッチフレーズに躍進を続けている企業ともなれば、コンピューターの大幅な活用で、日々の細かい作業指示まで機械にやらせようとしている。合理化の波は現場の労働者だけにとどまらず、かつては現場の合理化に精力を傾けて来た下級管理職、俗に「事務所の人間」といわれる部分にも容赦なくおしよせている。もともと精神労働であれ肉体労働であれ、賃労働者を喰いつぶすことで生きのびる資本の論理が有効である以上、少しぐらい体制に近い地点におるからといって特別なお目こぼしのあろうはずがない。

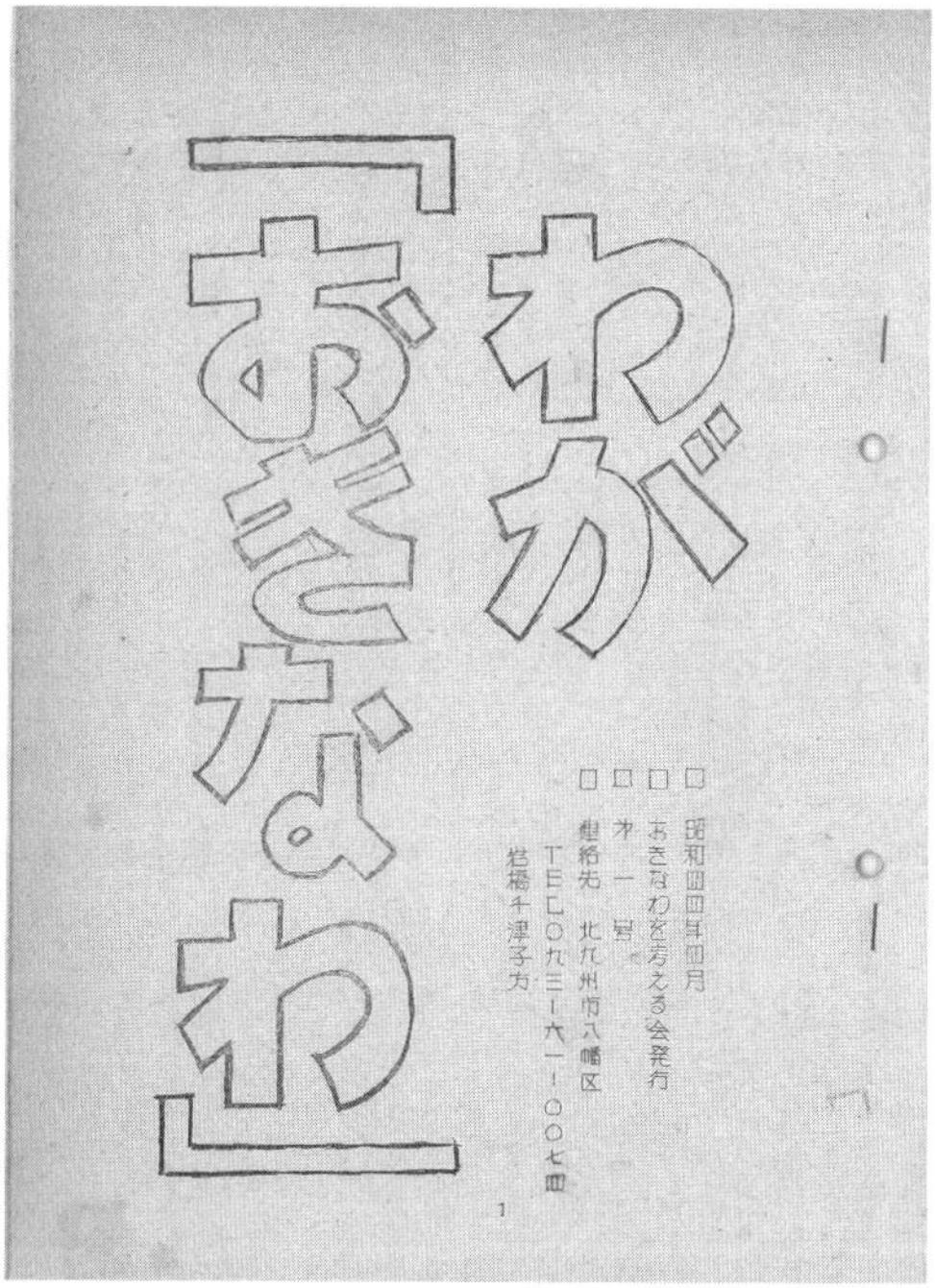

『わが「おきなわ」』第1号

駄目になったら「はいそれまでよ」であるのは蓋し当然の成行きであろう。

コンピューターの導入は、これまでほんのちょっとした毛並と年功序列のおかげで、ろくろく仕事もできないくせに、チーフ面している連中の墓穴を掘っており、代りに「自分は労働者ではなくてサラリーマンだ」と信じこんでいる青年層の抬頭を促している。彼らが「猛烈社員」として体制のチャンピオンとなるか、それとも、技術革新下の新しい労働者として自分を再生させるかは、もう少し時間をおかないと判らないだろう。

職場の仲間たちと九重山へ（右から４人目が村田久）、1966年６月１日

コンピュートピアに生きる労働者の未来像を模索するためには、もっと広い世界でとらえなおすことが必要であり、自分の世界を広げるための意識的努力を欠かすことはできないと考える。

閉塞状況におかれているという意識すら、なかなか顕在化されない現在、自分に必要な情報を自分の眼で、耳で確認して行くために最小限わたしたちは足を運び、言葉を交さなければならない。言葉を交しても、その言葉が相手に通ずるかどうかは極めて疑問である。まず通じないことを確認することから、新しい連帯の芽が育つのではないだろうか。

（『九州通信』第4号、一九七〇年一月）

第二章　大企業の向こうずねを蹴る

労災問題への取り組み

1972－1974年

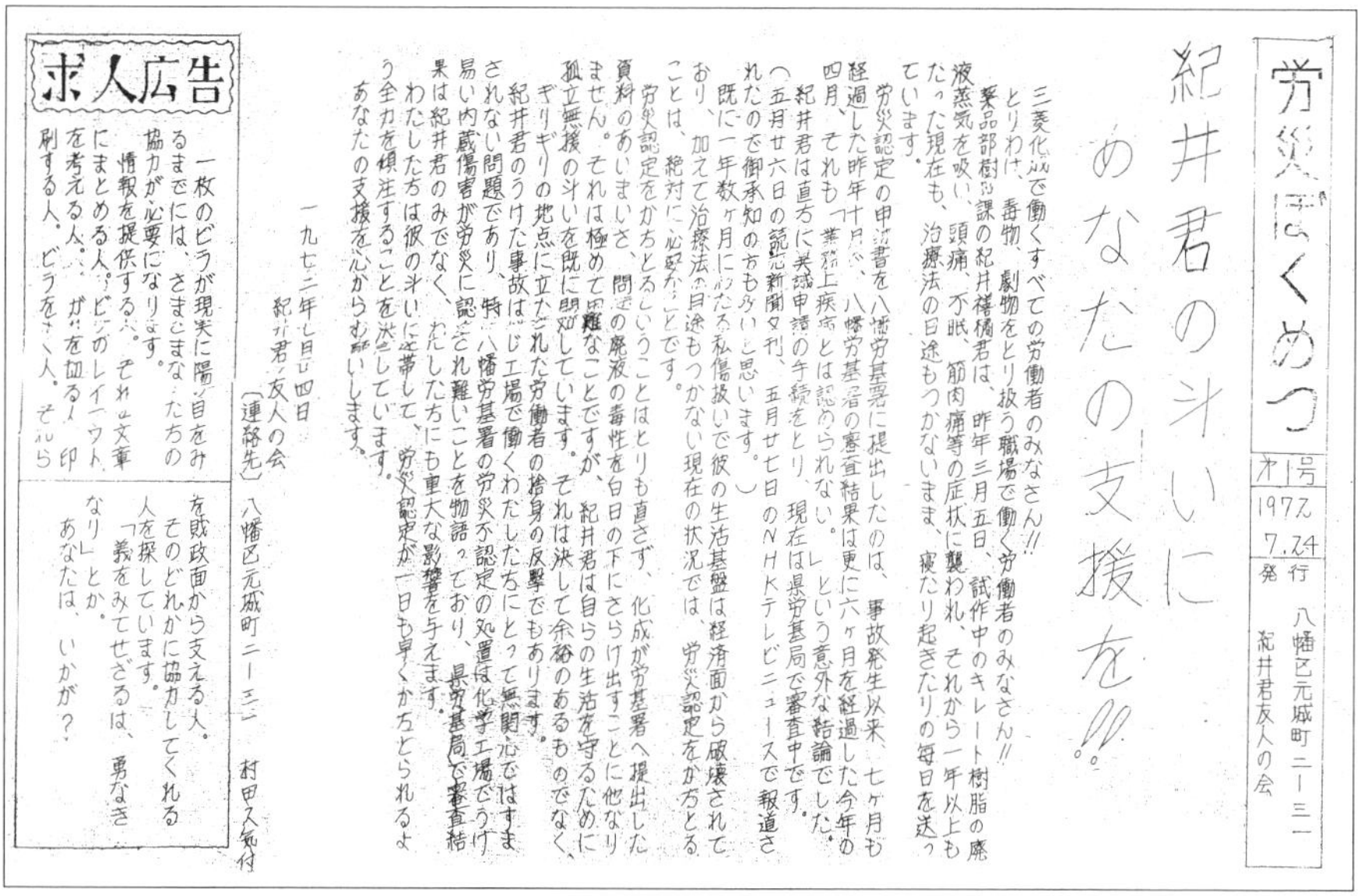

労災ぼくめつ
第1号
1972.7.24
発行
八幡区元城町二―一三二
紀井君友人の会

紀井君の斗いに
あなたの支援を!!

三菱化成で働くすべての労働者のみなさん!!
とりわけ、毒物、劇物をとり扱う職場で働く労働者のみなさん!!
薬品部樹脂課の紀井禧禎君は、昨年三月五日、試作中のキレート樹脂の廃液蒸気を吸い、頭痛、不眠、筋肉痛等の症状に襲われ、それから一年以上もたった現在も、治療法の目途もつかないまま、寝たり起きたりの毎日を送っています。

労災認定の申請書を八幡労基署に提出したのは、事故発生以来、七ヶ月も経過した昨年十月で、八幡労基署の審査結果は更に六ヶ月を経過した今年の四月、それも「業務上疾病とは認められない。」という意外な結論でした。

紀井君は直ちに異議申請の手続をとり、現在は県労基局で審査中です。（五月廿六日の読売新聞夕刊、五月廿七日のNHKテレビニュースで報道されたので御承知の方も多いと思います。）

既に一年数ヶ月にわたる私傷扱いで彼の生活基盤は経済面から破壊されており、加えて治療法の目途もつかない現在の状況では、労災認定をかちとることは、絶対に必要なことです。

労災認定をかちとるということはとりも直さず、化成が労基署へ提出した資料のあいまいさ、問題の廃液の毒性を白日の下にさらけ出すことに他なりません。それは極めて困難なことですが、紀井君は自らの生活を守るために孤立無援の斗いを既に開始しています。それは決して余裕のあるものでなく、ギリギリの地点に立たされた労働者の捨身の反撃でもあります。

紀井君のうけた事故は同じ工場で働くわたしたちにとって無関心ではすまされない問題であり、特に八幡労基署の労災不認定の処置は化学工場でうけ易い内蔵傷害が労災に認定され難いことを物語っており、県労基局で審査結果は紀井君のみでなく、わたしたちにも重大な影響を与えます。

わたしたちは彼の斗いに連帯して、労災認定が一日も早くかちとられるよう全力を傾注することを決意しています。

あなたの支援を心からお願いします。

一九七二年七月廿四日
紀井君の友人の会
〔連絡先〕八幡区元城町二―一三二　村田久気付

求人広告

一枚のビラが現実に陽の目をみるまでには、さまざまな人たちの協力が必要になります。

情報を提供する人。それを文章にまとめる人。ビラのレイアウトを考える人。ガリを切る人。印刷する人。ビラをまく人。それらを財政面から支える人。そのどれかに協力してくれる人を探しています。

「義をみてせざるは、勇なきなり」とか。
あなたは、いかが？

『労災ぼくめつ』第1号、ガリ版Ｂ４判で週刊で発行された

解題

道場親信

この章では、一九七〇年代の村田の労災問題への関わりを中心とした文章を集めた。メインになるのは本書の四分の一を占めることになるであろう「大企業の向こうずねを蹴る」である。

一九七一年二月および三月に発生した三菱化成黒崎工場内での事故により排気および廃液ガスを吸入した紀井禧橘《きいよしたか》の労災認定闘争への支援活動を軸に、村田の活動は北部九州地域の反公害運動や労災・公害被害者運動へと広がっていく。その経過は、村田自身の闘争回顧である「大企業の――」に詳しく述べられているが、紀井の労災闘争に関わる中で週刊のビラ新聞『労災ぼくめつ』を創刊・配布したことは、のちに続くミニコミの定期刊行にもつながっていった。

なお、「大企業の――」に登場する「垂水建」は『労災ぼくめつ』には本名で登場していたが、村田はこの文章を執筆する際、「垂水」本人が個人誌『パトス』（本文参照）を発行する際に用いていたペンネームで通しているため、故人の意志を尊重して発表時のままになっている。文中「実名で登場」のような表現はあるが、「垂水建」はあくまでペンネームであることを付言しておく。

第六章収録の第Ⅲ期サークル村「編集後記にかえて」によれば、もともと「大企業の――」は、前半が紀井問題の労災闘争、後半は和子とともに取り組んだマレーシア・ブキメラ村での放射能汚染問題（第五章参照）にあてるつもりだったという。いずれも自らが勤める企業（三菱化成）が引き起こした事件であり、企業内の一労働者として「大企業の向こうずねを蹴る」二つの闘いとして記録を残す必要を感じていたテーマであったが、後者は書かれないままに終わった。

紀井問題に関わる前後からカネミ油症などの公害被害者の運動とも関わりを持つようになっていた村田は、北九州での公開自主講座「公害原論」の開催（一九七三年一月）に際して集まった人びとと反労災・反公害のネットワークをつくるようになる。その中で生まれたのが、反公害センター（一九七四年五月設立）や北部九州労働者安全センター（一九七四年七月設立）である。

本章では、この時期の村田の活動と問題関心があらわれたものとして、公害原論でのカネミ油症をめぐる発言、「反公害センター」の設立経過を述べた文章と、労働者安全センターの機関誌『炎突』に掲載された松尾鉱山鉱害被害者に関する長文の報告を採録している。

反公害センターや安全センターの活動は、ルーテル教会牧師であった重富克彦氏の所属する八幡西区の教会が所有していたビルの一室を借りた「黒崎コミュニティー広場」に拠点をおいて行なわれた。コミュニティー広場はその後も長く村田の市民運動の活動拠点として、また、ミニコミを製作する際の印刷所として、一九九三年七月まで使用された。労災・公害問題への関わりは、次章にまとめる「九州住民闘争交流団結合宿」への参加を促し、七〇年代末から八〇年代半ばにかけての村田の活動の場を開いていく。

なお、「大企業の――」の編集にあたって『労災ぼくめつ』等引用している文献書誌情報については形式を統一した上、初出文中にない箇所でも補っていることを申し添えておく。

労災認定闘争の当該である紀井禧橘さん（左端）、１人おいて村田久。箱根にて

大企業の向こうずねを蹴る

一、三菱化成の労災闘争

一九五八年九月、『サークル村』に二〇代前半で参加した私は、文章表現が苦手でちんぴらで走り使いの役でしかなかった。一九六九年にミニコミ誌『わが「おきなわ」』に携わってから現在の『北九州かわら版』まで二〇を越すミニコミ（文章表現）に執着しているのは、今にして思えば、「村田君、これからは文章の書けない人間はだめだよ……」と言った谷川雁の言葉が今でも私の胸にとげのように突き刺さっているのだろうと思う。

第Ⅲ期『サークル村』への参加は、六九年以降の私のミニコミ遍歴を整理したいという強い気持ちによるものであるが、三年間という限られた時間と誌面の制約を考慮して、「これだけは次世代へ伝えたい」もののから整理することにした。

一九七二年、私は勤めていた三菱化成（現三菱化学）黒崎工場で被災した労働者の労災認定闘争に関わった。

戦後労働組合を結成してから一度もスト宣言をおこなったことがないという典型的な御用労組執行部に支配されている中での企業批判は、企業からの攻撃だけでなく背後（労組）からの攻撃（組合員としての資格剝奪＝除名により自動的に解雇されるというユニオンショップの逆締め付け条項の適用）を警戒しながらの闘いであった。

私は十数年にわたって選挙がおこなわれていなかった労組執行委員選挙に挑戦した。もちろん落選であったがそれをバネにして、私はひとりで毎週二回（工場通用門へ通じる通勤道路が二ケ所あった）、午前六時から二時間、三〇〇〇枚のガリ刷りビラ『労災ぼくめつ』を門前で配布することを軸にした労災闘争をおこなった。通刊69号まで続いた『労災ぼくめつ』は、「これにて一件落着」（通刊69号のタイトル）で終息するが、私は闘争を始めてまもなく工場を出されて、それ以来停年退職までの二二年間、社業に寄与することのない窓際族としての生活を送ることになった。

見かけは私の孤独な闘いにみえた大企業相手のケンカであったが、私と同じ職場で働いていたがゆえにさまざまないじめや嫌がらせに耐えながら毎週のガリきりに協力した連れ合い（村田和子）の存在とごく少数ではあったが支援を惜しまなかった企業内労働者、カネミ油症患者をはじめとする地域住民・民衆運動（この当時は市民運動という言葉はなかった）の支えがあればこそ貫徹できた労災闘争であった。

新製品開発中に起こった事故

三菱化成は、昭和電工、住友化学と肩を並べる日本重化学工業の大手である。黒崎工場は今でこそ主力を水島（岡山県）の石油精製工場、坂出（香川県）のコークス工場に拠点を移しつつあるものの、三菱化成発祥の主力工場として機能してきた。

それはとりもなおさず、八幡製鉄とともに北九州の環境汚染の中軸企業でもあった。〝公害は企業の外に出た労働災害である〟といわれるように、工場内の労働災害でも、染料中間物のベンジジンによるぼうこうガン患者を大量発生させるなど、とかく問題の絶えない工場であった。

七〇年代に入って公害問題がクローズアップしてこれまで公害を出した企業はその対策を迫られるなかで、いわゆる「公害防止技術」を産みだしそれをビジネスにするようになるが、三菱化成も例外ではなかった。重金属類を含む工場排水を洞海湾に垂れ流すことができなくなった三菱化成は重金属を吸着するキレート樹脂の開発に乗り出した。

私が関わることになった労災事故は、この新製品（キレート樹脂）開発過程で試作品作成中に起こった事故である。化学工場では青酸、塩素など劇物、毒物を多く取り扱っているがこれら化学薬品による被災事故は、余程の重傷でない限り原因物質との因果関係の立証が困難であって、業務上の傷害でありながら、私傷として処理されやすい傾向にある。「キレート樹脂廃液ガスによる中毒事故」はその典型ともいえるものである。

被災した紀井禧橘《きいよしたか》（当時三七歳）は、一九五一年四月三菱化成・黒崎工場に入社、一年間の教育期間（技能者養成所）を経て、五三年四月、有機部薬品製造二課薬品係に配属され、以来アルカチット樹脂関係の作業に従事してきた。私も同じく技能者養成所出身で、紀井は私の一年後輩にあたる。その当時流行っていた「貧農・下層中農」をもじって言えば、〃下層中老《ママ》〃であった。

技術室での事故

事件は、紀井が一九七一年一月一九日に、所属上司の課長代理から指示を受け、樹脂課で生成される廃硫酸の精製、濃縮検討および陽イオンＳＫＩＢの破砕究明のため、技術室に応援に行ったことに始まる。

二月一七日、ポリスチレン、ニトロベンゾールなどの不純物を除去したあとの廃硫酸を濃縮するため、蒸留試験を従来の普通蒸留から減圧蒸留に切り換えたところ、このときに使用した真空ポンプの排気に青酸ガスの異臭を感じ、できるだけ真空ポンプに近寄らないよう注意したのだが、検討試験のための温度記録、観察などがあり、異臭を放つ青酸ガスらしきものを吸入せざるをえなかった。このとき、頭痛と軽い吐き気を覚えたが、自然に治るだろうと思い、医師による治療などは考えなかったという。

しかし、その後不眠、寝汗などの症状もあらわれたので、七日後の二月二四日、有給休暇をとって三菱化成付属病院（以下、化成病院）、内科に受診している。胸部レントゲン写真、検血いずれも異常なく、検尿の結果、若干の糖が認められるという程度で、医師の指示によって三月一日血糖検査、六日胃透視を予約した。

技術室への応援は二月一八日に終わり、紀井は再び樹脂課に戻って原子力ＲＩＢ起業の配管整備、機器の洗浄作業に従事し始めた。心配していた頭痛、不眠、寝汗、吐き気などの症状は二四日以降、次第に快方にむかい、安心していたところへ、問題の第二の事件が起きた。

キレート樹脂の廃液ガスを吸う

三月五日午後、紀井は薬品部樹脂課のＳＡ第二、第三工場間の排水溝横で、ソーダ灰溶解槽のポンプ吸引側配管の取り外し作業中に排水溝からの蒸気に異臭を感じた。しかし取り外し作業に追われてそのまま作業を続けているうちに（約八〜一五分位）、どうにも我慢できなくなり作業をいったん中止して空気のきれいな（異臭のしない）場所に移動した。

このとき紀井は、頭痛（頭がツーンとした感じ）、むかむかする吐き気、胸苦しさを感じて、原因は排水溝からの蒸気ではないかと思ったので、廃液を流した同僚に問いただしたところ、キレート樹脂試作品のAM化後の廃液であることが判った。AM化の原料が何であったのか、そのときの紀井は知るよしもなかったが、原料を仕込むときにその同僚が完全な保護具（防毒マスク、ゴム手袋、合羽、長靴）を着用しているのを目撃していたので、この廃液は毒性が強いのではないかと疑い、同僚に〝このように廃液を流すとき、排水溝周辺の人間に連絡する必要がある〟と指摘した。

そのあと、気分がよくならないので同僚といっしょに現場事務所に行って直接上司の職長に状況報告を行い、保健所に行った方がよいのではなかろうかと相談したが、〝たいしたことはないだろう〟といわれ、そのうちに治るだろうと思ってその日はなんとか勤務時間を終えて帰宅した。

このあたりの状況は、後に労働基準監督署（以下労基署と略す）をはさんでのやりとりで、本人の言い分と会社側の言い分は大きく食い違っている。

会社が労基署に提出した状況説明書では、「この排水溝と本人（紀井）が作業していた場所とは、四〜五メートル離れているが……」となっている。しかし実際の距離はポンプと溝とは〇・七メートルしか離れておらず、紀井はポンプと溝との間に座り込んで作業していたから身体全体が廃液の蒸気でおおわれる状態だった。また、このときのガス濃度は、会社側の資料では一ｐｐｍ程度となっているが、紀井は長年の現場経験から何百、何千という単位だったと言い切っている。しかも、このときの廃液の温度を後日確認したところセ氏四六度であったが、紀井が県労基局へ審査請求をおこなうときに会社にコピーを要求したが〝紛失してみあたらない〟という返事だったという。問題の廃液はキレート樹脂試作品として四回目の試験にあたり、その前後の温度記録紙は保存されているのに、肝心の記録紙だけ紛失したというのはあまりにミステリーじみた話でもある。

入院までの三ヶ月間

帰宅後、頭痛、吐き気、胸苦しさが取れないので早めに就寝、こうした状況に加えて発汗が激しく、ほとんど眠れなかった。翌六日は胃透視の予約日であったため化成病院に行き胃透視をうけたが、前記症状はよくならず、全体に倦怠感があって帰宅後すぐに就寝。

七日（日曜日で公休）も一日中、床に臥したままであった。

紀井の症状はさらに悪化する。毎晩、寝汗をびっしょりかき三七度から三七度五分の微熱がつづいた。頭痛、倦怠感、不眠は悪化するばかり。それでも八日以降、出勤しているが、これは紀井が担当していた原子力発電所の水処理用樹脂の納期が迫っていたためで、従来、米国からの輸入品に頼っていたのを新しく三菱化成で開発した原子力樹脂に切り換えたばかりで納期を守るということが極めて重要であるという事情が、樹脂関係に二〇年近い経験を持つ中堅社員の紀井を重くとらえていた。

しかし物が二重に見え始め胸痛、背痛、手のしびれ、勃起不能などの状態がつづき、一五日頃、休暇を申請するが、納期が迫っていた関係で認められなかった。三月二〇日の納期後、二二日夜に樹脂工場で火災が起こりその後始末をしなければならなかったことも災いしている。

また、この当時、原子力樹脂の起業が完成していないままの生産であったため安全対策も不十分なままの生産を強行するという状況にあった。たとえば許容濃度一ｐｐｍとされているニトロベンゾールをマンホールから大気中に放散するなどの作業があって、口中いつも甘い感じがしていたという環境が前記症状をさらに悪化させた原因になったと、紀井は主張している。

三月五日被災当時、廃液の毒性について職長から否定的な説明を受けていた紀井は、頭痛、寝汗などは風邪の初期症状と考えていた。また一〇年前にバスケットの試合で腰を痛めた経験を持っていたので、胸痛、背痛、手のしびれなどはそれからきたのではないかとも思って整形外科に通っていたが、いつまで経っても症状が好転しないので、原因は五日に吸入したガスに違いないと確信し、二九日に九州厚生年金病院を受診した。その後、化成病院の紹介で厚生年金病院・心療内科の治療をうけることになる。

このとき出勤しながら治療する方がよいという医師の指示で四月一四日より再び出社し始めた紀井は、別工場の起業工事の監視という軽労働に従事したが、激しい頭痛、不眠、眼痛、手のしびれ、ふるえのため仕事らしい仕事もできず、ただ会社に行くだけの日がつづいた。

どうにも我慢できなくなり五月一〇日より再び欠勤

し始め、精密検査をうけるため六月一五日、化成病院に入院した。

労災申請へ

化成病院に入院中、紀井は九大神経内科、山口労災病院で検査をうけたが治療法の目途がつかず、これ以上入院しても無意味だと判断して九月二〇日に退院、自宅療養(化成病院、九州厚生年金病院へ通院)に切り換えた。

事故発生から退院を決意せざるをえなくなるまで(すなわち治療法が発見できないことに絶望するまで)の六ヶ月間、紀井は原因不明のノイローゼ患者として取り扱われてきており、彼のいろいろな発言はすべてノイローゼ患者の言葉として無視されている。

たとえば〝よい病院があるので一度行ってみないか〞と紹介された病院が、実は精神病院であったという経験を紀井は持っている。

事故のことをひたかくしに隠そうとする会社の態度にしびれを切らした紀井は一〇月に入って、これまでうけた肉体的、精神的損害を民事裁判にかけてでも賠償させる決意を固め、そのことを会社側に伝えたところ、これまでの会社の態度が急に軟化して、「労災認定の申請をして労災扱いになるよう全面的に協力するので裁判に訴えるのだけはやめるように」と説得された。ことを荒立てることが目的ではないので、そのときの会社のことばを信用して三菱化成を労災申請代理人として八幡労基署への労災認定の申し立てを行った。

そのときの会社のことばを信用して、労災認定が下りるのを、首を長くしてただひたすら待ちつづけた紀井が、そのときの考えがどんなに甘いものであったかに気がつくのは半年後である。養成所を卒業してから二〇年間、会社ひとすじに生きてきて会社に深い信頼を持っていた紀井が、六ヶ月間の会社の冷たい仕打ちに立腹して、裁判にかけてもと一度は決意しても、労災認定に全面的に協力するという約束をとりつけた段階で、「話せば、会社も判ってくれる」と思ったのはまったく無理からぬ話である。

二、大企業相手のケンカの始まり

八幡労基署の結論と不服審査請求

一〇月に申請したとき、年内にでも労災認定される、すなわち公傷扱いになると聞かされて、八幡労基署からの通知を待ちつづけている紀井の家にハガキが届いたのは年が明けて四月に入ってからで、そのハガキは非情にも労災認定が不許可になったことを示しており、その理由としてただ一行「業務上疾病とは認められない」であった。このハガキを手にした紀井の心中は察するにあまりあるが、紀井の胸中を去来するものは何であったろうか。

とりあえず八幡労基署へ事情を聞きに行ったところ、審査経過はもちろんのこと、審査に使用した資料についても教えてもらえなかった。肝心の業務上疾病でないと結論を下した理由すら本人には説明がなかった。ただ判ったのは、この決定に不服がある場合は福岡県労働基準局へ不服審査請求が可能であって、再審査への道があるということだけだった。

即刻、異議申し立ての決心をした紀井は、労災不認定通知を知った会社幹部が驚き顔に訪ねてきて、〝異議申請書の作成に協力したい〟というのを拒否、また労働組合からの〝そのような書類を作るのは、会社の専門家に委せた方がよいのではないか〟という再三の忠告（干渉？）にも耳を傾けず独力で申請書を書くことに固執した。

私（村田）が紀井の事故を知って紀井の家を訪ねたのは七二年二月頃だったと思う。紀井は私と職場も離れていたし、スポーツマンの紀井は会社のスポーツクラブでも活躍していて組合運動への立場も私と異なっていたので、これまでも言葉を交わすことはほとんどなかった。私が訪ねたときは八幡労基署からの認定通知を待っていた頃で、業務上災害として認定されることに疑いを持っていなかった紀井は、〝アカ〟のレッテルを貼られている私の訪問を警戒していたように思う。しかし、八幡労基署からの「業務上疾病とは認められない」というハガキは、私と紀井の距離を急速に縮めた。

紀井の審査請求書作成に私が関与していたかどうか記憶が薄れているが、手元にある県労基局への審査請求書の写しでは、提出日が七二年五月二七日になっているのに、『読売新聞』には前日の夕刊で報道されている。私はそのころカネミ油症患者運動に関わっていて、公害担当の新聞記者とのつきあいもあったので、『読売新聞』へ事前に資料を提供したのは私ではなかったろうかと思う。

　七一年一〇月から半年間費やして行われた八幡労基署での審査経過、使われた資料（その中には三菱化成が労基署へ提出した資料も含まれている）、「業務上疾病とは認められない」という結論の根拠などを紀井が知ったのは、県労基局へ異議申請書を提出して、しばらく経過してからだった。

　〝どうして労災として認められなかったのか〟が不明なままに審査請求申し立てをしなければいけなかった紀井は、頑固に持続する頭痛、眼痛、不眠に悩まされながら事故のもようとそれによる健康障害を縷々陳述するしかなかった。

　労働災害である場合は、労災保険から治療費、休業補償費が支払われるが、その認定は各地の労働基準監督署長が行い、その決定に不服の場合は上級の地方労働基準局へ不服審査が請求できる仕組みになっている。この不服審査を行うのは労働基準局の労災保険審査官であり、この審査には参与として労働者側から二名企業側から二名が加わり、意見をのべることができる。参与へは労基署での審査経過、審査に使った資料などの関係書の写しが渡される。紀井がこれら関係書類を労働者側参与の好意によって目を通すことができたのは、七月に入ってからである。

　八幡労基署から、けんもほろろの仕打ちをうけて異議申請書を書く手がかりを持たない紀井にとって、最小限、会社側の提出資料が必要であり、その写しを会社に再三要望したがここでも冷たく拒絶されている。先にふれたように関係書類のすべては労働者側参与を通じていずれ明らかになる運命にあるのに、提出資料の写しをこの時点で紀井に渡さなかった会社側の真意は不明である。労災認定をめぐって県労基局へ異議申請をなす社員が出てくるなどこれまで予想したことがなく、労働者側参与に関係書類が渡ることを知らなかったとすれば、労務管理については定評のある天下の三菱化成としてうかつ千万だったというほかはない。

　紀井は県労基局へ異議申請書を提出したあと、その写しを友人知人に郵送したが、その手紙の中で、

（前略）信用していた会社から裏切られたという私のショックはとても言葉では言い表すことはできません。今まで会社に任せきっていた私の甘い考えをきっぱりと捨て、事実を事実として明らかにするために県労働基準局への異議申し立て申請書を自分一人の力で書き上げ提出しました。

私が受けた事故のこと、一年以上も苦しんできた私の経験をひとりでも多くの人に伝え、私を知っている人達の誤解（私がノイローゼ患者であること）をとくためにこのような手紙を出すことにしました。

これから先会社からいろいろな圧迫や干渉があるかもしれませんが、そのようなものにくじけず労災認定がおり、このような事故が二度と発生しないよう頑張るつもりです。（後略）

と、書いている。

紀井の福岡県労基局への審査請求は、七二年五月二六日の『読売新聞』夕刊に大きく報道された。『読売新聞』は、紀井の申請申立書をもとに事故のもようを報道した。そして会社のコメントについては、

（前略）小杉信太郎勤労課長代理は、「紀井さんの頭痛は心因性だと聞いている。三月五日にガスを吸ったという報告も聞いていない。あの廃液はそれほど毒性は強くないはずだ。しかし、会社としてはできるだけのことはしており、別に事故を隠しているわけではない」と反論しているが、会社側が提出した労災認定の理由書には「廃液が流れていたことから、この廃液から発したガスを吸ったとみられる」と証明している。（後略）

と、紀井の側にたった取り扱いをおこなった。

また、二七日のＮＨＫニュースでも紹介された。このニュースに登場した渡辺総務課長代理は、

「問題の廃液を調べたが頭痛などの症状は起こらなかった。もう一人の作業者には異常がない」

と、その場限りのコメントを述べ、紀井からの、

「廃液の毒性試験をどのようにしたのか」

「もう一人いたというが、それは誰か」

という公開質問状には何の回答もなかった。

労働組合は、六月九日の代議員会（五〇名に一名の割で職場ごとに選出された代議員会が大会に次ぐ議決

機関となっていて、中央委員会制度はとっていない）で、「執行部としては、これまで種々紀井氏の相談を受けて世話活動をしていたところであるが、業務上災害かどうかの問題点については、第三者機関である労基局において結論が出されるところから、その公正な認定結果をまちたいと考えている」と報告した。

しかし紀井は、県労基局への審査請求書の中で、

「昨年（七一年）一〇月末まで（労災申請するまで）、会社の態度も組合の態度も非常に冷たくまるっきりのノイローゼ扱いで、こちらの言い分はひと言も聞かず、組合のある幹部からは、そんなに会社が不満なら会社

樹脂廃液ガスで中毒

白、赤血球が減る

頭痛や湿しん　一年前に発病

三菱化成黒崎　従業員が訴え

三菱化成黒崎工場（北九州市八幡区黒崎）の従業員が、同工場で、試作中の銅など重金属類を吸着する「キレート樹脂」の廃液から発生したガスを吸ったとして、白血球、赤血球の減少、頭痛、湿しんなどの中毒症状で一年以上も異常を訴えている。工場側は「中毒は起こらないはず」としながらも、事故後七か月目に労災の認定を八幡労基署に申請したが、労基署は事故と中毒症状の関係が証明されないと却下した。この従業員は、一両日中に再審査を福岡労基局に申し立て、労基局で即刻、審査に着手するが、この事故以前にも同工場内で青酸ガスを吸ったといっており、安全衛生管理が問題になりそう。

ガス中毒を訴えているのは、北九州市八幡区西王子十八の一二、三菱化成黒崎工場薬品部樹脂課の紀井禧儀（よしたか）さん（三七）。紀井さんの話によると、昨年三月五日午後、キレート樹脂工場そばで配水管の整備作業をしていたとき約七十メートル離れた幅二十センチ、深さ三十センチのみぞに、強い酸性のにおいのする廃液が四、五百リットル流れてきた。めまいがするので、たまりかねて作業を中止。約八分後、現場を離れたが、後頭部がしびれるような感じ。廃液を流した作業員のところに行ってみると、ゴム手袋、長グツ、防毒マスクなど完全防毒装備をしており「有毒性の廃液を流した」という。驚いて現場責任者の職長に「中毒にかかったようだ」と話すと「たいしたことはないだろう」との返事だった。

紀井さんは、この事故の約一か月前にも、技術室の応援作業中、やはり廃液の青酸ガスを吸い、一時からだの調子が悪かったが、ほぼ回復状態だった。しかし、翌六日、同区内の開業医で胃の透視を予定していたので診察したが、その夜から頭痛、発熱、不眠、しびれが続いた。休暇を申請したが「製品の納期が近い」などの理由で休めず、三月二十九日に自宅で倒れ、六月二十四日、化成病院に入院。回復しないまま三か月後に退院していらい、会社を欠勤し寝たり起きたりの毎日。

労災認定を却下　労基署

工場側は昨年十月、紀井さんの請求で労災認定の手続きをしたが、事故は七か月前の出来ごと。しかも労基署に事故を報告していなかった。このため労基署では九州、門司、山口労災病院などに紀井さんの診断を依頼、病状とガス中毒の関係を証明しようとしたが「軽度の白血球、赤血球の減少は認められるものの、事故との関連は判定しがたい」（山口労災病院）「頭痛などは心因性によるもの」（門司労災病院）など、ガス中毒との結びつきを否定した。

労基署は、こうした医師の判断と①三月五日、ガスを吸入したという訴えを会社側にしていない②当日、受診せず、翌六日は[illegible]③三月十八日、開業医のところで慢性頭痛と診断されている――などの理由で却下、紀井さんの言い分は無視されたかっこうになっている。

これについて紀井さんは「労基署は、わたしのところから一時間足らず。事情聴取しただけで、くわしいことはなにも聞かなかった。もう少し言い分を聞いてくれてもいいのではないか。こんな事故はわたしだけではないと思う」といっている。

一方、同工場の小杉信太郎・勤労課長代理は「紀井さんの頭痛は心因性だと聞いている。三月五日にガスを吸ったという報告も聞いていない。あの廃液はそれほど毒性は強くないはずだ。しかし、会社としてはできるだけのことはし

「樹脂廃液ガスで中毒」と報道した『読売新聞』、1972年５月26日夕刊

をやめればよいと言われたくらいで、私に対する態度が想像できると思います。」

と書いている。

外聞を気にする大企業はマスコミを気にする。労働組合を押さえ込み労働者の完全支配に自信満々であった三菱化成は、紀井が単独で県労基局へ審査請求をして、それがマスコミに大きく取り上げられることなど想像だにしていなかったに違いない。そして、私が無謀ともいえる執行委員に立候補するなども……。

執行委員選挙に立候補

六月九日の代議員会は組合役員選挙について、専従執行委員（定員七名）の立候補締切を六月一九日、二〇日から三日間の選挙活動、二四日に投票という日程をきめた。

私は専従執行委員へ立候補することにした。

もはや沈黙は許されない

昨年の三月、一人の労働者が試作中

の樹脂廃液の蒸気を吸ってたおれた。それから一年三ヵ月、彼は治療法の目途もつかず、しかも「私傷」のまま放置されている。

ファインケミカルは化学工業の新しい道であり、当社も今後、次々と新製品を開発して行くに違いないが、その過程で労働者は全く予期できない、労災認定も難しいような危険にさらされていることをこの事故は教えている。

彼をノイローゼ患者に仕立てあげることで、労働者の安全を無視して新製品の開発をやっていた重大な誤ちを全然認めようとせず、ひたすら隠しつづける会社の態度は、この事故は氷山の一角で他にもこのような事故があったのではないかという危惧を抱かせるに充分である。

このような会社の圧殺に対して、労働者の生活と権利を守るはずの労働組合はどうしたか。彼は県労基局への申請書の中で、「ある労組幹部は『会社に不満があるならやめれば良い』と言った。」と書いている。「信頼される世話役活動」という殺し文句の実態を、彼は自らの体験でつかみ、労資協調路線というのは、実は会社とグルになって労働者を抑圧する路線であることを鋭く告発している。

沈黙を守り続けるあなたが沈黙を破るその時、わたしたちは「会社のための労働組合」をわたしたち自身のものに、とり返すことができるだろう。

わたしが立候補を決意したのはその時を一日も早く迎えるように全力投球するためであり、三菱化成の反労働者的施策にはトコトン闘い続けることを大衆的に宣言するためである。

こういう意見の持主がひとり、執行部に加われば、少しはましな労働組合になると、あなたは思わないか。(労働組合機関紙に掲載された立候補あいさつ)

三一年前に書いた執行委員立候補あいさつ(一九七二年六月)は、かなり気負っていて、いま読み返すと気恥ずかしい。

私の突然の立候補で一〇年ぶりに役員選挙(投票活動)が行われることになった。当時の組合規約では専従役員の任期は一年で毎年役員選挙が行われていたのだが、立候補者が定員以内であれば信任投票なしで確定することを規約に定めていた。改選の時期になると「役員選挙のための選挙管理委員会」が設置されるが、選挙管理委員会の仕事は、立候補の受け付け作業をおこなって「定員内だったので全員当選」という告示をするだけの簡単なものだった。

三菱化成黒崎工場労働組合は、戦後まもなく設立され総評傘下の合化労連に所属していた。一九五四年に総同盟、全繊同盟などが「総評の政治偏向」を理由に総評を脱退して全労会議を結成したとき、三菱化成労組も追随して合化労連を脱退した。しかし、化学産業で全労会議に参加したのは中小企業の労組だったので全労会議には参加せず、以後上部団体なしの「純粋の」企業内労組としての道を歩んできた。

五〇年のレッドパージで共産党活動家を失って以来、黒崎工場内の左派勢力は社会党左派に所属する青年労働者が中心になり、一時は専従執行委員の半数を占めるまでになっていた。そのころは、毎年の役員選挙も活発で執行委員選挙は、企業が押す役員候補者と左派からの候補者とでにぎやかな選挙活動が繰り広げられた。

しかし、これらのメンバーは旧中卒、高卒であり、いずれは中間管理職への道を歩む層で、それだけに本社や支店などに転勤する立場でもあった。そのために、会社はこれらの左派活動家をひとり又ひとりと黒崎工場外に転勤させ、その四名がいなくなった時点の一〇年前から無投票状態になっていた。

私の立候補で候補者の選挙活動と投票がおこなわれるようになったが、投票活動の経験を持たない選挙管理委員たちは組合規約を頼りに準備を進めていたところ、私の立候補挨拶をめぐって対立候補陣営からクレームがついてたいへんだったようである。

物議を醸したのは、私の立候補あいさつの「ある労組幹部は（被災を訴えた紀井に対して）『会社に不満があるならやめれば良い』と言った」という箇所である。私の対立候補七名は全員が前執行委員であったので、彼らは、選挙管理委員会へ私の挨拶文は他の候補者への誹謗中傷にあたるとして取り消しを求めたのである。

選挙管理委員長からの事情聴取に対して、被災者（紀井）が福岡県労基局へ出した異議申し立て文書に記載していることだから、と突っぱねた。結局私の立候補あいさつは、そのまま組合機関紙（選挙公報）に掲載され、選挙管理委員会は、『当時の執行部として責任をもって申し上げるがそのような発言をした事実はない」という対立候補のコメントを補足する形で事態を収拾した。

　選挙活動は、告示から三日間、時間内に工場内の各職場を訪ねて所信表明をすることができる。私は就業前後の門前あいさつ、就業時間中は弁当持参で作業中の各職場をまわって紀井の労災問題を提起した。

　投票は、定員七名の連記制であった。つまり私を支持するか、対立候補七名を支持するのかを争ったわけである。二四〇〇票の差で敗れたが、もし単記制であれば私が執行委員に選ばれたのではないかと思う。

執行委員立候補の背景

　前にも触れたが、私は一五歳で三菱化成黒崎工場に入社。技能者養成所で二年間の研修を受けてから工場現場に配属された。配属先はある程度の希望がかなえられるので化学技術者を指向していた私は第一希望のコークス部試験課分析係に配属された。

　私は中学時代に理科（特に化学）が好きで将来は化学者になることを願っていた。高校進学をせずに三菱化成への入社を選んだ理由もそこにあるのだが、「中卒で工場に入って化学者になる」ことと「高校から大学へ進学した後に化学者になる」ことの違いを知らなかった幼稚さを現場に配属されたとたんに思い知らされることになる。つまり、「分析技術者」ではなくて「分析工」であり、「旋盤工」「溶接工」であったわけである。「養成工」「幼年工」と呼ばれているのを知ったのも現場に配属されてからで、養成所時代に描いていた自分の将来像に幻想を持っていたのは私だけではなかった。一緒に卒業した同級生の半分近くは定時制高校から大学への道を歩んで退職し、医者になったり大学卒として他の企業へ就職している。私も退職するつもりで派遣勤労係（人事を扱う勤労部の出先）へ退職届け用紙（そのような用紙があると思いこんで）を貰いに行ったことがある。その直後にちょっとした怪我をしたことと、会社に呼びつけられた父親の説得もあって退職せずじまいだったが……。

　レッドパージで壊滅した共産党の再建は技能者養成所卒業生で私の一年、二年先輩を中心に再建が進んでいた。といっても党員であることを隠さない何人かの先輩を知っていただけである。

　私は一八歳のときにマルクスやレーニンの存在を知ったが、それは前述の先輩たちからではなくて、地域の青年団活動を通じてである。当時遠賀郡香月町（現在は北九州市八幡西区）という遠賀川流域の農村に炭坑が紛れ込んだような地域の農家に生まれ、独身時代は一時間ほどかけて列車通勤をしていた。

各集落には農村独特の青年団があって盆踊りなどの中心になっていた。各集落の青年団が集まって協議会を構成していたが、「青年団協議会」ではなくて「青年団体協議会」であった。「青年団体」として炭坑集落（大辻炭坑）労組青年対策部を構成団体に加えた。「香月青協」と略称したが、そのことで青年炭坑労働者の革新性をともすれば保守に流れがちな農村青年へ伝え、逆に農村青年が持つ土着的なコミュニティ意識を労組青年へ伝えようとした当時の香月青協リーダーの先進性は高く評価されよう。香月青協は「うたごえ」「演劇」「文学」「社会科学」などをキーワードにした文化サークル活動を展開し、各サークルには香月青協構成団体員だけでなく、地域の青年団体には所属しない「通勤労働者」も多く参加した。

これらのサークル活動の中心になったのは香月地区の青年共産党員だった（と、認識している）。前述の工場内での共産党員が「革命的警戒心（今は死語？）」を身にまとってひそやかに活動しているのに比べると天衣無縫というかあっけらかんとしたものだった。私は「うたごえ」「社会科学研究会（社研）」サークルに通うなかで、共産主義運動の洗礼を受けた。その当時は独身で香月に住んでいた上野英信は香月青協内の「文学サークル」を指導していた。私を谷川雁に紹介し、『サークル村』へ誘ったのも上野英信である。

『サークル村』の中心的なメンバーが共産党員であることを知り、私も入党する決意を固めた。六〇年の始め頃である。今はどうなっているか知らないが当時は地域細胞と職場（工場）細胞に分かれていて、私は前述の共産党員と思われる先輩に入党したいと話した。しばらくして返事が届いた。細胞内で検討したところ「いまの時代に自分から入党を申し込む人間などいない。自分から入党したいというのは、会社のスパイではないか、という意見が出たのでダメだ」という返事だった。そのことを知った谷川雁が、「じゃ私が県委員会に話をしてやろう」ということになり、県委員会を通すことで私の入党手続きが進行するようになった。しかし、その手続きが済まないうちに六〇年安保騒ぎで肝心の谷川雁が除名になり、工場内の共産党員との関係はいっそう悪くなって一〇年が経過していた。

『サークル村』が消滅し、上野英信、谷川雁が中間を去ってからも森崎和江は中間に住み続けていたが、そこに『サークル村』に関わっていた私も含めた数名とそれよりも数年年下で『サークル村』を知らない若者たちが出入りしていた。

六八年暮れ、九州工業大学（九工大）で十数名の学生が教室のひとつをバリケード封鎖したが、森崎和江は前述の若者たちと一緒にこれらの学生におにぎりを差し入れした。

六九年春、私たちは森崎和江を中心にして、おにぎりの差し入れで出会った学生たちにも声をかけて、『沖縄列島』（東陽一監督）の上映運動に取り組んだ。映画上映だけでなく東監督、石田郁夫（評論家）を東京から、沖縄からは近田洋一（琉球新報記者）を招いての講演とセットにしたもので、一〇〇〇人規模の企画で準備期間に八ヶ月をかけようというものだった。「実行委員会」ではなくて「おきなわを考える会」という集団（サークル）を立ち上げた。その拠点として、岸の浦（黒崎駅から一〇分のところ）に、四畳半と二畳の流し付きの板の間、トイレはなくて外の共同便所という部屋を確保した。家賃は月額四五〇〇円だった。そこに中古の謄写印刷機（ガリ版とよばれるもので天井からゴムひもで引っ張って一枚一枚印刷する手動式）を持ち込んだ。この印刷機を使って、「上映準備ニュース」ではなくて『わが「おきなわ」』という月刊ミニコミを発行して準備活動をおこなった。

もちろん上映運動などははじめての者たちの思いたちであり、赤字覚悟の企画であったので、考える会のメンバーは赤字が出たときの穴埋め基金として五〇〇〇円の拠金を出し合った。部屋代が月額四五〇〇円のときの五〇〇〇円である。いまの価格ですれば三万円から五万円の拠出だったと思う。

余談だが、連れ合い（村田和子）も三菱化成に入社四年目で『沖縄列島』上映運動に関わり、それが市民運動とのはじめての出会いとなった。社員の思想調査を専門とする勤労部保安係は一週間ほど退社後の和子を尾行した。和子は、家族に「危険な人物と接触しているのでやめさせるように」と圧力をかけられた経験を持っている。人権擁護委員会に提訴したり家族と摩擦を起こして家をでて自活するきっかけにもなっている。

『わが「おきなわ」』は上映会終了後、『九州通信』

の発行母体となり、岸の浦の部屋は拠点としてそのまま維持された。さらに、七〇年六月一五日の「六〇年安保から一〇年」とタイトルをつけた黒崎駅前での集会とデモへと引き継がれ、森崎和江を中心にした七〇年前後の運動は終息した。この二年間はまた一編の物語であるが、それは又の機会に譲る。

私は、それ以降も日中国交回復運動など地域の運動にかかわり、七一年は「三里塚連帯行動委員会」を名乗って、夜な夜なステッカー張りなどをおこなっていた。あけて七二年二月、連合赤軍が浅間山荘に人質をとって立てこもるという事件が起こり、連日テレビで報道された。

当然のことながら社員の思想調査を職務としている保安係は、以上のような地域での私の行動を知っていて、「社会党でもなく共産党でもない。とすれば過激派（このような語彙がマスコミに登場し始めたのはいつの頃からか知らないので別な用語かも）」と分類していたに違いない。

そのような背景の中での七二年六月の執行委員選挙であった。シコシコと「大衆とともに」地道な活動を続けてきた化成の共産党諸氏の眼からは、私の突然の立候補は「度し難いハネアガリ」と見えたに違いない。たしかに勝算などを度外視した私の行動は「ハネアガリ」であったろう。しかし、そのような「ハネアガリ」が時として閉塞状況を突き破ることだってあるのではないか。

三、ケンカのやり方

初めての門前ビラ配布

当時、工場の通用門は東門、正門、西門と三ヶ所あって、列車通勤者は東門、正門利用者は西鉄電車黒崎車庫前（現在は再開発で跡形もないが）を通り、西門利用者は四〇〇メートル西の西鉄電車ガードを通っていた。

私は、開票日の数日後にこの二ヶ所（二日間）で六時から八時まで、「落選のあいさつ」というガリ刷り（あわせて三〇〇〇枚）のビラをひとりで配布した。

落選のあいさつ　村田　久

「一〇年来の泰平の夢をむさぼり、相当に腰抜けになって、いざという時に役に立たん組合になっちょります」

と、これまでの組合路線を真っ向から批判して、勝算のない役員選挙にあえて立候補した背景には、一人の労働者が安全を無視した試作品開発の犠牲になり、一年三ヶ月、ノイローゼ患者に仕立て上げられて孤立を強いられてきた言葉では言い表しようもない彼の無念さに連帯して、「黙ってるわけにはいかない」という切羽つまった気持ちがありました。

一部では私が「彼の事故を利用して立候補した」と考える人がいたようですが、むしろ、「立候補を利用して、彼がうけた事故を大衆的に宣伝した」といった方が良いと思います。

三日間の各職場でのあいさつで、私は問題の樹脂廃液の毒性について、労働組合の体質について仮借のない批判を展開してきました。私の話に耳を傾けてくれたたくさんの人たちに改めてお礼の言葉を述べたいと思います。とりわけ少なからずの職場で、勝手不案内の私を計器室や詰め所に案内して「あいさつ」の便宜を計って頂いた好意は、「とも角、私の話をきいて欲しい。そして考えて欲しい」ということを念願していた私にとって本当に身にしむものでした。

開票の結果は二四〇〇票の差で私は落選しました。票の上では大敗ということかも知れません。しかし、さまざまな情報（それがどんなにくだらないものであれ、それなりに有効に、即ち私に不利に作用したと思いますが）がとびかう中で、断固として私の考えを支持してくれた人が七一二人もいたということは、大変な成果だと考えています。

私は立候補のあいさつ文で、「三菱化成の反労働者的施策にはトコトン闘い続けること」を宣言しました。また、各職場では、立候補の直接的なきっかけになった、試作中の廃液の事故は決して過去の問題でなく、未だ未解決であり、たとえ落選しても、彼の古い友人として、同じ化成で働く労働者として出来るだけの努力を続ける決意であることを表明しました。

わたしは七一二人の無言のはげましを心にだきしめて、精いっぱい頑張る決意です。

新しく役員に選ばれた人たちもまた、主観的には労働者の生活と権利を守るために活動することを念願していることは疑うべくもなく、共通の問題には労使仲良くしても、利害反する場合は断固として労働者側に立つという、いわば「筋の通った労資協調路線」を実践されるものと心から期待しています。

このビラには、「関係のないあなたも是非読んで下さい」というサブタイトルが付せられているが、本工（組合員四〇〇〇名）以外に六〇〇〇名近い下請、孫請労働者が前述の道路を利用している。この人たちにもぜひ伝えたいという思いからのサブタイトルであった。

これまで私は街頭ビラ配布の経験は持っていたが、いずれも何人かの仲間と共同でおこなったものであって、ひとりだけでビラを配布した経験はなかった。それも出勤を急ぐ労働者の人混み、顔見知りの同僚や上司と顔を合わせながらのビラ配布は初めてだった。

前述の「岸の浦の部屋」はその後も「おきなわを考える会」の中心に座っていたSが個人的に維持し続け、謄写印刷機機能も保持されていた。私が「落選あいさつ」から『労災ぼくめつ』の大量のガリ刷りビラを出すことができたのもそのような背景があればこそである。

執行委員選挙

落選のあいさつ

村田　久

関係のないあなたも是非読んで下さい。

「一〇年来の泰平の夢をむさぼり、相当に腰抜けになって、いざという時に役に立たん組合になっちょります。」

と、これまでの組合路線を真向から批判して、勝算のない役員選挙にあえて立候補した背景には、一人の労働者が安全を無視した試作品開発の犠牲になり、一年三ヶ月、ノイローゼ患者に仕立てあげられて孤立を強いられて来た言葉では言い表しようもない彼の無念さに連帯して、「黙っているわけにはいかない。」という切羽つまった気持がありました。

一部で私が「彼の事故を利用して立候補した。」と考える人がいたようですが、むしろ、「立候補を利用して、彼がうけた事故を大衆的宣伝した。」といった方が良いと思います。

三日間の各職場でのあいさつで、私は問題の樹脂廃液の毒性について、労働組合の体質について仮借のない批判を展開してきました。私の話に耳を傾けてくれたたくさんの人たちに改めてお礼の言葉を述べたいと思います。とりわけ少からずの職場で、勝手不案内の私を計器室や詰所に案内して「あいさつ」の便宜を計って頂いた好意は、「とも角、私の話をきいて欲しい。そして考えて欲しい。」ということを念願していた私にとって本当に身にしむものでした。

開票の結果は約二四〇〇票の差で私は落選しました。票の上では大敗ということかも知れません。

しかし、さまざまな情報（それがどんなにくだらないものであれ、それなりに有効に、即ち私に不利に作用したと思いますが）がとびかう中で、断固として私の考えを支持してくれた人が七一二人もいたということは、大変な成果だと考えています。

私は立候補のあいさつ文で、『三菱化成の反労働者的施策にはトコトン斗い続けること』を宣言しました。また、各職場では、立候補の直接的なきっかけになった、試作中の廃液の事故は決して過去の問題でなく、未だ未解決であり、たとえ落選しても、彼の古い友人として、同じ化成で働く労働者として出来るだけの努力を続ける決意であることを表明しました。

わたしは七一二人の無言のはげましを心にだきしめて、精いっぱい頑張る決意です。

新しく役員に選ばれた人たちもまた、主観的には労働者の生活と権利を守るために活動することを念願していることは疑うべくもなく、共通の問題には労資仲良くしても、利害相反する場合は断固として労働者の側に立つという、いわば「筋の通った労資協調路線」を実践されるものと心から期待しています。

「落選のあいさつ」ビラ

学歴差別企業の中で

その当時、「人材の三井、組織の三菱」といわれていた。それを反映してか三菱化成の学歴偏重主義はすさまじいものがあった。いまでこそ高卒は珍しくも何でもないが、その当時は中卒者の上位に君臨していた。その当時の職制機構は、一般、補佐、監督、専門そして係長、課長、部長というピラミッド構造になっていた。高卒は二三歳で補佐、二八〜三〇歳で監督と特別の失点がない限り昇職し、三五歳で係長（非組合員）、四五歳で課長になる。ここまでは自動的昇職、成績のよい者は部長になる道も開かれているが、大部分は課長止まりで定年を迎える。それに比較して私たち養成所卒（中卒）は、三〇歳で補佐、四〇歳過ぎて監督、専門に昇職するのは五〇歳を過ぎる。とりわけ成績のよい者は係長で定年を迎えることができるがそれは極めてまれで、専門職で定年を迎えれば御の字である。もちろん組合活動などを熱心にやろうとする「左」の連中は最下層の一般から脱出することも困難である。職掌に職務給という賃金がついてくるだけに報酬面でも格段の違いがある。もっとも一般を二〇年務めれば昇職しなくても職務給を補佐並みにするという労働協約はあったが……。

「分析工」として現場に配属された私は、幸いというかリベラルな上司に恵まれて、「分析工」ではなくて「研究開発」関連の下級技術者としての仕事に恵まれた。たとえば英語で書かれた文献調査をおこない、それに基づいた分析装置を試作するとか、重量分析でおこなった時間のかかる分析方法の替わりに容量分析による迅速分析法を開発するとかの作業である。それはものわかりのよい白人家庭に雇用された黒人召使いに似た環境で、ついつい自分も白人の仲間入りをしたような錯覚を起こさせるような環境であった。そして時に触れ、黒人の身であることを厳しく体験させられ学歴差別を痛切に実感させられたものである。

執行委員立候補当時、私は手作業でおこなっていた生産管理、分析情報管理のコンピュータ化をおこなうシステム検討班というプロジェクトチームに所属していた。

のちに「紀井問題」と称せられるようになった労災問題に関わり始めてまもなく、システム検討班からはずされ、技術サービス要員候補として福岡県金属試験場での研修を受けることになった。その当時三菱化成には、福岡、広島、大阪、名古屋、東京に支店があり、そこにはユーザーのクレーム処理にあたる技術サービスを担当する社員が配置されていた。私をその「技術サービス要員とするための研修」という説明である。私が所属した「コークス部」は石炭を乾溜してコークスを作る部門であったが、高炉用コークスと並んで鋳物工場のキューポラで使用する鋳物用コークスも生産していた。

私を研修（工場外）に出すにあたっての上司の説明はこうである。

これまで支店の技術サービス要員は、鋳物工場へ納めたコークスの品質クレーム処理をするものであったが、クレームの中にはコークスが原因でなく、鋳型に起因するものもある。これからの技術サービス要員は鋳型にも精通する必要がある。君をそのような技術サービス要員にしたい。

技術サービス要員になるのは高卒者に限られていて養成所卒業生がなれる職種ではなかった。それでも「システム検討班」という、いかにもそのようなことが可能であるかのような雰囲気の仕事をしていたので、ハイハイというしかなかった。抵抗もせずにＯＫしたのは、研修先が黒崎で、門前のビラまきに支障がなかったこともある。

被災者との関係

私が工場内で「アカ」と呼ばれる存在であることは、知人の中では知られていて、養成所で一年後輩であった紀井ももちろん承知していた。紀井は会社の水泳クラブの有力なメンバーでもあり、職制に推薦されて組合の代議員になった経験も持っている。つまり会社に忠実な社員であった。だから私の接触を「政治目的に利用されるのではないか」という危惧を持っていても不思議ではなかった。また同じ時期に接触してきた共産党諸君からも「村田がいかに過激な人物であるか」という忠告を受けていた。しばらく後で、「村田さんを選ぶか共産党を選ぶのか迷ったんですよ」と述懐したことがある。

ひたすら会社に忠実な生活を送ってきた労働者が、ある日不慮の事故に遭い、役に立たなくなると切り捨てようとする資本の悪辣さを体験して怒り心頭に発する。しかし、だからといってこれまで否定してきた「左翼」の連中とのつきあいも不安である。肝心の健康がダメになり、これから先の生活も見通しが立たない。その「左翼」もいろいろあることを知って、どちらを選択するか迷ってしまう。

紀井の当時の心境はそのようなものではなかったろうか。被災者が資本と立ち向かうときに、ゼロからではなくて健康を害して、つまりマイナスの状態から出発せざるを得ない。つまりマイナスからゼロをめざす闘いであり、完全勝利をしても侵された健康は元に戻らないかも知れない。圧倒的大多数の被災者は、被災さえしなければ会社に忠実な労働者（体制内民衆）として生きていったであろうに。

紀井との信頼関係をどのようにして構築するのかについて、私は特別のプログラムを持っているわけではなかった。ただ、ひたすらに紀井の悔しさを我が身に引きつけ、八幡労基署の労災不認定の原因を突き止め、その反証を用意すること、紀井の怒りに見合う私の企業との闘いを目に見える形にすることだけを考えた。

被災者が己の健康被害から企業に向かう立場と企業（資本）の本質をふまえた上で支援する立場は微妙に食い違う。支援者は被災者に断固闘い続けることを期待するが、被災者は時として条件さえ合えば和解してもよいと考える。私は紀井問題に関わる中で、「被災（害）者は和解する権利を有する」と考えるようになり、その後いろいろな公害被害者と交流するときの基本姿勢になった。

ひたすら身を軽くして

大企業相手のケンカである。私にできることは何か。ひとつは、八幡労基署の労災不認定の根拠を覆す反証を作り、上級審査庁である福岡県労基局参与会に提出すると共に、そのことをできるだけ多くの黒崎工場労働者へ伝えることである。

それは一審で敗訴して控訴した原告の代理人として、一審判決を覆すだけの証拠書類を集めようとする新米弁護士に似ている。いきいきした資料をどれだけ集めることができるか、落選後の私の余暇時間の大部分はこの資料収集に費やされた。もちろん勤務時間外の作業である。

二つ目は、そのことをできるだけ多くの黒崎工場で働く労働者に伝えることであった。

「相手は巨象でこちらはその周りをうるさく飛ぶ小さな蜂である」という位置づけで、ノックアウトパンチなどできるはずもない、ひたすら身を軽くして効き目がなくても数多くジャブを出す戦法をとることにした。それにしても観客は多い方がよい。ジャッジは観客であるのだから。

それが『労災ぼくめつ』の門前配布を思い立たせた。落選あいさつから『労災ぼくめつ』終刊号までの一年九ヶ月間、毎週月曜日と火曜日の午前六時から八時までひとりでビラを配布してから研修先の福岡県立金属試験場へ出勤する。週の前半は資料集めに奔走し、金曜日あたりにビラの原稿を作る。それを連れ合い(和子)がガリ切りして日曜日は「岸の浦」で手刷りをするというのが日常化した。

いま振り返ってみて、「よくもまあやったよなあ」と思う。私が三七歳の時である。

四、『労災ぼくめつ』を通じて

「落選のあいさつ」に続く門前ビラ『労災ぼくめつ』の第1号は、紀井問題への支援を訴えるビラになっている。

紀井君の闘いにあなたの支援を!!

三菱化成で働くすべての労働者のみなさん!!

とりわけ、毒物、劇物をとり扱う職場で働く労働者のみなさん!!

薬品部樹脂課の紀井禧橘君は、昨年三月五日、試作中のキレート樹脂の廃液蒸気を吸い、頭痛、不眠、筋肉痛等の症状に襲われ、それから一年以上もたった現在も、治療法の目途もつかないまま、寝たり起きたりの毎日を送っています。

労災認定の申請書を八幡労基署に提出したのは、事故発生以来、七ヶ月も経過した昨年一〇月で、八幡労基署の審査結果は更に六ヶ月を経過した今年の四月、それも「業務上疾病とは認められない」という意外な結論でした。

紀井君は直ちに異議申請の手続きをとり、現在は県労基局で審査中です。(五月二六日の『読売新聞』夕刊、五月二七日のNHKテレビニュースで報道されたので御承知の方も多いと思います。)

既に一年数ケ月にわたる私傷扱いで彼の生活基盤は経済面から破壊されており、加えて治療法の目途もつかない現在の状況では、労災認定をかちとることは、絶対に必要なことです。

労災認定をかちとるということはとりも直さず、化成が労基署へ提出した資料のあいまいさ、問題の廃液の毒性を白日の下にさらけ出すことに他なりません。それは極めて困難なことですが、紀井君は自らの生活を守るために孤立無援の闘いを既に開始しています。それは決して余裕のあるものでなく、ギリギリの地点に立たされた労働者の捨身の反撃でもあります。

紀井君のうけた事故は同じ工場で働くわたしたちにとって無関係ではすまされない問題であり、特に八幡労基署の労災不認定の処置は化学工場でうけ易い内臓障害が労災に認定され難いことを物語っており、県労基局での審査結果は紀井君のみでなく、わたしたちにも重大な影響を与えます。

わたしたちは彼の闘いに連帯して、労災認定が一日も早くかちとられるよう全力を傾注することを決意しています。

あなたの支援を心からお願いします。

一九七二年七月二四日

紀井君の友人の会

〔連絡先〕八幡区元城町二‐三二　村田久気付

(『労災ぼくめつ』第1号、一九七二年七月二四日)

このビラの余白に、次のような求人広告を掲載したが、当然のことながら、このビラをみて連絡してきた人はいなかった。

求人広告

一枚のビラが現実に陽の目をみるまでには、さまざまな方たちの協力が必要になります。

情報を提供する人、それを文章にまとめる人。

ビラのレイアウトを考える人。ガリを切る人。

印刷する人。ビラをまく人。それらを財政面から支える人。

そのどれかに協力してくれる人を捜しています。

「義をみてせざるは、勇なきなり」とか。

あなたは、いかが?

『労災ぼくめつ』は、紀井が受けた労災事故の概要を三菱化成黒崎工場の通用門を利用する本工、下請け労働者に知らせることから始まった。1号を配布してから一週間後に、被災者紀井の署名文章を『労災ぼくめつ』第2号として配布した。

労働災害の新しい局面に備えよう!!

最近、ファインケミカルという言葉がよく使われる。

これから先の化学工業の進むべき道として大変興味深いが、私達直接生産にたずさわる労働者にとって気がかりなことは、原料、触媒製造工程が新しい物であればある程、人体に及ぼす毒性が未知数であり、思いもかけない災害に見舞われる危険率が高いことだ。

私の小さな体験を言えば、私は昨年三月、キレート樹脂という重金属吸着用イオン交換樹脂の新製品を試作中の廃液ペーパー（蒸気のこと－筆者註）を吸入し、以後、激しい頭痛、眼痛、不眠、胸背痛、手のしびれ、ふるえがひどく、一年二ヶ月にわたって治療のきめてすら発見されないまま会社を休んでいます。

残念というより、遺憾にも思えることは公傷扱いにもならずにだ。公傷とするために必要な労災認定の申請を八幡労基署に提出したのが、事故発生以来、半年間も経過した昨年一〇月であり、その審査がまた半年間かかって、「業務上疾病とは認められない」という一行の理由によって不許可になった。

現在、県の労働基準局に再審査請求中であるが、外傷でなくこのような内科的な症状、特に神経を侵すような毒物による災害は、その場で死ぬか意識不明になるなど重傷でない限り労災認定が難しいように思える。

だから事故に会ってからでは遅すぎるのだ。

私の二の舞を絶対にしないよう充分注意を促したく投書した次第です。

上掲の文章は、労組機関紙への投書として、五月中旬に書かれたものであり、当時の佐々木、福森執行委員に掲載を依頼したが、ことわられたものである。

何故、掲載されなかったのだろうか！

その理由に興味のある方は、掲載をことわった当人へ、直接問い合わせて頂きたい。

（『労災ぼくめつ』第2号、一九七二年七月三一日）

軽いジャブ

『労災ぼくめつ』は紀井の労災不認定への反論を中心に会社を糾弾する内容が多かったので、化学専門用語を使うことも多くて固い文体になりがちであった。それを補うために時折軽いジャブを中心にした文章も交えることにした。

拝啓　わたなべ総務課長代理殿

五月二七日のNHKテレビニュースは、紀井君が八幡労基署の労災認定不許可に対して、福岡県労働基準局へ異議申し立てを行ったことを報道しましたが、その時、次のようにあなたの意見を併せて報道しました。

この問題について、三菱化成黒崎工場のわたなべたかし総務課長代理は、

問題になっている廃液のガスについて調べたが、紀井さんの言うような頭痛等を起こす結果は出なかった。又、紀井さんのそばにいた、別の従業員の人には異常はなかった。

と話しています。（注、録音テープからの採録）

この時、テレビの画面であなたのあげた二点が写されましたが、わたしたちはこの問題に対する発言は極めて重大であると考えます。

それは、まずマスメディアとして重大な機能を持つテレビの影響力を無視できない点にあります。そこに、三菱化成黒崎工場の総務課長代理の肩書きで登場したあなたは、社長、重役、部長とそびえたつ化成の職制機構の中で必ずしも高級職制とはいえないにしても、尚、この場合、三菱化成の意見として視聴者は受け取ることでしょう。

このような立場であなたは、「廃液を調べたところ頭痛等を起こす結果は出なかった」といかにももっともらしく断定された根拠はいったい何であるのか。是非お聞きしたいものです。更に、紀井君が廃液のガスを吸った時、そばに別の従業員がいたという、まったく事実無根のことを発言したあなたの真意を疑います。

あなたは、紀井君の事故が新製品試作途中に起

こったものを否定したい許りに、おりもしない架空の従業員を登場させたが、これでは社員信条第三条「常に正論を吐き、常に正論に聴き、常に正論を実行しよう」が泣くではありませんか。

察するところ、あなたは社員信条第一条だけしか御存知ないらしい。「旺盛な責任感とあふれる情熱をもって、自己の職務に尽くす」愛社精神の権化としてのあなたは、ひたすら会社のためを思い、紀井君のうけた労働災害を否定することに「あふれる情熱」を燃やしたが、真実追求の姿勢を忘れた突進は、かつて天皇陛下のため戦争への道をひたすら突進した軍国主義者を思わせるものがあります。

問題の廃液の毒性について充分納得いく資料を未だ受け取っていない紀井君にとって、県労基局への異議申請がいかにも不当なものであるかのような印象を視聴者に与えたあなたの発言は大変迷惑なものであり、紀井君の労災認定のために全力を傾注しているわたしたちは、あなたの発言を絶対に容認できません。

あなたの発言取り消しと紀井君への陳謝を要求するものであります。


（『労災ぼくめつ』第4号、一九七二年八月一四日）


このようなすべり出しで『労災ぼくめつ』の門前配布が始まった。その後は八幡労基署が労災不認定とした六項目の根拠への反論を中心に専門的にすぎる『労災ぼくめつ』が続くことになる。にもかかわらず、出勤前に『労災ぼくめつ』を受け取る労働者の反応はよかった。

時折、出勤前の労働者に朝ビラを配布する光景がみられるが、最後に政党名を入れたりしていて標題だけで結論がわかりビラの内容まで眼を通すこともなく、大部分はすばやく守衛が用意するポリ容器に捨てられることが当たり前になっているなかで、『労災ぼくめつ』はくずかごに直行させられることは少なかった。

これは、ひたすら「工場内で起こった労働災害」に焦点を絞ったビラであったこと、何よりも被災労働者本人が自宅療養あるいは入院中で直接ビラ配布をすることはできなかったものの、会社とそれに追随する労組と正面切って向き合っている雰囲気が、『労災ぼくめつ』の文面に反映していたことが大きい。

五、労災不認定の原因を追う

八幡労働基準監督署が紀井の労災申請を業務外として棄却した理由は、次の六点であった。

①請求人が訴えている症状は、ガス吸入した昭和四六年三月五日以前、昭和四五年二月二四日、三菱化成工業（株）附属病院において受診した際、その一〇日以前からのものであることを訴えていることより、ガス吸入前よりその症状があったものと認められること。

②請求人の私傷歴より昭和四五年三月一八日黒崎整形外科に受診した時、既に慢性頭痛が認められる。

③ガスを吸入したとしている現場の状況、気象状況から判断して風向きの変化があったとしても、又ガスを吸入したとしても、その時間は一五分位で、ガス分析の結果からみても許容濃度に比してその濃度は著しく僅少なものと推定される。

④ＣＲ10の取り扱いについて、取り扱い上の注意事項を知らされており、また本人も充分承知していた。

⑤請求人はガス吸入の昭和四六年三月五日には受診せず、翌三月六日、三菱化成工業（株）附属病院で受診しているが、前日のガス吸入のことについては、急性症状の訴えもなく、胃の透視検査のみを受けていること。

⑥請求人を診断した各医師に所見並びに意見を求めたところ、その結果、昭和四六年三月五日のガス吸入に起因するものであることが明らかでない。

悪用された病院の意見書

労災不認定の理由に「請求人の私傷歴より昭和四五年三月一八日黒崎整形外科に受診した時、既に慢性頭痛が認められる」という一項がある。これは、「従って、もともと本人は頭痛持ちであった」という意味を含んでいる。

紀井は、数年前にバスケットの練習中に腰を痛め、黒崎整形外科を始め、三菱化成病院整形外科、前田整形外科で治療を受けた経歴を持っているが、「この当時は頭痛の自覚症状がまったくなかった」と明言している。

私は事故発生一年前の黒崎整形外科における治療が

どうして今回の事故に結びつけられたか不審に思って、黒崎整形外科を訪れて事情を聞いた。

黒崎整形外科太田院長は、八幡労基署に提出した意見書の写しを見せ乍ら、その間のいきさつについて次のような説明をした。


昭和四七年一月一日付で八幡労基署長より四五年三月一八日より同年八月五日までの間、当院で治療を行ったことと、四六年三月にガス（その成分、性状については何の説明もなかった）を吸ったあとに生じた症状との間に関係があるか意見を求められた。

私は当人の診察簿を検討して、両者には全く関係のないことだから業務上外の認定資料にはなり得ない。従って文書による回答をしない旨を労基署の係官に何度も電話したのだが、文書による回答がないと業務上外の認定の結論が出ないので是非出して欲しいと要望されたので、やむを得ず両者の間には全く関係がないという私の意見書を提出した。

この私の意見書を無視してカルテにあった慢性頭痛のみをとりあげて不許可の理由にしたのは意見書の悪用という他なく、心外に思っている。


その後、太田院長は、紀井の労災認定却下の根拠のひとつになっている「慢性頭痛であった」という項目の削除を求める上申書を八幡労基署署長あてに提出した（一九七二年七月三日付け）。

上申書（要旨）

さきに紀井禧橘氏の病状等について依頼があったので、意見書として当院における診療記録を転記し、その結論（依頼事項にかかわる意見）として当時の病状（昭和四五年三月一八日初診）と、それからほぼ一年後の四六年三月五日にガスを吸ったことによっておこったと言われる症状との間には全く関係がないということを明確にした。

私は当人の診療簿を検討しこの両者の間には全く関係がないのだから業務外判定の資料とはなり得ない。従って文書として回答しないと私自身及び当院の事務長をとおして貴署の係官に電話でその旨を伝え、文書による回答を差し控えていたが、係官から電話で文書による回答がなければ、業務上外の認定が出来ないから是非とも出してくれと言われ、止むを得ず診療録の記載内容をそのまま列挙し、且つ両者の間には全く関係がない旨の私の意見を記載して提出したものである。

ところが、私の提出した意見書の中の診療録のうつしの中の字句のみを取り上げて業務外認定の根拠の一つとされ、医学的根拠に基づく私の結論を故意に無視（それはむしろ悪用ともいうべきである）したのは、まことに遺憾である。

さきに提出した私の意見書に明確に記載致したように、当院における診療録からはその当時の症状（背腰痛が主であって、頭痛等の脳症状の記載がない）と四六年三月五日にガスを吸った事からおこったとされている症状（頑固に持続する頭痛等）とを結びつけるに足る医学的根拠を全く見出せないし、またその間をつなぐ架橋症状もまったく存在しない。

ということは、意見書の結論としてあげたようにこの両者の間には、まったく関係がないということであって、当院の診療記録は紀井氏の四六年三月五日における事故後の症状が業務上かあるいは業務外かを判定する資料とはなり得ないことを示している。

従って当院における紀井氏の診療記録を、その業務外認定の根拠の一つとしてあげているが、これは前述したように医学的に見てまったく不当であるので、その項目の削除を要求する。（上申書には、「慢性頭痛」という診断名がついた健康保険上の理由も詳述されている）

問題の廃液ガスと症状との関連性を検討するために、労基署が関係病院に意見を求めることは、そんなに不思議なことではないが、黒崎整形外科への意見書の求め方には明らかに作為がある。

第一に、問題の廃液の成分、性状を一切不明のままにして意見書の提出を要請していることである。廃液について情報ゼロの状態で廃液ガスを吸ったから起こったといわれる症状と廃液の関係について意見を述べよというのは、一休禅師のトンチ問答ではあるまいし、答えようがないのは当然のことである。

第二に、黒崎整形外科受診は、廃液ガス吸入の一年前のことなので無関係であるとして、再三、意見書の提出を拒否したにも拘わらず、しつこく、その提出を求めたことである。

恐らく、八幡労基署としては、「慢性頭痛」の診断名を、本人の私傷歴調査書（三菱化成提供）で発見し、既に知っていたに違いないと思われる。その「慢性頭痛」を今回の廃液ガス吸入による業務上傷害の否定理由に引用したいという意図が、廃液の成分、性状を知らせないままの意見書依頼や、再三拒否されてからも尚、「文書としての意見書」を欲しがった行為になったのに違いない。だから黒崎整形外科の意見書の結論を無視したのは、当然の帰結なのだろう。欲しかったのは、カルテであって意見書ではなかったのだから。

このことから、労災不認定理由の一つにあげられた黒崎整形外科の意見書は、労基署係官の歪曲引用であり、公正中立であるべき労基署に予断と偏見があったものと考えられる。

何の見通しもないままに、労災不認定の根拠となった項目への反証をつかむために調査を開始して、最初に出会った黒崎整形外科院長の積極的な協力にはたいへん勇気づけられ、調査活動にいっそうの弾みがついた。

技術室での出来事

労災不認定の理由に「請求人が訴えている症状は、ガス吸入した昭和四六年三月五日以前、昭和四六年二月二四日、三菱化成工業（株）附属病院において受診した際、その一〇日以前からのものであることを訴えていることより、ガス吸入前よりその症状があったものと認められること」という一項がある。

これは前述の黒崎整形外科のカルテにあった「慢性頭痛」を悪用して紀井があたかも一年前より頭痛持ちであったかのように印象づけていたのを完成させる意味で三月五日の廃液ガス吸入以前に、附属病院に受診して、頭痛、不眠を訴えていた、というものである。

このことに対して、紀井は八幡労基署での不認定理由を全然知らないまま、県労基局へ提出した異議申し立て書の中でも触れているように、二月二四日に附属病院に受診したのは、技術室での廃硫酸減圧蒸留の真空ポンプ排気を吸ったためである。

労基署の不認定理由を知った紀井は県労基局で追加申請書を提出したが、この中では次のように述べている。

「……真空ポンプの排気に青酸臭がしたことについては、当時一緒に仕事をしていた薬品部技術室のI、N両課員も認めており、特に指導的立場にあったI課員が、『この臭いは青酸系のものだ』と発言したのを

N課員がはっきり記憶して証言しています。
二月二四日に内科受診したのはこのためでありますが、この時の頭痛、不眠などの症状より三月五日以降の症状が比較にならぬ程激しいものであった事は、当時の主治医、市川先生（三菱化成附属病院内科）に訴えており、このことについては市川先生も認められています」

CR10の取り扱い注意を知らされていなかった

労災不認定の理由に「CR10の取り扱いについて、取り扱い上の注意事項を知らされており、又本人も充分承知していた」という一項がある。

CR10というのは、問題の廃液を出したキレート樹脂の名前だが、この一項を読んだ限りでは、紀井が廃液ガスを吸ったのは、あたかも、本人の不注意であったかのような印象を受ける。ちょうど「保護具着用」という安全作業基準を守らないで、けがをした場合と同じような立場で紀井をみていることになる。

このことについて紀井は、県労基局へ提出した「追加申請書」で次のように述べている。

キレート樹脂CR10（問題の廃液の品名）は常時生産されているものではなく、新製品開発途中の試作品であり臨時的に生産されたものであります。そしてこの試作には主として技術室のスタッフがあたっており、現場（樹脂課）からは極く一部の人間が加わっただけです。従ってCR10試作の注意事項について説明があったとしても、それは試作に関係していたメンバーだけに限定されるのが通常であり、新製品開発は当然企業秘密に属することであれば、その試作（原料の配合割合、反応条件等）を無関係な人間に説明するとは到底考えられません。そして私がCR10の試作に無関係であることも明白であります。

加えて廃液を流す時間についても、事前の連絡が不充分であったことは、実情調査にあたった八幡労基署の成瀬調査官のメモからも明らかです。

以上のことから、私がCR10の取り扱いについて事前に知っていたというのは事実に反するものであり、不認定処分の理由にはなり得ないと確信します。

会社の言い分と食い違っていて、そのどちらが事実であるのかという決定的なきめ手はない。
しかし、
（一）紀井はＣＲ10試作の担当でなく、原子力樹脂の担当であり、事故当時も、原子力樹脂生産のためにポンプの整備をしていたところ、そこが排水溝のすぐそば（七〇センチ）であったために、排水溝を流れる廃液ガスを吸入するはめになったこと。
（二）ＣＲ10は新製品開発途上の試作品であって、いわば企業秘密に属するもので、関係者以外に説明がないのは当然ではないかと推察されること。
（三）事故は廃液ガスから起こっているのだが、廃液を流す時間については連絡不充分であったことは会社も認めており、廃液を開放された排水溝に排出したことは、廃液の取り扱いに考慮が払われていなかったことを意味する。
と判断することは、決して飛躍した一方的な考えではなく、これを「労災不認定」の理由にするのは、筋の通らない話である。

廃液の毒性を追う

六項目の八幡労基署の労災不認定理由への反証を追及する過程で、最大の難関は被災の直接原因となったキレート樹脂廃液の毒性である。

八幡労基署の不認定理由のひとつに、「廃液ガスはガス分析の結果からみても許容濃度に比して、その濃度は著しく僅少なものと推定される」というのがある。

紀井の症状がこの廃液ガスに起因している以上、この廃液の毒性及びガス濃度は重要な点であり、果たして「許容濃度に比して著しく僅少なもの」だったのかという疑問が強くおこる。

八幡労基署へ提出された会社資料によれば、問題の廃液は、「ＣＲ10アミノ化後のメタノール洗浄液」と呼ばれるもので、成分としてジメチルフォルムアマイド（ＤＭＦ）とジメチルアニリン（ＤＭＡＬ）があげられており、事故発生から三ヶ月後、当時の薬品部技術室及び開発部のスタッフが行った廃液ガスの濃度測定結果として、ＤＭＦが許容濃度一〇ｐｐｍに対して一・三八～二・〇四ｐｐｍ、ＤＭＡＬは許容濃度五ｐｐｍに対して〇・〇四二～〇・〇六三ｐｐｍという数字が示されている。

八幡労基署では、この数字を根拠に廃液ガスを吸入したという事実を認めながらも、その毒性について否定的な判断をしたものと考えられる。

調査を開始して六ヶ月後、これまでの県労基局へ提出した反論書の成果もあり、県労基局審査官立ち会いのもとに、問題のキレート樹脂廃液の再現実験が行われることになった。会社は事故が起こって三ヶ月後の四六年六月に、廃液ガスの濃度測定を主とした再現実験をおこなっていて、その時の分析結果は八幡労基署での審査に使われている。この再現実験及びレポートにいくつかの問題点があり、紀井は労働者側委員（再審査は労働省の保険審査官と労働者、使用者それぞれ二名ずつの委員で行われる）を通じて、本人が納得のいく再現実験を要望していた。

残念ながら、七二年一〇月一三日に行われた再現実験は紀井の要望が殆ど入れられず、紀井にはまったく納得できない形式だけをつくろったものになった。

当時、福岡東病院に入院中の紀井に労基局審査官から電話連絡があったのは再現実験の一週間前で、「一三日に廃液の再現実験を行うので立ち会うように」というだけだった。再現実験はやれば良いというものではなく、そのやり方が決定的に重要になるが、その再現実験のやり方についての説明は何もなかった。

紀井は、再現実験について、

○問題の廃液は試作品である。その反応工程を事故当時と同じように再現するにはどのような考慮を払っているのか。

○排出する時の廃液の温度は濃度に重要な影響を与えるが、これをどうするつもりか。

○廃液の濃度測定について、どのような分析法を採用するのか。

○再現実験を公正にやるためには、中立の立場で技術的な専門家を立会人に選ぶことが必要である。県労基局審査官を含む再審査に加わっている委員は技術面では素人であって、彼等が立ち会ったことは、公正な再現実験が行われたことにはならない。

として、再現実験の実施要領が不明であることを理由に一三日の再現実験は延期するように労基局に申し入れると共に、延期できない場合は本人が推薦する人を立会人に加えるよう要望した。これに対して労基局は実験の延期はできないが、立会人については三菱化成が認めれば労基局としては構わないという返事だった。紀井は、再現実験の技術側面に知見を持つ友人を立会人として認めるよう会社に要求したが、会社はこれを頑固に拒否した。会社が認めないのは、「会社にやましい点があるからだ」と、いっそう再現実験に不審を持った。

一二日の原料仕込みに立ち会った紀井は、一三日の廃液濃度の測定方法について質問したところ、まだきまっていないという返事だった。(翌日行う実験の方法がきまっていないなど、そんな馬鹿げたことがあろうか)

再現実験をめぐって紀井の要望を徹頭徹尾ふみにじった会社は「できるだけのことはしている」というこれまでの態度表明に「労災認定にならないように」という形容詞が省略されていたことを証明したことになる。

その後の調査で、会社が労基署へ提出した資料に重要な有毒薬品を欠落させていることが判明した。

それは別名をIDNと呼ばれるイミノジアセトニトリルという薬品である。IDNはシアン系の薬品であり、DMF、DMALよりはるかに有毒なものである。このIDNは、キレート樹脂の母胎であるCM化ポリマーと反応させるために使用されるものであり、アミノ化というのは、この反応を指すものである。従って廃液の中には未反応のIDNが含まれているのは勿論だが、CM化ポリマーとIDNの反応は、主反応とともにいろいろな副次反応が起こっており、それらの反応生成物が廃液に混在していたことは容易に想像される。

このIDNは八幡労基署へ提出した会社資料では、キレート樹脂生産上の安全基準書の一節と思われる、「一般的注意事項」という資料に次のように記載されているだけである。

DMAL、IDNについてもDMF程ではないが有毒であるので、取り扱いにはDMFと同様に充分注意すること。

「DMF(ジメチルフォルムアマイド)ほどではないが」ともっともらしく書いてあるので、定めしIDNの毒性については充分調査研究したかのような文章だが、実際は紀井の事故が起こってから、あわてて毒性テストを大学に依頼している。廃液の中のDMF、DMALが購入原料であるのに対して、IDNは黒崎工場で生産されたものであり、それだけにその毒性について、充分な調査もせずに試作工程に数十キロも使用したというのは、労働者の安全というものについて、まったく考えていなかったことを示している。

ＩＤＮの毒性テストは紀井の事故から四ヶ月余り経過した七一年七月二一日、東京歯科大学衛生学教室へ依頼されており、その結果は七二年三月（事故一年後）に三菱化成へ報告されている。

報告によると、ＩＤＮの毒性（致死量）はＤＭＦの約一三〜一六倍であり、前述の「一般的注意事項」の「ＤＭＦ程ではないが」という文章が如何にそらぞらしいものであるかがよくわかる。

ＩＤＮが使われていることは、関係者にとっては周知の事実だが、ＩＤＮの毒性についての紀井の質問に対して、製造二部の某部長代理は、「あれは君、塩か砂糖みたいなものだよ」と説明している。その時、紀井から、「塩か砂糖みたいなものなら、私の目の前でなめてください」とすかさず詰め寄られた彼は、「いや、あれは食品じゃないから、なめるわけにはいかない」と苦しい弁解をしている。

ＩＤＮの毒性については何も知らせていない、だから知っているはずがないという姿勢で、労働者を無知なものときめてかかっているごうまんな考えがよく表れている。

これまで述べてきたＩＤＮの毒性については、『労災ぼくめつ』16号の要旨であるが、16号には、「疑い深い人への注」として、

ＩＤＮの毒性テストが事故発生後に東京歯科大学へ依頼されたという本文の根拠は、その東京歯科大学の三菱化成への報告書のコピーを私たちが入手しているということです。

と付記して、会社からの不当な干渉と弾圧を牽制した。

本稿を書くにあたって、保存している「紀井問題資料ファイル」を調べたところ、確かに報告書のコピーがあった。このような資料をどうして入手できたのか記憶があいまいだが、その頃は九州大学、九州工業大学には公害問題に取り組む教員、学生グループがいて、この人たちの技術面からの協力によるものではなかったかと思う。

『労災ぼくめつ』を一人で配布している一見孤独な闘いに見えた私だが、実は七〇年代初期の反公害運動の盛り上がりに支えられていたのである。また、その当時、三菱化成に入社した学卒社員の中には全共闘運動を体験して私の労災闘争を陰から支えた者もいたのである。

六、ケンカの第二段階

地域からの支援

紀井問題を訴えての労組役員選挙への挑戦と落選。労災不認定の原因を探る調査活動とその経過を大衆的に明らかにするための『労災ぼくめつ』配布。闇雲に突っ走った二ヶ月間を「ケンカの第一段階」とすれば、第二段階は陣形を整備しての本格的な闘争開始と位置づけることができる。

『労災ぼくめつ』第12号を紹介しよう。

ビラまき雑感　ささやかな勇気

『労災ぼくめつ』を発行して二ヶ月を経過しました。その間、月曜日は車庫前で、火曜日は貞元ガード下付近と週二回のビラ配布を行って来ました。

「紀井君の友人の会」に集まる何人かのメンバーの中で、公然とビラ配布するには何かとさしつかえる人間がほとんどで従ってビラ配布は主として一人で行って来ました。

「やましくなければ、恐れることはない。堂々とまけばよいではないか」という意見の持ち主があるとしたら、その人は余程のお人好しか、又は……に違いありません。

企業は常に自分のきめた枠をはみ出ようとする人間に対して不当な取り扱いをする権限（?）を留保していると信じ込んでおり、労働基準法その他で、公然と行使することを制限されているだけのことです。

「戦力の放棄」を明記した現平和憲法下で自衛隊が強化されているように、法文は場合によっては死文化することもあり、死文化をねらう側とそれを守ろうとする側は敵対的な矛盾関係にあります。（略）

ひとりでのビラまきは、ラッシュ近くでは渡せる人より渡せない人が多いのですが、或る日、その人ごみの中で、私からビラを受け取るなり耳許で、「大変ですね。しっかり頑張って下さい」とささやくや、あとは何事もなかったように足早に離れて行った人がいました。

人ごみの中で、個人的な面識のない人間に激励の言葉をかけるというのは、大変勇気のいるものです。恐らくその人は、その日にふと思いついて声をかけたのでなく、一週間に一回のそのわずかな出会いに声をかけることを前から思っていて、何回かは声をかけることができずに、通り過ぎたのではないかと思います。そのために費やしたエネルギーは目に見えないものにしろ、大変なものでしょう。他人からみれば、「何だ、その位」と思われるものでも、当人にとっては大変決意のいることがあり、そのささやかなことに真剣に対処することが人間には必要ではないかと思います。（略）

（『労災ぼくめつ』第12号、一九七二年一〇月九日）

文中で触れているように、表面は孤独な闘いに見えた『労災ぼくめつ』配布であったが、表には出せなかったものの力強い支援を受けながらの三菱化成相手のケンカであった。

ひとつは、七〇年代に入って全国的に高揚した反公害住民運動の力である。北九州では「カネミ油症」や「洞海湾汚染」「大気汚染」が問題になり、被害者とそれを支援する運動が活発であった。九州大学や九州工業大学内で、「反公害問題」に取り組む研究者や学生のグループが活発な活動をおこなっていた。七一年秋に宇井純の講演会が北九州市で開かれた。この講演会は北九州でさまざまな公害問題に関わっている人たちのネットワーク形成に大きな役割を果たした。

前にも触れたが、七一年秋、私は「三里塚闘争連帯行動委員会」を名乗っていて、そのような立場からの講演会参加であったが、この講演会で出会ったカネミ油症患者や公害問題に取り組んでいる大学の研究者や学生は、それから半年後に始まった三菱化成相手の労災闘争の強力な助っ人となった。

もうひとつは、全共闘運動を体験して、キャリア社員として三菱化成に入社した学卒者の協力である。彼らは表面に出ることはせずに陰ながらの支援であった。その当時の私は、地域ではそこそこのネットワークを持っていたものの、社内では連れ合い以外は誰もいないという孤立無援の（当時の表現によれば、職場から完全に浮き上がった）存在だったので、たいへん心強い助っ人であった。

研究者の協力

すでに述べたように、「紀井問題」と呼ばれた労災事故は、新製品開発途中に起こった事故であり、紀井の健康障害を業務上災害にするためには労災保険法で規定している「業務起因性」をクリアーすることが必要であったが、それはきわめて困難な課題であった。その壁に挑戦することができたのは、さきに述べた大学の研究者、学生の存在があればこそであった。

紀井がＩＤＮの毒性がＤＭＦよりはるかに強いということを知ったのは、県労基局へ審査請求をおこなってしばらく経ってからのことで、それまでは、問題の廃液についての調査を進める過程で入手した「キレート樹脂生産上の安全基準書」の一部と思われる資料の中の文句、即ちＩＤＮ、ＤＭＡＬはＤＭＦ程の毒性はないというのを信じていた。

ＤＭＦの毒性について紀井が会社から受け取った資料は、ＤＭＦの購入先である日東化学が作成したものだけで、その資料作成のもととなった文献は、一番新しいものでも一九六四年の文献であって日進月歩の化学工業の世界では古いといわねばならない。

特に化学薬品が生体に及ぼす影響について世界の科学者の関心が高まって来たのは、一九六五年以降であることを考えれば、ＤＭＦが生体へ与える影響でも六五年以降の文献を調査する必要がある。

廃液の中でＤＭＦが最も毒性が強いと思っていた紀井は会社当局に再三、その後の文献調査を行うよう要望したがききいれてもらえず、さりとて自分で調べる力もなく困っていたところ、九大で公害問題に取り組んでいた研究者の協力が得られ、六五年以降に発表されたＤＭＦに関する文献の中で、特に生体への影響を論じた文献調査が実現した。それによると、一九六六年から七〇年までの五年間に、ＤＭＦについて研究論文は世界で約二〇〇〇件あったが、その殆どは製造法だとか利用方法に関するもので、生体への影響を論じたものは一〇％にも満たないものだった。これは、現代の化学が生産に偏向しており、環境汚染を含めその副作用を軽視していることの表れでもある。

膨大なＤＭＦ文献リストから生体へ与える影響につ

いて論じた代表的な文献一九点を選んでまとめたものを提供していただいた。生体への影響を研究した論文の殆どは、ねずみ等を使った基礎研究であり、その研究方法も専門的領域で行われるため、素人では理解できない専門用語がたくさん使われている。

二〇〇〇点にものぼる文献の概要を読み、主な文献一九点を精読して、そのまとめを作り上げるために約四ヶ月にわたってプライベートな時間を割いて協力した研究者の心中には、労働者が会社との専門的なやりとりについては常に不利な立場にたたされており、無念の涙をのむことがしばしば起こることに対する憤りがあったに違いない。

学卒支援者の出現

七一年秋の宇井純の北九州の講演会がきっかけでその年の四月に入社した垂水建と名乗る学卒社員からコンタクトを受けた。黒崎のとある場末の喫茶店で、なにやら非公然活動をしている気持ちでこっそりと会った。彼は少し暗い感じの雰囲気を漂わせながら、冊子というよりはビラと呼ぶのがふさわしいガリ刷りの『パトス』というニュースレターを私に渡した。

『パトス』は、垂水建が七一年春入社の全共闘運動体験の学卒社員を対象にしたものである。垂水建は創刊号で、次のように書いている。

激動の七〇年六月から一年が経過した今日、俺たちは〈大独占〉の実習生として生活している。入社して三ヶ月になろうとしている時点で、ささやかなる総括と自らの生き方を問うて行こう。

生産の原点である現場で私に迫って来たものは、労働者のたくましさとともに、《人間らしい労働＝生活》では決してないことだ。（中略）

聡明な君には、企業がわれわれ〈大卒〉に何を要請しているかを見抜けるだろう！

君の未来が、そして僕の未来が、確実に資本の要請で動くロボットでしかないことを！（中略）

こうした状況にあって我々は何をなすべきであろうか？

ボクたちはいかに困難であろうとも、人間としてのするどい感覚と知性を持って、九九人よりもテッテイして一人の側につく＝他人の解放なしには自己の解放はあり得ないことを心に刻もう。（中略）

耳をすませ！

聞こえるだろう、大独占企業に押しつぶされようとしても人間としての叫びをあげている多くの民衆の声を！

企業内の、虐げられつつも、この場で飯を食っていかなければならぬ名もないたくましい労働者の声を！

さらにアジア人民の日本の海外進出に恐怖している声を！

これらの声は、次第に大きなひとつの人間の叫びとなって我々に迫ってくる。

お前はいかに生きるのかと！（中略）

友よ！

君がどこにいようとも、どこに位置しようとも、これらの声にならぬうめきにも近い叫びに応えるべく〈視座〉と〈あり様〉を追求せねばならぬ！（後略）

（『パトス』第1号）

垂水との出会いは、これまで長年に渡り職場での抵抗に方法論を見い出し得なかった私を驚喜させた。まだ紀井の労災事故を知らなかった頃である。

三菱化成は「スタッフ＆ライン」制がしかれ、私のような中卒はライン労働者として位置づけられており、学卒、高卒はスタッフとしての処遇を受けていた。しかし、この年から、高卒で入社した者でも、一年間の研修期間の後にスタッフコースへの選別をおこなうことになった。

七二年三月、垂水と共同で「パトス」の後継版ともいえる『地下通信』を発行した。福岡の架空の連絡先から前年度入社の高卒社員全員へ発送した。今にして思えば、私たちは全員の宛先を知っていたことになり、その情報は垂水が入手したものであろう。

『地下通信』第1号は、便せん六枚に手書きで書いたものである。文体から推測すると原稿を書いたのは私であり、清書は連れ合い（村田和子）に違いない。

未だ顔を合わせることのないあなたへ
「世界の三菱」の入社試験に合格し、希望に燃えて職場に配属され、三交代勤務と研修寮という名の檻に起居すること一年間、君が経験したものは何であったろうか。そして、その研修寮から解放された現在、君が描く三菱化成の像は一年前に描いたであろう像とどう重なり、またズレているだろうか。

学歴による差別支配については定評のある三菱化成において、旧中卒、高卒は高小卒、養成所卒を支配する下級幹部として処遇されて来た。五年間で「補佐」、更に三年間で「技術」というコースは、養成所卒が「補佐」までに一五年、「技術」には更に一〇年必要であることと比較してもうなずくことができる。

昨今の技術革新の波と高校進学率の上昇は本工の下層を形成する労働力の調達を困難にし、遂に消耗品の労働力を高卒に求めざるを得なくなった。

高卒はすべてスタッフコースという従来の取り扱いは廃止され、一年間の期間で従来のスタッフコースを歩く者と、将来とも本工の下層部分を構成するライン労働者に選別されることとなった。研修寮というもっともらしい施設ができたのも、指導員と呼ばれる観察者が送り込まれたのも、すべて一年後の選別のための布石に他ならない。

その第一期生が君であるが、聞くところによれば、その選別は一年間の職場と寮生活の両方で綿密に観察された結果、既に内定しているが、君たちの動揺をおそれて発表できないでいるという。

君が選ばれて従来の下級スタッフの道を歩むのか、それとも高卒ライン労働者の第一期生として未知の世界を踏み出すことになるのかはいまだ未定にしても、君たちは形の上では先輩と呼ばれる一年前以上の高卒と明確に区分されている。

或る部ではこれまで続けて来た高卒者だけの集まりを解散させるかどうかで討論が行われているが、大勢は解散の方向へ傾いている。

何故か？　彼等の結集軸は「スタッフ」としての自意識であり、必ずしもスタッフコースを歩くかどうか疑問である君たち以降の高卒を同質の後輩として認めることは、彼等のプライドが許さないからである。

出発点において、各人の自発性にもとづいたものでなく、当局からの一方的な指名によって先輩として研修寮に起居を共にした指導員が口にする先輩意識はつまるところ、企業の労働管理を円滑に行うためだけのものであり、君に日常的に接したこれら「先輩」の姿勢は、君がどれだけ企業に寄与し得るのか、能力、性状観察の対象としてしか君をとらえてなかったのだ。

一年間の現場労働の経験から君は多くのものを感じたと思う。一緒に働く労働者同士の連帯感、「事務所」の連中とちがった開放された雰囲気、日常労働の単調性、安全よりも生産＝産業が優先している数々の事実、従って安全運動が表面的に進めば進む程、個々の労働者が精神的に圧迫されていること等々。

その一年間の経験をいま君は、充分にしめくくり今後の長い労働生活を送る基礎を固める重大な時期に立っている。

その君にこのような一文を送るのは、三菱化成に働くすべての労働者の生活と権利を守り、それを発展させる原動力は君たち青年の汚れを知らぬ正義感と情熱にあると信ずるからである。

三菱化成の労働運動がすごく低調であり、その低調さが労働者の生活、労働条件の発展を阻んでいることは周知の事実であるが、多くの労働者は会社の諸政策に批判的であり、賃金、労働条件、安全問題に不満を持っており、少数ではあれ、階級的立場に立った労働運動の発展に全力を注いでいる労働者も存在する。

ドルショック以来、これまで高度成長をとげて来た日本経済が慢性的な不況に陥ったことは否定しがたいが、これを唯一の理由にしわよせを労働者に転化しようとする資本の論理をわれわれ労働者は断じて許すべきではない。

「三菱化成あってのわれわれ労働者」から「われわれあっての三菱化成」へと自分の存在意識を逆転させることが必要なのだ。

自分のおかれた現実を直視し、現状変革に君が若さと情熱をぶっつけた闘いを開始すると共に、その闘いを通じてわれわれの連帯が深まることを心から期待するものである。

差出人不明のこのような通信でしか君に声をかけることのできないのを非常に残念に思うし、現実に言葉を交わす機会ができるだけ早く来るようわれわれは今後とも闘い続ける決意である。

一九七二年三月二五日　（『地下通信』第1号）

『地下通信』第2号は、七二年四月に入社した一年後輩の学卒者にあてた垂水の呼びかけになっている。

労働者となった君へ！

黒崎工場で実習している君へ、化成で働く労働者の一人として言葉を交わしたくペンを取っている。工場での実習もいよいよ三交代実習に入らんとしており、勤労が時があるたびごとに、三交代実習は現場の人間の気持ちを分かってもらうことにあると語っていることだろう。毎年各現場に大卒が実習に入っていくが、君はあくまでも実習生であり、将来幹部として確実になっていく人である。

学歴による差別がハッキリしている化成にあって現場の人間がいくら努力したとしても、君のようには上に行けない。そんな人間が果たして真から実習期間に本音を語るだろうか？　君はお客様として迎えられ、事故を起こさないように気を配られ、そして実習が終わるのである。化成に働く労働者の口は重くかたい。

化成の歩みは、君にとっていかにすばらしく、又ファインケミカルにむかう明日があるように見えても、私達にとっては、暗い歴史でしかすぎない。生産性第一という名目で洞海湾を汚し、多くの友を死に追いやり、現在も苦しんでいる友も多くいる。黒崎工場の労働者は毎日、死と直面して生活している。多くの危険物が不完全な安全対策のままで扱われており、いつ爆発するかわからない状態にある。ファインケミカルへの試作の為に、人間にとって有害かどうかもはっきりしない物質、ガスを現場労働者は吸わされ、つぎつぎに倒れていく。試作品一つが完成するまでの苦労を大卒技術者は得意に語る。しかし私達は語れない。試作段階で工業化段階で現場の労働者は人間実験のごとくにわけのわからぬ有害物をあびせられているからである。一度ガスをあびて倒れればもうそれで終わりである。なんとかこじつけて会社は、労災扱いしないで私傷として事をかたづける。ぼうこうガン患者がガンが他に転移した時から公傷から私傷にきりかえられているのだから、会社はどんなことでも自己の利益を守る為に、私達を切って行く。

暗い歴史であるが、化成に働く労働者の明日も暗いと断定してはなるまい。労働組合が会社と表裏一体となっており組合に期待をかけるそんな幻想は持たないが、少数ながらも労働者階級の立場に身を置き、労働者の解放を勝ち取る運動の環を一歩一歩進めている労働者が化成にも少なからずおるという事実と共に、大学闘争のなかで、自己の生き方を真剣に問い悩んだすえ、あえて生産の原点で闘いをいどもうとする君がいることが、化成の労働者にとって明るい光を燃やす原動力となる。学問が資本の側に立ち、人間を殺害しているこの現実を、拒否して行く闘いは、生産の原点で君がそして私達がいかに自らの安全と生活を資本から獲得して行くかにある。

長い闘いであるが私は君と力強く連帯して化成の労働者の解放の日まで闘い続ける決意である。熱い連帯が実現されることを願い、次回は顔をあわせて語れることを期待する。この日が一日も早いことを祈ってペンを置く。

（『地下通信』第2号）

この時点では、紀井問題はまだ表面化していないので、一般的な呼びかけになっているが、六月に出された『地下通信』第3号も一年後輩の学卒者にあてたもので、紀井問題について言及しており、その資料も同封したものになっている。

現場実習の感想はいかが？

いずれは管理職になるであろう君たちを迎えた現場は、さだめし、君たちを丁重にそつなくもてなしているに違いない。君たちに接する現場労働者が古参の職長も含めて特別扱いにしていることは、君たちがどう呼ばれているかだけを考えてもわかることだ。「○○さん」と呼ばれ、決して「○○君」とも「○○」とも呼ばれることのない立場は、スポーツ、レクレーション、酒の座と、どんなに親しくつき合っているように見えても、決してこえることのできない支配されている労働者といずれは支配する側に廻るであろう人間との溝なのだ。

従って現場実習を少しばかりやったところで現場の実態を知るというには程遠いが、たとえカッコつきであれ、短期間であれ、直接現場の空気を吸ったことは「三菱化成」を知るための貴重な経験として残るだろう。

その君の眼に「安全問題」はどう映っているだろうか。当工場で安全運動が盛んであることはまことに結構なことであるが、安全運動の昂揚とうらはらに、労働災害が目に見えない形でふえつつあるという現象が起こっている。少しばかりの怪我ではその被害者自身が公傷として表面化されるのをさけるようになる。不休業傷害は勿論のこと、たまには休業傷害に相当するような場合でも有給休暇で休むという、とても君たちには信じられないことが起こる。これは安全運動が労働者を心理的に圧迫しているからであろうが、化学工場独自の有害物質による傷害は外傷よりも内臓傷害として表れ、また急激に表面化しないこと、因果関係がその当時では当人でもはっきりしないことに起因するものだろう。

同封した資料はその一つの例である。三菱化成の「安全」に対する姿勢、及び災害が起こった時に示す態度がどのようなものであるかをこの資料は良く物語っている。

事故発生の模様、及びその後の経過は県労働基準局への申請書に詳しく、現在の本人の心境は職場の友人、知人にあてた文章から察することができるが、「化成」の実態について未だ充分な知識と経験を持っていない君にとっては疑問の箇所が数多くあるに違いないが、資料を詳しく読めば、労資協調路線下で抑圧されている労働者の状態を理解することができるに違いない。(中略)

まもなく君たちの大部分は黒崎を離れ、四日市へ、水島へ、坂出へと分散して、真の意味での会社生活が始まるだろう。そこで何を視るか、感じるか、考えるか、君たちを飲み尽くそうと待ちかまえている企業の論理にどう対処するか、困難な問題が山積しているが、それらを乗り越えて、闘いの戦列に参加する日が来ることを、われわれは確信している。

黒崎工場を全三菱化成の抵抗の拠点とすべく、今後もわれわれは奮闘する決意であることを改めて宣言する。

この『地下通信』を受け取って、さっそく勤労(人事)に注進に及んだ学卒新入社員がいたのは当然のことであるが、勤労(人事)担当者の慌てぶりは相当なものだったらしい。発送元になっている福岡市の「産業科学研究所」を訪ねたらしいが、もちろんそんなものがあるはずはない。そのような企業内情報も私たちに伝わってきて、快哉を叫んだものである。

(『地下通信』第3号)

私のところに手紙をよこした者もいた。その手紙の要旨を『労災ぼくめつ』第13号で紹介した。

現場実習の感想はいかが？

いずれは管理職になるであろう君たちを迎えた現場は、さだめし、君たちを丁重にそつなくもてなしているに違いない。君たちに接する現場労働者が古参の職長も含めて特別扱いにしていることは、君がどう呼ばれているかだけを考えてもわかることだ。「●●さん」と呼ばれ、決して「●●君」とも「●●」とも呼ばれることのない立場は、スポーツ・レクリェーション、酒の座とどんなに親しくつき合っているように見えても決してこえることのできない支配されている労働者といずれは支配する側に廻るであろう人間とのみぞなのだ。

従って現場実習を少し許りやったところで現場の実態を知るというには程遠いが、たとえカッコつきであれ、短期間であれ、直接現場の空気を吸ったことは「三菱化成」を知るための貴重な経験として残るだろう。

その君の眼に「安全問題」はどう映っているだろうか。当工場で安全運動が盛んであることはまことに結構なことであるが、安全運動の昇揚とうらはらに労働災害が目に見えない形でふえつつあるという現象が起っている。少し許りの怪我ではその被害者自身が公傷として表面化されるのをさけるようになる。不休業傷害は勿論のこと、たまには休業傷害に相当するような場合でも有給休暇で休むという、とても君たちには信じられないことが起る。これは安全運動が労働者を心理的に圧迫しているからであろうが、化学工場独自の有害物質による傷害は外傷よりも内臓傷害として表れ、また急激に表面化しないこと、因果関係がその当時では当人でもはっきりしないことに起因するものだろう。

同封した資料はその一つの例である。三菱化成の「安全」に対する姿勢及び災害が起った時に示す態度がどのようなものであるかをこの資料は良く物語っている。事故発生の模様、及びその后の経過は県労働基準局への申請書に詳しく、現在の本人の心境は職場の友人、知人にあてた文章から察することができるが、「化成」の実態について未だ充分な知識と経験を持っていない君にとっては疑問の箇所が数多くあるに違いないが、資料を詳しく読めば労資協調路線下で抑圧されている労働者の状態を理解することができるに違いない。

この問題について、五月廿七日のＮＨＫテレビニュースは渡辺総務課長代理の談話として、

(1) 問題の廃液を調べたところ、頭痛等の症状は起らなかった。

(2) その時そばにいた別の従業員の一人には異常がなかった。

と発表したが、果してそうか？

問題の廃液にはヂメチルフォルムアマイド（ＤＭＦ）、ヂメチルアニリン、イミノジアセトニトリル（ＩＤＮ）が含まれていたが、これらの毒性についてどの程度の事前調査がなされていたか極めて疑問である。

例えばＤＭＦについての会社手持の文献は少々古いと思われるふしがある。合成化学の最近の目覚しい発展につれて、生体、環境汚染への指摘はここ数年来のことである。従ってファインケミカルを指向し、合成化学の最先端を目ざす工場として、原料又は触媒の毒性については、特別に神経を使う必要があるはずだ。

ＩＤＮについても同様である。ＩＤＮは三菱化成が開発した製品ときいているが、この毒性について、いつ頃、どの程度のテストが行われたか、とくときいてみたい点である。

まもなく君たちの大部分は黒崎を離れ、四日市へ、水島へ、坂出へと分散して、真の意味での会社生活が始まるだろう。そこで何を視るか、感じるか、考えるか、君たちをのみつくそうと待ちかまえている企業の論理にどう対処するか、困難な問題が山積しているが、それらをのりこえて、斗いの戦列に参加する日が来ることを、われわれは確信している。

黒崎工場を全三菱化成の抵抗の拠点とすべく、今后もわれわれは奮斗する決意であることを改めて宣言する。

連絡先　福岡市箱崎新建町九大松原寮　島井和則気付　「地下通信」編集部

『地下通信』第３号「現場実習の感想はいかが？」

新入学卒者からの手紙

今春大学を出て、技術者として黒崎で社会の第一歩を歩み始めた者です。半年が過ぎ少しずつ落ち着きを取り戻してはきたものの悩むことが多い日々です。悩みの原因が紀井さんの事でもあるので失礼と思いますが手紙を出します。

実習期間には『地下通信』より手紙が届き、化成の従業員がかなりひどい環境のなかに置かれていることを知らされました。入社間もない私は、半信半疑であり、又勤労の方々や、先輩達も、化成が安全問題、公害問題には特に力を入れて、従業員はもとより地域住民にも気をくばり万全の対策をこうじていることを語ってくれました。私も工場見学するなかで活性汚泥や集合煙突建設を見て安心しておりました。しかし、四日市公害裁判の判決には私も動揺せざるを得ませんでした。判決が下る二〜三日前、会社側の見解を知らされました。内容は化成は〇・〇〇九ｐｐｍしか出しておらず他社に比べて最も値が少なく、又工場から離れた磯津地区には届かないと言った見解には疑問を持ちました（では何故磯津地区住民にぜん息持ちが多いのか？）。七月二四日

の判決を注目していました。判決は原告側の勝利、化成以下六社の完全敗北に終わりました。高度成長下にあって増産増産と続けてきた会社の体質そのものが問われている様に思えました。

今月号のマネージメントには、四日市の三菱某社中堅技術者の発言が載っていました。

> 裁判の途中では、ほんとのことをいえば、原告である患者の人や、支援団体の人たちが憎いと思っていましたね。だから、なんとか、言い負かしてやろうと思って、データも一生懸命作りました。判決が出てみると、自分が、いかにドップリと、首までつかっていたかという気がしましてね、いろんなことを考えてしまいます。

この技術者は多分何回も何回も実験をやり〇・〇〇九ppmという数値を作成した一人であろう。それも会社の利益のために全力をつくして、「ドップリ首までつかっていた」ということは、きっとこうした事実をさしているのだろう。

黒崎では、毎週ビラが出され紀井さんの労災のことが次々と明らかにされている。私が技術者として生きようと第一歩を歩みだす時としては、あまりにも問われることが多すぎる。しかし、問いの前に謙虚に歩み出て、自らのあり方を問いつづけたい。会社という枠組みのなかで、全てを判断することがいかに恐ろしいことかがこの半年の歩みでわかったことだ。紀井さんの苦しみを思うと胸がつまる。会社はただ沈黙をしているだけである。(いろんな方策をとってるかもしれないが?)そうしたなかで、私は何をなすべきかまよっています。毎週ビラをもらっている多くの人のなかに、私のような人がいることを知っていただきたく思いペンを取りました。私も自分なりに考え、悩み、行動を起こして行きます。

以上のような手紙と一緒に『地下通信』というビラ(今年入社した学卒者全員に郵送されたものらしい)とそれに対する会社の説明資料が同封してありました。

(『労災ぼくめつ』第13号、一九七二年一〇月一六日)

「紀井問題報告集会」を企画

『労災ぼくめつ』配布を始めてから四ヶ月、地域からの支援も得て、「報告集会」を開くことにした。会場として三菱化成労働会館を予定したが断られてしまった。その顚末を『労災ぼくめつ』第17号で報告している。

（略）紀井君の労災事故については、多くの隠された事実があり、それだけに『労災ぼくめつ』の限られた紙面では断片的にならざるを得ず、加えて週刊であり、調査研究し乍らの発表では系統的な解明も思うようには行きません。（略）聞くところによれば、「『労災ぼくめつ』の内容はデッチあげで、事実を歪曲したものだから動揺しないように」という「課長代理以上会議」の通達が出された職場もあるそうですが、「デッチあげと事実の歪曲をやっているというのはテメーのことではないのかや」と言いたいのはこちらの方です。（略）会場として最も適当な場所は、巨額の組合資金を投入して新築した労働会館であることは言うまでもありません。労働者の生活と権利を守ることは労働組合の基本的な任務であり、労働会館はその砦でもあります。そして紀井君にとって、労災認定をかちとることは、生活防衛上、不可欠の事項であることは今更いうまでもないことです。（略）と思って、労館使用を申請したら、あっさりことわられました。

労働組合としては紀井問題が現在、県労基局で審査中であるから、報告集会を開くことは審査官の心証を害するおそれありと判断し、たとえ主催が組合機関と関係のない友人グループであっても、化成労働会館で行われれば、組合機関が関係しているかのような誤解をうけるから、というのがことわった理由です。

（『労災ぼくめつ』第17号、一九七二年一一月一七日）

研究所へのビラ配布

垂水が一年間で作り上げたネットワークは、同年入社にとどまらずに、すでに管理職になっていた先輩や、本社や研究所内部にも及んでいた。私が紀井問題で表面に出てから、このネットワークが威力を発揮することになる。

紀井の受けた労災事故は、横浜にある三菱化成中央研究所で開発された新製品が原因となっている。垂水は「紀井問題を分かりやすく解説したパンフレット」

をつくって、中央研究所の労働者（技術者）に配布しようと提案した。「彼らの技術者としての倫理性を追及しよう」というわけである。これまで垂水がこっそりとつくっていた本社・研究所内部のネットワークを利用すれば実現可能な企画だった。自らを下級技術者として位置づけていた私は、垂水の提案に一も二もなくのった。

前年の七一年秋、私は「三里塚闘争連帯行動委員会」を名乗って地域で活動していたが、その時の仲間で業界新聞記者をしていたKは、私が三菱化成相手の労災闘争を始めた当初からの頼りになる支援者だった。Kは、これまで私が書いた事故のもようや経過を一万六千字余りの原稿にまとめて、取引先の印刷所に持ち込み、『労働者の犠牲で新製品開発―でたらめな体質の三菱化成』というタイトルのパンフレット（和文タイプ・オフセット印刷）を一〇〇〇部作成した。その全費用は彼からのプレゼントだった。

私と和子（連れ合い）は月曜日を年休で休むことにして、土曜日に東京行きの夜行寝台列車に乗り込んだ。垂水は一足早く東京の生家に戻っていて、日曜日の朝、東京駅で私たちを出迎えた。横浜のある教会で本社、研究所の管理職メンバー、研究所の若い労働者と歴史的？な出会いをおこなった。彼らは三〇になるやならずのエリート社員。若かったし元気もよかった。その時私は三七歳で和子は二六歳、垂水二三歳。その日は、三菱化成の管理職アパートに泊めてもらい、翌朝早く垂水の弟が運転する車で研究所へ向かった。

研究所は横浜市の郊外にあり、周辺は人家もなく人通りもほとんどない。研究所の敷地は広く、入門口からは研究棟は遠くに見える。入門口で私と和子はパンフレットと一緒にガリ刷りのビラを配布した。垂水は非公然なので車で待機。

黒崎工場の労働者から愛をこめて
技術者の倫理を問う!!
研究所で働くあなたは、自分自身を何と呼ぶのが一番ふさわしいとお考えだろうか？
三菱化成社員、研究労働者、研究所職員、化成マン、研究員、技術者、研究労働者、技術労働者等々、うんざりする程多様に呼ぶことのできるあなたへ、師走のあわただしい雰囲気にも拘わらず、北九州から夜汽車にゆられて見参する決意をかためるまでには、それなりにやむにやまれぬ思いが含まれている。

昭和四六年三月五日、黒崎工場で試作中のキレート樹脂廃液ガスによる中毒事故が発生した。それから一年九ヶ月、被災者は治療法の目途もたたないまま頑固に持続する頭痛、胸痛、不眠に悩まされ、加えて私傷扱いのため経済的にも追いつめられるという受難の日々が続いている。

その経過、問題点については別資料にゆずるが、問題のキレート樹脂は、商品研究所で開発されたものであり、現場試作の段階で事故が発生している。

商品研究所、中央研究所は三菱化成技術陣のメッカであり、ファインケミカルへの脱皮に意欲を燃やす最近の経営方針の中で、研究所の占める比重が増加しているのは周知のとおりである。

<紀井さんの労災認定を獲ち取ろう>

労働者の犠牲で新製品開発

――でたらめな体質の三菱化成

三菱化成・黒崎工場は洞海湾（とくに奥洞海）汚染の元凶として、また「公害博物館」といわれ、降下灰じん量では全国でも一、二位を争う八幡区・城山地区の加害者企業の中心として、北九州の公害に関心を持つ人達の間で悪名をとどろかせているが、〝公害は企業の外に出た労働災害である〟といわれるように、工場内の労働災害でも、染料中間物のベンジジンによるぼうこうガン患者を大量発生させるなど、とかく問題の絶えない工場である。

化学工場であるため青酸、塩素など劇物、毒物を多く取り扱っており、これら化学薬品による傷害事故は、余程の重傷でない限り、原因物質との因果関係の立証が困難であって、業務上の傷害でありながら、私傷として処理されやすい傾向にある。

「キレート樹脂廃液ガスによる中毒事故」は、その典型ともいえるもので、八幡労基署の「業務上疾病とは認められない」という結論にたいして、被害者から異議申請が行なわれ、現在、福岡県労働基準局で再審査中であるが、化学工場における隠された労働災害の氷山の一角として、関係者から注目されている。

事故をうけたのは、黒崎工場・製造二部（もとの薬品部）樹脂課の紀井積橋さん（三七才）で、紀井さんが県労基局へ提出した申請書から、事故のもようとその後の経過を整理すると・・・

樹脂の廃液ガスを吸い 頭痛・不眠・しびれるなどの症状

▽技術室での事故

紀井さんは昭和二十六年四月、三菱化成・黒崎工場に入社、二年間の教育期間（技能者養成所）を経て、二十八年四月、有機部薬品製造二課薬品係に配属され、以来[illegible]ト樹脂関係の作業に従事してきた。

事件は、四十六年一月十九日、所属上司の課長代理より指示を受け、樹脂課で生成される廃硫酸の精製、濃縮検討および陽イオンSK1Bの破砕究明のため、技術室に応援に行ったことに始まる。

二月十七日、ポリスチレン、ニトロベンゾールなどの不純物を除去したあとの廃硫酸を濃縮するため、蒸溜試験を従来の普通蒸溜から減圧蒸溜に切り換えたところ、このときに使用した真空ポンプの排気に青酸ガスの異臭を感じ、できるだけ真空ポンプに近寄らないよう注意したのだが、検討試験のための温度記録、観察などがあり、異臭を放つ青酸ガスらしきものを吸入せざるをえなかった。このとき、頭痛と軽い吐気を覚えたが、自然に直るだろうと思い、医師による治療などは考えなかったという。

しかし、その後不眠、寝汗などの症状もあらわれたので、七日後の二月二十四日、有給休暇をとって三菱化成附属病院、内科に受診している。

胸部レントゲン写真、検血いずれも異常なく、検尿の結果、若干の糖が認められるという程度で、医師の指示によって三月一日―血糖検査、六日―胃透視を予約した。

技術室への応援は二月十八日に終り、紀井さんは再び樹脂課に戻って原子力RIE起業の配管整備、機器の洗浄作業に従事し始めた。心配していた頭痛、不眠、寝汗、吐気などの症状は二十四日以降、次第に快方にむかい、安心していたところへ、樹脂の第二の事件が起きた。

▽キレート樹脂の廃液ガスを吸う

三月五日午後、紀井さんは、薬品部樹脂課のSA第二工場、第三工場間の排水溝横で、ソーダ灰溶解槽のポンプ吸引側配管の取り外し作業中、排水溝からの蒸気に異臭を感じたが、取り外し作業に追われ、そのまま作業をつづけているうちに（約八～一五分位）、どうにも我慢できなくな

三菱化成中央研究所でビラとともに配布されたパンフレット（Ｂ５判８頁）

新製品開発はまことに結構であるが、その姿勢が問題である。今回の事故はＣＭ化ポリマーのアミノ化後の廃液を開放された排水溝へたれ流したのが直接の原因であるが、不必要な物は捨てれば良いという安易な発想が試作を担当した現場技術者にあったことは否定できない。いま、技術者という言葉を使ったが、「企業の技術者」は常にカッコ付きであり、限られた範囲の仕事しかできないようになっている。従って廃液処理についての視点が欠けていても、今回のような事故が起こったにしても、個々の技術者は免罪される仕組みであり、大半の技術者はそれを当然のことのように考えている。

「企業の技術者」の非人間性は、分断された専門の領域にとじこもることから、それぞれの領域のすき間から発生する諸問題（公害、労災はここから発生し易い）について無関心であることだけでなく、問題が発生した場合、企業の利益の方向へその技術が悪用されることに、なんの反省もみられないことに現れる。

現在、黒崎工場ではこの事故の隠された真実を明らかにし、技術者の倫理を追及する運動が起こっている。毎週二日にわけて出勤途上の労働者へわたされる『労災ぼくめつ』というガリ版刷りのビラ（約三〇〇〇部）は既に二〇号を数え、孤立を強いられて来た被災者を支援する波が高まって来ている。

工場で何が起こっているか知る由もなく、研究所という別世界で日常を過ごしているあなたへ、最近の黒崎工場の一断面を伝えるとともに、あなたにとって、技術者の倫理とは何かを問うべく、ラブレターとも挑戦状ともつかぬ一文を送る。

一九七二年一二月一一日

紀井君の友人の会

ビラのタイトルは、その当時ヒットしていたジェームズ・ボンド（007）シリーズの『ロシアから愛をこめて』をもじったものだが、ビラを見た研究所の守衛はビラをみて仰天したに違いない。さっそく黒崎工場に問い合わせ、連絡を受けた黒崎工場の勤労（人事管理担当部門）が私たちの職場に電話をしたらしい。そのことはあとで知ったが、このような向こう側の情報がもれてきたのも垂水ネットワークの力であったのだろう。

配布を終えた私たちの車を守衛の車がしばらく尾行してきた。それを見ながら走ったのは記憶しているが、どこで車を降りたのか記憶がない。そのあと、垂水の案内で東京タワーにのぼり、東京駅構内にある風呂に入ったのは覚えている。月曜の夜行列車に乗り、翌朝は何食わぬ顔で出勤した。

しばらくして、研究所の仲間から手紙が届いた。

研究所からの通信

前略。紀井さんの労災事故のパンフレットを読んで、この事故が新製品開発途中で起こっており、研究所で働く者として無関心でいることができず、いままで会社の人間性を無視したやり方に不満を持ちながらも何もなし得なかった自分が恥ずかしくなり、せめてもの償いに多少なりともカンパと筆をとった次第です。

研究所でもいろいろ事故は多くこの間もプラスチックの成型器に挟まれ左手を潰した人が退職して行きましたが、恐らく怪我が原因でもとの職場で働

黒崎工場の労働者から愛をこめて

技術者の倫理を問う!!

研究所で働くあなたは、自分自身を何と呼ぶのが一番ふさわしいとお考えだろうか？

三菱化成社員、研究所職員、化成マン、研究員、技術者、研究労働者、技術労働者等々、うんざりする程多様に呼ぶことのできるあなたへ、師走のあわただしいふん囲気にも拘わらず、北九州から夜汽車にゆられて見参する決意をかためるまでには、それなりにやむにやまれぬ思いが含まれている。

昭和四十六年三月五日、黒崎工場で試作中のキレート樹脂廃液ガスによる中毒事故が発生した。それから一年九ヶ月、被災者は治療法の目途もたたないまま頑固に持続する頭痛、胸痛、不眠に悩まされ、加えて私傷扱いのため経済的にも追いつめられるという受難の毎日が続いている。

その経過、問題点については別資料にゆずるが、問題のキレート樹脂は、商品研究所で開発されたものであり、現場試作の段階で事故が発生している。

商品研究所、中央研究所は三菱化成技術陣のメッカであり、ファインケミカルへの脱皮に意欲を燃やす最近の経営方針の中で、研究所の占める比重が増加しているのは周知のとおりである。

新製品開発はまことに結構であるが、その姿勢が問題である。今回の事故はCM化ポリマーのアミノ化後の廃液を開放された排水溝へたれ流したのが直接の原因であるが、不必要な物は捨てれば良いという安易な発想が試作を担当した現場技術者にあったことは否定できない。いま、技術者という言葉を使ったが、「企業の技術者」は常にカッコ付きであり、限られた範囲の仕事しかできないようになっている。従って廃液処理についての視点が欠けていても、今回のような事故が起ったにしても、個々の技術者は免罪される仕組みであり、大半の技術者はそれを当然のことのように考えている。

「企業の技術者」の非人間性は、分断された専門の領域にとじこもることから、それぞれの領域のすき間から発生する諸問題（公害、労災はここから発生し易い）について無関心であることだけでなく、問題が発生した場合、企業の利益の方向へその技術が悪用されることになんの反省もみられないことに現われる。

現在、黒崎工場では、この事故の隠された真実を明かにし、技術者の倫理を追求する運動が起っている。毎週二日にわけて出勤途上の労働者へわたされる「労災ぼくめつ」というガリ版刷りのビラ（約三〇〇〇部）は既に二〇号を数え、孤立を強いられて来た被災者を支援する波が高まって来ている。

工場で何が起っているか知る由もなく、研究所という別世界で日常を過しているあなたへ最近の黒崎工場の一断面を伝えるとともに、あなたにとって、技術者の倫理とは何かを問うべく、ラブレターとも挑戦状ともつかぬ一文を送る。

一九七二、十二・十一
紀井君の友人の会

〔連絡先〕
北九州市八幡区元城町二ー一三一
村田　久　気付

三菱化成中央研究所で配布された「技術者の倫理を問う!!」のビラ

けなくなったためと思われます。こういう場合、会社は実に冷たくほんとうに歯車をすげかえるように使えなくなった部分を切り捨ててしまう。

労働者の立場を守るはずの組合にしてもその活動方針に、生産性向上を第一にうたう以上、身障者になって働けなくなった者にとってはあまり頼りに出来ない存在のように思えます。明らかな会社の事故で労災認定された者についてもこんな有様ですから、紀井さんの場合のように内科的症状を呈し、薬品との因果関係もはっきりしないように見受けられる事故に対する会社の態度は想像がつこうというものです。ライフインダストリーを指向し生命科学研究所を作る資本が自分の会社の社員を虫けらみたいに扱うのはうそみたいな話ですが、そう思わざるを得ない事実をいくつも見聞きした今、そういう犠牲者の上に立ってのほほんとしている自分が歯がゆくなります。

私自身、研究労働者であり、今後も新しい化学物質を扱って行くであろう以上、常に紀井さんのような立場に置かれる可能性があるわけでそら恐ろしい気がしますし、今度の場合のように研究所で開発されたものが、工場でスケールアップした中間試験にかけられることはよくあることですから、何時、私がやった研究が工場労働者に被害を及ぼさないとも限らないわけです。常々そんなことは起こらないようにと注意しているつもりですが研究所の一般的実情から言えば、研究といえどもタイムスケジュールに追われ薬害についての注意がおこたり勝ちになることは否めません。

このような会社のやり方を打破するためには工場労働者と私たち研究所労働者の連帯を真に人間尊重の立場から深めることが第一だと思います。当面はカンパで協力させていただきます。（略）

（『労災ぼくめつ』第27号、一九七三年一月三日）

紀井問題報告集会の開催

「紀井問題報告集会」は、「紀井君の友人の会」（実態は私と和子のふたり）を地域から支援する運動体発足のきっかけにしようというもので、研究所で配布したパンフをカンパしたKを中心に準備が進められた。会場は黒崎工場最寄りの電停から電車で一〇分、さらに徒歩で一五分という場所である。『労災ぼくめつ』を受け取っている労働者が参加しやすいのは、退出門から五分のところにある労働組合会館が理想的なのだが、あっさり断られたのでやむを得ないことだった。ひとりでも多くの工場労働者の参加を得るための宣伝手段は『労災ぼくめつ』だけだった。

「紀井問題報告集会」のご案内

三菱化成で働くすべての労働者のみなさん。

キレート樹脂開発途中の試作品廃液ガスを吸入して、治療法の目途もつかないままに一年数ヶ月にわたって私傷のまま放置されている紀井君は、八幡労基署の労災不認定に対して異議申請を県労基局へ提出し、現在、再審査の結論を、国立福岡東病院のベッドで、頑固に持続する頭痛、不眠と闘いながら待っています。

八幡労基署の不認定の根拠となっている六項目についての調査をねばり強く展開していく過程で、真実を明らかにしてきました。

そのもようは、七月二四日から発行している『労災ぼくめつ』に都度報告し、発行のたびに多くの人から支持とげきれいの言葉が、ビラ配布人によせられ、ともすれば自信を失いがちなビラ配布人をいままで支えた原動力になっています。

事故発生以来、約一年三ヶ月、まったくの孤立無援の立場にたたされて来た紀井君の無念さと、それでも尚、泣き寝入りせず敢然と闘う姿勢を堅持し続ける姿勢に、できるだけの協力と支持を決意して結成された「紀井君の友人の会」の四ヶ月の足跡は、「やる気になれば、かなりのことができる」とはっきり証明しました。

おっかなびっくりの『労災ぼくめつ』発行も、どうやら軌道にのったようですし、いままで、かすかなうわさでしか伝わらなかった、化学工場独得の労働災害事故についての情報も具体的に耳にするようになりました。

一二月一九日に開催予定の「紀井問題報告集会」は「友人の会」の四ヶ月にわたる調査活動のしめくくりであると共に、紀井君の闘いを支持する人たちが、その「支持する」ことを具体的に表明するひとつの場でもあります。

このビラを受け取ったあなたにとって、集会へ参加することが、ボーリング大会に参加する程の気易さで行われない状況であることを、充分に承知した上での訴えです。

「ひとつの行動」を選択する時に、ためらいと迷いが生ずるのは当然のことで、要は、そのためらいと迷いについて、真正面から対処するかどうかが、ポイントだと思います。

集会まではいましばらく期間があります。あなたの心の中に占める「紀井問題」のパーセントについて考える時間と、このことについて第三者の親切な忠告をうけるチャンスは充分にあります。きいた風の処世術をふりまわすのだけは、やめにしたいものです。

（『労災ぼくめつ』第19号、一九七二年一一月二九日）

紀井君へ年末支援カンパを！

年の瀬が迫って来ました。

受難の紀井君にとって二回目の年の暮れです。

労災として認められないまま、一年九ヶ月にわたって病床生活を送っているため、紀井君の家庭は経済的にも危機に瀕しています。

今回のボーナスは正社員でも一六万八〇〇〇円

（平均）と余り高くありません。他社との比較は年齢構成その他で一概に言えないにしても、一流の化学会社にしては自慢できる額ではないようです。（略）正社員がこの有様ですから、関連会社で働く人たちはもっと低い額で我慢させられていると思います（略）。

　そのとぼしいボーナスのごく一部を紀井君の年越し資金の一部としてカンパして下さることを心から訴えます。（略）

　金に縁の薄いわたしたちが行うカンパ活動は、その量でなく支援の表現にあります。直接、紀井君なり、家族の人たちとの交流こそ大切だと考えます。紀井君のうけた事故を、そのおかれている状況を他人事として無視できる人は、このカンパ活動に無縁です。いま一度、あなたの心の中の紀井問題のパーセントを考えてみて下さい。

報告集会へ参加しよう！

「紀井問題報告集会」まで、後数日になりました。五ヶ月近い『労災ぼくめつ』の中間的なしめくくりとしての集会は、積極的にビラを受け取り、「紀井君のうけた事故」を他人事として無視し得ない人達の最初の集いです。

　「物言えば、くちびる寒し、何とやら」で、三菱化成の雰囲気は自分の気持ちを率直に表現するには少々、きびしいものがあります。「その辺を何とか突破したい」友人の会の偽らない心境です。

（『労災ぼくめつ』第21号、一九七二年一二月一四日）

紀井君の連れ合いが『労災ぼくめつ』に実名で原稿を寄せて、一緒に配布をした。

あえてみなさんの前にたつ

三菱化成黒崎工場のみなさん。

　年の暮れのあわただしい今日このごろ、毎日元気で工場に通勤されているのはなによりのことと思います。

　御承知のように、わたしの主人は、昨年三月思いもかけない事故にあって健康を失ったまま、いまも病院のベッドで闘病生活を送っています。さいわい東病院の先生方の努力で少しは良い方向に向かっているようですが、それでも会社に出勤できるのはいつになるやら見当もつきません。結婚してちょうど一〇年になりますが、二人の子どもに恵まれ、平凡な家庭の主婦としてささやかながらしあわせな生活を送っていたわたしにとって主人の事故は晴天の霹靂といえるものでした。事故以来、わたしはいろいろな新しい経験をして来ました。いいたいことは山程あります。しかし、それを外に出すのは良くないことのように思えて我慢をして来ました。

今年の夏、友人の会が生まれて、主人の労災認定のために協力して下さる人たちと話をするようになりましたが、その時でも、ビラなどをまくのは会社を刺激してまずいのではないだろうかと思っていました。しかし、友人の会の人たちの協力によって主人の労災不認定の理由の謎がわかるにつれて、わたしの考えも少しずつ変わって来ました。

今度の報告会は、労基局の再審査を前にして大切な意義があると思い、友人の会の人たちのすすめもあり、集会で病院にいる主人にかわって、事故を受けてからいろいろ感じたことを話すつもりでいます。人前で話したことなど、まるで経験したこともないわたしですので満足に話せるかどうか自信はありませんが、一生懸命にやるつもりです。

ビラまきを自分がすることになるなんて、つい最近まで夢にも予想していなかったことですが、大切な報告集会を成功させるためにあえて、みなさんの前にたつことにしました。

ぜひ、一九日の報告集会に参加して下さるよう、くれぐれもよろしくお願いします。

(『労災ぼくめつ』第22号、一九七二年一二月一八日)

「紀井問題報告集会」はほとんどが地域からの参加であったが、内容の濃い集会として成功した。ただひとつ、三二年後の今でも悔やまれることがある。『労災ぼくめつ』を見て参加した労働者をてっきり情報収集に来た勤労(労務)と思い込んで受付できわめて無愛想に応対したことである。今なら連絡先を聞いてあとで個人的に接触するとか、もっと違った対応ができただろうと思う。「ビラを見ただけで参加する労働者などいない。勤労の連中は様子見に来るかも知れないが……」と思いこんでの反応だった。七ヶ月後に二度目の組合役員選挙で選挙挨拶で職場巡りをしているときにある職場詰所で彼と再会した。彼は明らかにヒラの現場労働者だった。私と目があったが彼は何も言わなかった。そのようなことがあっても私は彼とコンタクトを図ろうとしなかった。

学卒支援者の反乱

七二年は私の組合役員への立候補から『労災ぼくめつ』発行、研究所へのビラ配布から報告集会へと慌ただしかったが、年が明けるといっそうひどくなった。

これまで影のように付き添って活動をしてきた垂水は「公然化即転勤パージ」の危険にさらされていた。「どうやら当局にバレているらしい」という情報は、研究所でのビラ配布に上京したときに確認されていた。垂水は公然化を決意して紀井問題報告集会でも学卒社員として発言し、『労災ぼくめつ』に職場名と実名で登場した。

生きるとはどういうことなのか?

七三年、僕にとっては小さな決意を胸に秘め、孤立しても、人間らしく歩み始める年になりそうです。その第一歩が今日のビラになりました。昨年、紀井さんの事故を知り紀井さん及び家族との交わりを通じて、化成の研究体制、工場経営が営利を第一として歩むなかで人間が機械の一部分になり、欠陥が出たらすてられて行く現実を見たように思いました。ライフ・インダストリーをめざし生命科学研究所に何億という資金を投じて行く一方、製造現場に働く労働者の命を大切にするどころか見殺しにして行くことに怒りを感じると共に、化成の従業員として残念でたまりません。

僕は大学を出て職場では「ハッチ」と言うニックネームをもらい楽しく職務についております。大卒である僕がビラなどまかないで「ハッチ」でありつづければそれなりの地位は保証されるでしょう。

しかし地位だけを追い求めて行くことを通して何か大切なものを忘れて行くように思えます。会社が、おかしいと思っても地位を求めるが故に沈黙してしまうこともあるし、生活を考えたりクビになるのではないかと恐れたりします。僕もそうです。紀井さんの問題は僕に〝お前はどう生きるのか〟という問いをつきつけてきました。

ＩＤＮという薬品の毒性を調べることなしに、現場で使用させたおかしさ等々、会社のあやまりが明らかになるなかで、なお、お前は会社は正しいと自分自身を思いこませ沈黙して行くことで一人の人間を見殺しにするのか、それとも工場に働く一人の人間の友となることを通して人間らしく歩むのかといった問をつきつけられるなかで、僕はただのごくあたりまえの人間として紀井さんの問題を自分の問題として背負うことをやっと決意しました。現代は組織の時代です。組織が絶対化されるなかで人間の人格が無視されがちです。こうした情況のなかで人間として歩むこと自体困難なことではあるが、「譲れないことは譲れない」と言い切って行くことが大切なことでしょう。「正論をはけ」とはそういうことではないかと、僕は思います。（垂水　建）

波紋は確実にひろがる

昭和二五年に一五歳で入社して以来、二三年間、三菱化成ではどんなに学歴が大切であるか、骨身にしみているわたしにとって、エリートコースを易々と歩む学卒者一般に対する不信は相当なものである。その中から紀井君の闘いに共感する若者が出現したことに驚きを感じるのは、わたしだけではあるまい。エリートコースを歩むことを拒絶した毛並みの良い若者との出会いは、わたしにとって、いや、紀井君の事故を他人事として見過ごせず、たとえ、おもてだった行動はとれなくても心深く注目しているひとたちにとって貴重なできごとである。

そして、彼がはじめて三菱化成黒崎工場に働く労働者の前に公然と姿をあらわした日を境に、紀井君の労災認定をかちとる闘いの新しい局面が始まる。彼が投じた波紋は誰も妨げることはできない。波紋は確実にひろがるのだ（村田　久）

（『労災ぼくめつ』第23号、一九七三年一月七日）

ビラ配布に対する意見に思う＝『根をもつこと』とは

小生がビラを配布したことに対して、多くの方々から電話や直接小生と対話していただきご意見をうかがえる機会があったこと心から感謝しています。

ご意見をお寄せくださった方々の暖かい心を感じると共に一人一人のあゆんでこられた歴史の重みを感じました。

現代は共に働きながら、ともすると一人一人が孤独であるように思えます。よく「人は、『人間』は、人と人との間にあるから人間でいられるのであって、決して一人孤独ではない」と言われますが小生もそう思います。特に工場に勤務していると痛切に感じます。良い製品を作るために技術室、現場そして製品をユーザーに届ける人々の協力なしには工場の生産活動は成り立たない。自分一人がいかにも一人で生きているなんて言うことは思い上がりもはなはだしいことを感じています。紀井さんの事故をこうした視座から見つめてみると、工場という一つの身体の一部分が病んでいるということになりはしないでしょうか。身体の構造として一部分が病んだら他の部分もその痛みを感じるでしょう。そして早くなおして正常な身体にもどるよう病んでいる部分に徹底した関心をつぎこむのではないだろうか。

小生が生きることを考える時は、常に人と人との交わりのなかで自分が生かされていることを思います。他の人が苦しみ悩んでいる以上、小生もそれとは無関係に存在しえないと思います。

「お前は若い、もっと『根をもて』」と言われました。小生が『根をもった』人間として大地に根づいて行くには、もっともっと人間の交わりとは何か、そのなかで自分自身がいかに生きて行くのかということを考えたい。

紀井さんの苦しみは小生には紀井さんと同じ体験をできないという限界を持ちつつも、紀井さんの苦しみは小生にとって何を意味するのかを追求して行こうと思っています。御意見をお寄せくださった方々に心からの感謝をすると共に、今後とも御批判してくださるようお願いいたします。（垂水　建）

（『労災ぼくめつ』第24号、一九七三年一月一六日）

私の転勤は紀井さんへの攻撃だ。

私は一月八日にビラまきを行い、その翌日に本社業務部に転勤の内示をうけた（一月一七日付けで転勤）。ビラまきを行なった日に部長に呼ばれ紀井問題及び「私が何故ビラをまいたか」について話し合いを行った。その時は転勤のテの言葉も出ることなく、翌日呼ばれて本社転勤を言い渡された。あまりにもできすぎた話ではないか。

紀井問題については会社も努力していると言われるが、いざ私のように紀井さんと日常的に接触する人が出てくると転勤させ物理的に紀井さんとの交わりを絶たせるとは一体何を意味しているのか。

会社にはそれなりの計画があろうが、紀井さんのことを真剣に考えているとすれば紀井さんと日常的に接触する人がでてくることは喜ばしいことではないか。それなのに私を転勤させるということは、紀井さんへの攻撃としか思わざるを得ない。紀井さんを本当に思う気持ちが会社にあるのか。

会社は新製品開発を急ぐあまり廃液の安全性を無視したために紀井さんを治療困難な状態に落とし込んだが、にもかかわらず組織防衛のみを考えて紀井さんの痛みを感じることすら出来なくなってしまった。会社はあまりにも非人間的ではないだろうか。そして、そうした組織の非人間性を我々工場に働く一人一人が知らず知らずのうちに自分の内部に蓄積してしまう現実がおそろしい。そうしたなかにあって私は紀井さんの痛みを己の痛みとしてとらえて行くことが人間としてあゆむ道であることを確信している。

紀井さんとの交わりは私が人間であることとの証なのだ。だから私は紀井問題が解決するまで黒崎にいて、できるだけの協力がしたい。しかし業務命令を出された以上、私は本社にイヤイヤながらも行かざるを得ない。「所詮、会社の力の政策には勝てないのだ」という気持ちが私の心に起こらないではない。

しかし視点を変えれば、私が本社に行くということは紀井問題を本社の人に伝える良い機会であるし、紀井さんへの支援の輪は今よりも一層広がるだろう。いや、広がらさせずにはおれない。距離は離れていても私の意見は原稿を送ることで、黒崎工場に働く人たちに伝えることも可能である。

丸の内の本社前でビラまきをすることだってできるのだ。（垂水建）

（『労災ぼくめつ』第25号、一九七三年一月一九日）

垂水君の本社転勤をめぐって

（略）彼が学卒社員であって、何年間かの工場勤務ののちに、本社、又は他の工場へ転勤するのはいままでの学卒社員の経路として不自然ではないこと。本社での仕事も黒崎工場と同種の仕事であること。東京出身で本社転勤後は自宅通勤が可能であることなどなど今回の転勤に不審の点はないようです。従って、彼の転勤を不当であるというのは筋の通らない話ではないかという意見もあると思いますが、私たちはそのように考えません。何よりも本人の意向を無視していることが問題なのです。

いわば力関係で負けたのだと考えています。どんなに本人がいやだと言っても、強引に命令して来る会社の力に押された結果だと考えています。負けた事は事実ですが、このまま黙ってひっこむつもりは毛頭ありません。近い将来、利子をつけてお返しすることになるでしょう。力では個人の心までは支配できないからです。

昨年の暮れに、友人の会は横浜にある中央研究所、商品研究所の人たちへの紀井問題を訴えるパンフレットの配布にでかけました。（略）それから一ヶ月経過していますが、何人かの人から手紙がよせられており、送られたカンパも二万円近くになります。このことは、研究所の人達の中に紀井問題に深い関心を示す人たちが少なからず存在することを意味しており、工場労働者と研究所の人たちとの連帯が生まれつつあることを物語っています。

垂水君の本社転勤はその連帯を強化することに大いに有効であろうと思います。更に黒崎工場では、第二第三の垂水君が生まれることにも確信を持っています。

垂水君の黒崎工場パージに大いに活躍した人たちが彼のパージがとんでもない誤算であったことに気がつくのは遠い先のことではありません。

（『労災ぼくめつ』第26号、一九七三年一月二六日）

三菱化成が学歴偏重であることはすでに述べたが、学卒者といえども出身校や両親の社会的立場でも社内での処遇が異なっている（少なくとも当時は）。そのような中で、垂水は長男で出身校も超一流、父親は三菱グループ中軸企業のトップクラスだったので垂水への対応には苦慮したに違いない。垂水への説得に失敗した職制は東京から母親を呼んで慌ただしく東京へ転勤させた。その当時、転勤社員は黒崎駅のホームで職場の同僚から万歳の声に送られて転勤地に向かうのが慣わしだったが、彼の場合は見送りのセレモニーもなく、私たちへ連絡する余裕も与えられないままに黒崎を後にした。

数日後、「あなた達とは縁を切ります」という数行の手紙が配達証明付きで届いた。おそらく父親の強引な説得、母親の涙に抵抗できなかったのだろう。彼の苦渋が行間ににじむメッセージだった。残念ながら「本社前でのビラまき」は実現しなかった。それから三一年、彼はいまだ現役で三菱化成関連企業のトップとして活躍していると聞いている。

全共闘運動では玉砕しなかったものの、その思いを数年後に全身で表現して散った若者であった。

七、ケンカの第三段階

会社の隠蔽工作

原処分庁（八幡労基署）での労災不認定への異議申し立てで、紀井の労災認定判断は、上級官庁である福岡県労基局の審査官の判断を待つことになった。審査官は、労働側と使用者側委員二名ずつの参与の意見を参考にして判断する仕組みになっている。私たちは、総評出身の参与を通じて参与会へ反映させるために、原処分庁の判断根拠を覆すための資料を集めた。そのもようを週刊配布の『労災ぼくめつ』に掲載して工場労働者へ訴えることにした。

資料収集の過程で、三菱化成が八幡労基署に「標題が同じで、内容が違う資料」を二重に提出したことが分かった。

紀井と私は、連名で会社に質問状を送り、文書による回答を求めた。

質問状の差出人は紀井君と私の連名になっていますが、私が名を連ねているのは、単に紀井君の友人というだけでなく、現在、福岡県労基局で行われている紀井君の労災認定審査の請求代理人に、私がなっているからです。

未だに文書による説明はおろか、この件に関して電話もかかってきません。聞くところによれば、入院中の紀井君を訪れた勤労部のある管理職は、文書による説明をしない旨を伝え、加えて、『労災ぼくめつ』の発行を何とかやめさせるよう紀井君に頼んだということです。

『労災ぼくめつ』については、私が友人の会の連絡先であり、且つ本人が配布しているわけですから、『労災ぼくめつ』をやめさせたければ直接私の所へくればよいわけで、何も入院中の紀井君に迫る必要はないわけです。

紀井君の症状が頭痛、眼痛、不眠という、いわば神経系統の症状であるのを承知の上で、紀井君が返答に困るような問題を持ち込む人間の気持ちがわかりません。

（『労災ぼくめつ』第31号、一九七三年三月五日）


私たちが調査の結果探しだした資料は、「八幡労基署で審査した時の参考資料」として八幡労基署から県労基局へ送付されたものと同じ標題のものである。会社は私たちの質問状に回答をよこさなかったが、私たちはこの資料を「影の資料」と呼んで、会社の隠蔽工作を追及した。

三菱化成が八幡労基署へ二重に提出した資料は「作業状況」と「紀井禧橘の件」という二つである。

「作業状況」は本文は四〇〇字足らずの文章で紀井の当日の作業状況を説明したもので、「影の資料」と、県労基局へ提出されている「表面の資料」とは、本文は殆ど差はない。

ちがうのは「注」の箇所である。「注」は廃液を流した時間、場所及び紀井の作業状況との関係が書かれているのだが、微妙に食い違っていた。

「表面の資料」
作業状況（本文は略）
（註）～前半略～
洗浄後の廃液は一四時一五分頃から一四時四五分頃までに近くの排水溝に流していることから、この排水溝口と本人が作業していた場所とは四～五ｍ程度はなれているが、この廃液のガスを吸ったことは考えられる。

「影の資料」で微妙に食い違っているのは、「排水溝口」が「排水溝」となっていることである。紀井は廃液が流れた排水溝のすぐ傍で作業していて、その場所は排水溝口から四～五ｍ程度離れていたのだが、「影の資料」は、排水溝とすることで、廃液が流れた排水溝そのものから四～五ｍ程度はなれたところで作業していたように書かれている。

なお、「影の資料」は、「この洗浄液のガス分析結果（後日実験室で最悪の事態を想定して大気中の濃度を測定したもの）は別紙の通りである。」と、洗浄液のガス分析結果を添付している。

それによると、ジメチルフォルムアマイドが許容濃度一〇ｐｐｍに対して一・三八〜二・〇四ｐｐｍ、ジメチルアニリンは許容濃度五ｐｐｍに対して〇・四二〜〇・六二という数字である。

「影の資料」のいいたいことは何か？

「廃液ガスの分析結果は、最悪の場合を想定しても、なお、許容濃度より小さい。そして、本人は排水溝から四〜五ｍ離れたところで作業していたのだ」ということになる。

また、実験方法の不充分さと労基署への提出資料にまとめた事務サイドの政治的意図についても、『労災ぼくめつ』を通じて明らかにした。


（略）実験室段階で濃度を測定する場合、濃度に影響する原因で大きなものは、廃液の温度と廃液の状態（即ち、静置した状態にするか、それとも攪拌した状態で行うか）の二つが考えられます。常識的に考えて、廃液の温度は高い方が、又、廃液は攪拌した方が濃度は高くなると思いますが、八幡労基署へ提出された報告によると、常温で（温度の記載がなく、廃液を水で五倍〜一〇倍に希釈していること等から常温と判断されます）、しかも静置した条件で行われています。

実験者は、報告書の中で「最悪の条件下」で行ったとは書いていません。実験装置、測定方法、結果を淡々と書いているだけです。

従って、この実験が「最悪の条件下で行われた」と書いた人は少なくとも技術サイドではなく、八幡労基署へ資料を提出した事務サイドの人であると思われ、その表現には明らかに政治的な作為があります。（中略）

この「影の資料」は八幡労基署での審査段階で、廃液と症状との因果関係について専門家（医師）に意見を求めた時の参考資料として確実に使用されており、むしろ、現在、県労基局へ提出されている「表面の資料」こそ、いつ提出されたのかが疑問なのです。

（『労災ぼくめつ』第33号、一九七三年三月一九日）


「紀井禧橘の件」で、県労基局へ提出された「表面の資料」では、本人の生年月日、入社月日、職歴、家情、最近の勤務状況、本人の申し立て、本人の申し立てに対する事実関係の七項目からなっており、特に関心をひくものはない。

「影の資料」も七項目については、ほぼ同じであるが、「問題点」という八番目の項目があり、二頁半にわたって本人（紀井）の申し立てが労災でないことを力説している。

この「問題点」は更に四つにわかれていて、

①廃液ガスの濃度測定結果

②3／5以前に頭痛、全身倦怠等で化成病院に受診していること

③3／5以後の病院受診結果

④医師の所見

という内容になっている。

『労災ぼくめつ』では、この四項目について、詳細な反論をおこなったが、ここでは③と④について触れる。

問題点の三番目にあげられているのは、次のことです。

（3）3／5以後の病院受診結果

3／6　化成病院　胃透視　異常なし

3／29　厚生年金病院神経内科　糖（＋）の他異常なし

7／20　九大病院神経内科　機能的頭痛・不眠（精神神経症）その他異常を認めない（傍点は引用者）

八幡労基署へ労災申請をしたのは、紀井君が廃液ガスを吸ってから七ヶ月後のことであるので、3／5以降に受診した病院とその結果を書いているようですが、不充分というよりも「異常がない」ということに重点を置いたきわめて問題の多い文章です。

厚生年金病院神経内科、九大病院神経内科は、会社が紹介して受診させたもので、紀井君はそれ以外に独自に5／26に門司労災病院、8／20に山口労災病院に受診しています。

特に山口労災病院では血液検査で白血球、赤血球の減少が認められています。

3／5以降一〇月までの受診した病院とその結果を書くからには、自分の紹介した病院だけをあげずに、当然、紀井君が独自に受診した病院とその結果

も併記すべきです。

「本人が自分で受診したので知らなかった」などとは言わせません。8／20の山口労災に受診した時は化成病院に検査入院していたのですから。またこれらの病院は診療報酬を化成健康保険組合に請求するので、この面からもわかるわけです。三菱化成が八幡労基署へ提出した「紀井禧橘の私症歴書」には、前記二病院を受診したことがはっきり書いてあります。

紀井君は六月から九月まで化成病院に入院していたので、3／6の胃透視だけが化成病院の検査ではありません。

検査入院中の血液検査で肝機能が高く、白血球も減少していたことが認められていますので、「異常なし」の語呂合わせはナンセンスですが、（略）

「異常なし」の語呂合わせの最後は、九大神経内科の登場ですが、先程言ったように、化成病院の紹介ということで、九大より化成病院へ診察結果が報告されています。その報告のコピーが手許にありますが、そこには、「その他異常を認めない」という言葉はどこにも見あたりません。ないのに勝手に付け加えたのは、この影の文章の作成者にちがいありません。

わざわざ傍点をつけたのは、八幡労基署での公文書に九大神経内科K教授所見として、わざわざ別添資料として、九大から化成病院へ送った報告をつけて、傍点の文章をそっくり引用しているのです。「その異常を認めない」という別添資料には書いてないものまで書いているのです。

八幡労基署の調査官がこの影の資料にあやつられたことを示す一つの例です。

（『労災ぼくめつ』第37号、一九七三年四月一六日）

問題点の四番目に医師の所見が登場する。厚生年金病院と化成病院の二人の医師の所見が書かれているが、特に年金病院のN医師の所見は、次に紹介するように、かなり長文のもので、「問題点」というタイトルで書かれている全体の半分以上が、N医師の所見である。

三月初めガスを吸い、以後頭痛、肩こり、不眠の症状が出たと言っている。最初抑ウツ状態であった。

これは精神病でいうウツ病ではない。軽いウツ状態で本人にも話してある。本人は薬の効き目がでないので中毒ではないかと非常に気にしており、精力も衰え酒も飲めなくなったと言っている。

　2／24に化成病院で受診しているが、寝汗、眠れないとのことであった。胃、胸、血、尿異常なく、糖が若干出た程度。

　年金病院でも糖が出ているがたいしたことはない。神経内科異常なし、筋緊張性頭痛だけではなさそうだ。今はウツ状態をとる薬を与えている。本人は入院してでも精密検査をしてほしいと言っているが、検査しても何もひっかかるものはないだろう。肝障害はない。

　6／10に薬を代えて症状は半分位にへった。頭痛、不眠状態はだいぶよくなった。抑ウツ状態は殆どなくなった。本人に発見されない何か原因があるのではないか。

　精密検査を希望しているが、今の医学では検査しても何もでないだろうと本人に言っているし、ガスの影響でこのような状態が出るとは考えられないとも説明しているが、ガスに対しては攻撃的である。

　化成病院に帰すことにしたが、「ガスについては会社の方で説明してほしい。精密検査を希望しているのでよろしく」という添書を本人に持たせた。

　検査をして、その結果を本人に説明することにより、心をほぐすのが良さそうだ。更に精密検査の要あらば脳神経内科が良かろう。（傍点は筆者）

　このN医師の所見、いかにも医者の所見らしい。

ところが、この所見、当のN医師は、何も知らないと言われるから、話はややこしくなります。

　N医師によれば、「おそらく化成の方でまとめられたものと思う」ということです。

（『労災ぼくめつ』第38号、一九七三年四月二三日）


「影の資料」の主役として登場した厚生年金病院のN医師の所見が、実はN医師も知らない間に三菱化成の方でまとめられたということは、考えてみるまでもなく重大な意味を持っています。

「精密検査を希望しているが、今の医学では検査しても何もでないだろう」とN医師の所見（実はN医師はそんなことを言っていない）を通じて、紀井君が訴えている症状が心因性（ノイローゼ）であることを強調し、「ガスの影響でこのような状態が起こるとは考えられない」とN医師の所見に追加することで、廃液の毒性を躍起になって否定するのは、この「影の資料」で書かれている問題点の第一項で、廃液ガスの濃度測定結果が許容濃度以下であると強調したことと同じ発想です。

N医師の話によると、N医師が担当している「心身症センター」は外科、内科など、外来部門で種々検査して、どこにも異常がみつからず、いわば「原因」に心当たりのない患者を扱うところで、紀井君のように、「原因は廃液ガスのせいだ」と主張している患者をみるところではないとのことです。だから、N医師が「ガスの影響でこのような症状が起こるとは考えられない」など言うはずがないのです。

本人の訴えにもとづいて徹底的な精密検査をした上で、年金病院の心身症センターを紹介したのならとも角、紀井君が3/30に化成病院に行き、その翌日にもう「心身症センター」に行くよう紹介しているのです。

紀井君が受診した病院（四六年度）で、もっとも精密な検査を行ったのは、山口労災病院で、ここでは、廃液ガスによる中毒の疑いという本人の訴えにこたえて、血液、尿の精密検査を行って、白血球の減少を発見しましたが、受診したのは8/20で、事故から五ヶ月を経過していました。

本人の訴えにもかかわらず、専門的な精密検査を行わなかった化成病院又は、そのような処置を怠った安全衛生室の責任は重大だと思います。

三月末、紀井君が化成病院に受診した時、または、本人の訴えを職場の上司が耳にした時（三月末ということですが）、廃液ガス中毒を想定した精密検査をやっていれば、事態は別な方向（おそらく紀井君に有利な方向）に展開したに違いないと思われます。

廃液ガスの濃度測定をしたのが六月一九日ですから、紀井君が訴えた時は、その濃度も当局は知らなかったのです。本人の訴えを無視した会社当局の大きな誤りです。

（『労災ぼくめつ』第39号、一九七三年五月一日）

『労災ぼくめつ』をみんなの力で

二月から『労災ぼくめつ』配布時にカンパ箱（段ボール箱）を置いて一〇円カンパを呼びかけることに

した。

朝六時、二五〇〇枚のビラを足元に置いて、入門を急ぐ労働者の流れに押されてじりじり下がらざるを得ない。「人混みに逆らって一〇メートルほど前に出て配布する。押される、前に出る」、のくり返しである。

そのような中でのカンパ要請は、道路のそばに段ボール箱を置いて、心ある労働者は投げ銭風一〇円硬貨を投げ込む仕組みである。二月四四八〇円、三月四七六〇円、四月四二〇八円、五月四三四〇円という推移であった。残念ながらカンパを寄せた大部分は下請け労働者で本工労働者ではなかった。

ある日、ビラ配布の時に、向こうから手提げの中をまさぐりながら歩いてくる、おそらく下請け会社で働く日雇いのおばさんを見かけた。そのおばさんは近づくと、一〇〇〇円札をカンパ箱に投げ込んだ。おそらくおばさんにとっては、一日の労賃に値する金額である。後にも先にも一〇〇〇円札をカンパした人は、このおばさんだけである。今でも頭にこびりついているシーンである。

一年九ヶ月に及ぶ『労災ぼくめつ』の用紙、印刷費用は、この一〇円カンパでまかなうことができた。本工労働者の労災闘争は、下請け・孫請け労働者に支持され、励まされて闘われたといって過言ではない。

紀井の職場復帰

紀井は前年（七二年）九月末、私の紹介で国立福岡東病院へ入院、治療に専念していたが、ある程度の症状の好転を得ることができたものの、有機薬品中毒の治療について現代の医療技術は大きな弱点を持っており、完璧な治療は望むべくもなかった。

二月から三月にかけて紀井に対して会社及び組合幹部から出勤するよう説得があり、紀井自身も入院しても新たな治療方法が早急に発見できる見通しもないし、これ以上良くなるという保証もないので、三月二〇日に退院した。しかし、環境が変わったためか体調が悪くなり、出勤どころではない最悪な状態になった。

毎日の注射投薬で徐々に体調が戻って子供相手の運動や自宅での花壇作りや農作業で身体をきたえ、出社しても持続する自信ができた紀井は、産業医の就業許可証を持って元の職場（樹脂課）に持って行ったが、樹脂課長は、「出勤する場所はまだ検討中なので出勤して来ては困る」といって即答を拒否。「では何日頃まで待てば良いのか」という紀井の質問にも、「ともかく検討中なので少し待って欲しい」と口を濁した。

紀井の職場復帰がすんなりいかなかったのは、六月は組合役員選挙があり、私の立候補を予測した会社が、紀井の職場復帰を嫌がった節がある。

紀井は、「私の身体の調子が悪く出勤できる状態でない時には、早く出勤せよ、早く出勤せよと言っておきながら、割合調子が良くて就業に自信があるといえば、なんだかんだといって出勤を遅らせているような印象をうけ、一体、会社は口先でいうばかりで、本当に本人のことを第一に考えているのか、疑いたくなります。」（『労災ぼくめつ』第48号、一九七三年七月一六日）と、会社の対応に不信感を抱き、「家に帰ってから今日の出来事を整理し、復職の件について自分なりにあらゆる角度から分析検討し、また会社関係者の対応の仕方からどうも組合選挙が終了するまで、復職させてくれないのではという気がして来ました。」（『労災ぼくめつ』第49号、一九七三年七月二三日）という結論に達する。

結局、復職できたのは、六月二五日からだった。仕事の内容は、「体調が戻れば、元の職場である樹脂課に戻す」という条件で、クラブハウス周辺の整備、テニスコートの清掃、芝生の手入れ、樹木の剪定、午後はプールの草取りなどの作業をすることになった。

自主交渉へ

紀井は、職場復帰に向けて会社と直接交渉する傍ら、福岡県労基局へ審査請求を行っている自分の労災問題についても、加害者である三菱化成当局に善処を要望（要求）する行動を始めた。

三菱化成というだけでは漠然としていて、相手がはっきりしているようで、実態がないということがある。そのことを明らかにするために、四月下旬のある日、紀井は、労働組合に副組合長、書記長を訪ね、会社当局への要望を取り次いでもらうよう頼んだ。

①自分の受けた事故（労災問題）について、会社当局と公式な話し合いを持ちたい。（注これまで何回か管理職制と話し合ったが埒があかず、あとで言った言わないの水掛け論に終わってしまっている。という経験から議事録〈文書〉に残すような形での話し合いを行いたいという気持ちが紀井にあった）

②その時の会社当局の代表の氏名をはっきりさせて欲しい。
③その話し合いには、村田久を介添人として同席させたいと思うが、村田の同席を拒否する場合、その理由を明示して欲しい。尚、村田久との続柄が問題になるようなら、法的に委任状を出すなどの準備がある。
④会社は一部の職場に「紀井問題について」という公式見解ともいえる文書を回覧しているという話をきいているが、その文書のコピーを頂きたい。
⑤厚生課長あてに出した質問に回答を頂きたい。

二日後、労組を通じて紀井の家に電話で会社側の返事が届けられた。

①話し合いについては、今までもおこなって来ているので、OKである。その場合の会社側の代表（窓口）は小杉信太郎勤労課長代理である。
②介添人として村田久の同席はことわる。身内の人なら良い。
③ことわる理由及び、四、五の項目については会った時に話す。

紀井は、「何はともあれ、会わないことには村田の立ち会い拒否の理由も、その他の返事もきけない」ということで、紀井は小杉課代、加藤課代の両人と会った。五月に入ってまもなくのことである。

二時間近い話し合いだったが、肝心の回答は一向に要領を得なかった。
〇とも角、村田とは話さない。
〇公式見解の文書コピーはわたさない。
〇厚生課長あての質問状の件については、何も言わない。
ということだった。

この小杉という男は、勤労部において「若手のチャンピオン」と目されていて、長身、堂々たる体格で剣道の有段者。学生時代は全国一、二位を争ったという。
私は、小杉課代へ公開書簡を送ることにした。

小杉信太郎様　　　　　　　　　　村田　久

きくところによれば、あなたは東京大学出身でいらっしゃるとか。いわば三菱化成ライフインダストリーのエリートコースを脇目もふらずにつき進んでおられるわけで、紀井君が労働災害に会うことがなければ、そして、事故後の三菱化成の処置が真に紀井君の側にたって行われていれば、わたしごとき養成所出身者があなたに言葉をかける必要も生じなかっただろうと思います。

紀井君が審査請求を行った背景には、自分の症状が廃液ガスの吸入及び、その直後の原子力樹脂製造中のニトロベンゾール吸入等、職場の安全管理の不充分から起こった業務上疾病だという確信があります。これと全く同じ論理で紀井君は県労基局の審査が既に一年を経過しているにも拘わらず結論が出されないこと、即ち一年間待ったことをふまえ、さる四月二六日、黒崎工場労働組合を通じて、三菱化成当局と公式な話し合いを持ちたい旨を申し入れました。

その第一項目に三菱化成当局の代表者を明らかにして欲しいということがあげられており、その時の話し合いの介添人として村田を同席させたいことがつけくわえられています。

三菱化成の代表としてあなたが出席されたのは自ら希望されたものか、会社の指示によるもので必ずしもあなたの望むものでなかったのかわかりませんが、その経緯はどうであれ、紀井問題に関しては三菱化成当局という抽象的なものが、小杉信太郎氏あなたに人格化されたことを確認しておきたいと思います。

八幡労基署での労災不認定の影に三菱化成から二重に資料提出が行われた疑いがあること等、三菱化成が紀井君の労災認定圧殺に策動した疑いがわたしたちの調査で明らかになっていますが、これらの行為についてあなた自身は無関係だったかも知れないとわたしは考えています。

しかし、紀井問題についてあなたが公式の会社代表者になった以上は、たとえ個人としては無関係であるとしても、その一連の「会社」もしくは「キンロー」という言葉で行われた行為についての一切の責任があなたにあること、そのことが先にあげた三菱化成当局が小杉信太郎氏に人格化されたということの内容になります。

例えば化成病院のＩ医師が紀井問題にかなりな役割を果たしています。このＩ医師は二言目には「キンローの要請によって……」という言葉を使いますが、この場合の「キンロー」とはあなたであると今後わたしたちは理解することになります。

五月一日、加藤課代を従えて（あなたが代表ですから、あなたに同行する人はすべてあなたに従っているることになりましょう）紀井君夫妻に会ったあなたは、さんざん私の悪口を言ったあと、とも角駄目だと言われたそうですが、そんなのは理由にならないでしょう。「介添人としてのわたしの同席を拒否する理由を文書で明らかにするよう」あなたに要求します。

悪口を言うなと言っているのではありません。悪口を言うなら言うで文書で堂々とやったらどうかということです。

あなたは知略、体力とも充分な自信を持っておられると判断しました。ひょっとしたら将来三菱化成の社長になるかもしれない素地を持っているあなたのことです。文書による回答などせず、専ら陰で工作するのも戦略のうちかもしれません。

当方は学のない単細胞動物。正面突破しか芸がありませんが、紀井君の労災問題にケリがつくまで、あなたとつき合います。よろしく。

（『労災ぼくめつ』第44号、一九七三年六月一四日）

労組役員選挙に二度目の挑戦

私は、前年に続き、二度目の組合役員選挙に挑戦した。

ひとりの人間として

村田　久

「この一年間、わたしは一人の労働者の労災問題にわたしなりの方法でかかわって来ました。その中で労働組合というものをどう考えて来たか、何を感じたかを九〇〇字に凝縮したのが、選挙公報にのったあいさつ文になります。わたしは立候補にあたって自分の考えを率直に、鮮明に打ち出すべきであると考え、そのことに気をとられて、字句の使い方に不穏当な箇所があり、誤解をうけやすい点、舌足らずな表現が散見されると選管に指摘されましたが、現在のわたしの気持ちを表現するのにふさわしい文体であると思いましたので、あえて全文掲載をお願いした次第です。

わたしは現行組合路線をはげしく批判しています

が、このあいさつ文が公開されたその時から、今度はわたしが組合員のみなさん一人一人からきびしく批判される番だと考えています。きびしい批判をうけることによって、わたしの中にあるであろうある種のごうまんさ、ひとりよがり、思い上がりが是正されなくてはいけないし、わたし自身、自分の欠点を直す努力を続ける中で、今後一人の人間として生き続けたいと考えています」

三日間の職場あいさつの骨子は以上のようなものでしたが、開票の結果は五〇一票の信任を得たにとどまり、昨年より二一一票減という結果で落選しました。

立候補から開票までの一週間、わたしは貴重な経験と教訓を得ましたが、それをどのように総括し、今後の自分の生き方に反映させるか、いましばらくの時間を頂いて考えたいと思っています。唯、このことだけははっきりと確認しておかねばならない。

今年のわたしの得票数は各部にわたって減少していますが、その中で製造二部だけは逆に増加していること。それは、わたしの立候補あいさつ文とこれまでの一年間の言動の間に距離があり過ぎる、むしろマイナスになっているという意見が多くある中で、少なからずの人たちの失望を買ったかも知れないとわたし自身、若干後悔している中で起こった製造二部での得票数増は重要な意味を持っています。

三菱化成黒崎工場で働く労働者総数がいくらであるか、その実態を把握することは困難だと思いますが、一万人前後ではなかろうかと思います。その中心として約三五〇〇の本工（社員）労働者の位置は重要であるとしても、それ以外の六五〇〇の労働者の存在を無視しては黒崎工場の生産活動は成立しない。

紀井君の労災認定闘争はさまざまな人たちの協力、支援によって傾向としては発展する方向で進んでいますが、その中で、「本工」でない人たちの支援が大きなウェイトを占めています。

直接自分たちとは関係のない、そして自分たちより労働条件その他では比較にできない程恵まれている本工労働者の闘いに支援と協力を惜しまないこれら本工外労働者の気持ちを大切にすることが決定的に重要であると考えます。

『労災ぼくめつ』配布一年問の経験は、このような労働組合もなく、無権利状態で放置されている人たちとの連帯の重要性を教えてくれましたが、それを具体的にどう展開するのか、選挙のしめくくりと共にわたしに課せられた大きな宿題です。

（『労災ぼくめつ』第46号、一九七三年七月二日）

開票場でのハプニング

村田　久

二三日午後六時、投票〆切後、選管及び各部から選出された立会人によって、労館大ホールで開票作業が行われ、わたしはその結果をきくためにロビーに待機していました。

開票作業は各部毎に一二のブロックにわかれて行われ、各候補別の分類集計が一応終わった時点で、疑問票（有効か無効か選管で協議すべき性質を持った票）を持ち寄って第一回目の選管会議が持たれ、その結果を含めて再度、各候補別の得票数がブロック毎に整理され、その結果を最終的に選管で集計して、各候補のブロック毎の得票数、全得票数を確定し、その後公式に発表されるといった手順で行われました。

開票結果が発表されるということで、二階にあがった私の目に写ったのは、ブロック毎に発表されている各候補の得票数を、あらかじめコピー用紙に作った各候補の得票数集計用紙にせっせとうつしている勤労の人たちの姿でした。

選管、立会人以外で開票結果を注目する一般組合員のほとんどが勤労課員であったということは異様な風景でした。

あまつさえ、その中の一人が持っていた集計用紙には、まだ発表されていない一二ブロックでの私の得票数がすでに書き込まれているのを発見した時は、一瞬唖然としました。

私の追及に彼は、勤労課の某であると名乗り、内部の立会人から情報を入手したと答えたので、わたしは開票途中でしたが選管委員長に、私の得票数が公式発表前に外部に洩れている事実をアッピールすると共に、この問題について選管として善処することを要望しました。

六月二七日、選管での討議の結果を選管委員長からききました。その話によると、「開票結果を正式に公表する前に、特定候補の全得票数が外部に洩れたということは、立会人への事前注意が不充分であったためと考えられ、選管として申し訳ないと思っている。これから先（二年後）の選挙ではこのような事態が起こらないよう申し継ぎ事項として文書で残しておきたい」

というもので、専ら立会人から情報が漏れたことに焦点をあてたものでした。

公正な選挙を行うために払った選管の努力は大変なものであったと思いますし、選挙実務を遂行して行く過程でおこる技術上の不手際というのはどうしてもやむを得ないと考えられます。そのような技術上の弱点というのは漸次改善されていくべきものであって、ことさら選管の不手際というのを問題にしたくて、わたしはアッピールしたのではありません。

一二ブロックにわかれて各候補別の得票数を整理しているわけですから、外部から特定候補の全得票数を知るということは簡単なことではない。一二ブロックのそれぞれからきき出すためには積極的にそれぞれのブロックの立会人に個人的に働きかけるか、又は内部にいる誰かにその作業をやってもらって、その結果をまとめてきき出すしかない。

わたしは後者ではないかと推定していますが、このことが先に書きました勤労課員があらかじめコピーした集計用紙を手に持って開票結果を待っているという異様な雰囲気の中で行われたという、そのことを問題にしているわけです。

キンローに労働組合活動に対する何らかの工作があるとすれば、その第一段階は情報収集であると思いますが、開票中のハプニングがその情報収集の一つの例ではないかと思うのは私の思いすごしというものでしょうか。

（「『労災ぼくめつ』第47号、一九七三年七月九日）

不評だった役員立候補あいさつ

三菱化成相手のケンカは十数年にわたって選挙がおこなわれなかった労組役員選挙に立候補したことから始まっている。以来、毎週二回、出勤途上の労働者へ『労災ぼくめつ』を配布するようになって一年が経過していた。

七三年六月、私は二度目の労組役員選挙に立候補した。立候補挨拶文が手元に見あたらず、やむなく『労災ぼくめつ』第46号を引用して書いた。（前号）

どのような挨拶文であったのか、どうしても知りたくなって労組事務所に電話で問い合わせた。

何しろ三一年前の労組機関紙を閲覧したいという電話である。応対した労組役員も驚いたに違いない。

「どうしてそんなに古い機関紙を見たいのか?」

という。

「いや、いま自分史を書いているのだが、そのころに投稿したことを思い出して、どんなことを書いたのか知りたいので」と、私。

「九八年から縮刷版で保存しているが、それ以前はマイクロフィルムであり、そのマイクロフィルムを見る装置は壊れて使いものにならない。どうしても見たいということであれば、取引のある印刷所に相談するしかないが、それには組合長の許可が必要なので組合長に相談します」

「よろしくお願いします。」

なかなか返事が来ないので、黙殺されたかと半ばあきらめていたところ、私の立候補挨拶のコピーが郵送されてきた。

担当者は、おそらくそのコピーに目を通したに違いない。三一年前にこんな人間が工場にいたのかと驚いたに違いない。

受け取った旨を電話で伝えるだけで充分だと思ったが、少々懐かしくもあって、定年退職以来一〇年ぶりに工場敷地内に足を踏み入れることにした。労働組合の建物は以前のまま、ただし専従役員は、かっての三役・執行委員八名計一一名体制から二役（組合長・書記長）・執行委員三名の専従役員五名に半減していた。

応対した執行委員は私と四〇歳近くちがう若者。コピーで知った人間が杖をついた年寄りであることを知って、彼はどのように感じたであろうか。

その立候補挨拶は、次のようなものである。

勝ち目なき勝負にいどんで！　村田　久

猫なで声の選挙公約はナンセンス。

タテマエとホンネが月とスッポン程かけはなれている中で、ひたすら「かくあらねば」とタテマエにしがみついているのはこっけいである。

わたしはしつこく「ホンネ」にこだわる。従ってあなたが自分の「ホンネ」を押し殺している限り、わたしはあなたにとって無縁の存在でしかない。

歯に衣をきせずにいえば、現行の労働組合路線は「資本の走狗になりはて、恥も外聞もなく会社大事とおろおろするドレイ路線」でしかない。それはもはや労働組合と呼べる代物でなく、第二キンロー部と呼んだ方がふさわしい。

そのようなドレイ路線でも、毎年それなりの賃上げがとれたし、隔週毎二日休日も実現したが、これは労働組合に結集した組合員の団結の成果だったか。そうではあるまい。資本が労働者を管理支配するために、労働組合がいつまでも会社べったりの路線を保てるように配慮した少しばかりのお情けではなかろうか。

労資対等などというのは絵に書いた餅でしかない。ひらたくいえば資本にナメラレっ放しなのだ。

お情けにすがりついている限り企業の意に染まぬことには触れることができない。無名の労働者のうけた災害をめぐって、三菱化成が医者のデッチあげ、予断と偏見にみちた資料を八幡労基署に提出した事実を大衆的に提起したにも拘わらず、何の反応も示さなかったのはそのためである。

この問題に関して三菱化成当局の対応は陰険かつ醜悪であるが、労働組合の無為無策にはヘドの出るおもいである。


このような考え方の持ち主か組合役員にまぎれこめば、チームワークが組みにくいこと間違いない。組みにくい分だけ、困るのは三菱化成当局で、その分だけ労働者の権利が守られることは必至である。

開票を待つまでもなく、そのような状況は実現しないことが誰の目にも明らかな中で進められる今回の役員選挙の持つ意義はもっと長い時間軸で測らねばならないだろう。

たたかいは未だ序盤戦なのだ。


『労災ぼくめつ』は、黒崎工場へ出勤途上の本工・下請け労働者へのビラなので文体にも注意していたが、もともと突然の労組役員選挙への挑戦・落選をきっかけにした労災闘争。四面楚歌の中での大企業相手のケンカであり、全身ハリネズミのようになっていたので、このような文体もやむを得なかったと思う。

「紀井問題を支持する会」の結成

『労災ぼくめつ』の配布を始めて三ヶ月後、目に見えない形で支援してくれていた地域の友人たちとともに、地域からの支援態勢を作るための準備に入った。

七二年暮れに開いた「紀井問題報告集会」はその第一歩であった。

一年数ヶ月にわたって治療法の目途もつかないまま孤立を余儀なくされて来た無名の一労働者に対して、どんなに密着しようとしても、尚、事故を受けた者とそうでない者との埋めることの出来ない距離の遠さを痛感し乍ら、現在まで全力投球して来ましたが、焦点をしぼることからさけ難く起こる視野の狭さと、三菱化成における力関係の配慮から生ずる運動の進め方についての慎重さは、この闘いが企業内改良闘争の枠に埋没する危険性をはらんでいます。

報告集会の意図は、これまでの主として個人的な支援活動の枠を一歩踏み出し、大衆的な運動へ移行する手がかりをつかむと共に、それぞれ自らの課題を追求して闘っている労働者、学生、市民の出会いの場を作ることにあります。(準備会の案内状から)

紀井問題報告集会の成功を受けて、集会に参加した人たちへ、次のような通信を送った。

闘いの進め方についての仮借なき批判と出来うる限りの支援を

紀井君の友人の会

一九七三年は紀井問題を焦点にして、三菱化成黒崎工場を相手にしての決戦の年になりそうです。

昨年末の報告集会で学卒社員がエリートコースへの道を拒否して工場労働者に連帯して闘う決意を表面しましたが、彼に対して当局からの不当な弾圧が加えられることが予想されています。

これまでの調査の結果、紀井君の労災不認定のために三菱化成、八幡労基署が犯罪的な役割を果したことが、はっきりしていますが、友人の会としては、三菱化成、八幡労基署の犯罪的役割を糾弾し、紀井君の労災認定を全面的に勝ちとる闘いを貫徹するために、

①三菱化成、八幡労基署への抗議行動

②「中立」を標榜する現行労働組合路線との対決

③沈黙を守り続ける工場労働者へのコミュニケーションの模索

等の具体的行動を展開すると共に、友人の会のメンバーへの不当処分に対する反撃を準備する必要があ

ると考えています。

　天下の三菱化成相手にひとけんかするにはわたしたちの力量は余りにも微弱であることを認めざるを得ませんが、その力量の不充分さは基本的には三菱化成の労働者運動の高まりの中でこそ補われるべきものであり、極少数派としてのわたしたちの闘いが、三菱化成の労働者に確実に引き継がれることを期待して奮闘する決意を新たにしています。

　焦点をしぼることからさけ難く起こる視野の狭さと彼我の力関係を配慮することから起こり易い運動の体制内化に対して確実なくさびをうちこむ為に、地域でそれぞれ個別な課題を追求しているひとたちの仮借ない意見忠告と出来うる限りの支援を今後ともよろしくお願いしたいと思います。

　一九七三年一月五日

この呼びかけに応えて、二月七日、地域からの支援態勢「紀井問題を支持する会」が発足した。

その呼びかけ文は、全共闘運動を経験した「新左翼」活動家によるものである。


一二月一九日の報告集会から早や一ヶ月が過ぎ去りました。「友人の会」によって過去七ヶ月間行われてきた化成労働者、地域労働者へ闘いへの参加と連帯を呼びかけるべく行われた報告集会は、紀井さんの家族あげての奮闘をはじめとして、九〇余名の結集が勝ちとられ、化成労働者に新しい変化を呼び起こし、今後の闘いの課題を突き出しました。

　こうした経過で集会後も私達は、「友人の会」との今後の闘いの課題について、討論を進めてきましたが、私達は、地域的にもより主体的な連帯を進めることが必要と考え、それを「紀井問題を支持する会」（仮称）として、共に進めるべく集会以降の闘いをめぐる経過と問題点を簡単に提案して、呼びかけに代えたいと思います。
(1)集会後、直ちに会社から新たな攻撃がかけられてきた。集会で、初めて公然と化成への怒りを表明したT君への転勤（配転）が、正月明け「朝ビラ」を配った直後に、彼の同僚と一緒に、彼の郷里に帰すという実に巧妙なやり方で為された。
　このことは、後日分かったことだが、十二月十九日集会の準備段階でおこなった化成社宅へのビラ入れに対し、後で職制が「どんな人間がビラを入れて回ったのか」と一戸一戸訪問して回るという周到な圧殺行為にも示されるように、紀井問題の化成労働者への波紋を徹底して封殺し、「友人の会」を孤立させせんとする会社側の危機感をもった先制攻撃であり、会社は集会への関心が、職場でも語られ、社宅でも問題にされることを芽のうちにつぶさんとしている。

(2)私達は集会後、不認可を下した労基署、隠然たる認定に対しての圧殺行為を行った化成に対し、県労基署の審査過程に、攻撃的にかみ込んでいくことを、要するにこれからの闘争ペースを、「労基局の審査待ち」にしてはならないことを、集会に結集したもの の課題として、討論してきた。

(3)(2)と関連する訳だが、三月一三日に、第一回目が決定された労基局審議は、紀井さんにとって極めて、予断を許さないものになろうとしている。要約的に言えば、労基局の審議とは、「『事故』の起こる過程(友人の会発行のパンフでふれられてきたような)」を一切捨象して、事故と廃棄物との因果関係が成り立つか否かということにしぼられ、第三者(医者等)の差し出す資料を、事務的に判断するのみということだ。こうして、現代の医学では極めて解明が困難といわれる化学産業での労災に対して、大資本の圧力に屈していっている、労基局の反労働者的な性格が、紀井さんの場合もまかり通ろうとし、本人の切実な訴えに対しては、三池のCO患者に対して労基署が補償打ち切りに際していってきたような「組合原生病」式の本人への転嫁を為さんとしている。

我々は、労災とは、雇用関係を通して一切を資本の下に拘束された結果としてみるが故に、紀井さんの会社の和解策に応じない、労災を労災として認めさせる闘いに連帯していこうとしてきた。

私達は、今後の闘いを進めるに当たって、このような「労災法」の枠と論理とも格闘していく闘いの深化、発展が問われていると考える。

以上、示唆的にしか提案できないが、会社による紀井さんと「友人の会」への分断、孤立化の攻撃と闘い、地域労働者との持続的なパイプの役割を果たしていくという当面の課題をもって、主体的に、闘いを共に進めて行くことを呼びかけます。

「支持する会」は何らかの形で紀井問題にかかわりのある（資料を定期的に郵送しているという、いわば一方的ともいえる関係も含めて）人たちによって構成されるものと考え、実際には「友人の会」（構成メンバーは私と連れ合いの二人）と一緒に毎週の例会を開き、「支持する会」ニュース（月刊）を発行することになった。

紀井の退院によって、「支持する会」は、これまでの私を媒体とした紀井問題へのアプローチから、直接紀井と交流する道が開け、私を窓口とする「友人の会」が、化成労働者の状況や、化成労組との力関係を配慮するために行い得ない闘争形態をとることになった。

たとえば、紀井の労災認定闘争を県労基局の審査のみに依存せず、三菱化成との直接交渉を希望する紀井の決意に応え、紀井と共に三菱化成の窓口と言われる職制の自宅を訪問、三時間にわたって、正式な交渉に応じるよう要求した。

「支持する会」は、企業内部で絶対の権力を持っているだけでなく、地域にまで独占資本としての支配を貫徹して、文字通り「内には労災、外では公害」を地で行っている三菱化成に対し、「友人の会」が内部から告発しているのに連帯して、外からゆさぶること、いわば「地域からの逆流」が闘いの全面的勝利に不可欠であると考えた。

「支持する会」が結成されたことは、結成三ヶ月後に『労災ぼくめつ』で紹介した。

紀井君の闘いを支援する人たち

昨年の十二月に「紀井問題報告集会」を八幡区の婦人の家で開きました。この集会には紀井君の家族、親戚、近所の人たち、職場の友人が参加しましたが、北九州で公害反対闘争を行っている人や、労働災害、職業病に関心を持つ学生、市民が多く参加しました。

この集会を契機にして、今年になって九大医学部学生有志による「労災、公害、医療」というタイトルの集会で紀井問題を報告、戸畑区文化ホールで開かれた東大公開自主講座でも紀井問題を報告し、多くの人から支援と激励を受けました。

昨年七月、「友人の会」が結成されるまで、ノイローゼ患者として放置され、孤立を強いられて来た紀井君の無念さは、第三者には計り知れない奥深いものがありますが、昨年の報告集会以来、前途にかすか乍ら光が見えて来たようです。

「報告集会」以後、三菱化成に直接関係はないが、紀井君の被害を他人事として見過ごすことのできない地域の労働者、学生、市民の人たちを中心に「紀井問題を支持する会」が生まれました。

「友人の会」と独立して結成、運営されていますが、これは「友人の会」に三菱化成ゆかりの面々が含まれていて、その活動のあり方に若干、まどろっこしいところがあり、「友人の会」が『労災ぼくめつ』の発行を主とした調査、宣伝に重点を置いているのに、それだけでは紀井君の労災認定をかちとることができない。もっと積極的に対応しなければいけないという問題意識が軸になっています。

それは特別にどうということはないわけで、紀井君の労災認定闘争の支援のありかたにはさまざまな形態が考えられ、「友人の会」がすべてを網羅することはできないし、せせっこましい縄張り意識もありません。

さまざまな人たちが各人にもっともふさわしい無理のない（少しは無理をしても良いと思いますが）方法で紀井君の闘いを支援する方法を自ら発見することが肝要だと思います。

例えば、逼迫した家計を補うために、紀井君の奥さんは最近図書（全集物等の月賦販売）のセールスマンになりました。この話をきいた或る人は早速、自分の家に手頃な○○全集の購入契約をして、セールスに未経験な奥さんを激励したということです。

「支持する会」は毎週例会を持って、紀井君がやりたいと思っていることを中心に、知恵と力を注ぐことを活動の基調としています。

五月に入って動きが目に映るようになりましたが、「友人の会」も頑張らなくっちゃ！というところです。

紀井君から介添人として選ばれながら、「とも角、話さない」と軽くふられて引っ込むようでは、『労災ぼくめつ』を支持し、一〇円カンパに積極的に応じて下さるたくさんの人たちに申し訳が立ちません。

「友人の会」なりの独自な方法で要求を貫徹することを改めて約束致します。

（『労災ぼくめつ』第43号、一九七三年五月二八日）

「労災職業病と闘う集会」の開催

紀井は職場復帰できるまでの三ヶ月間にわたる紆余曲折（前述）で、会社への不信感をいっそう募らせた。加えて体調を取り戻したことで、これまで支援者に依存してきた労災認定闘争の先頭に立つことを決意した。「支持する会」例会に参加するようになって、私だけでなく地域の労働者・学生と出会ったことも要因のひとつにあげることができる。

展望など皆無の状況下で、やむにやまれぬ思いから始めた三菱化成相手のケンカであったが、一年間の努力が実って、行く手に光が見えてきた感じであった。それに弾みをつける意味で、「友人の会」・「支持する会」の共同で紀井問題を中心にした「労災職業病と闘う集会」を企画した。

「労災職業病と闘う集会」へ

昨年、労働安全衛生法が立法化されましたが、その時、労働省の北川安全衛生部長はいくつかの重要な発言をしています。

第一に、労働者の死亡災害並びに負傷件数が増加している。就業労働者二三〇〇万人の中で一五〇万人から一六〇万人であり、実に二〇人に一人が労働災害にあっているということです。

第二に、砒素中毒、白ろう病、頸肩腕症候群、フォークリフト病など新しい職業病が多発していること。（紀井君の受けた災害もこの中に入ると思います。有機薬品中毒はその実態がなかなか表面化しない）

第三に、労働災害の八割は一〇〇人未満の中小企業に発生している。一〇〇〇人以上の大規模の事業所にくらべると約六倍の発生率だということです。

第四に、負傷者は四〇歳以上の中高年層に多く、五一％の発生比率である。

第五に、今までの労働基準局の行政は、「オイコラの行政である。最低基準をいろいろきめており、間違っておるぞ、ここを直せ……それだけの行政」であった。これでは駄目で今度は職場の設備改善のために長期低利資金を融資する（金額は約一六億円の予定）。

とのことです。

三菱化成黒崎工場における安全運動は大変さかん

で、目をみはるものがありますが、これは決して黒崎工場だけのことでなく、新日鉄であれ住友化学であれ、全国の工場でも重要視され、安全意識の高揚のため、さまざまな方法が考えられていることでしょう。にもかかわらず、労災職業病患者が全国的に増加している事実はいったいどういうことであるのか考える必要があります。

ひとつには大企業が危険、有害労働をどんどん下請化し、関連企業（下請、孫請）で働く労働者にしわよせされていることがあります。工場の安全運動は、その工場に働くすべての労働者の安全運動でなくてはならず、危険、有害労働を下請化することで本工労働者の災害発生件数の減少を図ることは無意味なわけです。

特に請負制度が末端に進むにつれて、労働組合もなく、そこで働く人たちはまったくの無権利状態におかれており、労災、職業病に対しては無防備に近い状態です。

労働者の行う安全運動は、この人たちの安全を図ることに焦点をあてるべきであり、労災、職業病に対するたたかいの原点は、無権利、無防備状態にさらされている請負制の末端にあると思います。

「労災、職業病と闘う集会」は、紀井問題が単に紀井君個人だけの問題でなく、三菱化成で働くすべての労働者にとって無視できない問題である、という立場から準備されたものであり、この集会の成功をバネにして、労災、職業病闘争の原点に迫りたいと考えています。

集会に参加するということなど思いもよらないといった状況が一方にはあります。その壁は大変厚く頑丈に見えますが、ちょっとした勇気で簡単に突破できます。

（『労災ぼくめつ』第50号、一九七三年七月三〇日）

「労災職業病と闘う集会」がどのような雰囲気でおこなわれたのか記憶がまったくないが、そのもようは、『労災ぼくめつ』で次のように報告している。

紀井問題の新たな飛躍へ

八・三集会と略称される「労災、職業病と闘う集会」は、八月三日、八幡地区労会館で約七〇名の参加者の下で開催されました。

予定していた県労基局での労災審査の労働者側参与である坂本氏の講演は、坂本氏が急病で入院されたため、行われませんでしたが、「友人の会」の基調報告のあと、新日鉄化学で労災裁判闘争を行っている下川さん（下川さんは元キーパンチャーで、いわゆるパンチャー病と呼ばれる職業病にかかって、退職のやむなきに到った人です）の報告があり、

①労災認定闘争（労基署、御用医制との闘い）

②企業の安全運動と労働者の安全闘争

を軸として、二時間半にわたる活発な討論を行いました。

あいさつにたった紀井君は集会に参加した人達へ、これまでの支援に対する感謝と自分の労災認定をかちとる闘いが、泣き寝入りを余儀なくされている労災職業病患者に勇気を与える大きな力になることを確信していること、そして、今後とも決着のつくまで闘う決意を表明して、拍手による支援を受けました。

集会は、紀井君のうけた災害が紀井君個人だけに限定されるべきものでなく、少なくとも三菱化成で働く労働者に共通した問題である、すなわち、紀井問題は三菱化成での労災職業病問題の氷山の一角であることを確認し、紀井君の労災不認定をめぐって露呈した労基署の大企業に対する腰の弱さ、化成病院等の御用医制は、企業の枠を越えた労働者の共通の課題であることを明らかにしました。

集会に参加したある建設労働者は、労働組合もなく自分だけしか頼りにならない未組織労働者の実態を訴え、そこでは怪我をすれば、そのまま泣き寝入りするしかない悲惨な状況にあることを報告、工場の安全運動が、本工だけしか対象にしていないことを鋭く非難しました。

その発言は、労災、職業病闘争が発展することによって、危険、有害労働を下請化することで問題を解決しようとする企業の「安全」に対する本性を告発すると共に、本工労働者がともすれば見落し勝ちな、下請、孫請労働者の問題を提起したものでした。

『労災ぼくめつ』の発行を心から支持し、支援を惜しまない人達のかなりの部分が、本工労働者でなく、陽のあたらない下請孫請の未組織労働者であることを考える時、これらの人たちの安全（労災、職業病）問題を考えることなしに「紀井問題」の発展

はあり得ないと思います。

三菱化成に働くすべての労働者のための「労災、職業病問題」の良き相談相手となるべき課題が、紀井君の労災認定闘争を推進して来た「友人の会」に課せられており、その課題を追求することが、紀井問題の新たな飛躍の原動力になることを確信します。

労災、職業病に関する一切の問題を「紀井君の友人の会」へ集中して下さい。

（『労災ぼくめつ』第52号、一九七三年八月二〇日）


『労災ぼくめつ』を工場労働者へ配布するようになって、配布する日は、守衛がビラ回収用の大型のポリ容器をすぐ近くに持ってくるようになった。配布する三〇〇〇枚の『労災ぼくめつ』は熱心に受け取る人もいれば、そのまま回収用のポリ容器に捨てる人もいる。だから公開書簡の形で名指しのビラを配布してもすべての労働者に伝わるはずはないのだが、名指しされた当人に取ってみれば、周囲の人間はみんな読んでいるに違いないという心理状態になるに違いない。そういう判断もあって、折々に公開書簡を『労災ぼくめつ』に登場させた。


立つ鳥はあとを濁さず！

岩野厚生課長　殿
九月一日付けで、黒崎工場から離れられる由。とすれば、書き出しも「元厚生課長殿」と書くべきかもしれません。

この人事異動はいくばくもなく定年を迎えるあなたにとって喜ぶべきことなのか、それとも新築間もない家を離れて、東京へ行くことが辛いことなのか。そんなことは、紀井君の労災認定闘争に全力を傾注しているわたしたちにとっては、さして問題ではありません。

あなたが黒崎を離れるにあたって、最小限やっておかなければならないことは、わたしたちが今年の二月一二日付（既に七ヶ月の時間が経過しています）で、あなたに差し上げた質問状（形式的には差出人として紀井君本人と村田久の両名になっていますが、この質問状は紀井君の労災認定闘争を支持するすべての人たちの一致したものであることを確認しておきましょう）に対して、誠意のある回答を文章で行うことです。

質問状の内容は、よもやお忘れではあるまいと思

いますが、念のため再記します。（質問事項は略）
この七ヶ月あなたはこの質問状に対して、何等誠意ある行動をとらなかった。紀井君からの何回の催促にも拘わらず、あいまいな態度で回答をごまかし、「支持する会」のメンバーの支援で行った「菱友荘」における会談でも、「沈黙は金」と思ったのかどうか知らないが、あたかも自分が当事者でないかのような態度で、ハリキリボーイの小杉信太郎課代にまかせて、だんまりをきめこんだ。ある意味では、まったくたいした役者だと感心します。もうちょっと毛並みが良ければ、部長も勤まるのではないかと思える程ですが、七ヶ月間、無視されて、このまま黙ってあなたの東京行きを見送るわけには行かないので、あえて一言呈したわけです。
「立つ鳥はあとを濁さず」といいます。自分にあてられた質問状には、きちっとけじめをつけて新任地に行かれたらいかがでしょう。もっとも、ことわざなど引用次第で、「あとは野となれ、山となれ」という便利なものもあります。あなたの好きなことわざは、どうやら、これではないかという気がいたします。あなたが厚生課長時代にやった汚点も含めて後任者に申し送ることが、技術的には可能であるとしても、そのことによって、あなたの犯した罪は帳消しになるものではないことを、しっかりと頭に刻みこんでいて下さい。
（『労災ぼくめつ』第54号、一九七三年九月三日）

八、実力闘争の開始

炎天下の「軽作業」

紀井は、「体調が戻れば、元の職場である樹脂課に戻す」という条件で、六月二五日より職場復帰を果たした。仕事の内容は、クラブハウス周辺の整備、テニスコートの清掃、芝生の手入れ、樹木の剪定、午後はプールの草取りなどの「軽作業」ということだった。

しかし、依然として続く『頭痛、頭重（常に頭をしめつけられている感じ、鉄鍋をかぶっている感じで、身体が疲れるとズキズキ痛む）、目の奥の筋肉が痛く目がネチネチしている、耳鳴り、鼻づまり、不眠など』の自覚症状に悩む紀井にとっては、炎天下の作業はたいへんだったようだ。紀井は、そのもようを『労災ぼくめつ』で次のように書いている。

（前略）就労の第一条件であった軽作業とはうらはらに、真夏の昼下がり、グランドの草取りは一時間でもしたらおわかりかと思いますが、元気なものでも、頭がクラクラして熱射病にかかっても不思議ではない位の重労働です。着ているもの全部が汗でビッショリになり、小休止のため管理室（小屋）に入っても、蒸し風呂に入ったみたいで、働きながら身体を治してくれということでしたが、とんでもない話で、これでは樹脂課で働いた方が余程、身体のためになります。（略）軽作業と指定しておきながら一番暑い時間帯での作業、考えただけでも重労働とわかりそうなものですが、一体これで私の身体のことを本当に考えてくれているのだろうかと疑いたくなります。

グランド管理人室はたたみ一枚程の広さに入り口一つ。草むしりを終え、下着から汗ビッショリの所に加え、休憩のため管理人室に入ると、サウナに行ったみたいで、もう一汗かくような状態だし、せめて冷たいお茶でもと思ってもこれもないといった具合で、あんな環境の悪い所にいれば、健康な人でも病気になるのではないかと思える程です。（後略）

（『労災ぼくめつ』第55号、一九七三年九月一〇日）

（前略）けれども生きている以上は自分自身の苦痛を少しでも軽くし、一家の大黒柱として楽しく、明るい家庭を築くため、生活態度や食事等には充分気をつけ節制に努めていますが、どうにもなりません。こんなになる前に今の様な生活をしていたら調子が良すぎて、どんなことでも軽くできるのではないかと残念でなりません。

事故以来、二年半私の苦痛は実際なった者以外には本当に理解していただけないと思います。水俣の水銀中毒、三池の一酸化炭素中毒、カネミのＰＣＢ中毒、森永の砒素中毒、その他諸々の悲惨な病状から起こる家庭破壊の現状を見るにつけ、被災者の怒り悲しみが、いかばかりか私もこんなになって初めて理解出来る様になったと思います。

何はともあれ、私自身も元の強固な身体に少しでも戻す様、規則正しい生活をし、努力することが、自分に課せられた最大条件だと思います。事故発病以来たくさんの方達より、お見舞いや激励の手紙、言葉、電話等をいただき、ややもすれば暗い気持ちになりがちな日々、私はもとより家族の者も大変勇気づけられ、どん底の生活に落ちても、又あらゆる中傷を受けても、筋は通し立派に生きて行かなくてはという希望を抱かせてくれました。（後略）

（『労災ぼくめつ』第57号、一九七三年九月二四日）

主治医・市川医師の過ち

市川博。当時、三菱化成黒崎工場付属病院内科医（副院長）。

七一年三月にキレート樹脂廃液ガス吸入の事故に遭った紀井が病院の門をくぐるまでに約一ヶ月近いブランクがある。このブランクは、廃液ガスを吸入した紀井が、直接上司のU職長に、「保健所（工場内）に行った方が良いのではないか」と相談した時、「たいしたことはないだろう」という返事をもらったためである。紀井は、いつまでも症状が治らないので、五日のガスの故に違いないと確信して化成病院で市川医師の診察を受けた。紀井は初診の患者のすべてがそうであるように、廃液ガス吸入の状況を話しその後の頭痛、眼痛、不眠等の症状を訴えた。それから化成病院に入院したり退院後もことあるたびに市川医師の診療を受けてきた。市川医師は二年半にわたって紀井の主治医だった。

市川医師の最初のつまずきは、この紀井の訴えに対して、翌日に厚生年金病院の心身症センターを紹介したことに始まる。というのは、厚生年金病院心身症センターは、原則として年金病院の外来から紹介された患者だけを対象とするところで、各種検査に異常がなく原因がはっきりしない患者、いわゆる心因性（ひらたくいえばノイローゼ）の患者がほとんどである。だから初診患者をその翌日には心身症センターへ回した市川医師の行為は、そのままでは腑に落ちない。

私は、『労災ぼくめつ』を発行するようになって市川医師に会っている。

「紀井君は廃液ガスに原因があると思うので、廃液の毒性を調べて欲しいと再三訴えたそうだが、市川先生は廃液の毒性を調べようとは思わなかったのか」という私の質問に対して、市川医師は、

「自分は工場のいろいろな薬品中毒に対しては、肺気腫くらいしか知らない。自分の仕事は患者の治療で

あって、工場の安全衛生に関しては、安全衛生室の所管である。

だから、廃液の毒性についても、病院の事務長を通じて、また自分が直接に安全衛生室に電話で問い合わせたが、安全衛生室の返事では廃液の毒性はないということであった。紀井さんが廃液に毒性があるといっても、工場の安全衛生室が、それを否定する以上、私は工場の意見を採用する」

と答えている。この言葉は市川医師の立場と考え方をよくあらわしている。

市川医師はあくまで化成病院の医師であって、彼は患者の対症療法という限定された立場におかれていて、紀井のように工場で発生する薬品中毒については、殆ど無力な存在でしかないことがはっきりした。しかし、だからといって彼が薬品中毒に無知である、というより関心を示していないことは免罪されない。

安全衛生室に対して、漫然と廃液の毒性を問い合わせるのでなく、廃液に含まれていると思われる薬品をきき、その毒性について文献で調べる程度は最小限行うべきであったろう。そうすれば廃液の中にジメチルフォルムアマイド（ＤＭＦ）が多量に含まれており、ＤＭＦが肝機能障害を起こすことも知ることができたに違いない。

市川医師が最初に安全衛生室に問い合わせたのは、紀井の訴えをきいてまもなくだったと思われる。そして、その時の「廃液の毒性は考えられない」という返事をうのみにして、紀井君の訴えおよび症状を心因性によるものと判断して、厚生年金病院の心身症センターを紹介したものと思われる。それにしても何の検査もせずに、その翌日に紹介するというのはあまりにもひどすぎるので、市川医師はこの時点で、「心因性である」という強い暗示を工場関係者から受けたのかもしれない。

紀井は、その後化成病院に検査入院をするのだが、市川医師が患者の訴え、症状にポイントをおかず、「心因性だ」という予断をもって紀井に接したのでは、廃液ガスのせいだと主張する紀井（患者）とうまく行くはずがない。入院中の検査にしても一般の成人病検査の範囲にとどめて、薬品中毒の疑いがある場合に行う特殊検査を何ひとつやっていないのもそのせいであろう。市川医師が化学工場の附属病院内科医であるという自覚がなく、薬物中毒についての関心がなかったことについては、工場の労働衛生からきり離された立場を考えれば若干の情状酌量の余地が残されているかもしれない。

しかし、市川医師の犯罪的ともいえる決定的な過ちは、八幡労基署に事実に反する所見書を提出したことである。市川医師は八幡労基署へ二回、検査結果をいずれも「諸検査異常なし」という所見書を提出している。紀井は県労基局へ審査請求の申し立てを準備するために市川医師に検査入院中の所見書を書いてもらっている。そのいずれにも、「二回とも肝機能指数と白血球数に異常があった」ことを欠落させていたのである。

これは、紀井の「本当に異常がなかったのか」という厳しい追及によって市川医師が明らかにしたもので、「この当時は、多忙であったために、カルテの中の検査データの異常を見落とした」と弁解している。二回にわたるカルテの中の異常データの欠落は、「多忙のせいだ」という市川医師の弁解は何の説得力もなく、むしろ、市川医師が外部からの圧力に屈した作為的行為としかうつらない。ふりかえって検査入院中、廃液ガスの影響を訴え、精密検査をくどい程希望した紀井に対して、心身症センター、九人神経内科を紹介するだけで、専らノイローゼ患者視して来た市川医師の態度はきびしく糾弾されるべきものであった。

紀井の直接行動

県労基局での審査は、審査請求をして一年を経過していたが、遅々として進んでいなかった。

紀井は、職場復帰をめぐる会社とのやりとりで、「自分の受けた労災事故について、会社と公式な話し合いをしたい。その時には、介添人として村田を同席させたい」

と申し入れたが、私の同席は認められず、「労災事故についての公式の話し合いの場」も開かれないままに推移していた。

炎天下の「軽労働」による肉体的な苦痛は、誠意のない会社への憤りと毎週開かれていた「紀井問題を支持する会」例会での仲間の励ましで支えられた。

職場復帰の交渉中の五月、市川医師は、風邪を引いた紀井に対して、「医師と患者の信頼関係がこわれているので診療できない」と診療を拒否した。

紀井が風邪の診療を市川医師に頼んだということは、

それまでの市川医師の紀井への背信行為（カルテの中の異常データを故意に欠落させたこと）に対して、不満を持ちながらもなお医師としての市川医師を信頼していることを意味している。

市川医師の診療拒否によって紀井と市川医師の関係は、「医師と患者の関係」から「作為的な所見書を書いた医師」と「それによって被害を被った患者」へと変ったのである。

例会で紀井は、「市川医師へ謝罪文を要求する運動」を提案した。

私たちも市川医師の行為について、調査活動の過程で知っていたが、紀井の意向も尊重して『労災ぼくめつ』で取り上げるのも遠慮したいきさつがある。何よりも紀井本人が具体的な行動を提起したということは画期的なことであり、一も二もなく了承された。

紀井は一〇日間にわたって化成病院に市川医師を訪ね、その都度ケンモホロロに面会を断られたり、スッポ抜かされたりした結果、小杉信太郎勤労課代、加藤厚生課長の同席（援護あるいは監視）という条件付きで会うことができた。

市川医師は、「前例がないから書けない。口頭で謝っているから、それで良いではないか。文書で確認する必要は認めない」の一点張り。必要があるかないかは紀井がきめることである。これまでに何回となく、化成当局のその場限りの甘言に煮え湯をのまされた経験を持っている紀井にとって、文書で確認したいというのは最小限の要求だった。

怒り心頭に発した紀井は、企業労働者としてはなかなか踏み切れない直接行動にでた。

紀井が、「市川医師は謝罪文を書け！」という立て看板を持って化成病院通用門に面した道路に立つようになったのはそれからまもなくである。土曜、休日を除く毎日、午後五時二〇分から六時までの四〇分間、紀井の姿と共に立て看板は近くを通行する人の注目をひいた。

それは異様な光景だったに違いない。加えて、守衛を乗せた工場パトロールカーがスピーカーを屋根につんだ見苦しい格好で、立て看板のたっている地点から少し離れたところで六時過ぎまで停車しているのも、情景の異様さに拍車をかけた。社宅地区防犯パトロールが彼らの唯一の口実であるが、その実は紀井の抗議行動の監視または無言の威圧行為であることは疑いなかった。

市川医師は、温厚な人柄で患者、病院関係者から親しみを持たれていた。白衣を着て何かと威張る（権威ぶる）医者とそうでない医者というわけ方をすれば、市川医師は後者に属する。化成病院に通院している人たちは、「あの先生がまさか？」と誰もが疑問を持ったに違いないし、それだけに紀井の行動は注目をひいた。紀井はその時の心境を、

現在の心境は今のままでは、こちらの力の弱いのを良いことに、又会社を楯に、どうかつ的な態度で対応し（ビラをやめなければ処分するとか、私の家《社宅》で会合をしたりすると社宅を出てもらうとか、市川医師宅に面会を求めに行ったことに関して処分する等）、自分達が行った行為（二重書類の件、市川医師の二度にわたる検査結果のいんぺい等）に対しては、ノラリクラリで納得のいく回答をしない状態では、死んでも死にきれないと言う気持ちです。何一つ決着が付いていない現状なので確実に納得の行く解決がつくまで、辛抱強く頑張りたいと覚悟は決まっていますので、今後共、一そうの勇気ある御支援、御鞭撻の程、切にお願いして近況報告を終わらせていただきます。（後略）
（『労災ぼくめつ』第57号、一九七三年九月二四日）

と、述べている。

「支持する会」は、直接化成と関係がない立場を利用して、紀井の直接行動をサポートする活動をおこなった。紀井と共に化成病院の通用門前に立つということだけでなく、『市川医師を告発する！』（ガリ刷り八頁）のパンフレットを化成病院周辺の社宅へ配布した。

私は、これらの行動には直接加わらずに、『労災ぼくめつ』を通じて工場労働者へ伝える広報を担当した。


（前略）今年の五月、紀井君が風邪をひいて、化成病院内科を受診した際、市川先生は紀井君の診療を拒否するという事件がおこり、このことは『九州団地新聞』という地方紙にすっぱ抜かれたわけですが、この時も、事件を円満に解決するために市川先生を含めた病院当局と話し合いを持ったことについても、あえて、『労災ぼくめつ』に掲載するのを遠

慮してきました。

市川先生の医師としての良心を信ずればこそ、市川先生の良識ある決断を待ち続けて来たのですが、わたしたちの気持ちは一向に通ずる様子もなく、市川先生はキンローの指示とやらで、自らの医師としての良心を押し殺し、むしろ紀井君のたびたびの要請に対して、逆に居直る態度さえ示して来ました。

ジット我慢……にも限度があります。

市川先生も三菱化成の従業員、キンローの指示でやったこと（やっていること）だという立場を考える必要はあります。従って、市川先生糾弾の矢は、市川医師の身体をつき抜け、その背後のもっと大きな部分へ突き刺さるべく、放たれることになります。

（後略）

（『労災ぼくめつ』第56号、一九七三年九月一七日）


市川医師は謝罪文を書け!!

かなりきびしい標題と思います。

土曜、日曜（休日）を除いて、毎日五時一五分から六時までの間、化成病院の通用門近くを通る人は、「市川医師は謝罪文を書け!!」と書いた立て看板と、その近くに立っている紀井君に気が付くことでしょう。

もうちょっとていねいに周囲をみわたせば、できれば何分間かその近くにおれば、三菱化成が誇る無線つきパトロールカーが、あたかも紀井君を影ながら護衛するかのように、ある時は停車し、ある時は最徐行で通過するといった状況を確認することができます。

市川医師が八幡労基署へ提出した所見書に「検査入院中、諸検査異常なし」という事実に反する（まったく正反対の）文章を書いたことについて、「多忙にまぎれてのカルテの見落としであった」と弁解しています。確かに現在の化成病院内科は専任の医師は市川医師だけで、あとは応援の医師に頼っていて、入院患者もかかえて市川医師が多忙であろうということはわかります。（略）

一度ならず、二度までも異常箇所を欠落させるということは、「多忙だったので」というのは理由になりません。

紀井君の追及におされて、最終的には検査入院中に肝機能に異常があり、白血球数も少なかった事実を認めていますが、紀井問題がみんなに知られるようになって以来（昨年夏以降）、市川医師は自分のおかした過ちを積極的に改めるどころか、逆に「キンロー」を持ち出して態度を硬化させています。

「いや、あのおとなしい市川先生がそんな高姿勢をとるとは思えない」という意見の人もあると思います。市川医師を知っている人であれば、そのように思うのも無理はないといえる程、やさしそうな先生（スタイル、風貌）ですが、そのやさしさは患者に向けられるべきであって、「キンローの指示」とやらにグニャグニャになるだらしなさにつながってしまっていることが問題なのです。

だから、責めるべきは市川医師そのものではなくて、その市川医師の企業権力へのだらしなさを利用して背後から操作している三菱化成の支配機構であるというのが正解かもしれません。

支配機構などと難しくいう必要はありません。現実にはその支配機構を動かしているのは人間であり、紀井問題に限っていえば、既にその氏名は明らかにされています。

（『労災ぼくめつ』第58号、一九七三年一〇月一日）

市川医師糾弾行動に理解と支援を!!

（前略）もっとも特徴的なことは、これまで体調が悪くたたかいの先頭に立つことができなかった紀井君が、毎週の『労災ぼくめつ』配布を始め、三菱化成の責任追及行動の先頭にたつようになったことです。（略）

市川医師の犯罪的背徳行為は、すでに昨年の七月には判明していたのですが、市川医師の医師としての良心を信じていたことと、市川医師もまた、企業にやとわれている弱い立場で、化成外の人から「憲兵政治だ」と酷評される三菱化成勤労行政のすさまじさを知っているが故の配慮がありました。

なんとか円満な解決をと思って、時間をかけ、道理を説いて来ましたが、紀井君及び支援の友人たちの善意を一向に理解せず、自分の過ちを率直に認めようとせず、遂には紀井君が会いに行っても、面会を拒否するといった態度をとるようになったのです。

市川医師のこの態度は、市川医師自身の意志によっておこされているとは思えません。その背後の力によって、あやつり人形のように行動せざるを得なくなっているというのが正しいように思えます。

「市川医師その人も企業組織のいけにえにされた被害者なのだ」という考えも成立しましょう。おそらく市川医師はそのように自分にいいきかせることで、辛うじて自分を支えているに違いありません。

かって、アウシュビッツでユダヤ人の大量虐殺を行ったナチスドイツの収容所長も、「あれはヒットラーの指令によるもので、自分は命令に従ったまでだ」と言って自分の行為を正当化しようとしましたが、歴史はそれを許していません。

市川医師を糾弾し、責任を追及する紀井君の行動及び支援する人たちが意図しているものは、市川医師を個人的にやっつけることではなく、彼が人間としての良心を取り戻し、悔いのない余生を送ることができるよう、立ち直りのきっかけを与えることであり、背後にあって人間を道具のように操作する三菱化成の支配機構、その汚い側面を白日の下にさらけ出すことです。（後略）

（『労災ぼくめつ』第59号、一九七三年一〇月八日）

「紀井問題を支持する会」の活動について、『労災ぼくめつ』では、次のように報告している。

今年の二月、紀井君の労災認定闘争を支援するために「友人の会」とは別個に作られた「紀井問題を支持する会」は、三月二〇日福岡東病院を退院して六月二五日より出勤を開始した紀井君と交流を深め、「友人の会」の『労災ぼくめつ』発行を主とした支援活動とは別に、独自に、小杉信太郎勤労課代、加藤厚生課長、岩野元厚生課長へ、八幡労基署へ提出した二重書類の責任追及等の抗議行動を展開して来ました。

市川医師が八幡労基署へ「ウソの診断書」を提出したこと、紀井君の診察を拒否したことについても、「支持する会」では、かなり前から重要視して、市川医師の責任を追及し、一向に誠意を示そうとしない市川医師糾弾行動の開始を主張していました。

しかし、市川医師については、これまでも触れてきたように、市川医師が、工場から切り離された化成病院の内科医として、工場の安全衛生に直接タッチしていたわけではなく、廃液の毒性その他についても、納得が行くまで調査できる立場でなかったこともあり、工場から「廃液の毒性は考えられない」という返事があれば、それを信用せざるを得ないという、それなりに情状酌量の余地もあって、市川医師を大衆的に糾弾する行動についてはさけて来ました。

できるだけ内輪に、穏便な形で問題の解決を図りたいという気持ちで一年余り、努力を重ね、機会あるたびに、「医師として患者の立場にたつ姿勢」を明らかにするよう説得、要望をして来ましたが、その行為もむなしく、市川医師の姿勢は変わりませんでした。

「支持する会」からの問題提起をこれ以上とめることができず、また紀井君の市川医師の不誠実さへの怒りをとめることができなくなり、化成病院通用門に面した道路での立て看板による抗議行動へと、市川医師を大衆的に責任追及する行動が始まりました。

一〇月七日の日曜日、支持する会のメンバー二〇余名は、市川医師を告発するパンフレット及び市川医師糾弾行動への理解と支援を訴えるビラを化成社宅に配布し、その後小杉課代、加藤厚生課長の家へ話し合いを求めて出掛けるという行動を起こしました。

社宅へ宣伝ビラを入れるということは、そんなに珍しいことではありません。団地新聞、〇〇リビングニュースとかいう無料紙が投げ込まれることもありますし、さまざまなセールスマンが各家庭を訪問することも日常茶飯のできごとです。

にも拘わらず、この社宅へのビラ、パンフ配布行動が社宅に住んでいる人たちに奇異に写ったとすれば、守衛を乗せたパトロールカーが社宅地区をグルグル廻って、何とかして配布をやめさせようとする守衛と支持する会メンバーの議論が、あちこちで起こったことにあります。ある家では赤い郵便受けに入れたパンフレットを、あとからついて来た守衛が、乱暴にも（こっけいにも）郵便受けにしゃにむに手を差し入れて何とかして抜き取ろうとする有様で、「あんたは俺たちのビラ配布を監視せよとはいわれているかも知れないが、郵便受けに手をつっこんでまでして回収しろと指示されているのか」と言われて、赤面して引き下がるというひとこまもあったそうです。

（『労災ぼくめつ』第57号、一九七三年九月二四日）

紀井の抗議も、時には受診患者が待つ待合室内を看板を持って動き回るまでにエスカレートした。

九、闘争の終結と副作用

和解と被災者の原職復帰

紀井の化成病院前での抗議行動と「支持する会」の化成社宅ビラ配布行動によって事態は大きく変化した。これまで頑なに自主交渉を拒んでいた会社は、私たちが頼りにしてきた福岡県労基局審査に総評から労働側参与として選ばれたSを通じて和解（収拾）案を提示してきた。

紀井の被災が業務上と認定されるためには、その因果関係を被災者側が立証する必要がある。紀井の被災が一過性の新製品開発途中の廃液ガスによるものであること、症状が頭痛、不眠、倦怠感など医学的な証明が困難なことから、県労基局の審査でも「業務外」とされる危険があった。

労災認定の多くの事例を取り扱っていたSは、紀井の被災が「業務上」認定されるのは難しいだろうという判断があって、当事者同士による決着つまり和解が望ましいと考えていたのだろうが、三菱化成の高姿勢で和解工作のきっかけがつかめなかったのだろうと思う。従って三菱化成からの和解提案に積極的に応じた。

会社が提示した和解（収拾）案の骨子は、次のようなものであった。

◇業務上か否かはあくまで労基局の判定にゆだねる。
◇紀井の経済的困窮にかんがみ、休業補償のアップ（六〇％から八〇％）に伴う給料の差額分（約四〇～五〇万円）を紀井に貸与する。返済は数年間据え置きの僅少額ずつという条件（いわば貸しくれたまえ）。昇給については検討する。
◇原職復帰は医師の指示に従う。
◇処分は最低限でも行いたい。
◇『労災ぼくめつ』配布には干渉しないが、付属病院への抗議行動はやめてくれ。

会社案に対する私たちの見解は、
◇労基署への書類の二重提出、化成病院市川医師の診断書偽造など、労災認定を妨害した卑劣な行為について謝意を全く表明していない。

◇逆に処分発動でこれをもみ消そうとしている。
◇従って、この提案は被害者の足元を見透した上で闘争を終焉させようとするもので受け入れられない。
として、
◇業務上である。
◇二重提出、診断書偽造について事実として認める。
◇昇給ストップを解除して不払い分を全額支払う。治療費、慰謝料は権利を保留する。
◇症状の再発、悪化に際しては業務上として取り扱う。
◇原職復帰に関しては当人の意志を尊重し、医師の選択も自由にする。
◇以上を当人が希望する者との折衝において文書で確認する。
を、Sに伝えた。
Sは「これでは話にならない」といい、和解は立ち消えになろうとしたが、紀井の「会社の条件にとらわれず交渉を進めたい」という強い希望により、このルートでの折衝が再び開始された。病院への抗議行動の中止はそのための戦術ダウンであった。

「紀井問題を支持する会」は紀井の気持ちを尊重して、社宅へのビラ配布行動を中止して事態の推移を見守ることにした。『労災ぼくめつ』の配布は、和解交渉開始の条件になかったことから、これまで通り毎週発行したが、それでも交渉が始まってからの一ヶ月半、紀井問題を取り上げるのを控えた。

一〇月下旬、Sから「貸し付け金額を八〇万円に上げて月々の返済を一〇〇〇円程度ずつにするという条件弛緩」という会社修正案と、担当のE部長が近く転勤になるのでこれを最終案として検討して、早急に返事してほしいという連絡が紀井に入った。なお、それまでの紀井とSとの話し合いは直接におこなわれずに、紀井の兄を通しての間接的なものであったし、Sと会社との詳しい折衝内容も紀井本人によく知らされていないというひどい状態だった。

私たちは、紀井本人も十分に関与しないままにSとE部長との間で進められている和解交渉を、被害者の生活困窮と心理的圧迫に根拠をおいた収拾策動であり、待機を長期化することで、闘争を拡散化させるねらいが濃厚だと判断した。私たちは、これまでの間延びしたなし崩し的な和解（収拾）ペースを転換させるために、和解が決裂した場合のことを想定して行動を再開することにした。

『労災ぼくめつ』で和解交渉が始まっていることを明らかにして和解の最低条件を指摘した。


（前略）どのような事態が実現すれば解決したことになるのか？

最小限、明らかにしなければならない事項、又は確認すべき事項は何か？

それは、紀井君のうけた被害（キレート樹脂試作中の反応廃液ガス吸入、及び原子力樹脂製造中のニトロベンゾールガス吸入）について三菱化成は率直に謝意を表明することです。（安全についての配慮に手落ちがあったことを率直に認めず、変に居直って来たことが、紀井問題を長引かせる最大の原因です。）

「それは労基局の審査に任せる」という論理は到底認められるものではありません。

しかし、この点にこだわり過ぎるのは、いつまでも平行線で問題の早期解決にならないと、百歩ゆずって、因果関係についてはー応触れないことにしても、八幡労基署に「二重書類」を提出し、厚生年金病院のN医師の所見をデッチあげ、化成病院市川医師に診断書を偽造させる（市川医師の個人的な重大な過失であるとしても、化成の責任は免れない）ことによって、紀井君の労災認定を圧殺した事実については、謝意を表明すべきだと思います。

「八幡労基署に提出した資料にミスがあって、紀井さんには迷惑をかけました」

この言葉が三菱化成の担当責任者の口から公式に表明されない限り、紀井問題の解決のいとぐちはつきません。

（『労災ぼくめつ』第67号、一九七三年一二月一〇日）


一二月一七日、「支持する会」は停止していた社宅行動をおこなうことにした。私は、その日の朝に配布した『労災ぼくめつ』で暗示した。

（前略）労基局へ審査請求をしていますが、加害者（三菱化成）との間に話がつけば、それに越したことはなく、問題の早期解決は、誰よりも被害者である紀井君が望んでいるところでもあります。

「それにしても、病院での抗議行動は話し合いを進めるのに妨げになるので、中止して欲しい」、つまり、病院での抗議行動中止を前提にした一時的な休戦が一〇月中旬より始まりました。

この和解工作が、紀井君と三菱化成担当職制と和解についての話し合いに入るといった正式のものではなく、その前段階のベトナム休戦のキッシンジャー工作みたいなものであるだけに、『労災ぼくめつ』にとりあげるのを遠慮して、その成り行きを見守ることにしたものです。

そのため、一一月以降の『労災ぼくめつ』の内容に迫力（？）がかけ、「紀井問題」に関心をよせている心ある労働者に心配をかける結果になりました。

水俣でもカネミでもそうでしたが、被害者は、いつも耐えることを余儀なくされつづけており、また、ギリギリまでこらえる我慢強さを持っています。

（略）紀井君も一〇月中旬、病院での抗議行動を中止し、『労災ぼくめつ』のビラ配布も遠慮して、早期解決のため平和的姿勢を堅持して来ています。

にも拘わらず、和解の話は一向に軌道にのりそうにもない。紀井君及び紀井君の闘いを支援して来た人たちの我慢にも限界があります。

「俺たちゃ、三菱化成からなめられとるばい」

紀井問題の現況です。

（『労災ぼくめつ』第68号、一九七三年一二月一七日）

一一月五日に工場内で塩素ガスが流出して二三人が治療を受ける事故が発生していた。この事故については、紀井問題を取り上げるのを遠慮していた『労災ぼくめつ』でも三回にわたって取り上げていた。

「支持する会」は『塩素ガス流出事故が意味するもの』という八頁のパンフレットを社宅配布用に作成していた。

一七日の夕方、支持する会メンバーはいくつかのグループに分かれて、四ヶ所の化成社宅千数百軒へのパンフレット配布をおこなった。また、労基署へ二重資料を提出した直接の責任者である加藤厚生課長の自宅へも抗議に押しかけた。その当時、化成病院周辺は化成社宅が碁盤目のように建ち並んでいた。ガラスの引き戸式玄関の呼び鈴を押して、何気なく玄関を開けたその隙間にハンドマイクを押し込み、大音声で抗議をするのである。家人の通報で守衛をのせたパトロールカーが駆けつけるが、社宅へ通じる道路は、「支持する会」メンバーが封鎖していて守衛を近づけないようにガードした。気が済むまで抗議してから悠然と引き上げてきた。

この直接行動で事態は急速に私たちに有利に展開した。年末も押し迫った一二月二九日に覚書を交わした。

覚書

労基審昭和四七年第一四号審査請求に関し、福岡労災保険参与坂本隆幸氏の斡旋により、関係者間で話し合いの上、左記のとおり解決する。

記

一、紀井禧橘（甲）は、昭和四七年五月二七日付、福岡労働基準局審査官あてに申請している療養給付審査請求を取り下げ、これに関する一切の紛議は解決したものとして、今後一切争わない。

二、甲は、前記労災申請に関し、会社及び付属病院ないし担当者に対する宣伝・抗議等の行動を行わない。

三、甲は責任をもって今後甲の労災申請に関する支援団体、友誼団体に対して、本件に関する宣伝、抗議等の活動をなさしめないよう最善の努力をする。

四、三菱化成黒崎工場勤労部長（乙）は甲の職場選定に当たっては、医師の意見、本人の意向を尊重する。尚、甲は職務に努力する。

五、乙は、甲の生活立ち直り資金の一部として一金八〇万円を貸与する。貸与条件は、別途協議する。

六、乙は、甲の療養期間中の昇給ダウンによる他との賃金格差の是正については労働組合と協定した長欠者基準に基づき早急に回復を図る。

七、本覚書の正本二通を作成し、甲、乙夫々一通ずつ保管する。

昭和四八年一二月二九日

私もこの覚書を交わす場に同席した。五項の貸与金八〇万円は、紀井が労災認定を受けた場合に受け取る休業補償費とこれまで健康保険組合から支給されてきた給付金の差額にあたる額である。貸与金の返済方法について、「毎月一〇〇〇〇円づつ三年間で返却する」という説明で、「残りはどうするのか」という私の質問には、それ以上の返却は不要という含みの返事が返ってきた。「そのようなあいまいさを含むのが和解というものなのか」を感じさせるひとこまだった。
年が明けてから、最後の『労災ぼくめつ』を配布した。

これにて一件落着!!

支援の輪にささえられ　三菱化成の譲歩をかちとる

三菱化成黒崎工場に働くすべての労働者のみなさん!!

とりわけ、『労災ぼくめつ』の発行を心から支持し、紀井君の労災認定闘争にさまざまな形での支援をよせていただいた労働者のみなさん!!

遂に、「これにて一件落着!!」という標題の通信を送る機会がやって来ました。

紀井君の労災認定闘争は、一昨年五月、福岡県労基局へ審査請求を行って以来、三菱化成が八幡労基署へ二重に資料を提供し、その中で厚生年金病院の医師の所見書を会社に有利なようにデッチあげ、また、化成病院市川医師が診断書を偽造した事実をつきとめ、会社、病院が一体となって紀井君の労災認定圧殺を図った責任を大衆的に糾弾するたたかいも含めて、多くの人たちのさまざまな形での支援によってたたかわれて来ました。

昨年夏以降全体的にみて事態は私たちに有利に、三菱化成に不利に推移し、いまだ土つかず、不敗をほこる「天下の三菱化成」を相手に勝負できる条件が徐々にととのいつつありました。

昨年一〇月頃より、会社と和解したらどうかという話が持ち込まれ、これまで、すべては県労基局に任せてあるのでと、とりつくしまもない程、ゆうぜんと構えていた三菱化成の態度に変化がみえ始め、いわば政治的解決としての条件交渉が始まりました。

その結果、昨年一二月二九日、三菱化成黒崎工場新宅勤労部長と紀井君の間に覚書きがかわされ、紀井君が県労基局への審査請求を取り下げる等の条件を約束する代わりに、三菱化成は、これまで認めたことのない一定の条件を紀井君に約束することになりました。

もともと政治的解決というのは、両者が認める条件に論理的な根拠があるはずもなく、双方とも若干の不満と満足を同時に味わうべきものです。従って三菱化成が当日に用意した現金の性質についても、また勤労部長がその職務権限内で約束した若干の事項も、結局のところは、紀井君が審査請求をとりさげ、この問題について三菱化成とこれ以上争わないということと不等価にみあうものとして、いわば紀井君及び紀井君を支援する側と三菱化成との力関係の反映としてのみ評価することができます。

だから、勝ちであったのか負けであったのかという性急な質問には、ニヤリと笑っておくしかありません。

ダメージの度合いは別として、三菱化成が一発パンチを食ったことは確かであり、労働者をなめるとんでもないことになるという教訓を得たことは間違いありません。

（『労災ぼくめつ』第69号、一九七四年一月七日）

社業に寄与しない定年までの二二年間

『労災ぼくめつ』69号の配布で紀井問題は終結した。私は紀井問題への関わりが表面化した直後に工場から車で五分の福岡県金属試験場に研修に出されていて、『労災ぼくめつ』配布は金属試験場への出勤前の作業であったが、その活動も終了した。しかし、会社は紀井問題が終結しても、私を工場に復帰させようとしなかった。

研修先の福岡県金属試験場は、中小企業の技術指導を目的にしたもので、中小企業労働者からの技術研修生を受け入れていた。研修期間は三ヶ月、長くても半年間だったが、大企業からの技術研修は前例のないことだった。加えて、二年間にも及ぶ研修というのは極めて異例であり、試験場管理者の職務権限を越えるものであった。三菱化成の研修要請に対して福岡県職員組合（試験場分会）役員は、「大企業に利するもの」として反対したが何とか説得して私を押し込んだといういきさつがある。「一度、研修は終わりにして欲しい。少し期間を置いて再研修ということなら引き受けてもよい」という試験場管理者からの要請に対して、会社は工場に戻さずに次の研修先として名古屋の国立試験所を見つけてきた。

私は七四年四月から半年間、名古屋国立試験所の研修生として過ごすことになった。福岡県試験場での研修終了は形式を整えるだけのもので、使用していた机や私物はそのままであった。名古屋の半年間研修が終わると、そのまま福岡県金属試験場での三ヶ月研修。再び名古屋国立試験所での研修だった。一回目は下宿

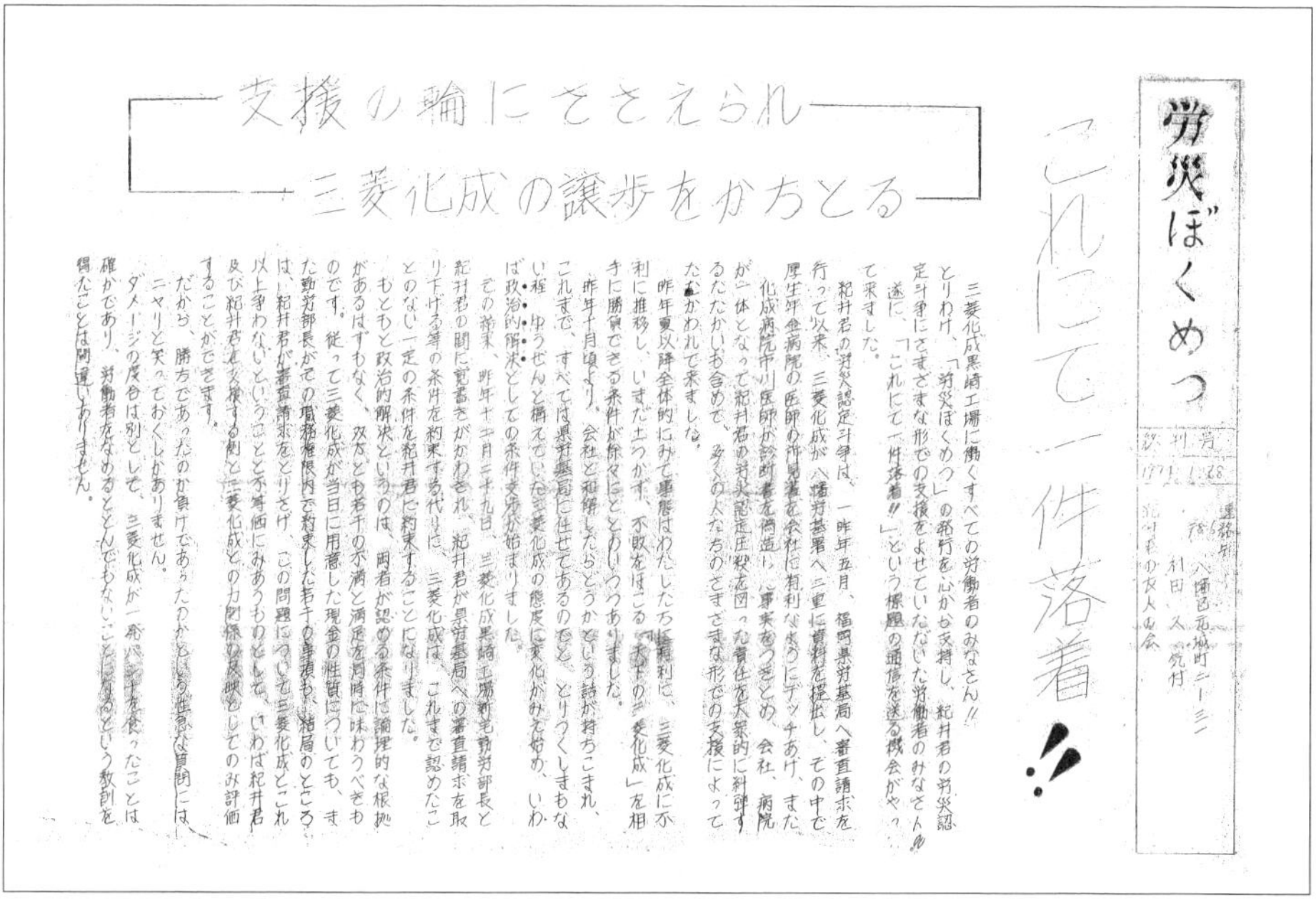
労災ぼくめつ

これにて一件落着!!

1971.1.28

連絡先　八幡区花尾町二一三　村田久気付　紀井君の友人の会

支援の輪にささえられ
三菱化成の譲歩をかちとる

三菱化成黒崎工場に働くすべての労働者のみなさん!!

とりわけ、「労災ぼくめつ」の発行を心から支持し、紀井君の労災認定斗争にさまざまな形での支援をよせていただいた労働者のみなさん!!

遂に、「これにて一件落着!!」という標題の通信を送る機会がやって来ました。

紀井君の労災認定斗争は、一昨年五月、福岡県労基局へ審査請求を行って以来、三菱化成が八幡労基署へ二重に資料を提出し、その中で厚生年金病院の医師の所見書を会社に有利なようにデッチあげ、また化成病院市川医師が診断書を偽造し、事実をつきとめ、会社、病院が一体となって紀井君の労災認定圧殺を図った責任を大衆的に糾弾するたたかいも含めて、多くの人たちのさまざまな形での支援によってたたかわれて来ました。

昨年夏以降全体的にみて事態はわたしたちに有利に推移し、いまだ土つかず、不敗をほこる「天下の三菱化成」を相手に勝負できる条件が徐々にととのいつつありました。

昨年十月頃より、会社と和解したらどうかという話が持ちこまれ、これまで、すべては県労基局に任せてあるので、ととりつくしまもない程・・・ゆうぜんと構えていた三菱化成の態度に変化がみえ始め、いわば政治的解決としての条件交渉が始まりました。

その結果、昨年十二月二十九日、三菱化成黒崎工場新宅勤労部長と紀井君の間に覚書きがかわされ、紀井君が県労基局への審査請求を取り下げる等の条件を約束する代りに、三菱化成は、これまで認めたことのない一定の条件を紀井君に約束することになりました。

もともと政治的解決というのは、両者が認める条件に論理的な根拠があるはずもなく、双方とも若干の不満と満足を同時に味わうべきものです。従って三菱化成が当日に用意した現金の性質についても、また勤労部長がその職務権限内で約束した若干の事項も、結局のところは、紀井君が審査請求をとりさげ、この問題についてこれ以上争わないということと不等価にみあうものとして、いわば紀井君及び紀井君を支援する側と三菱化成との力関係の反映としてのみ評価することができます。

だから、勝方であったのか負けであったのかという性急な質問には、ニヤリと笑っておくしかありません。

ダメージの度合は別として、三菱化成が一発パンチを食ったことは確かであり、労働者をなめるととんでもないことになるという教訓を得たことは間違いありません。

『労災ぼくめつ』第69号

生活。二回目は九ヶ月研修でアパート住まいだった。さすがの福岡県試験場もここまでが受容の限界だったようで、九ヶ月の名古屋での研修を終えた後、福岡試験場での研修受け入れを断ってきた。

三菱化成黒崎工場は石炭を原料とする総合化学工場である。石炭を乾溜（蒸し焼き）すると、コークス、コールタール、石炭ガスを製出する。コークスはほとんどが鉄鉱石を溶解させる高炉用であるが、キューポラという設備で銑鉄を溶解するため鋳物用コークスも製造していた。工場にはこの鋳物用コークスのキューポラ溶解試験をする部門があり、管理職（係長）ひとりが担当という陽の当たらないポストであった。私は紀井問題が公然化したときからこの部門に配属され、そこから金属試験場に研修中という形になっていた。上司のT係長は私よりも八歳年長で、戦後旧制中学卒で入社したのだが出世コースから外れていた。旧制中学卒業者は退職までに課長に昇進するのだが、彼は係長のままで定年を迎えた。

四年ぶりに工場に戻った私に対して、会社は次の研修先を提示してきた。その当時、研究の下働きをさせるために企業から研修生を引き受けている大学の研究室が多く存在していた。提示されたのは、すでに研修経験のある国立名古屋試験所を始め、東大、早大、関西大学など八ヶ所であったが、私は国立名古屋試験所を選択した。

一ヶ月の内、一週間は名古屋に出張。残りは黒崎工場で名古屋での研修事項の勉強という生活が始まった。一ヶ月に一週間のビジネスホテル利用の名古屋出張（のちに、私の希望で三ヶ月に三週間のウィークリーマンションを利用した出張に変更）は、名古屋試験所での研修停止を言い出すまで八年続いた。当然のことだが、私は研修を終えても技術サービス要員（支店勤務）の辞令は発令されなかった。私の仕事は上司（係長）が独りで担当していた関連企業の鋳造設備（工場内）を利用したキューポラ試験の手伝いだった。キューポラ試験そのものは、上司であるT係長が関連企業労働者や応援の分析スタッフを使っておこない、私は立ち会うだけだった。

やがて、T係長の退職でキューポラ試験もなくなった。キューポラ試験そのものが行き先のないT係長のためのものだったのかも知れない。私は依然として後任係長（私よりも年下の高卒）の下にいたが、仕事は「課長特命事項」という、これまた表面はもっともらしいが実際はどうでもよいという仕事だった。それは定年（六〇歳）を迎えるまで続いた。それは、ある日突然、大企業の向こうずねを蹴っ飛ばした者に対するそれなりの処遇だったろうが、差し引き勘定は私にとってプラスだったと思う。

労務担当者にタカ派がいなかったわけではなかろう。『労災ぼくめつ』配布開始の前年、関連企業の労働者が「日中友好訪中団」（国交回復以前）に加わって訪中したとき、会社は年次休暇申請を認めずに無断欠勤扱いにして解雇処分にしたことがある。中国派といわれた政治党派に属していたのが解雇した真の理由である。私の場合もそれらしい理由をでっち上げて強行手段に訴えることも可能だったろうし、そう主張した者もいたに違いない。そのようにならなかったのは、工場内での労災事故であり表沙汰にしたくないという思惑と、「村田がこのようなことをするには、工場内にも同調している者も多くいるのではないか」というハト派の意見が大勢を占めたからだろう。レッドパージで共産党員を排除、その後黒崎工場内の社会党左派活動家を転勤でつぶし、上部団体からも脱退させて完璧な御用組合に仕上げた労務管理への自負心も背景にあったのかも。

労災闘争から得たもの

私が紀井問題に取り組んだとき、「労災保険法」についてまったく無知だった。工場では法的には「業務上・業務外災害」も「公傷か私傷」と呼んでいたし、その手続きは本人でなくて会社がするものだと思っていた。「労災保険法」で規定されている業務上と認定されるための要件というものも紀井問題に関わってから知った。私が紀井問題に関わる前に労災保険法の仕組みや認定条件に精通していたら、紀井の労災事故を業務上に認定させることの困難さから尻込みしたかも知れない。紀井の主張を無条件に支持したのは、被災者（紀井）の主張が私の心を打ったからであり、それは労災保険法云々とは関係のないことだったからである。

労災被災者が闘いをはじめるのは、すでに健康を損ねてからでありマイナスから出発せざるを得ない。いわば、ゼロ（被災前の健康と生活）をめざすものである。状況（社会）を変革しようと考えて闘いを始めたのではない。だから、被災者は必ずしも闘争の貫徹を望まないし、納得できる条件であれば和解してもよいと考えている。被災者は和解する権利を持っているのだ。被災者と支援者との埋めることのできない溝が存在する。その溝を意識することなしには、被災者との真の連帯は成立しえないのではないか。これは公害被害者にもあてはまると思う。

私は、名古屋への出張を繰り返す中で、紀井問題を支援した人たちを中心に、労災職業病を取り扱う「北部九州労働者安全センター（準）」を起ち上げ、その後方基地として「北九州反公害センター」を設立した。その後、指紋押捺制度撤廃運動から朝鮮人への強制連行問題。マレーシア・ブキメラ村への公害輸出問題と個別課題に執着した社会運動に関わっているが、その原点は『労災ぼくめつ』配布を軸とした三菱化成相手のケンカである。

（『第Ⅲ期サークル村』第1－8号に連載。二〇〇三年七月一日～二〇〇五年七月一五日）

第35号	1973年4月2日	労災認定圧殺の証拠(二)
第36号	1973年4月9日	労災認定圧殺の証拠(三)
第37号	1973年4月16日	労災認定圧殺の証拠（四）
第38号	1973年4月23日	労災認定圧殺の証拠（五）
第39号	1973年5月1日	労災認定圧殺の証拠(六)
第40号	1973年5月8日	影の資料の犯罪性
第41号	1973年5月14日	就労の見通しが暗い
第42号	1973年5月21日	会社当局との自主交渉
第43号	1973年5月28日	紀井君の闘いを支援する人たち
第44号	1973年6月4日	公開書簡　小杉信太郎様
第45号	1973年6月11日	知るだけでは
第46号	1973年7月2日	ひとりの人間として
第47号	1973年7月9日	開票場でのハプニング
第48号	1973年7月16日	近況報告(一)
第49号	1973年7月23日	近況報告(二)
第50号	1973年7月30日	「労災職業病と闘う集会」へ
第51号	1973年8月6日	近況報告(三)
第52号	1973年8月20日	紀井問題の新たな飛躍へ
第53号	1973年8月27日	近況報告(四)
第54号	1973年9月3日	立つ鳥はあとを濁さず
第55号	1973年9月10日	近況報告(五)
第56号	1973年9月17日	市川医師の立場
第57号	1973年9月24日	近況報告(六)
第58号	1973年10月1日	市川医師は謝罪文を書け
第59号	1973年10月8日	市川医師糾弾行動に理解と支援を
第60号	1973年10月15日	支持する会－市川医師の糾弾行動へ
第61号	1973年10月22日	記録映画「水俣一揆」
第62号	1973年11月5日	九州大学の権威
第63号	1973年11月12日	塩素ガス流出事故をめぐって
第64号	1973年11月11日	塩素ガス事故の教訓
第65号	1973年11月26日	安全運動の落とし穴
第66号	1973年12月3日	労災･公害闘争と大学教育・研究の社会的役割
第67号	1973年12月10日	紀井問題解決の条件
第68号	1973年12月17日	紀井問題の現況
第69号	1973年12月24日	これにて一件落着!!

『労災ぼくめつ』各号　（村田久作成）

第１号	1972年７月24日	紀井君の闘いにあなたの支援を
第２号	1972年７月31日	労働災害の新しい局面に備えよう
第３号	1972年８月７日	何故労災認定が不許可になったのか？
第４号	1972年８月14日	拝啓　わたなべ総務課長代理殿
第５号	1972年８月21日	悪用された病院の意見書
第６号	1972年８月28日	黒崎整形外科　八幡労基署へ抗議の上申書提出
第７号	1972年９月４日	病院意見書悪用のからくり
第８号	1972年９月11日	「慢性頭痛」の由来
第９号	1972年９月18日	紀井問題を考える（一）
第10号	1972年９月25日	技術室での出来事
第11号	1972年10月２日	紀井君はＣＲ10の取り扱い注意を知らされていなかった！
第12号	1972年10月９日	ビラまき雑感
第13号	1972年10月16日	新入学卒者からの手紙
第14号	1972年10月23日	本人が納得できない再現実験は無意味だ！
第15号	1972年11月６日	問題の廃液を追う（一）
第16号	1972年11月13日	問題の廃液を追う（二）
第17号	1972年11月17日	報告集会への案内
第18号	1972年11月24日	問題の廃液を追う（三）
第19号	1972年11月29日	紀井問題報告集会
第20号	1972年12月６日	樹脂工場爆発事故に思う
第21号	1972年12月14日	紀井君へ年末支援カンパを!!
第22号	1972年12月18日	あえてみなさんの前にたつ
第23号	1973年１月７日	生きるとはどういうことなのか？
第24号	1973年１月16日	ビラ配布に対する意見に思う
第25号	1973年１月19日	私の転勤は紀井さんへの攻撃だ
第26号	1973年１月29日	垂水君の本社転勤をめぐって
第27号	1973年２月５日	研究所からの通信
第28号	1973年２月12日	労災についてある労働組合の取り組み
第29号	1973年２月19日	紀井問題をめぐる二つの立場
第30号	1973年２月26日	会社提出資料への疑問
第31号	1973年３月５日	資料の二重提出　納得のいく説明を
第32号	1973年３月12日	作業状況をめぐって（一）
第33号	1973年３月19日	作業状況をめぐって（二）
第34号	1973年３月26日	労災認定圧殺の証拠（一）

いなことなんですけれど、カーッときて課長をぶんなぐって首になったとかそんな話はチョコチョコあるわけですよ。

最近は化成の本工部分は非常にスマートになりましてですね、なかなかないんですけれどもね、かつての化成の職工の世界をいま歩いている下請けであるとかには、そういうのはまだ生き残っている。そういう人たちのもつなんかこう一発主義のようなものは、本質的に否定されなけりゃいかん。それじゃとどうにもならんというのは、全くそのとおりなわけです。

しかし、その辺の何かイライラしたものを問題にしていかんとですね。それはたとえば外からよう見えるとです。それが学者とか学生諸君からは、もう歯がゆいごとあるわけです。「これだけやられてまだ目がさめんのかい。」と。学生諸君とかそういう人たちはやられてないわけですね。ある程度安全なわけです。けれども、はらはらして見守っているにもかかわらず、一番やられている被害者は、ずっとまだ、その殻みたいなもの、こらえとるわけですね。こらえたってどうにもならんことを本人も知っとるわけです。そしてなおかつこらえる方を選んどる。この辺のなにかかじりじ

反公害センター、北部九州労災センター

「公害原論九州講座」にて

宇井さんは来んでもいい、という状況を

村田　あのー、私は生来ひじょうにせっかちなわけで、焦っているという気持ちもあるわけですけどね、実際は、たとえば私が二三年間ですね、三菱化成になんかこうおめおめと生き長らえておったというか、たまたま沈没しておったというかですね、そういうふうなものの中で、だいたい私とですね宇井（純）さんとは、育ちの違いやろうと思うとですよね。私は一五歳の時から本工の中では一番下っぱに育てられている。そうするとそういうふうな連中はですね、シュワーとやってから相手を倒すというようなのではなく、ある日一発かますということに、自分の喜びみたいなものを感ずるわけですよ。だからですね、たとえば、バカみた

りしたものを、なんとか問題にしていきたい――その辺の気持ちですね。

　だから実際、今後の具体的な進め方としてはですね――ただどっちにしても、三菱化成とか新日鉄にすぐ腹立てるわけではないですからね――それはまあ、ぼちぼちやるしかない。ニヤニヤ笑いながらやるしかない、実際にはないわけですけどね。

　たとえば私は、今の公害の旗ふりといいますかね、今ほんとうに日本の公害の問題を一生懸命考えてる人たちが、実は私たちの世界から出なくて、そうじゃない。私たちに言わせりゃあ、そういうふうな先生方とか学生諸君というのは、だいたいもう消えてもらわなきゃいかんのですね、いうなれば。だからその辺が、やっぱり逆転せないかん、いうなれば。その辺を私は問題にしていきたい。

　だから、今日は総括討論ですので、総合的なことも兼ねて言いますとですね、私はできたらこういうふうな自主講座といいますか公害に関するシンポジウムみたいなものをですね、できたら来年の今ごろ、もういっぺんやってみたい。そして今年出した問題がどのくらいどうなったか、そしてそれ以外の問題がどうしてどうなっとるかということを、もういっぺんもち寄る一つの場を、なんとか今日の集まりの皆さんのひとつの共通した集約として、「来年もういっぺんやるか」というふうな形のものを何とかしたいと思うわけですけれども。

　できたらその時は、東大の公開自主講座じゃないほうがいいと私は思うわけですね。「宇井さんが来たら、宇井さんの名前を出すと、なんとか北九州にシンポジウムが開けた。宇井さんが出てこないんじゃとてもやる気もおこらん。自信がない。」ということじゃなくてね、「宇井さんはともかく出て来んでええ。」というふうな形に早くならなきゃいかん。来年くらいは、宇井さんはまだひょっとしたらいるかもしれないですけれどね。ここに来ておられる学生諸君とか、そういうふうな人たち――「おれはもうわかっとるから、なんとかその気持ちを市民の皆さんに伝えて、決起をうながして」というふうな形の啓蒙主義者というのは、本質的には不用じゃと思うわけです。

　それからその辺でですね、やっぱり一方の労働者側の問題というのは、私自身の問題も含めまして、やはり北九州の反公害闘争の位相を逆転させる方向は一体何かということをですね、なんとか考えていただきたい、そういうふうに思っております。

（『公害原論九州講座　「カネミ油症」：患者のなまの訴え』一九七三年一月二六日）

反公害センター設立経過報告

「後方基地」としてのセンター構築を

『北九州反公害センターニュース』というB５版四ページのささやかなニュースを発行するようになって、その第一号の冒頭に「北九州反公害センター　ともかくスタート！」という小文を書いた。この、「ともかく」という修飾語に、反公害センター形成に至る過程、現状のさまざまな問題点が含まれているように思う。

三月一五日に第一回の準備会を持って以来、五月九日の上映、その後の整理活動と、三ヶ月間にわたって活動してきた「『艦褸《らんる》の旗』北九州上映実行委員会」は北九州反公害センターの形成ということが相言葉であったが、「反公害センター」という言葉の持つあいまいさは、上映準備活動の中で凝縮されることが出来なかったし、上映を終えてまもなく開かれたシンポジウム「北九州反公害センター形成に向けて」が約六〇名の参加者によって三時間にわたって熱心な討論を行ったにもかかわらず、参加者は今ひとつすっきりしないというもどかしさを胸に残しながら、次の五点を反公害センターに期待する機能として確認するにとどまった。

一、反公害、反労災の運動体に広く開放される共同の空間（事務所）と印刷設備の確保。
二、情報センターとしての機能。
三、北九州の反公害反労災運動を視野に入れたミニコミの発行。
四、地域住民、労働者を対象とした反公害反労災に関する講演会、シンポジウムなどの企画行事。
五、専門家、技術者集団の育成。

『艦褸《らんる》の旗』上映活動の提起と北九州反公害センター形成運動の結びつきは多分に偶然性と思いつきが作用している。

一つの動きは私が三年間にわたってかかわってきた三菱化成黒崎工場での労災認定闘争がある。一人の本工労働者が新製品開発中の反応廃液ガスを吸入して、頭痛、眼痛、不眠、手足のしびれという現代医療では手に負えない症状に侵され私傷のまま放置されてきたことに対して、業務上認定審査請求を福岡労基局へ申請するとともに、業務上認定を否定するために医師所見のデッチあげ等、悪質な妨害工作を行った企業担当職制の責任を追及する闘いであったが、その主なやり方は毎週三〇〇〇枚程の『労災ぼくめつ』というガリ刷りのビラを出勤途中の工場労働者に配布するということで、そのビラは手刷りの印刷機で刷っていた。又、昨年の二月よりこの労災闘争を支援する部分のたまり場として四畳半の部屋を確保して、印刷をしたり討論をしてきたが支援の輪が広まると共に四畳半では手ぜまになってきて、何とかもっと広い部屋をという意見が生れるようになって来た。

いつの間にか「紀井問題」と呼ばれるようになった三菱化成労災闘争は、地域で闘っている多くの人たちの支援によって支えられて来たが、その中に、未認定患者の掘起しを軸に「認定制度」へ挑戦しているカネミ油症患者グループの人達との交流があげられるが、患者グループも黒崎にたまり場になる広場がほしいという意見があって、共同で、もう少し大きな部屋を借りようかなどという話が個人的な雑談の中で出たいきさつもあった。

もう一つの動きは、昨年一月東大の宇井純氏を迎え、四日間にわたって開かれた公開自主講座の総括の過程で生れた「自主講座で報告された各運動のその後の状況を参加者に伝え、各運動体の情報交換の場」としてのミニコミ発行運動で、これは当初『自主講座事務局通信』として発行され、その後『北九州反公害通信』と改題され、その発行を支えてきた編集スタッフは今年二月の二回目の公開自主講座準備に協力すると共に、二回目の公開自主講座以後、『反公害通信』の一層の充実と発行主体の確立を図りたいという意向を持って来た。

黒崎コミュニティー教会からの通信がとどいたのは二月末だったと思うが、この通信は、「教会が黒崎に三階建てビルを入手したこと、ついてはその一角を身銭を切って反公害運動を進めている住民運動に利用してもらうことと、反公害図書館の設置などを含めて独自の立場から公害問題へかかわりたい」という趣旨のものだった。

この呼びかけによって、一方では情報センターとしての機能を一層追求しようとしている『反公害通信』編集部、一方では現実の運動の中で会合場所、たまり場としての空間を必要としている労災問題グループ、カネミ油症患者グループが出会うことになった。

『襤褸の旗』北九州上映の話が持ち込まれたのは丁度この頃のことで、上映運動を契機にして「北九州反公害センターの形成へ」という風に話が進んできた。上映実行委員会結成の最初のよびかけは、「二回の自主講座の経験をふまえて、北九州地区における反公害反労災の運動を一層たくましく且つ層の厚いものにするために、反公害図書館の設立等、反公害反労災運動のセンター（拠点）を形成すべき時期ではないか」として、「『襤褸の旗』上映運動をいまだ青写真の域にも達していない北九州反公害センター形成のひきがねにしたい」と実行委員会の結集を呼びかけた。

この呼びかけに応じて集まった人たちで上映運動は動き出したが、上映運動の趣旨として「上映運動を通じて反公害のたたかいの何たるかを共々に考える機会を持つと共に、この上映運動をひとつのプロセス又は発展的な契機として各個の反公害のたたかいが出会い、資料や運動を共有し、またよりはば広い層の人々が反公害の闘いに参加し得るような窓口となるための反公害センターの形成を目指す」という風にまとめた。

これは最終的には五月九日の上映当日に配布したシンポジウム案内では「反公害・反労災の現実的課題ととり組み、たたかっている部分を〈前線〉と考えれば、各戦線を横につなぎ、知恵と力を相互に貸し合える場、そして各前線への補給路を確保し、不幸にして一敗地にまみれざるを得なかった場合の療養、いわば〈後方基地〉のイメージを持つ北九州反公害センターの形成」という表現になった。

「反公害センター」というこのばくぜんとしたものの実体化というのは現実にこれにかかわってくる人たちの問題意識のぶつかり合いの中で行われるわけで、ある意味では、センターの内部にどれだけ異質な人の問題意識を包含し得るかが問題だといえよう。

シンポジウムへの参加者が多かったにもかかわらず、進行を担当した部分の問題意識と参加者のそれとのズレが大きく、主催者が熱っぽく意気ごむにつれ、その落差が目立った。冒頭にかかげたセンター機能の確認はせめてもの収穫であり、ともかくスタートさせせようということに落ちついた。

それから二ヶ月間。まさしく〈ともかく〉にふさわしく、資金調達の目途もたたないうちに謄写ファックスを購入し、その使用説明書もまだ手にいらない内から見よう見真似で謄写ファックスをどんどん使用するといったことが始まった。

月例自主講座を始めようということで第一回目を六月二八日に「食品公害」をとりあげた講座を開くや、それを契機に食品公害からの自衛方法としての自然食普及を含めたささやかな運動が提起されている。

三菱化成の労災闘争にかかわっていたグループは、三菱化成労災闘争が一応決着がついたあと、「北部九州労働者安全センター(準)」として、労災職業病問題を追及するための努力を掲げていたが、これまでの四畳半のたまり場から、反公害センターとしてコミュニティー教会から借りている六坪程の洋間に事務所を移し、会合場所としてフルに活用することになった。七月一四日に黒崎コミュニティー広場で開いた「労災職業病とたたかう北九州集会」の成功の裏に、反公害センター設立の力があったことは無視できない。

謄写ファックスを入手して三〇日間の間に九〇枚のファクス原紙が消費されたが、これも謄写ファックスが反公害反労災運動の展開に有効な役割を果すことの例であり、たまり場としての事務所と印刷設備の確保と開放という反公害センターのきわめて現実的な機能の必要性を物語っている。

すでに二号を数えている『反公害センターニュース』は四ページのささやかなものであるが、定期発行と個別運動体の関係者全部へ配布する機能を持つことにより、将来的には第三種郵便物の許可をとることを考えている。これにより、北九州周辺の反公害・反労災のたたかいの現状を伝達すると共に、集会、催し物等の連絡及び個別運動体のアッピールの場となり得るに違いない。労働者安全センターは前記七・一四集会に向けて延べ五〇〇通を越す案内を独自に郵送したが、ニュースの定期発行が確立すれば、そのことを考慮に入れた情宣活動の展開が可能であろう。

コミュニティー広場で準備されている反公害図書館は現在のところ百点余りの公害関係図書が準備されており、今後充実したものとなると思うが、反公害センター内にある本だなには全国各地の反公害反労災運動の資料、パンフが六〇冊余りのファイルに納められ、反公害センターあてに各地からパンフ等が寄せられている。

新聞の切り抜きをやって公害労災問題に関する情報ファイルをつくろうということで新聞の束が持ち込まれている。

毎週金曜日に行っているセンター例会では第一回月例自主講座に参加した人からも何人かの出席があり、いつの間にか世話人的な存在になった『反公害通信』編集部の面々と共にニュースの製作や郵送等の実務をこなしている。

〈ともかくスタート〉した反公害センターにふさわしく、あれやこれやの作業でコミュニティー広場の一角は常に騒々しく、それだけ活気にあふれている。しかし、〈ともかく〉にまつわる弱点も又、日を追って浮上している。

それはひと口に言って、反公害センター活動を主体的ににになう部分の力量の弱さといえるかも知れない。いや主体的に担う部分の公然たる登場がないことにある。もともとそれぞれが個別の課題をになって、その問題だけでも悲鳴をあげたいような状況であり、先程あげた反公害センター機能に期待は持っても、それを推進していくまでには至らない。考えてみれば、これまでわたしたちは軽装備によるゲリラ戦法で状況と立ち向って来た。従って、拠点としてはアタックキャンプがせいぜいであり、ベースキャンプの構築には余り関心が払われていない。攻めることを得手としてきたわたしたちにとって、反公害センターという、いわば陣地の構築は性格的に合わないという事情も手伝っている。

それでも各自は精いっぱいの努力は払っている。反公害センターの部屋を利用した運動体は灰皿を流しまで持ってゆき、机の上もかたづける。しかし、今一歩、流しにたまったゴミを部屋の外に出すまでにはならない。印刷機の側にゲラ刷りの印刷物、使用ずみの原紙が、だんだんつもってくるが、その処理まで考えが及ばない。

『反公害センターニュース』の発行は、そのねらいは良いが、その経費をどうするかについてははたと行き詰ってくる。事務所の維持についても同様である。開放することによる最小限必要な光熱費等の対策については、事務所を利用する運動体の共同分担と言ってはみても、現実にその分担に耐え得る程その運動体が

1979年5月5、6日、九州労災職業病闘争交流団結合宿（北九州市）を組織する

強くないという事になれば、空文句となる。

趣旨賛同者によるカンパ活動ということで、それをあてこんで謄写ファックスを設置したが、謄写ファックスが便利だと使用者がふえる割には、設立基金カンパは集まらない。一枚のカンパ要請文の郵送では集まるはずもなく、足で歩くしかないと思うが、では誰が歩くのか、ねこの首に鈴をつけるような論議になる。〈ともかくスタート〉のこわさは、下水道計画を欠いた都市づくりに似て、早晩行き詰ってくる危険性をはらんでいる点にある。

もっとも、このことを考慮に入れての「北九州反公害センター形成」のよびかけであり〈ともかくスタート〉させることに積極的に動いた者として、ボタかぶりの腹は出来ているつもりであるが。

（『北九州反公害通信』第8号、一九七四年八月一日）

旧松尾鉱山鉱害被害者のたたかいに連帯を!!

昭和五〇年九月、水俣で開かれた第二回九州住民闘争交流団結合宿には、九州各地から三四団体、二〇〇人近い人達が結集した。その当時、訴訟準備に入っていた土呂久被害者が裁判のとらえ方、進め方などについての疑問を解決するために合宿へ参加したが、その時に旧松尾鉱山被害者の会も土呂久の被害者と一緒に参加していて、宮崎では土呂久、旧松尾鉱山等鉱害被害者を守る会として支援活動が展開されていることを知った。

事実経過からみれば、この合宿がそもそもの出会いになるが、うかつにも（いま思い出しても慚愧の念にたえないが）私はこの合宿では旧松尾鉱山被害者と土呂久被害者の砒素、亜砒酸中毒による健康被害者という共通点にのみ目をうばわれていて、旧松尾鉱山被害者が、公害にくらべて世論の支持も得られにくい労災職業病闘争として闘って来たことについて、そのことの持つ意味を深くとらえることができなかった。それがはっきりしたのは昨年末、現地日向市を訪れた時で、合宿から三、四ヶ月を経過していた。

被害者と守る会の活動

宮崎県日向市より約四〇キロメートル、山あいの道を自動車で一時間走ったところ宮崎県児湯郡木城村に旧松尾鉱山がある。松尾鉱山は大正四年に発見されたが、昭和九年、日本鉱業（株）によって本格的な操業を開始して以来、昭和三三年に操業を停止するまで、主として亜砒酸製造を目的とした鉱山であり、日本鉱業は昭和四六年に鉱業権を放棄、鉱山跡は長い間放置され、亜砒酸の窯や鉱滓が露天のまま、雨にうたれ、鉱滓を浸透した雨水は直接付近の小丸川に流れこむ状況である。

昭和四六年一一月、斉藤正健教諭が宮崎県教育研究会で土呂久の砒素鉱害を告発したのが、全国で六〇〇〇とも七〇〇〇ともいわれている休廃止鉱山の鉱害被害が浮かびあがるきっかけとなっている。

旧松尾鉱山鉱害の告発は、土呂久告発に触発されるように二ヶ月後の昭和四七年一月公明党宮崎県本部によって行われた。同年三月には、日向市周辺に住む二一名の元労働者を中心に旧松尾鉱山被害者の会が発足、県知事へ陳情書を提出するなど活動を開始した。土呂久の被害者の会が結成されたのは、土呂久告発から二年を経過した昭和四九年二月で、土呂久旧松尾鉱山等鉱害の被害者を守る会が結成されたのがその一ヶ月後の昭和四九年三月であることを考える時、元労働者を軸とした旧松尾鉱山被害者の会の自立した活動には目をみはるものがある。

しかし、自立した被害者の活動であったがために、労働省を始めとする行政当局の強力な反撃をうけ、彼等の巧妙な封じ込め政策によって旧松尾鉱山被害者は孤立を余儀なくされ、苦難の道を歩んで来た。土呂久被害者は昭和五〇年暮、ひとり三〇〇〇万円の損害請求裁判を提訴し、闘いの展望をきりひらいている。結成以来地道な支援活動を続けて来た守る会の活動も土呂久裁判を軸にした活動へと展開することが予想され、現在もなお続いている。

宮崎県労基局は、旧松尾鉱山の鉱害を、

①一般住民からの訴えがなく、主として元労働者からの健康被害の訴えであったこと。

②地域住民の生活地域と旧鉱山は離れており被害を及ぼすことの可能性を見出し得なかった。

の二点を理由として、単なる職業病として取扱うことにした。

昭和四六年九月新潟水俣病訴訟判決、昭和四八年七月四日市ぜんそく訴訟判決、昭和四七年八月イタイイタイ病訴訟第二審判決と、いわゆる四大公害裁判といわれる訴訟がいずれも一定程度被害者の勝訴に終り、反公害闘争の昂揚期であったこの当時、旧松尾鉱山被害を職業病として労災保険法の枠内にとじこめ、公害から切り離した行政官僚の悪知恵と犯罪的な行為は、次のように概括することができる。

旧松尾鉱山被害者の会が県知事あての陳情書を提出して、一ヶ月もたたない内に、九州大学石西教授を中心とした検診団を現地へ送り、旧松尾鉱山元労働者二〇八名の内、県内居住者中の受診希望者六一名を検診した（当局の検診はこれだけで、その後被害者の会の再三の要請にも拘わらず行おうとしない）。この検診結果は昭和四八年二月に発表され、それにもとづいて、三月に六一名の受検者中九名の慢性砒素中毒、じん肺症（管理区分三）六名、じん肺症（管理区分四）二名が職業病と認定される。

旧松尾鉱山被害者の会のたちあがりを、一斉検診ですばやくけんせいし、結果発表までの一年間の時をかせいだ行政は、被害者の結束の弱い土呂久地区を押えこむために狂奔する。昭和四七年八月、土呂久被害者の中から七人を慢性砒素中毒症と認め、直ちに加害企業である住友金属鉱山と被害者の間に入り補償斡旋を行う。この補償斡旋はあとで「密室の強姦」と呼ばれるすさまじいもので、昭和四七年一二月、報道陣、支援の教師、弁護士すべてをしめ出し、七人の被害者を二日間にわたって宮崎市内の旅館に軟禁、被害者はひとりひとり宮崎県後藤環境長の前によばれ金額を示されたという。余りの安さに返事をしぶる被害者に、環境長は「私の立場も考えてくれ」と言い出し、被害者が疲労によって根のつきた形で最高三五〇万円の補償額で斡旋は結着した（田中哲也『土呂久鉱毒事件』三省堂新書より）。「しめあげ、少しゆるめる」という行政の住民支配は、翌四八年二月土呂久地区を公害病対策地区に指定、公害病として被害者を小きざみに認定、その都度、第一回の斡旋をガイドラインに行政の許容し得る範囲の被害者救済を堅持する。

旧松尾鉱山被害者の労災認定はそれまでの一年間行政が土呂久被害者の押えこみ、支配に成功した自信の下で行われている。旧松尾鉱山被害者の会は日本鉱業と九名の砒素中毒認定患者の補償交渉に入り、裁判闘争になることを考え法律扶助申請まで行うが、「公害でなく労災」という枠にとじこめられ、最高二五〇万円の見舞金で九名中七名が脱落、日本鉱業の一方的なペースで被害者の会は一敗地にまみれる。四九年二月、被害者の会は不充分な検診や補償をせめて、土呂久なみにと県議会に請願書を出したが、行政の反応は冷たかった。その時の被害者の会の人達の胸中は如何程であったろう。

四九年二月に土呂久、被害者の会が結成され、三月にはこれまで土呂久、旧松尾鉱山旧松尾鉱山鉱害被害者の支援にり組んで来た人達によって「土呂久、松尾等鉱害の被害者を守る会」が作られ、隔月刊機関誌『鉱毒』を発行すると共に、これまでの支援活動が「告発」から運動へと転換して行った。守る会は認定基準の拡大、補償、地域指定の拡大等について対県交渉を開始し、一方では地域と密着した運動（現地学習会、被害者との交流）を展開した。その後カトリック社会問題研究所の研究集会、東大自主講座への参加と現地自主講座、環境庁と労働基準局交渉、日弁連の公害対策委員会の現地調査と全国的な支援体制づくりの契機となる活動が続き、岡山大衛生学教室を中心とした土呂久、松尾被害者の自主検診に結びつく。

このような守る会の努力は昭和五〇年一二月、土呂久被害者の提訴となって実を結ぶが、旧松尾鉱山鉱害についても守る会は元労働者を中心とした被害者のほりおこしを行い、従業歴のない家族にも砒素中毒を中心にした健康被害者がいることをつきとめた。又、鉱山周辺の民家のハウスダストより砒素を検出したり、鉱山操業時に農業被害があって、補償交渉があった事実を発見し、「旧松尾鉱山鉱害は労災職業病である」として調査、検診のサボタージュを続けて来た行政当局を追いつめている。

焦眉の課題 ── 訴訟による企業責任追及

岡山大学衛生学教室による自主検診によって、「重症患者であり長期にわたる健康管理を必要とする」と診断された被害者が、従業歴がないという理由で労災申請ができなかった（昭和五〇年六月）。このことから、被害者の会、守る会の活動は公害多発地帯としての地域指定を目指して進められているが、被害者が認定されたあとはどうなるのかという課題にも応えなければならないタイムリミットいっぱいの状況にたたされている。

昭和四八年三月、労災認定後の日本鉱業との補償金交渉は九名の認定患者の内七名が、見舞金をうけとることで幕をとじたが、その時遂に見舞金を受けとらなかった金子勝義さん（七一歳）シズ子さん（六三歳）は今年の三月で「損害請求権は二年で時効」という法の壁につきあたっている。補償交渉の時から、裁判にかけてでもと決意して法律扶助を申請、日弁連公害対策委員会関係の弁護士に相談するなど訴訟準備をして来たが、ひきうけてくれる弁護士にめぐりあわないまま昭和五一年の正月を迎えた。

私が金子さん夫妻を訪れたのは、土呂久被害者が提訴した直後のことで、一五年間寝たきりの勝義さんを看病しながらひっそりと生活されているシズ子さんが、土呂久の提訴を喜び、この提訴が旧松尾鉱山被害者に力強いはげましになっていることを話されたが、その土呂久訴訟弁護団の弁護士とこれまで協力を要請した弁護士が無関係でなかったことを知った現在、土呂久訴訟の準備、提訴の動きを見守った金子さん夫妻の胸中はさぞかし複雑であったろうと思う。金子さん夫妻が法律扶助申請して三年間、訴訟の決意を固めていたのにもかかわらず、これまでの守る会の支援活動の中で何故結実しなかったのだろうかと疑問が残る。

自主検診への期待 ──

被害者の切実な要求……

もう一つの側面

健康を侵された公害被害者、労災職業病患者のもっとも現実的、切実な悩みは、健康を失ったために働けなくなることからくる経済上の問題と、もとの健康をとり戻したい、少しでも症状を軽くしたいという医療上の問題である。第二回九州住民闘争交流団結合宿の第二分科会（健康被害）でも「良い医師、良い弁護士が欲しい」ということが、被害者の共通した切実な要求であったという。（『第二回九州住民闘争交流団結合宿報告集』二四頁）

旧松尾鉱山被害者もその例外ではない。砒素中毒に侵され、全身症状が進行して行く過程で、さしあたっては日向市中の開業医の門をたたくしかない。全身症状としてみず、局所的な診断治療に分断されている現代医療体系の中で、被害者の多くは老人病としてしか扱われず、鉱害被害者として取扱うには日向市内の医師、病院は余りにも保守的である。

昭和四九年一〇月、土呂久、旧松尾鉱山被害者の自主検診を行った岡山大学衛生学教室が被害者からどんなに感謝されたか、又そのことによって、現地の運動が発展したか（旧松尾鉱山被害者の会はこの自主検診結果にもとづいて二一名が現在労災申請中）、はかり知れない。しかし、それから既に一年半近くを経過した現在、検診をうけた被害者の追跡健康調査と自主検診以後ほり起した被害者（元労働者）は二〇名にのぼり、この人達はいちども検診をうけていないので、その検診も被害者の会の強い願いである。すでに従業歴のない元労働者の家族にも砒素中毒被害者が発見されたが、そのことは旧松尾鉱山周辺住民の検診の重要性を物語っている。

闘いの展望

「良い弁護士と良い医者を」という旧松尾鉱山被害者の切実な願いは北部九州労働者安全センターを媒介にして展望がひらけた。安全センター結成以来、センター活動を共にしている永野、中村両弁護士は竜王プロパンスタンド撤去訴訟、豊前海戦裁判のたたかう住民側の弁護人として活動を続けているが、両弁護士は旧松尾鉱山被害者の会の要請に応えて、積極的な協力を約束した。二月一〇日被害者の会会長の黒木金哉氏は、病いの身をおして上京、日本鉱業本社におもむき、次のような要求書を、うけとりをしぶる日本鉱業本社総務部長に手わたした。

要　求　書

私達は宮崎県児湯郡木城町所在の日本鉱業松尾鉱業所において、硫砒鉄鉱の採掘亜砒酸の製造等の作業に従事してきた従業員と右鉱業所所在地周辺に居住してきた住民とその家族である。

貴会社松尾鉱業所において前記労働に従事してきた私達は、まったく劣悪な労働条件と労働環境のもとで苦痛にみちた労働を強いられてきた。即ち硫砒鉄鉱の採掘を手掘り作業で行い、手拭で頬かぶりをするだけという、砒素に対する保護具をまったく装着しない状態で私達は労働を強いられてきたのである。

その結果私達は砒素中毒に罹災し、私達が現に労働に従事しているときにおいて砒素中毒固有の脱毛症状を呈してきていたのであるが労働者を一個の人格として認めず、むしろ労働者を利益追求のための器械道具の一部であり牛馬にすぎないとしか考えない貴会社は、かかる劣悪な労働環境の一切の改善と充分な治療活動を行ってこなかった。

むしろ貴会社の態度は、昭和一三年砒素鉱毒によって農作物に生じた損害について補償を求めた松尾住民の切実な要求に対しても、誠意ある態度の一片も示さない冒瀆に満ちたものであった。

私達労働者、住民の犠牲の上に立って操業を行ってきた貴会社は、亜砒酸の需要が減少し、操業の利点が喪失に至るや、たちまち松尾の地より引きあげを開始し、昭和四六年六月には鉱業権放棄消滅登録をするに至った。

だが劣悪な労働環境のもとで有毒な砒素にさらされて労働を強いられた私達には、砒素にむしばまれ、かろうじて生きながらえている枯木の如くやせ細った肉体と、病床に臥す配偶者や肉親の重圧にもたらされる家庭の破壊が残されるだけであった。

元従業員のある者は鼻中隔穿孔を、ある者は一五年間も寝たきりで失明、一家の大黒柱であった者が働こうにも働けず、入院退院をくり返し、一家の厄介者となり、家族全体が毎日暗い生活を余儀なくされている。

中学校を出て直ちに労基法に違反して亜砒焼きに従事させられた者、肺癌で死亡したが因果関係がはっきりしないということでやむなく解剖にふみきる家族、閉山して一八年になるいま、私達の髪の毛、尿中に高濃度の砒素や重金属が検出されており、同鉱業所の引き起した被害が明らかになってきている。

本人はいつまで生きながらえ得るかと死の恐怖におののきながら肉親や配偶者の未来を案じ、子供は看護のために貴重な青春時代の時間を剥奪され、配偶者は一家の生計維持のために慣れぬ仕事に心を痛めねばならなかった。この重圧に耐えきれない者は、ある者は自暴自棄におちいり、ある者は就学を放棄し、またある者は離婚していった。

貴会社は筆舌に尽しがたいこの苦痛に、一体どれだけの誠意ある解決の態度を示してきたであろうか。

貴会社は、私達が強いられた一切の健康と家庭の破壊、希望の剥奪と許しがたい不当な苦痛のすべてについて、償わなければならない。

私達は満腔の怒りをこめて、私達を元どおりの健康な肉体に、そして平和な家庭に回復することを要求する。

そして、この要求の解決のための最低限のものとして、次の事項の実現を要求する。

一、会社社長は現地におもむいて本人、家族に対して謝罪すること

二、誠意をもって話しあいに応ずること

三、話しあいは現地においてすること

四、健康被害がすでに明らかなため、受診者の希望する医師団で元従業員、地域住民の一斉検診を定期的に実施すること

五、健康被害の明瞭になった者には、一時金五〇〇〇万円、生活費月額一〇万円（物価スライド制）、入院、通院費、看護料、はりきゅう、あんまなど含めた治療費など実費を支給すること

六、死亡患者に一時金五〇〇〇万円と葬祭料などを支給し、遺族の生活を保障すること

七、存命と死亡を問わず、家族について五〇〇〇万円を支給すること

八、農作物被害についても過去分も含め完全補償すること

九、早急に完全な復旧作業に着手すること

一〇、話しあいは日本鉱業旧松尾鉱山被害者の会を通して行うこと
一一、以上の各項につき昭和五一年二月二五日まで文書をもって回答すること

昭和五一年二月一〇日

宮崎県日向市鶴町二丁目七－二〇
日本鉱業旧松尾鉱山被害者の会
会長　黒木　金哉

日本鉱業株式会社
社長　庭野　正之助殿

要求書にみられる被害者の会の姿勢は本格的な裁判闘争突入を前にしてとかく弁護士中心になりがちな裁判闘争のおとしあなを警戒し、あくまで被害者の自立した闘いを軸にした裁判を貫きたいという決意のあらわれである。

昨年一〇月、産業医大阻止共闘現闘委が開いた産医大阻止をめぐる合宿に参加した関西労働者安全センター事務局から、旧松尾鉱山被害者の自主検診が提起され、全体で確認された。第二回自主検診の準備が本格的になったのは、私が昨年暮日向市を訪れ、被害者の会会長の黒木氏、守る会首藤氏の話をきいてからである。今年に入って、北部九州労働者安全センターは第一回自主検診を行った岡大衛生学教室、自主検診活動の経験ゆたかな関西労働者安全センターの助言と協力を得ながら、第二回自主検診団を現地に送る準備を開始した。

昭和四七年、医療よりも営利を優先させる病院当局の不当解雇を受けながらも、以来いまもなお連日の病院前就労闘争と裁判闘争をねばり強く闘い抜いている三萩野医師労組の坪井氏の協力と骨折りで、第二回自主検診実現の目途をつけることができた。二月二三日、現地から黒木、首藤両氏を迎えて行われた自主検診準備の会合で集まった七人の医師の中から、門司労災病院内科医河野弘道氏が検診団団長になることが確認された。

二月二八日から二九日にかけて、坪井、河野医師、中村、永野弁護士を含む北九州勢七人は日向市を訪れ、被害者の健康、訴訟上の相談にのり、守る会の人達と

交流したが、この日に第二回自主検診を三月二〇日、二一日の両日に行うことを最終的に確認した。又、被害者の会は六ヶ月を目途に提訴することを正式に決定、先に紹介した要求書に何の反応も示さない日本鉱業に対して返答を促すとともに、日向市で被害者の会の交渉に応ずるように第二回目の要求書を日本鉱業本社に送付した。

　認定されても現実に何の救済措置もない砒素中毒被害者、まだ認定されていない被害者の前にたちはだかっている労災認定基準の厚い壁、医師により重度の健康障害があると診断されながらも、従業歴がないばかりに書類すら受理してもらえない家族、これら被害者をとりまく状況はきびしい。しかし、健康を侵されて以来、防戦一方に回らざるを得なかった被害者は、いまようやくにして反撃へのいとぐちをつかんでいる。展望は与えられるものでなく、切りひらくものなのだ。

山登りは楽しみのひとつだった

労働者安全センターの視点

　三菱化成労災認定闘争の経験をふまえて労災職業病闘争の地区的拠点の形成に向けて活動を続けて来たわたしたちにとって、旧松尾鉱山被害者が「労災職業病の枠」にとじこめられ、公害地域指定を受けている土呂久被害者にくらべて不当に（行政に）差別されている現状を座視することはできない。松尾鉱山で働いていた当時、生活の場も鉱山近傍であったため労働から解放された時でも有毒な煤煙や粉じんから逃れることができなかった。旧松尾鉱山被害者の闘いは労災職業病闘争であると同時に公（鉱）害被害者の闘いである。

　いま、現地では公害多発地帯として地域指定を要求する運動が行われているが、従業歴のない家族や周辺

1969年頃、九重にドライブに行き、川遊びをする

住民の被害者救済の突破口として重要であることはよく理解できる。しかし、旧松尾鉱山被害者の闘いの主軸は労災職業病闘争であり「労災であるが故の不当な差別」に対しては労災職業病闘争の展開でもって突破することが本筋であろう。そしてわたしたちの基本的な課題はそれぞれの場所で、労災職業病闘争の更なる展開によって旧松尾鉱山被害者の闘いに連帯することである。

旧松尾鉱山被害者の闘いは、ひと口にいって「二〇年以上も前のおとしまえをつける労働者のけんか」である。金子さん夫妻が孤立無援の中で日本鉱業の見舞金交渉を一蹴した気骨こそ「労働者」そのものでありこのところ、とんとひよわになっている上層労働者には殆ど見出すことのできないものである。

不必要な誤解をさけるために、次のことは確認されなければならない。即ちわたしたちが旧松尾鉱山被害者の闘いをどのような視点でとらえようとも、又被害者の闘いにどのような期待と願望をいだこうとも、現実の闘いを担い展開するのは被害者自身であり、わたしたちの視点なり闘いのイメージは被害者によってとらえ直される過程を抜きにしては実現しない。

闘いの当事者よりも視野が広く、正しい方針を持っていると自認している支援者が（善意であればある程）当事者を己に従わせようとするおろかな独善性だけは厳につつしみたい。

安全センターの視点は「人権の復権」を共通スローガンに、被害者の救済支援に地道な活動を続けて来た「土呂久、松尾等鉱害被害者を守る会」の視点とは異質のものである。異質であるがゆえに、その出会いは双方にとって、おどろきであり、違和感は否めないが、異質なものの出会いと衝突が土呂久、松尾の被害者の闘いの発展に役立ち、支援活動の内容が深まる方向に働くことを心から願うものである。

［参考資料］

一、月刊『地域闘争』一九七五年一二月号
二、『自主講座』第五四号、第五五号、第五六号
三、休廃止鉱山鉱害報告書（昭和五〇年九月）日弁連公害対策委員会
四、『鉱毒』隔月刊一部一五〇円、年間一〇〇〇円「土呂久・松尾等鉱害の被害者を守る会」機関誌（『炎突』第7号、一九七六年三月七日）

第三章　共通の敵を共同の力で

九州住民闘争合宿運動
1975－1985年

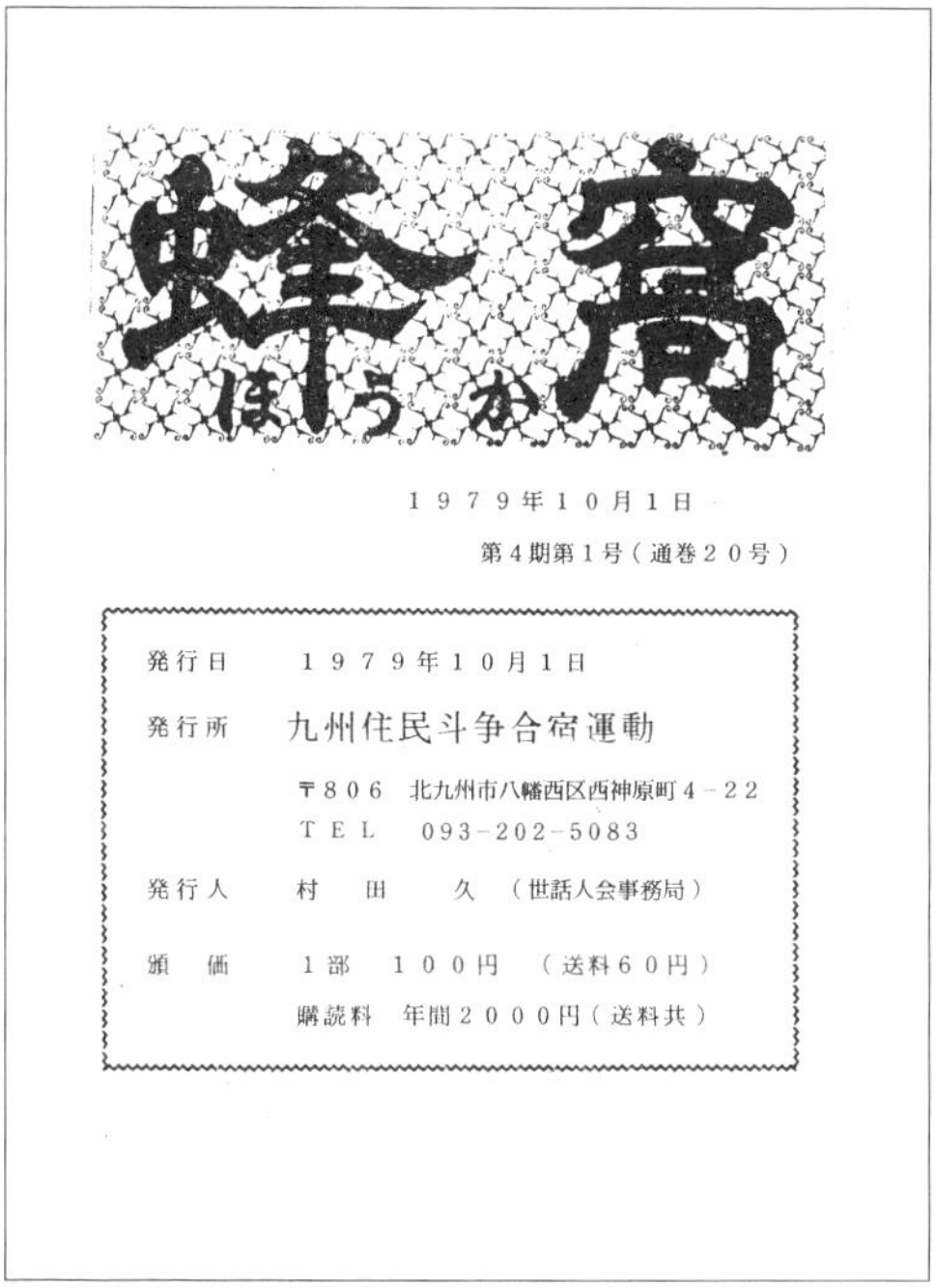

蜂窩《ほうか》

１９７９年１０月１日

第４期第１号（通巻２０号）

発行日	１９７９年１０月１日
発行所	九州住民斗争合宿運動
	〒８０６　北九州市八幡西区西神原町４－２２
	ＴＥＬ　093-202-5083
発行人	村　田　　久（世話人会事務局）
頒　価	１部　１００円　（送料６０円）
	購読料　年間２０００円（送料共）

村田が最初に編集した『蜂窩』第４期第１号

解題

道場親信

「九州住民闘争交流団結合宿（以下、九州合宿）」は、当初水俣在住の患者運動支援者たちによって始められた。第一回は一九七四年八月二三日から二五日にかけて水俣病センター相思社（水俣市）で開催されている。「腹をわって話そう」「共通の敵を共同の力で打ち倒そう」をスローガンとし、全九州および山口各地の反開発の住民運動、とくに反火発や反原発などの発電所反対運動や志布志湾開発反対運動、水俣病患者、土呂久鉱害被害者、カネミ油症被害者、三池CO中毒被害者などの公害・薬害・労災被害者、これに独立系労働組合である長崎造船社研や福岡・熊本などのべ平連活動家などが合宿をして相互に経験交流をし、支援の輪を広げるという点に主要な目的があった。

村田は第二回の合宿から参加し、運営委員会に加わった。合宿は毎年八月か九月に行なわれ、第五回・六回（七八・七九年）には、新大隅開発計画に反対するべく鹿児島県志布志で開催された。この間、住民合宿の地域版ともいうべき形で北部九州住民闘争懇談会や北部九州労災・職業病交流集会、九州労災職業病交流団結合宿、九州ブロックCTS（石油備蓄基地）反対住民交流集会などが開催されたり、「共通の敵を共同の力で打ち倒そう」というスローガンを現実のものにするべく、当時北九州市街地で周辺に有毒物質を垂れ流していた竜王プロパンに関わる県庁追及行動を「九州一揆」と名付けて実行するなど、住民合宿固有の運動としての発展を模索する取り組みが続いた。

七八年の第五回合宿のあと「世話人会」がつくられ（一一月）、合宿の名称も「九州住民闘争合宿運動」と改められて、「第二期合宿運動」が宣言されている。村田も世話人会の一員となった。第六回合宿のあと事務局を務めていた藺《あららぎ》康則（のち、婚姻により阿部康則）が水俣を離れることになって、村田が事務局を引き受けることになる。八〇年以降は従来のような合宿は行なわれず、「九州・山口のエネルギー基地化とたたかう合宿討論会」など課題別の合宿が、とくにエネルギー問題（さらにとりわけ玄海・川内の原発問題）を中心に取り組まれた。一九八六年に合宿運動が事実

1975年９月、第２回九州住民闘争交流団結合宿（水俣）

上の終焉（「第二期」の終幕と「第三期」準備を宣言したが、そのまま再開されず）を迎えるまで、村田夫妻と幾人かの若い活動家による事務局が合宿の開催や機関誌『蜂窩《ほうか》』の月刊発行を担った。合宿運動は一九八五年九月二一日から二二日に熊本県玉名市で開いた「第五回地域をひらくシンポジウム」を最後の活動として休止に向かった。

これ以後しばらくの間、村田にとって「地域をひらくシンポジウム」運動（本章後半）と指紋押捺制度撤廃の運動（第四章）が中心的な課題となる。また、八五年五月に創刊された『北九州かわら版』にも「顧問」として関わりを持っていく（第六章）。

本章には、村田の九州合宿への関わり方がよくわかる文章を中心に採録した。蘭ほかによる座談会は九州合宿の考え方が集約的にあらわれた文献である。「反労災と住民闘争との結合」では、紀井問題以降の労災への取り組みから九州合宿へと結びつける視点が示されると同時に、『サークル村』で主題化された（たとえば上野英信「出稼ぎのふるさと」『日本陥没期』未来社、一九六一年一一月）北部九州と南部九州の構造的な関連とその構造の内部における労働者の状況をふ合宿運動の末期と重なって村田が取り組んだのは、「地域をひらくシンポジウム」運動であった。これは花崎皋平らの提唱によるものであり、一九八〇年一一月に札幌で第一回が開かれ、以後ほぼ毎年開催地を移動しながら継続された。村田は国立名古屋試験所で「研修」中に、第三回のシンポジウム（一九八二年）に初めて参加した。これより前、一九八一年一一月に合宿運動主催で行われた「第二回九州・山口のエネルギー基地化とたたかう合宿討論会」（日向市）に花崎が参加したことから二人の出会いがあった。地域シンポジウムは一九九一年一一月の第一〇回（今治市）で終幕となる。本章には、九州の合宿運動が開催責任を負い、九州合宿と兼ねて行なわれた第五回シンポと金沢で開かれた第六回シンポでの村田の発言を採録した。

まえた発言となっており、問題意識の持続を読みとることができる。また、「世話人会事務局をひきうけて」と「母船としての合宿運動」は、合宿運動全体の組み立てに関わる考え方が示されている。「民衆レベルの国際交流の始まり」は、太平洋に核廃棄物を投棄するという日本政府の計画に抗議して訪日したデービッド・ロサリオの九州・山口キャラバンに合宿運動として協力した際の記録である。「どこまで土俵を下げつづけるのか」「タテマエとホンネの緊張関係こそ」は、村田が『草の根通信』に寄稿した文章であり、運動を持続する上での苦労や問題点にふれている。続いて「アシスタントの言い分」（村田和子）と「身内からけい腕患者を出して」は、労災職業病と闘う運動体のただ中から、パートナーをけい腕患者にしてしまった経過と反省を知ることができる。「『土の声・民の声』の廃刊を惜しむ」は、東京の自主講座分室で刊行されていた『土の声・民の声』が廃刊する際に寄せられた一文、「森スミさんをしのぶ」は、合宿運動を陰日向で支えた運動家の追悼文、「閉幕にあたって」は、合宿運動の終末時に村田が携わっていた活動の報告がなされており、前後のつながりを知る手助けとなる。

九州住民闘争合宿運動

反労災と住民運動との結合

被災労働者を棄民化する労働行政

御承知のように、住民合宿は反公害・反労災の二本柱でございますが、どうも労災の方が、刺身のツマみたいになってなかなか労災職業病のこまかしい話をするという状況になっておりません。それはどういうことなのでしょうか。

労働災害、職業病との闘い

簡単に、労働者と住民の結合と言いますが、私どもは北九州で、労災・職業病をやっておりまして、その中で公害というのは企業・工場の外に出た、労働災害・職業病であると位置づけておりますけれども、志布志《しぶし》に行くという時になりまして、労災・職業病を闘っている部分が、何で志布志なのかということについては、やはり、志布志なり、南の住民の闘いに対して、今ひとつ、距離感を感じるからではないか。おそらく、それと同じようなことが、南の方で住民運動を闘っている人たちにとって、労災・職業病というふうに言っても、ひとつピンと来ん、そりゃ一体何じゃいなというようなことがあるんではないかと思う訳です。

しかし、考えてみますと、私どもは、企業の内外、工場の内外というような区別はありますけれども、実際は企業という、いわば利潤を追求する、それだけを目的としたものに、いろんな意味で苦しめられとる訳で、実際はそういうふうな企業の中で闘っとる労働者と、外で企業と対決している住民とが、きちっと結合してゆくというのが決定的に重要であると考えます。

反動化する労働行政

こまかしくお話しするのはどうかと思いますけれども、これだけは一つ。健康被害の人たちに対して、環境庁を中心に、いわば被害者切り捨てというものが出てきとる訳でございますけれども、労災・職業病の被害者に対しても、それと同じような攻撃が現在かけられとります。

　ここに組合の方もいらっしゃると思いますけれども、この間日本の労働運動というのは、「高度成長」というおこぼれをもらうちゅうことで、だんだんひ弱になってきとります。そういうふうな中で、労働災害・職業病が激発して、いわば組合そのものは総体として弱くなっても、実際、労働者の戦闘的エネルギーというのは、七〇年以降非常に燃え上ってきとる訳です。組合は闘わなくなって、部外の、もしくは個人で労働者が闘うということで労災・職業病闘争は全国的に高揚してきとる訳です。それに対して、いわば労働省ですけれども、行政は法律をどんどん変えて、日本は「法治国家」だから、たとえ悪法でも守らなければならんということで、労災・職業病闘争に弾圧を加えてきておる訳です。

　その一つが労災保険法ということで、労働災害になると、法律で、休業なり治療なりその他認められるのですけれども、その期限を非常に短かくすることによって、働けない者は殆んどの職場から排除してゆくというようなことが去年から非常に厳しくなっております。それが今、非常に深刻になっておる不況ということも相俟って、たとえ労働災害であれ、職業病であれ、健康を破壊した人は、もう工場には要らないんだ、企業はいらないんだ、首にしてもいいんだ、ということを法律で保証する形で、労災保険法が改悪されております。

厳しい労災認定の闘い

　もう一つは、今度の水俣病の新次官通知と同じように、労働災害においては、永年の労働の結果、けがじゃなくて病気になった人、例えばフォークリフトを運転していて腰痛になったとか、スーパーのレジをしていて、頸肩腕症候群という病気になったとかいうような人たちが、これは職業病であるかないかという基準を非常に厳しくしまして、疑わしいものは全部切り捨ててゆくということを、これは労働基準法の施行規則というものですけれども、それも改悪して、実際の認定が非常に厳しくなるように入口をせばめてしまう。

　私どもは入口の狭いのを、押したり引いたりで何とか突破しようとする。やっとこさ突破したら、そしたらおまえさんは健康被害者だということで、今度は一年半すると、休業補償金も大幅にダウンしますし、二年経つと自動的に首切りもできる。こういうような形では、逆に、被災者がおっても、認定を取るということは、俺は働けない体だということを自ら表明することになるんで、健康保険その他で、こらえて働くという状態で、労災・職業病闘争は非常に厳しい場面に立っとる訳です。

1979年５月、九州労災職業病闘争交流団結合宿

考えてみますと、そういうふうに労働者が戦後、いわばジリジリと押されてゆくというふうなことが、今の日本の資本の横暴を許しとる訳で、そういうふうな意味ではもうひとつ労働者がハラくくって闘う必要があるということを考えとります。そういうふうな意味では、労災・職業病闘争というのが、労働省を中心とする国家権力が、非常に、今、攻撃を加えてきておりまして、それぞれ個別の主体者を中心にして闘っております部分というのは、非常にシンドイ闘いをしているのが現状です。

もう一つ、私がこの志布志に来ましてお話ししなきゃならんというのは、北九州はいわば、労働者の町というふうに言われておりますが、北九州で働く人たちの殆んどは鹿児島県。盆、正月になれば鹿児島に帰るというような構造があることは御承知だと思います。北九州では、そういうふうな現役の労働者が先程言いましたような、労災・職業病になって、ある意味で労働者として闘っております。

ところが、九州の労災・職業病の闘争をいろいろ見ますと、宮崎・鹿児島では、そういうふうな意味での労災・職業病闘争というのはありません。けれども、南九州から北九州、それから関西、東京の方に出稼ぎに行った人たちが、道路工事、トンネル工事、その他でじん肺になって帰ってくる。それから白ろう病という、チェーンソーを使う仕事に出稼ぎにいって、そういうような形で今、働けなくなって南九州でひっそりと生活をされとる。そういう方がかなり鹿児島、宮崎にいらっしゃるということも最近知った訳です。北九州の方では、いやがおうにも飯のタネがかかっている訳ですから、ある意味ではケンカもせにゃならんという時もありますけれども、もともと大きな会社に勤めるということでなくて、小さな、いわば季節労働者も含めまして働いていた人たちが体を壊されて、田舎に帰って本当にひっそりと生活されている。そういうふうな人たちと私たちは、きちっと手をつながんといかんと考えとります。俺はこうこうだ、とはっきり言えるような人たちと一緒に闘わねばならんことはもちろんですが、今、私たちの視野の中に入ってないと言いますか、まだ知りあえておらずそういうふうに黙ってこらえている人たちと私たちは本当に結合せにゃならんというふうに考えとります。

「反公害・反労災」の具体化

最初に申しましたように、合宿運動は、反公害・反労災というようなカッコイイことを挙げとりますけれども、まだまだそれはスローガン倒れしておると思います。私たちは、合宿の席に、そういうふうなもの言わぬ被災者が出てきて、そして、なかなかカッコ良くしゃべれんにしても、自分の体で感じたことを、そうでないその他の人たちに伝えるというふうな場を、今後とも追求して行きたいと思います。

労災・職業病・健康被害の闘い、薬害の被害者の闘いというのは、決してドンパチをやるような調子の良いものではないんです。みんな歯をくいしばっているというのが現状で、水俣にしろ土呂久にしろ、それから北九州のいろいろな人たちにせよ、合宿をやると呼びかけても参加できんというような人が殆んどであるというのが実態であります。だから今日の分科会でも断固闘うというような、威勢のいい話になるとは思いませんけれども、しかし、そうであればあるほど、私たちがここで精一杯ふみとどまる、歯をくいしばってでもふみとどまることが必要であろうかというふうに思います。(拍手)

(『第五回九州住民闘争交流団結合宿　報告集』九州住民闘争合宿運動世話人会・事務局、一九七九年一月一日)

〃九州一揆〃としての共同闘争を

新春座談会　合宿運動世話人、一九七九年を語る

一月一四、一五の両日、水俣で第二回常任世話人会が開かれたが、その際出席した世話人で座談会をもった。合宿運動五年間をふりかえって、その果たした役割・理念・課題そして今年の展望をざっくばらんに話しあった。ここにその要旨を掲載し、みなさんの意見、批判を乞いたい。

又、併せて常任世話人を紹介し、更に緊密な団結をお願いしたい。

蘭康則（合宿運動事務局）
黒田徳一郎（三菱重工長崎造船労働組合）
小林豊夫（山野炭鉱裁判闘争を支援する会・福岡）
東郷智之（川内原発反対現地青年部・鹿児島）
藤井勇夫（奄美青年同盟・鹿児島）
広野正（水俣病センター相思社・熊本）
宮里源象（いぶすきの山や海を守る会・鹿児島）
村田久（北部九州労働者安全センター・福岡）
中島真一郎（熊本大学自主講座・熊本）

これまでの合宿運動を振り返って

中島　一九七四年の第一回以来六年めを迎えて、名称もこれまでの「九州住民闘争交流団結合宿」から「九州住民闘争合宿運動」と変わり、今年は新たな飛躍をはかる年となります。今日は「合宿運動とは何か」について語っていただきたいと思います。それでは、まずこの五年間をふり返って感じたことからでも話して下さい。

蘭　合宿が始まる契機をふり返ってみると、水俣病闘争が、七三年の自主交渉闘争でチッソ本社に実力で座り込み、補償協定書を勝ち取った。それ以後マスコミは「公害問題は全て解決した」とキャンペーンをはり、そういうムードが拡がってきた。それに何とか反撃せんといかんという所から始まったように思う。

小林　合宿は、水俣病闘争が母胎となり水俣を拠点として始まった運動といえる。第一回を「交流の始まり」、第二回、第三回を「交流の拡がりと定着」とするならば第四回以降は、「交流から共同闘争への飛躍」

をめざしたと言えよう。合宿運動のぶつかっている課題もその共同闘争をいかに実現させていくかだが、現実は不十分な状態にある。

黒田　合宿運動はこれまで、九州各地の住民闘争を結びつける上で或いは沖縄・奄美の闘いとの交流連帯を深める上でかなりの役割を果たしてきたと言えるのではないか。ただそれでも、まだ九州全域の住民闘争の一部でしかないことが残念。又、最近は主として、開発攻勢との闘いが主になっていて、健康被害の闘いの結集についてやや不充分になりつつあることが反省材料だと思う。

宮里　初期の頃は、楽しく、人と出会う喜びがあった。しかし、後になるとシラケてきた。馴れてきて、意外性がなくなったように思う。

藤井　出だしの時点では、状況が緊迫していたし、それぞれの個別の課題でも焦点があった。しかし住民運動の状況が一貫して追いつめられて来ている。状況が好転したというのは、ほとんどない。合宿が個別の運動との関係を厳しく問われている。運動する側からの情勢の切り開き方が弱い。

小林　合宿運動に係わっても、しょうもないと言う所で離れた人や個別の状況の厳しさで出て来れなくなった人がある。あるいは、もう合宿の役割は終わったと言う声もあるが、続けていく意味はあると思う。どう意味があるのかは、今まで築いてきたものを保持し、今後、何をやっていくのかにかかっている。

本音をいいあえる信頼関係

中島　この五年間で合宿が果たした役割はなんでしょうか。また、ここに集まった世話人の方々は、合宿運動のどのような魅力にひかれて係わっているのですか。その辺の本音を出して下さい。

東郷　今まで、よその闘いと思っていた運動でも、同じ攻撃を受ける者として腹を立てられるようになった。運動の進め方や内容に係わる話でも、突っ込んで話せるようになった。お互い信頼関係があるからできると思うが、そういう信頼関係を合宿は創り出してきたといえる。

藤井　僕は、本来、よそに出かけていかないつもりだったが、何となく連れて来られて入ってきた。入ってきたら、でかい顔をしだした。口だけは大きいことを言っている。足が短かいせいもあるが（爆笑）。まだ、はまりきっていない。スーッと入ってこれる魅力はあるが、生活をかけて、極端に言うと命をかけるに値する運動の内容と魅力に欠けている。そういう運動にならんといかん。

蘭　合宿運動には、個別の運動を捨ててまで合宿にくる必要がない面と、個別を捨ててまで合宿にかんでくる面の二つの面がある。それをどういうふうに解決していくかを実践してきたのが合宿運動ではないか。

藤井　世話人会のよさ、合宿運動の魅力と言ってよいかもしれんが本音、言いたい放題が言えること。それに、みんな、こういう運動や生活をしたいという夢を持っている。その夢をふくらませる事ができる場となっている。世話人会にしても、会議の形式で、むずかしい、面白くもない議論をしなければならないけれども、それだけそういう夢をふくらませる人間関係が会議の場以外の所で、焼酎をのみながらできてくる。

村田　例えば、奄美の新元博文さんのように、東亜燃料相手にドンパチ構える気もある一方で、蛇皮線片手に奄美のシマウタを唄う姿に象徴できると思うが、体をはって、実力でも闘うということと、我々の文化やモノを生産していくことを同時に負う、そういう苦労をしながら、闘いを進めていこうとするのが合宿運動ではないのか。

共通の敵を共同の力で打ち倒そう

中島　合宿とは何かが、かなり明らかになってきたようです。既成の運動の形式主義、建前論とは異なる「本音を出し合い」、その中から相互の信頼関係をつくっていこうとするのが合宿運動のスタイルだと言えます。しかし、合宿運動の究極の目的である交流を通して団結し、「共通の敵を、共同の闘いで打ち倒そう」のスローガンの方は、現在、厳しく合宿運動に問われている課題だと思われます。共同闘争についての意見を。

広野　状況は厳しいけれども、運動の方は、その中で着実に続けられている。住民運動相互の団結は無論のことだが、他の領域との団結の必要性もましている。大きな団結を創り出すことが、非常に大きな意味を持っている。

宮里　「共通の敵を共同の力で」というけれども、以前「九州一揆」の話がでた時、俺とこも出さなきゃいやだという意見がでて、なかなかまとまらなかった。九州全体にかけられている攻撃だという認識で一つになりきれていないのが現状だ。

小林　共通の敵と個別の敵は、別々の所にあるのではなくて、具体的なところ＝企業・行政とかに共通の課題としてある。

蘭　「九州一揆」のスローガンは相手をギクッとさせるものがある。九州で攻撃されているのは同じだという事で、共同行動がやれたら画期的なことで。いわば、革命前夜みたいな状況に値する。

村田　個別に執着して、そのことのみに眼をむけていると、自分の所以外は無関係となってしまう。

しかし、他の所を、自分の所の問題として考えるような共通の認識は、なかなか困難だ。そういうもどかしさを含みつつも、どうすれば「九州は一つ」だと考えられ、他の運動も自分の問題と考えられるように成ろうとするのが、合宿運動ではないか。

藤井　自分の運動をやりながら、なおかつ、他の事もやるというのはとりもなおさず、もう一歩自分達の運動を深めるという所に帰ってゆく。さらには、そういう場で自分達の問題を主張する事によって全体の問題を深めてゆく。言いかえると、自分の所を変えてゆくことを通して九州との関係を変え、九州全体を変える事を通して自分の所を変えてゆく関係として、とらえることだと思う。

蘭　口で、いくらかっこいい事を言っても、具体的に共同闘争を積み重ねていかないと実現できないんじゃないか。共同で動く訓練が必要だ。

地域差別としての開発侵略

中島　最近、団結、連帯の必要性が叫ばれ、状況としてそうあるべきだということもわかりますが、現実は分裂をおこしている例の方が多い。合宿運動にとっても、住民運動に限らず、例えば、労働運動や部落解放運動との連帯の問題を真剣に考える必要があると思います。このあたりについて。

宮里　同和問題、平和問題、公害問題は、同じ根を持っている。それらは、人権にかかわる共通の問題であり、現われ方が異なるにすぎない。しかし、同和問題をやっている人は同和だけ、公害問題をやっている人は、公害だけやっている。共通の根をもっている所まで、眼がとどいていない。

藤井　それぞれ特性を持っているが別個の問題としてあるのではなく一つの大きな河に注いでいる。つまり共通の敵につながってゆく。

村田　労働運動や部落解放運動との連帯にしても、どういう所でつながり、共通にものを見、考えて行動していけるのかが、運動している側でも答えが出てなくて、上すべりな感じがする。

東郷　頭の中で、共闘や連帯を設定して出てくるのではなく、具体的に生じている問題を共通の問題として担うなかから生れてくるものだと思う。以前、部落解放同盟の土方鉄氏が鹿児島にきて講演された時、「原子力発電所をへき地に持ってくるのは、人権を無視したやり方という点で、部落問題と同じである」と発言された。原発問題も差別の問題として、とらえることができることがわかった。

小林　まさに、開発の問題は差別の問題である。原発でつくられる電力を必要とするのは都市である。それならば、都市や需要地のすぐそばにつくればよいのに、「過疎地」や「離島」には人も少ないし、金もないから、つくってやろうというのは、「現代の島流し」だ。

藤井　開発や公害の問題を差別問題としての面からとらえ、そこでの差別と闘うという点で部落解放運動との連帯の路が開けてくると思う。自分達の問題を深め、共通の敵を見出していくなかから、他の戦線の人達と手をつなぐことが可能となるんじゃないのかな。

蘭　確かに、いろいろな戦線があるが、それを戦線別に分断するのではなくて、いろいろな戦線をもつないでいく役割が合宿運動の将来的長期的な役割としてある。とにかく、真剣に模索してみるべきだ。

資本の論理を打ち破る住民の論理を！

中島　最近、もっといえば七三年のオイルショック以降、住民運動は厳しい壁にぶつかっている。その壁は何かを真剣に考えてみる必要があると思います。かつて、豊前火力発電所の反対運動をやっている松下竜一さんが語った事ですが、七三年のオイルショックがおきた時「これで豊前火力の建設は必要なくなる、我々の運動は勝利する」と信じたそうです。一方九電側も「これで勝った」と公言したという。これ以上、石油を浪費する火電は必要ないとする住民運動の論理よりも、エネルギー危機＝生活の危機として恫喝的キャンペーンをはった資本の論理の方が圧倒的にひろがった。私達の側が、押されっぱなしという状況もそこらへんを乗りこえられない弱さに起因すると思います。

公害被害者の運動にしても、四大公害裁判以降、一貫して補償金で結着をつけられている。不況の深刻化とともに、資本の方も金が出せなくなり、公害被害者や労災被害者を切り捨て＝棄民化しようとしてきています。そこをどう突破してゆくか、合宿運動の課題だと思われますが、いかがですか。

宮里　東北の女川原発の反対闘争のように一〇年余り闘いながらも、補償金での結着を迫られている。不況のなかで、その地域から金をうみ出すのではなく、天（資本や権力）から金が降ってくるのを待っている。それは、結局、自分たちの収奪につながっていくものであっても、そういう期待感をもって生きていかざるをえない。しかも、三〇年前の生活環境ではなく、石油消費文明の中に浸った暮らしをしている。だから、資本の論理の方へ持っていかれちゃう。

東郷　先の事が見えなくなり、金がもらえるなら、どんな危険なもの、多少被害が出るとわかっていてもいいんじゃないかとなる。

条件闘争をこえる道理

小林　その何億、何十億とバラまかれる補償金にしても、もともと地方の、農村や漁村から都市の企業へ就職していった息子や娘の労働からしぼりとった金ではないのか。二重の意味で地方は痛めつけられていると言える。

宮里　資本は絶対に損はしない。沖縄の海洋博がよい例だが、あれほど短期的集中的に資本投下が行なわれ、終了後、企業はバタバタとつぶれていったが、にもかかわらず資本の側は、それを計算づくで儲けている。

東郷　原発建設のための補償金にしても、電力資本は、電気代の値上げで元をとってしまう。

蘭　銭で結着をつけられる弱さ、運動がモノ取り、条件闘争となって終結してしまう例は多い。

しかし、そういう傾向の中でもそうでない人達や運動がある。そういう人達の道理の正しさを、いかに拡げ、守り育てるかが、合宿運動の使命だといえる。

藤井　将来性のないのは、住民運動の側ではなく、国家や資本の側の方である。だから彼らは必死になっている。その必死さに、我々の方が対応しきれていないと思う。

蘭　運動が、スケジュール闘争やスローガン倒れに終わっているのではないか。我々の闘いが十分思想化されていないと思う。地域の末端から、現場から、生活の次元まで含めて解放してゆく運動が、住民運動に限らず問われている。

合宿運動の新たな飛躍にむけて

中島　時間が残り少なくなってきましたので、最後に今年の抱負を語って下さい。

黒田　『むつ廃船・原発阻止・三里塚廃港人民の船』に三週間乗船して、全国の多くの住民運動体と膝つき合わせて交流する機会を得た経験からいえば、今住民闘争の横のつながりを求める声や動きは全国的に昂まっている。こうしたものに対して、九州としても積極的に取り組んでいく必要があるのではないか。

又、反公害を闘わないのが常態みたいだった労働運動の中からも反公害を自らの課題として闘う組合が、少しづつではあるが現われ始めていることに注目したい。

個別闘争の強化は自明の前提だが、更にこうした闘う労働運動との結びつきを住民闘争の側からも意識的、組織的に追求することが大事なのではないだろうか。

広野　一つ一つの闘いは、どこでも厳しいが、三里塚に限らず、北陸の七尾火力反対闘争や愛知県の境川流域下水道建設計画反対闘争のように、実力でも闘おうとする闘いが出てきている。九州でもそういう住民闘争をつくりあげていきたい。

小林　合宿運動が、これまで築き上げてきた心のつながりだけでは不十分だと思う。それを超えるものを見出すことを今年の課題として、九州キャラバンや、第六回合宿にとりくんでいきたい。

蘭　これまで、合宿運動の弱さとしてあった。ともすれば言いっぱなしで終わる在り方をかえるため、実行力をつけんといかんと思う。合宿運動を固める上で基礎を、これまでつながりのあった運動体の掘りおこしと新しくおきてきている運動体とのつながりをつけ、合宿運動の輪をひろげるキャラバンはぜひとも成功させたい。

村田　これまで、環境破壊、公害被害と並んで労働災害の問題が合宿運動の領域として掲げてあったにもかかわらず、労災についての関心は低かった。今年は、念願の労災問題の個別合宿が実現できそうである。それの成功へむけて全力を尽くすつもりだ。

中島　今日はいろいろありがとうございました。私の方の今年の抱負も言わせてもらって、本日の座談会を終わりたいと思います。

合宿運動にとっても、昨年は、転機の年であり、もやもやした問題を発生させ、抱えてきましたが、今年は守勢から攻勢に巻き返し、九州一揆の実現と、更には、私の夢である九州独立に向けて、「九州独立」元年となるようがんばりたいと思います。本日はありがとうございました。


（『蜂窩』第13号、一九七九年一月五日）

世話人会事務局を引き受けて

一九七四年に第一回九州住民闘争交流団結合宿を開催して以来、今年の第六回志布志合宿まで、年一回の交流団結合宿、機関紙『蜂窩』発行を活動軸にすえて来た「九州住民闘争合宿運動」は、事務局を水俣に置いて来ました。

このたび、さまざまな事情から、水俣から北九州へ合宿運動の連絡先を移し、私が事務局を担当することになりました。

去る九月八日、五年間にわたる合宿運動の活動経過を物語る小型トラックいっぱいのパンフ、資料と共に、事務局引き継ぎを終えましたが、アルバイトその他で生活の糧を稼ぎながら、無給の専従事務局を担って来た蘭、嶋崎両氏の苦労と熱意に、あらためて頭の下がる思いでした。

新事務局は、残念ながら賃労働制度にからめとられた存在で、ひるまはほぼ完全に拘束されているので、とてもこれまでの事務局のような目ざましい活動は担えるものではありません。しかし、そこは中年のずぶとさをフルに駆使して、雑用係として精いっぱい頑張る決意です。

いま、合宿運動にとって重要なことは、合宿運動の枠組（組織、財政）をどうするかということではなく、合宿運動の更なる展開に向けて、大論議を起すことだと思います。使い古された表現に従えば、「これまで五年間の合宿運動の総括」、少々改まった表現では「合宿運動の理念について」、ひらたく言えば、「合宿運動は何をしようとするのか」についてのテッテイした論議が大切ではないでしょうか。

これまで合宿運動の推進核となって来た世話人会と個別課題に苦闘する人達とのへだたり、世話人会に関係して来た人たちの間の問題意識の微妙なズレ、すれちがいについて、いわばピンセットでつまむような問題点の把握と整理が、今後の合宿運動発展の鍵となると思います。

事務局の移動にともない、『蜂窩』もこれまでのオフセット印刷―新聞形式から、謄写印刷―パンフ形式と手づくりの色彩が濃いものへと変ります。〃みてくれ〃は少々劣る『蜂窩』第四期は、ぜい肉を切り落した手づくり機関誌の弾力性を有効に生かすことで、合宿運動展開の有力な武器として機能するに違いありません。

1981年6月、白島石油基地と玄海原発を考える北九州集会にて

事務局を引き継いで、一週間もたたない内に、はや「事務局暴走」を懸念する声が届いています。主観的には、これでも生来の大きな眼を、いっそう大きくして状況をみながら動いている積りです。事務局暴走による合宿運動の壮烈な空中分解か、それとも状況突破の原動力になるかは、ひとえに世話人、会員各位の手綱さばきいかんにかかっています。

（『蜂窩』第20号、一九七九年一〇月一日）

母船としての「合宿運動」

九州住民闘争合宿運動について考えようとする時、すぐに思い出すのは一九七四年はじめ、清川正三子さん（三西化学反農薬裁判原告）が私に話したことばである。

「これから先は、資本家、国の攻撃がきびしくなる。だから、住民運動が団結して、九州住民党を作らなければならない。そのためには、まず集まる訓練からしなければならないと思う。」という趣旨のことばだった。

この当時の北部九州は、一九七一年秋の宇井純氏講演会を皮切りに、東大公開自主講座（七三年、七四年）などの集会が活発で、三西化学反農薬闘争、竜王プロパン撤去闘争、豊前反火力、カネミ油症、三池CO闘争、三菱化成労災闘争など、反公害・反労災をたたかう人々の交流は深まっていた。

「水俣へ集まろう！　九州に闘う住民運動ののろしを！　腹をわった闘う住民同志の団結を！」というスローガンでよびかけられた、第一回九州住民闘争交流団結合宿が、当初の予定を大幅にオーバーした参加者で、大成功をおさめたのは、決して偶然ではなかった。私は三菱化成労災闘争の後遺症で九州にいなかったため、参加していないが、合宿に参加した清川さんは、そのあと「水俣の合宿は、あの時の話（冒頭紹介）が具体化したものだと許り思っていました。」と私に語ったが、九州住民闘争交流団結合宿の提起は、清川さんに限らず、九州各地の反公害住民運動をたたかう人々の共感と支持を得た。

日向市の旧松尾鉱山被災者への自主検診に、北九州の先進的医師グループがとり組み、日本鉱業の企業責任を追及する旧松尾鉱山被災者の裁判闘争に原告側弁護人として北九州在住の弁護士がなったのも、交流団結合宿での出会いが大きな役割を果している。

「出会いの場」としての交流団結合宿は多くの成果をあげたが、交流から団結へ、「共通の敵を共同の力で打ち倒そう」という第一回合宿のスローガンの実現については、一九七八年二月の竜王プロパンスタンド撤去闘争支援福岡県庁行動でその片りんをみせた程度で、むしろその頃より難しい局面にさしかかってきた。

第五回合宿（一九七七年）で、これまでの合宿運営委員会を発展的に解消し、あらたに「九州住民闘争合宿運動」として機能を開始、会員制を採用し、世話人会による「合宿運動」の更なる展開を基調報告で提案、満場の拍手で確認されたものの、これは豪快な空振りに終った。

母船としての「合宿運動」、会員はその乗組員

会員―世話人という組織論が不発に終った原因は追求されなければならない。

年一回の交流団結合宿を準備して来た合宿運営委員会が、年一回の合宿を「九州住民闘争合宿運動」の表現のひとつと位置づけ、「九州、琉球弧における反公害反労災諸運動の自立化、強化発展に向けての支援媒介項となり、相互交流、団結の発展、共同行動（闘

1985年９月「第５回地域をひらくシンポジウム」熊本県玉名市にて

争）を推進する」目的（趣意書）で会員制をとったことは、まぎれもなく「九州住民闘争合宿運動」という徒党を組むことの意思表示である。

「徒党としての合宿運動とは何か」ということになると、きちんとした趣意書があるにも拘わらず一向にはっきりしない。

文章では表現しきれない何物かが、これまで合宿運営委員としてかかわって来た人達の中にある、それらの人たちの問題意識の微妙なズレは、九州会議、人民の船など合宿運動が現実に当面する諸課題をめぐって表面にあらわれ、また消える。

「党派ではないが党派的動きをするグループ」などと陰口をたたかれたこともあるが、イメージとしてしか表現できないところに「合宿運動」の魅力とアキレス腱がある。

私はかつて合宿運動をやまたのおろちのような頭と尻尾がたくさんあって、胴体がひとつの怪物にたとえ、中央指導部を頂点にする徒党とのちがいを表現した。場合によってはひとつところをグルグルまわったり、進行方向がちがうために動けないなどのトラブルも発生するかも知れない。そうはならないしかけ、またたとえ一時的にそのような状況になっても直ちに脱出できるしかけを持つところに合宿運動の秘密がある。

当事者（現地）の運動の利益を第一に考える作風を育て、守って来た合宿運動は、関連領域のひとびとの問題意識を深め、発展させるよう援助協力することはあっても、指導すると称して、己の路線を押しつけ、系列化する徒党になるはずがない。

徒党としての合宿運動は、資本、権力と闘うだけでなく、つくる（生産、創造）ことの重要性を認識する。反公害・反労災という固定概念から解放されなければなるまい。

路線は明らかにするが、純化するのではなく、ことなった考え方、問題意識を持つ人々、運動体を包摂する。できの悪い子供ほどいとしく思う母親に似た立場を堅持する。

「母船としての合宿運動」を提唱する所以であるが、母船である以上、静止固定せず、自らの判断で自力で動く。そのように考えれば、合宿運動は根拠地を作らず、母港をこそ求める。自力運行するためには、乗組員（会員）も未だ不充分というのが正直なところ。

どこから始めるか

六年前の清川さんの提起「九州住民党の結成を、そのためにまず集まることの訓練から」というのは、いま尚、意味を持っている。

徒党を組むことを宣言した九州住民闘争合宿運動は、再度、出発地点（第一回合宿）に戻り、交流―出会いの意味を問い直すことから始めなければなるまい。

「腹をわって話す」「タテマエでなくホンネを語る」ことは、口で言うほど簡単なものではない。

立場のちがい、問題意識のちがいを理解し、尚ホンネでつき合える関係の創出が、合宿運動再生の鍵をにぎる。

（『蜂窩』第24号、一九八〇年二月一日）

報告　民衆レベルの国際交流の始まり

デービッド・ロサリオ氏（太平洋への核廃棄物投棄に反対するマリアナ同盟）を迎えての「放射性廃棄物の海洋投棄に反対する九州・山口キャラバン」は、緊急の取り組みであったにも拘わらず、各地の地区労、

1980年10月、デービッド・ロサリオ氏（右端）を迎えての九州・山口キャラバン

県評などの労働組合団体、住民運動団体の積極的な協力を得ることができ、成功裡に終えることができた。以下、いきさつと経過について報告したい。

九月三〇日（一九八〇年）の深夜、東京から電話が入った。「南太平洋諸国の住民代表が来日するが、一〇月一三日から二週間、九州各地を回りたいのでよろしく頼む」という内容である。

日本政府の放射性廃棄物の海洋投棄計画については、八月末の「九州・山口のエネルギー基地化とたたかう合宿討論会」でも論議され、計画の白紙撤回を求める署名活動に取り組むことが、参加者全員で確認されており、福岡では、「核廃棄物の海洋投棄に反対する福岡署名会議」が結成されるなど、九州・山口各地で署名活動が取り組まれていた。

東京からの電話では、福岡で一〇月二五日に「海洋投棄に反対する集会」が開かれるそうなので、その集会に参加してアピールする予定で、その前に水俣や長崎を訪れたいということだったが。

その程度ならと簡単に引きうけ、三里塚や志布志キャラバンで経験豊かな中島氏（世話人会事務局の一員で熊本在住）に電話で相談、取り組みを開始した。

連日（といっても、ひるまは賃労働で拘束されているので夜だけだが）、各地へ電話による受入要請と日程調整を行い、一週間後、ほぼスケジュールの大綱をきめることができた。

日本政府のいやがらせ（入国拒否など）が危惧されるので、来日する日まで住民代表であることを明かせないという事情と、来日までに二週間足らずしかなく、日程もほぼ固定しているという困難な条件があり、「要請」を受けた各地関係者は苦労されたに違いない。

「放射性廃棄物の海洋投棄に反対する九州・山口キャラバン」という形になったのは数日間の電話による各地関係者との折衝で、各地の積極姿勢に押されてできたものである。キャラバンの目標として、

一、太平洋諸国住民代表の提起する場（交流会、懇談会、大衆集会）を実現、成功させる。

二、「放射性廃棄物の海洋投棄反対」署名活動を推進する。

三、「知られざる原発」上映運動との連動を図る。

四、九州・山口各地で、すでに原発、核燃料再処理、ウラン濃縮工場建設反対にとりくんでいる集団、個人の活動に寄与し、また、あらたな集団、個人誕生の契機とする。

の四項目をあげ、その成功に向けて、キャラバン隊に合宿運動世話人がリレー式に随行することにした。

予想をはるかにこえた各地の受入れ

台風一九号のため、到着が二日遅れるというハプニングでふたをあけたキャラバンだったが、日を追うごとに盛りあがりを見せた。当初四ヶ所程度という予定が、ふくれにふくれて、結果的には二週間に二〇ヶ所を越す市や町を廻り、中食時間も充分にとれない超ハードスケジュールとなった。

そのしわよせは、当然のことながら、ロサリオ氏と通訳をつとめた大川宝作氏（自主講座実行委員会）に集中した。ロサリオ氏は気候、風俗のちがう異国での行動という肉体的ハンデに加えて、言葉の問題があった。ロサリオ氏はグアム島の先住民族であるチャモロ人であり、本来の言葉はチャモロ語であって、英語は支配者アメリカに強制された、本音では使いたくない言語である。しかし、チャモロ語を理解する日本人がいないので、やむなく英語を使うわけだが、それとて通訳の大川氏だけが唯一の話相手であったのだから、

1981年6月、反原発下関集会

彼の精神的苦しみはたいへんなものだったろう。

今回のキャラバンは、合宿運動として事前に充分な計画をたてて実行したものではなく、東京からの突然の電話をきっかけに、緊急に取り組んだものである。この種の企画に欠かすことのできない行動予定、財政計画についても、まったく見通しが立たず、すべて成行きに任せるしかないといったものであった。

このような無謀ともいえるキャラバンが成功したのは、日本政府の海洋投棄計画そのものが余りにも無茶苦茶であること、そのことを訴えるために、はるばる来日したロサリオ氏への共感が状況的に各地にあり、それを現実的な形にまとめた、各地の有志の努力がある。自画自讃のきらいはあるが、短期間の電話要請でスケジュールの大綱を可能にしたのは、合宿運動六年間の蓄積と、八月末の合宿討論会の成功である。

民衆レベルの国際交流を

太平洋諸国住民の強力な反対運動と、それに呼応して、日本国内でさまざまな立場からの反対の声が高まる中で、日本政府は、

「海洋投棄を強行するものではない。」（中川科学技

術庁長官の国会答弁）
「原発敷地内部での処理方法を検討」（『朝日新聞』一〇月二二日付）
と後退姿勢をみせているようだが、楽観は禁物であり、日本政府の海洋投棄計画白紙撤回に向けて、取り組みを強化して行く必要がある。
ロサリオ氏との出会いで、九州・山口の民衆と南太平洋諸国住民が連帯する道が開かれた。日米両政府が環太平洋を自らの支配下に置こうと策謀することに対抗して、わたしたちは民衆レベルの国際連帯の道を模索することが重要ではなかろうか。
ロサリオ氏は南郷漁協（宮崎県）、串木野漁協（鹿児島県）を訪れ、南太平洋に出漁している漁民の人たちと交流したが、これがきっかけで、太平洋の恩恵を受けて生活している漁民が国境を越えて手をつなぐ道を進むことを期待したい。
マリアナ同盟では、来春にもグアム島で「放射性廃棄物の海洋投棄に関する国際セミナー」を開く計画があるという。九州・山口で反核をたたかう民衆の代表をグアムへ送り、ロサリオ氏のきりひらいた民衆レベルの国際交流の道を一層大きく、確実なものにしたい。

（『蜂窩』第33号、一九八〇年一二月一日）

どこまで土俵を下げつづけるのか

発言者の立場

▲一九七九年九月、九州住民闘争合宿運動の事務局を引き受けて以来、タイプ謄写印刷のパンフ『蜂窩』を、七九年一〇月から八一年二月まで一七カ月間一六回発行してきた。
▲B5判八ページでスタートし、現在二〇ページ建て、発行部数六五〇。
▲草の根通信とちがい、タイプは、事務局に加わっている妻の和子がひるまの賃労働から解放された夜に打ち、印刷は私が担当。丁合、製本、発送を集団的にやるまでに至らず、かなり実務的にしんどい状況。

『草の根通信』の魅力、学んでいるところ

▲以上のような立場であるので、月刊発行を維持することに追われている感じで、誌面の内容にまで手が届かず、送られてくる『草の根通信』を見るたびに、

その誌面が生き生きしているのに感心している。

▲その魅力は、運動体の機関誌にありがちな無機質（抽象的）なものがなく、「読むところ」が多い点にある。準備書面など、結構固苦しいものも掲載されており、そのことが、『草の根通信』が単なる読み物でなく、資料集としても有効である所以でもあろう。そのことが目立たないところが、すばらしい。

▲月刊パンフを発行している経験からいくと、月刊維持というのはたいへんなエネルギーを必要とする。『草の根通信』の場合はどうか知らないが、読者からの反応というのも、そんなにあるものでないので、「パンフ発行の意義」について懐疑的になることも、しばしばであり、それを押しつぶす形で、あるいは耐える形で発行を続けようとすると、どうしても肩に力が入って、力むことになり、それが誌面に反映しがちである。

『蜂窩』の場合、かなり力んでいるが、『草の根通信』にはそれがみられない。これが長続きのコツではないかと考えている。

▲合宿運動事務局という立場上、全国各地の機関誌（紙）を読むことが多いが、「こんな機関誌にしたい」という目標にするのは意外に少い。その中で『草の根通信』は格好の目標になっている。

▲そのように言うと、相棒の和子は、「とてもかなやしないから、やめとき」と笑うけれど、私はかなり本気である。

『草の根通信』の気になるところ

私の「豊前反火力運動」の活動についての見かたは、「負け続けていながらも、めったに土俵を割らない運動。それは、土俵を割りそうになると、自ら、その土俵ぎわを更に後へ持って行く」というものである。

いわば、負け続けながらも、敵に背中を見せて逃亡するというパターンでなく、敵と真正面に向かい合いながら、後へどんどん下がる。それが現在まで進行形の形で語られるところがすばらしいと思う。

しかし、いやしくも「絶対阻止」という看板を掲げ、九電を対手にケンカをいどむということであれば、時には、かなわぬまでも、即ち「自らの力量」を超えたところでも勝負する必要があるのではないか？

前項で「力んでいない」点を評価したが、それは自らの力量の範囲内で、いわば無理をしないという形でやることによるものだとしたら、「そのような力量」というのは、絶えずその枠を超えようとする試み、努力（失敗によるケガも含めて）によって、力量はあがるのであって、「自らの力量」を固定的にとらえている限り、その力量のUPは望めないのではないか？

▲原告団の人間関係を含め、「（環境権訴訟を・編注）すすめる会」の関係者の面々の気の合う有様は『草の根通信』を読んでいてよくわかる。

しかし、運動体の内部の矛盾は存在し、その矛盾が運動体の発展と共に激化して行くのは、いわば法則的なものであり、大切なことは、その内部矛盾をどのように新しい形の矛盾として克服して行くかということだと思う。『草の根通信』を読んでいる限り、その内部矛盾の激化はよみとれないし、一〇年近い歳月の中で、当初の矛盾が激化していないことこそ異様である。

それは「九電」という巨大権力と闘うための必要な措置として、内部の団結・和を保っていくということの重要性とそれへの配慮と理解しながらも、尚、納得のいかないことである。これは、前の「自らの力量」を固定していることと関係があるのではないか？

▲「すすめる会」メンバーの任務分担（？）の固定化という点も気になる。外廻りは松下、梶原両氏の担当となってるみたいで、その他の面々はほとんど他の世界と接触を持とうとしないようである。

例えば、恒遠氏は高教組のメンバーである。地区労運動にも関係されているときいているが、いま、教育の現場で問題になっている日の丸、君が代問題、労線統一にからむ労働運動の右傾化等について、どのように考えておられるのか、そのことと豊前火力のたたかいがどのように結合し、あるいは断絶しているのか？

関係者のひとびとの詳しい状況を知らないままのコメントなので、事実誤認もあるやも知れぬが、かつて〝女性差別〟の問題について、松下氏が「短兵急にいわないで、時間をかけてみて欲しい」旨のことを発言されたことがあるが、豊前火力反対一〇年の流れの中で、メンバーの意識は世界に向けて開放に向っているだろうか？

〝徐々にであってもその方向に向っている〟と言われそうだが、問題はそのピッチ。

『草の根通信』

▲幕引きのタイミングについて

『草の根通信』愛読者の圧倒的大部分はファンであり、観客である。その立場から言えば、もっともっと続けて欲しいという願望を持っているが、決して自らがその舞台にのぼろうとしない（それは『草の根通信』に原稿を寄せるかどうかということでなく）。

一方、舞台のレギュラー登場人物及び台本作家・演出家としては、ネタ切れ（裁判という軸のそう失）を機会に幕引きのタイミングを考えざるを得なくなる。

格好よく、余力を残して幕をとじるか？　それとも、ネタ切れも含め、だんだんシラケてきて、観客がひとり去りふたり去りして、客席がガラガラになるまで執念深く続けるか。

日本人気質から言えば、前者だろうが……。

『草の根通信』の役割

九電を対手に闘いをいどんでいるのは、豊前だけではない。いま、正面に立ちふさがっているのは、苓北石炭火力であり、玄海原発三・四号機建設等々である。

事実経過からだけ言えば、豊前火力建設反対でスタートしたこの一〇年間九電はこの反対運動を無視して建設したし、いまの営業に何の支障もうけていない。

しかし、そのことは「すすめる会」の現在の存在を否定するものではなかろう。

九電にとっては、いぜんとして「こうるさき存在」であり、「すすめる会」の動向を気にしつつ、苓北火力その他の事業を推進して行かねばならない。

そして、いま新しく九電に立ち向っている各地のひとびとにとって、『草の根通信』が発行され続けていることはたいへん大きなはげましとなっていることは確かである。

『草の根通信』、「すすめる会」の今後の役割は、九電の後方をおびやかすゲリラとして頑張ってほしいと思う。
▲そのためには、〃裁判にかわる運動の軸〃を、早急に創り出すこと。
▲「すすめる会」が「対九電包囲戦線」の情報宣伝部として『草の根通信』を武器に、新たな構想と方法論をあみ出すことを期待する。以上
（『草の根通信』第１００号、一九八一年三月五日）

タテマエとホンネの緊張関係こそ

　私は『草の根通信』昨年三月号の一〇〇号記念座談会に誌上参加して、「通信の愛読者の圧倒的大部分はファンであり、観客である。彼等はもっともっと続けて欲しいという願望を持っているが、決して自らがその舞台にのぼろうとしない」と、多分に独断と偏見にみちた分析をおこない、舞台のレギュラー登場人物及び台本作家、演出家としてはネタ切れ（裁判という軸のそう失）を機会に幕引きのタイミングを考えざるを得なくなる、と判断した。そして格好よく余力を残して幕を閉じるか、それともネタ切れを含めだんだんシラケてきて客席がガラガラになるまで執念深く続けるかという、二通りの道を示唆した（つもり）。

　更に『草の根通信』、「（環境権訴訟を・編注）すすめる会」には今後、九電の後方をおびやかすゲリラとして頑張ってほしい。そのためには〝裁判にかわる運動の軸〟を早急に創り出し、「すすめる会」が「対九電包囲戦線」の情報宣伝部として『通信』を武器に、新たな構想と方法論をあみ出すことを期待して述べた。

　この一年間、「すすめる会」は「裁判闘争にかわる運動の軸」を創り出すこともなく、『草の根通信』を武器に新たな構想と方法論をあみ出すことなく過ぎたように思う。

　今度の（「すすめる会」の・編注）解散と『草の根通信』の継続は、もともと天体間の距離ほどもあった「豊前火力絶対阻止」というタテマエと、『草の根通信』に一貫してあらわれていたホンネとを埋めるための、きわめて無原則的な行為ではないだろうか。

　タテマエとホンネを埋める作業は、それはそれはしんどいものである。松下さんの図式化を引用すれば、ダンケツガンバロー、サイゴマデヤリヌクゾーと声高に叫ぶ運動体、組織の大部分が、この距離の遠さに鈍感、無神経あるいは居直っており、そのことが日本国の支配層をのさばらせる要因のひとつになっている。

　九州住民闘争合宿運動のスローガンは「腹をわって話そう」とホンネを重視しながらも、「共通の敵を共同の力で撃とう」というタテマエを主軸にした機関誌『蜂窩《ほうか》』を発行している。いわばタテマエからホンネに近づく努力を既に八年にわたって続けているが、その距離は遅々として縮まらない。

水俣に住みつき合宿運動を支えて来た前事務局長ですら、水俣を去るにあたって、数ヶ月にわたる身近な関係者の真底からの質問に対して、ホンネを吐くことなく水俣を離れ、あとで事情を知ったメンバーの何人かが、一年後に「二度と九州の土をふむな」と、直接彼に怒りをぶっつけたといういきさつがある。

と、他人事のように言う資格は私にはない。私自身、私生活の面でなかなかホンネを吐かなかった経験を持ち、いまもっていまの配偶者には頭があがらないのだから。

個人的なことはともかく、運動あるいは闘いの世界で、腹をわって話そうということは、自分の手の内をすべて公開しようということであり、権力と向い合っている状況では見果てぬ夢といってもよい目標である。にもかかわらず、合宿運動はその目標に一歩でも近づきたいと努力するつもりで、私が『蜂窩』編集人として、『草の根通信』、「すすめる会」に学んでいたのは、「豊前火力絶対阻止」という絶望的なスローガンに、ホンネの部分から肉薄しようと苦闘しているところであり、その緊張関係こそ貴重だったからである。

以上のようなことから、「豊前火力絶対阻止」の看板を実態にあわせておろしたことには大不満であるが、すでにスタートした第二期『草の根通信』への期待（というより注文）をいくつか述べたい。

私は冒頭に『草の根通信』の愛読者の大半はファンであり観客であると書いたが、その表現でいえば「会の解散論議の過程にあっても『草の根通信』の発行継続だけはまるで既定事実のように意見一致していた」のは、ネタ切れで立往生した松下編集長が、舞台裏にひっこみたい（昨年末の財政悪化広告はその婉曲な意思表示）のに、アンコールを求める観客の拍手は一向にやまず、あまつさえ、本来なら幕を降ろす役の身内も一緒になってもっと続けろといっているように思える。「松下さん、私が代役をつとめるから、しばらく休息しては」というメンバーが現われないままの第二期のスタートではないだろうか。

第二期は、毎月第一木曜夜を公開編集会議として、ワンマン的編集を、もう一度、編集会議に戻すということだが、原稿を依頼し、催促し、それを清書して編集する作業の共同化は難しいだろう。会合で、ああだこうだといろいろ言うことは簡単である。そのあと始末をそれぞれがつけるという前提で、尚活発な編集会議として機能することを期待したい。

読者からの積極的な誌面参加は、第二期『草の根通信』の鍵となるだろう。

その場合、『草の根』に拠《よ》る読者は、現在の潮流にさまざまな形で棹を差そうとしている者達であるゆえに地域での少数者であるだろう。世間が流されていく大勢に背を向けて『こんな風に生きるしかない』と信ずる少数者だと思う」と、心やさしい松下センセがイメージするところの人々は冒頭で私が独断的に分析した大部分の読者即ちファン、観客でなく、舞台にかけのぼって共演する人々であり、具体的には積極的に誌面参加する少数の人々である、と私は思う。

勿論、かつて〝女性差別〟の問題についての「短兵急にいわないで、時間をかけてみてほしい」というコメントを充分にわきまえての意見である。

そして、昨年三月号で提起したように、新しく生まれた「草の根の会」が、九電の「後方をおびやかす」ゲリラとして、『草の根通信』を武器に、あばれまわることを、心から期待してやまない。

（『草の根通信』第１１２号、一九八二年三月五日）

アシスタントの言い分

村田和子

三月号の須藤さんの文章のあとに、少しスペースがあったので、一言「原稿をお寄せ下さい」と書いたばっかりに、彼から言い出しっぺの私から何か書くようにと言われてしまいました。「何を書くんネ、何も書く事なんかない」と拒否したら、「合宿運動になぜ女性が少ないかとか、何ならあんたと私で対談しようか？」等と血迷った事を言い出したので、冗談じゃないと思い、ついでに日頃のうっぷん晴しに、書いてみようと思ったわけです。

合宿運動になぜ女性の参加が少ないか

私は当然だと思います。近頃「女の時代」とか言われていますが、まだまだ女性が自由に動ける状態ではないと思います。その上に合宿運動は、地域の運動に関わっている人々の集まりで、「共通の敵を共同の力で倒そう」をスローガンにしています。女性が地域で運動に関わっていく事だけでも、様々な制約がある上に、合宿運動のように広範囲（九州・山口）の人々の集まりでは、尚更女性は参加しにくいでしょう。それにそんなに無理をしてまで参加したいというものが、合宿運動にはないのではないか？　合宿運動の目標としている「共通の敵を共同の力で倒そう」が、本当の意味で実現して行けばすばらしいのですが。

合宿運動に関わっている男性のパートナー（奥さま方）の意見を是非聞きたいと思います。

事務局を引き受けて

合宿運動の事務局を引き受けて二年一〇ヶ月になります。

福智山への登山。1987年頃

それまで事務局をやっていた蘭さん、嶋崎さんが水俣を離れることになり、事務局をどこに移すかということが、世話人会で話し合われました。

その当時、彼は外にでる事が多く（水俣、宮崎、関西）、ほとんど日曜と休暇はそのために使っていました。ある人からは「遠くの問題より、近くの問題に力を入れてくれればいいのに」と言われた事もあります。私も自分の足元の問題もしっかりやりきらんで、外に出て何になると思っていました。それで合宿運動の事務局が熊本に移りそうだと聞いて、これを契機に合宿運動の世話人もおりて、本来関わっている「労災問題」をしっかりやれば良いと思っていたのです。

世話人会から帰った彼が「事務局をひきうけた」と言った時、私は驚くより頭にきました。

つき合って一〇年余り事務局みたいな事ばかりして来て、土、日はほとんど出かけ、平日は午後一〇時以降の帰宅が多く、私はタダ働きの家政婦兼秘書かと嘆いていたのですから。事務局の引き受け先がないのなら、「つぶせばいい」と言うのが私の意見でした。当時の私にとって住民運動と言うのは、もう一つピンとこない問題だったのです。

しかし彼も一応みんなの前で引き受けると言って帰って来たわけですし、「幕を引くのなら、きちんと引きたい。六ケ月間、会員総会を開くまでの緊急避難先なのだから」と言いますので、私も承知したわけです。彼が一人で出来る事なら、私が何も言うことはないわけですが、彼が引き受けた頭の中には、(一)印刷設備がある。(二)タイプが打てる人間がいる。(三)周囲に手伝ってくれそうな人がいる、の三点があったからです。

それからの六ヶ月間は、あっと言う間にすぎ、会員総会では「つぶす」と言う結論はでず、続ける事になりました。私は「つぶす、つぶして欲しい。事務局は引き受けられない」とは言えず、その反対に事務局の一人になる事を承知したのです。

きっかけはどうであれ、いったん承知した事には責任をとるというのが、私の性格で、これまでどんなに頭にくる事があり、彼と言い合っても、自分の仕事だけはやって来ました。それが事務局員としての最低の責任だと思ったからです。そうしているうちに、私の本当にやりたい事がみつかるかもしれないと言う望みもあったのです。残念ながら今までのところ、それはみつかっていません。

企画に追われる合宿運動

この二年一〇ヶ月の間、いろいろな企画に追われ、一番大切な合宿運動を今後どういう方向に持っていくのか、どうするのかを話し合う事が少ないように思います。「蜂窩」の内容についても、編集委員会を開いても、人が集まらないとかの理由で、未だにその場しのぎと言う感じです。私はこんな状態で続けて行くべきでないと思います。

彼は今年の正月、今年は合宿の第三期をどうするのかということを、じっくり議論をおこして行く等と言っていましたが、もう六月になるのに一向に進んでいる気配はありません。

七月には玄海原発「公開」ヒヤリングがあり、志布志の問題、北九州での活動のこと等々、これから一体どうなるんだろうと思います。

アシスタントとしての私の意見は、ここらで少し考えてもらいたいと言う事です。身体の疲労もさる事ながら、精神がまいってしまいそうです。

(『蜂窩』第49号、一九八二年六月五日)

身内からけい腕症患者を出して

『蜂窩』発行作業の実態

一九七九年九月、合宿運動の連絡先を水俣から北九州へ移して、これまで写植―オフセット印刷の新聞形式だった『蜂窩』をタイプ―謄写印刷という手づくりの色彩が濃いパンフ形式へと体裁を変えた。その背景には次のようなことがあった。

◎一九七四年夏の第一回目以来、毎年開催してきた「九州住民闘争交流団結合宿」によって九州・山口における反公害、住民運動のおおまかなネットワークをつくりあげてきたが、それを維持発展させるためには、機関誌が重要な役割を果すと考えたこと。

◎そのためには、これまでの不定期刊を改め、定期刊行を維持することが必要であり、編集作業面、及び財政面からの事情でプロ(印刷所)を利用することが無理だったこと。

◎同居人の村田和子がタイプの技術と邦文タイプライターを自宅に持っていたこと。謄写ファックス、輪転機による機関誌発行の経験があり、その設備が身近にあったこと。

一九七九年一〇月号は八ページ建てで印刷も拙く、ともかく発行したというだけのものであったが、号を重ねるごとにパンフとしての体裁をととのえ、いまでは郵政省が書籍小包として認めるまでになっている。一九八二年末まで三九ヶ月に三五回の発行であり月刊発行がほぼ定着している。

その『蜂窩』が読者に届くまでを紹介すると。

毎月一回の事務局会議で企画をたて、原稿締切日、印刷製本予定日をきめる。しかし、締切予定日に原稿が届くことはめったにない。書き手も時間に追われて書いているのが常で、そのままタイプにまわせる原稿にお目にかかるのは希である。時には清書することもあり、あれやこれやでわりつけは遅れがちである。タイプは最初からわりつけ通りに打って行く組み打ち方式のため、わりつけの遅れはタイプ作業にしわよせされ、印刷予定日が近づくにつれ我が家の雰囲気は険悪になってくる。

タイプを担当している村田和子も工場勤務をしており、朝七時過ぎに家を出て帰宅するのは午後六時を回ったころである。夕食がすんでほっと一息すると大体九時近くなっている。それからタイプをうつわけだが昼間の疲れと翌日の勤めを気にして、週日は作業が捗らない。いきおい、タイプ作業は休日とその前夜に集中することになる。隔週毎の土日連休とそれでも間に合わない場合は、年休をつぎこんでのタイプ打ちとなり、印刷予定日の日曜日の朝は徹夜で迎えることもしばしばである。

印刷予定日には下関あるいは筑豊から助っ人が来る。輪転機を動かすのが私の仕事で、みんなでふたつに折り、丁合をとって糊づけをする。

六〇〇〇枚近い印刷物をふたつに折って丁合をとる仕事は助っ人の数がきめてとなる。応援のないときは次の日から仕事帰りに作業を続けることになるが、ふたりは長年にわたって工場で単純作業にならされているので、そんなに苦にならない。

糊づけが終ると知り合いの印刷所に持ちこみ、断裁機を借りて断裁、郵便局で書籍小包として通用する『蜂窩』のできあがりである。

けい腕症に対する認識の浅さ

昨年春頃より和子は「腕がだるい。肩が痛い」と訴えるようになった。「私を殺す気か」という言葉を使ったこともあるが、それは印刷日直前のせっぱつまった状況でのいらだちからの発言と受けとめ、情緒不安定の彼女を何とかなだめるやり方で過してきた。『蜂窩』月刊発行維持のためには多少のむりはやむを得ないというのが私の意識の中に強くあり、原稿を早目に集めて、タイプ作業を均等化するというのも事務局会議で話題にのぼりながらも、実現しないままに時が流れた。

事態がはっきりしたのは、これまで労災職業病問題をともに取組んできた仲間で、しばらく北九州を離れていた医師のM君が、また北九州に戻ってきてからである。彼から「あきらかにけい腕症じゃないですか。タイプ打ちはすぐやめさせなさい」ときびしく忠告された。その時は彼女の症状もかなり悪く、右手で物がもてない状態だったようだが、十二月号の発行を年末ぎりぎりまでのばし、一、二月合併号とすることで、小康状態を保っているのが現状である。

私は労災職業病闘争を主な活動課題としており、「北部九州労働者安全センター」の事務局としてけい腕や腰痛症問題に取り組んできた。職業病としてのけい腕症が作業の絶対量だけでなく作業量の変動（ピーク労働）も大きな要因であり、労働環境（合理化による慢性的な人手不足や劣悪な労働環境）や背面パトロールに象徴される職場の管理支配体制の強化にも起因することを知っており、労基署交渉などではこのことを強く主張してきた。

それでいながら足下の問題に気づかなかった、というより気がついていながら軽視してきたことを深く反省している。M君から指摘される前にも忠告を受けたことがあり、ふたりの間でもけい腕症が話題になったこともある。それでも本気で対策を講じようとしなかったのは、運動に無理はつきものという考えが根強くあったためだといまにして思う。

タイプ作業としては月一二、三枚程度であっても、その作業が短期間に集中したことが大きな原因であり、期限までにしあげなければという心理的負担がそれに拍車をかけたようである。ふたり暮しの相棒である私がまっすぐ帰宅するのは週一―二回で、休日も何かと外に出てまわる習癖を持っていて、そのような私の日常生活にたいする疑問、批判（とてもつきあいきれないといった感情）が、きちんと整理されないままストレスとして蓄積したのも背景としてあると思う。

『蜂窩』に対する執着の根拠と意味

村田和子のけい腕症は起るべくして起ったものである。そしてタイプが駄目になること（私の悪筆では手書き版下はとても無理）で、『蜂窩』発行がとたんにピンチにおちいることを思い知らされたわけだが、これまでがむしゃらに発行してきた『蜂窩』は三年半の合宿運動諸活動にとってどのような役割を果し得たのかを改めて考える必要に迫られている。

合宿運動はこれまで一貫して九州・山口各地の住民運動あるいは反公害、反労災の領域で頑張っているひとびと、集団の交流深化を図り、横につなぐための媒介項としての役割を追求してきた。

北九州へ連絡先を移してからもその方針は変らず、六回の「九州住民闘争交流団結合宿」によって形成されてきたおおまかな九州・山口のネットワークをひきつぎ、それを土台にした諸活動によって、そのネットワークを強化することに一定成功している。しかし、このネットワークは生き物であり、常に広げ、強めていく目的意識的な日常作業を抜きにしては存続しえないものである。その役割を『蜂窩』に託したわけで、この三年半の合宿運動諸活動は『蜂窩』の月刊発行に支えられてきたといってよい。

貧弱な誌面でなおその役割を果し得たのは、文字を媒体にしたものでありながら、文章では表現しきれない何かを読者に伝えていたからだと思う。『蜂窩』に対する感想を求めたとき、ほとんどの人が内容面については否定的な意見（面白くないとか、難しすぎる）か、あるいはまったく触れないが、月刊発行をつづける頑張りには言及する。

内容は評価されずに、「頑張り」だけが評価されるのは、発行に携わる者として複雑な心境であるが、運動体の機関誌（紙）はそのような側面を持っているように思う。当然のことながら、運動体の機関誌（紙）は運動体そのものの浮き沈みと深く関連する。運動体の後退は機関誌（紙）の発行頻度の低下、あるいは休刊につながるが、機関誌（紙）が逆に運動体の後退を防ぎ、場合によっては運動体の再生に大きな役割を果すこともある。合宿運動のように九州・山口という「地域」を活動基盤にしている場合、合宿運動の活動企画は年に一回がせいぜいであり、機関誌の果す役割はきわめて大きいと考えている。

『蜂窩』月刊発行に執着する「たてまえ」としての論理は以上のようなものであるが、それを持続してきた「頑張り」の源泉は、言ってみれば「意地の突っ張り」とでも表現するしかない。

前事務局に財政を含む合宿運動の雑務をまかせっ放しで、二ヶ月に一回の水俣での世話人会で気持ち良く天下国家を論じてきたことに対する負い目みたいなものがあり、前事務局の努力を無駄にせず、それまでにつくってきた九州・山口のネットワークを生かしたいという気持ちで、緊急避難先であり暫定的という条件をつけながらも、事務局を引き受けることにした。

「引き受けた以上は……」という言い方は肩に力のはいったものであるが、このような感覚は七〇年代をそれなりにくぐり抜けて来る中で身についたもののように思う。その点では、村田和子もひけをとらない。

もともと彼女は、私が合宿運動の事務局を引き受けたことに批判的であり、合宿運動及び『蜂窩』月刊発行の意義を私が思うほどには評価していない。今でも、「九州住民闘争合宿運動」よりも労災職業病を主題とする「北部九州労働者安全センター」の活動が、『蜂窩』よりもいまは休刊している安全センターの機関誌『炎突』の発行に意義があると口ぐせのようにいう。彼女自身が工場労働者であり、毎日、工場で安全問題に接していることから、住民運動よりも労災職業病問題に関心が深いのは当然であるかも知れない。しかし、そうは言いながらも、「いったん引き受けた以上は、できる限りのことはする。」と、『蜂窩』のタイプ作業を始め、合宿運動事務局として実務面での活動をやめることはなかった。その彼女の意地に甘え、『蜂窩』発行作業の改善を行なわなかったことが、けい腕症の進行を許してしまった。

これからの見通し

「意地の突っ張り」やガンバリズムだけでは、どうにもならない状況にきているわけで、『蜂窩』の誌面の貧弱さを、「文章では表現しきれない何かを読者に伝えている」で言い逃れることは許されない。

合宿運動のこれまでの諸活動を総括し、合宿運動の展望を明らかにするための本格的な論議が、昨年末より既に開始されており、その中で『蜂窩』の誌面刷新、発行体制の抜本的な見直しも検討されている。その成果は早ければ今年夏くらいからあらわれてくると思う。

「治療のきめては、全治するまでタイプ作業をやめることであり、その代りは『蜂窩』発行継続に執念を燃やすあなた自身がやれば良い」と、村田和子のタイプ作業中止を強く勧告したM君は、私の生来の悪筆を見越してか、日本語ワードプロセッサーの導入を提案、彼の好意で私の手元に日本語ワードプロセッサーを置くことが実現した。そのことで、即全面的にワードプロセッサーに変更という具合にはいかないが、発行日を固執しないこともあわせて、集中的なタイプ作業だけは避けられると思う。

（『蜂窩』第56号、一九八三年三月一五日）

『土の声・民の声』の廃刊を惜しむ

『土の声・民の声』が廃刊になるという知らせを聞いて、ひとつの時代が終ったことをひしひしと感じる。

一九七一年四月に創刊された『自主講座』が、七八年四月に『土の声・民の声』に改題されたのも、七〇年代の反公害住民運動の転機を物語るものであろう。

この一〇年間、オイルショックをきっかけにした資本、行政の居直り、巻き返しによって、被害者運動、反開発住民運動は、豊北原発建設計画に対する水際撃退作戦の勝利、窪川町での原発誘致派町長リコール闘争の勝利など部分的には勝利をおさめてはいるものの、全体としては後退を余儀なくされている。

住民運動をめぐる状況が冷え込んで行くなかで、『土の声・民の声』は、この六年間、エネルギー問題を軸とした住民運動の情報誌として貴重な役割を果たして来たが、廃刊の知らせは、「遂に刀折れ、矢尽きて」という感じを強く受ける。

私どもが発行している『蜂窩』（九州住民闘争合宿運動機関誌）は一九七五年の創刊だが、七九年にそれまでのオフセット印刷―新聞形式からタイプ―謄写印刷のパンフレットへと手づくりの色彩を強めて、月間発行を維持している。規模こそ小さいが、『土の声・民の声』編集部と同質の疲れをかかえ、ウンウンいっているのが率直なところである。

にもかかわらず、いましばらくは継続する積りであり、状況の厚い壁をつき破る道筋も、ちらっとではあるが見えて来たような感じがしている。客観的な状況の認識については、首都圏の人とはそんなに違わないと思うが、それを深刻に受け止める感じが少ないのは、地方に生活しているからだろうと思う。九州・山口の住民運動も厳しいところに立っているが、当事者はめげずに頑張っており、各人はその地域では少数派として孤立しながらも、お互いに連絡を取り合い、刺激を与え合うことで冬の季節を乗り越えようとしている。

「状況はどうであっても、俺達はこれをやるしかない」という、いわば小状況にしがみついている感があるが、現場の闘いというのはこのようなものではないかと思う。

それだけに、「葦のずいから天井覗く」式の状況判断になりがちであり、『土の声、民の声』は地方に住む者の偏向を直すのに大いに役立っていた。今までは『土の声・民の声』におぶさった形で、編集部の悪戦苦闘を傍観して来たわけであるが、いよいよ出なくなると知って、いまさらのように住民運動の全国的な機関誌は何とかならないものかと思っている。

『土の声・民の声』は、自主講座実行委員会に結集する有志の自発的な発行であったが、これからはそうではなくて、全国の住民運動の集団的な力による機関誌の発行を真剣に考える必要があると思う。全国各地の有志で編集委員会を構成し、これからの人がそれぞれの地域における多くの人のささえを受けながら、実質的にも機関誌の企画、編集にかかわる形が実現すればと思う。そのためには、本当にそのようなものが必要かどうか、という議論から始めなければならないだろうし、そのような機関誌が陽の目を見るまでには、多くの関門をくぐり抜けなければならないだろうが。

『土の声・民の声』を担ってきた中心的な編集スタッフが、しばしの休養で疲れが取れたら、そのような機関誌の実現に向けて、もうひとふんばり頑張って欲しいものだ。このように期待や注文は出しても、自分が中心になって動こうとしないのも地方の人間の欠点のひとつかも知れない。

(『土の声・民の声』第151号、一九八三年一二月一〇日)

森スミさんをしのぶ

森スミさん(前田俊彦氏実妹)が、ガンのため六五歳という若さで亡くなられて、半年近い月日が過ぎた。

一〇月一〇日、北部の合宿運動関係者が森さん宅に集まって、「森スミさんをしのぶ会」を開いた。「しのぶ会」といっても、梶原得三郎さんのていねいな調理による魚をベースにした料理、合宿運動事務局の小林君が仲間とともに開拓している「築城ひとくわ農場」からの心のこもった鶏のくん製の差し入れ、それにスミさんの三人の娘さん(さやかさん、やす子さん、斗志子さん)の手料理を御馳走になり、さやかさん、やす子さんから生前のスミさんのことをいろいろ聞き、スミさんの思い出を語り合いながら、参加者一五人が大いに飲んだ次第である。

スミさんは、戦前から無産者運動の協力者として過ごされ、戦後まもなく同志であった森毅氏と結婚、日本共産党員として激動の時代を生き抜いて来られた。しかし、六〇年代後半、日本共産党に絶望して離党、行橋地区での共産党指導者であった毅氏と深刻な思想的対立関係におちいられた。スミさんの離党後まもなく毅氏はガンで入院され、そのまま亡くなられたので、思想的対立が家庭の崩壊までには至らなかったのだそうである。

阿部(旧姓蘭)氏が触れているが、連絡先を水俣か

行橋、森スミさん宅にて、松下竜一さん（左）と村田久、2001年11月

ら北九州へ移したいまの合宿運動は、スミさんの陰の力に支えられて来た。それは、資料の一時保管場所に一室を借りているというだけでなく、世話人会など北部での合宿運動の会議は、いつも森さん宅を使わせてもらっていた。

スミさんがやす子さん、斗志子さんと一緒に用意される食事は、凄く豪華なものであった。日頃、粗食に甘んじている合宿運動関係者にとって森さん宅に集まる楽しみは、会議の重要性、討論の楽しさ以上のものであったように思う。

一昨年は、宮里源象氏、今年は森スミさんと、合宿運動と共に歩み、合宿運動を支えて来た人を失って、改めて一九七四年八月の第一回九州住民闘争交流団結合宿以来の一〇年間の歳月を痛感する。

（『蜂窩』第69号、一九八四年、九・一〇月合併号、発行日記載なし）

閉幕にあたって

何事も、開幕ははなばなしく、閉幕は淋しいものと相場がきまっておりますが、第二期合宿運動は、そもそも緊急の避難先として水俣から北九州へ連絡先を移したといういきさつもあり、はなばなしい出発とは縁遠いものでした。

この六年間、少々主観的すぎるきらいはあったにせよ、精いっぱい踏ん張ってきたわけですが、第五回地域シンポをやりとげ、第二期合宿運動の閉幕を決意したとたんに、これまで張りつめていた気持ちが一気にゆるんでしまった感があります。

本号は、もともと八五年一一月号として発行する予定でした。第74号（九月号）が、第五回地域シンポ特集号（四八頁）のため、地域シンポ参加者以外の発送を見送っていて、本号と一緒に送付し、少なくとも八五年度中に作業を済ませることにしていました。

「八〇年代前半を終わり、後半を新たな気持ちで」というキャッチフレーズすら考えていたわけですが、現実は、遅れに遅れてしまいました。これは、ひとえに発行実務に携わっている私の責任です。

深くお詫びする次第です。

昨年の『蜂窩』発行が四回というのは、第二期合宿運動の終わりを象徴的に示しているものですが、それは発行実務に携わっている私の住む北九州の状況変化の反映でもあります。

八五年二月、愚安亭遊佐《ぐあんていゆうさ》（松橋勇蔵）さんの『百年語り』九州・山口キャラバンの一員として、北九州でも『百年語り』の上演活動が取り組まれました。この上演活動は、ここ数年間胎動をつづけてきた北九州の地域運動が、大きく動きだすきっかけとなりました。『百年語り』の上演成功が、「硬派のタウン誌」とマスコミに紹介された『北九州かわら版』（月刊一〇ページ建て）の誕生となり、『蜂窩』に似たスタイルでこれまでに八号発行されています。

全国的にも大きな盛り上がりをみせた、在日韓国・朝鮮人二、三世を中心にした指紋押捺拒否運動は、北九州でもめざましい動きを見せました。在日韓国青年と日本人有志の共同企画による三・一文化祭の実現と成功は、「指紋押捺制度を撤廃させる会・北九州（略称　撤廃会・北九州）」を誕生させました。

「撤廃会・北九州」は、これまで地道な活動を続けてきた「北九州指紋押捺拒否裁判闘争を支える会」とともに、北九州で精力的な活動を展開するだけでなく、「支える会」と共同で「つぶせ!!指紋押捺制度九州一周キャラバン」を行なうなど、九州・山口における指紋押捺制度撤廃運動の牽引車的な役割を果たしました。

今年、一月一九、二〇日の両日、北九州で開かれた「─指紋押捺制度撤廃をめざして─九州・山口地区関係者懇談会」には、九州・山口から七〇名余りが参加して夜の更けるまで討論をしました。懇談会は、「つぶせ指紋押捺制度!!　九州・山口連絡会議」を発足させることを確認し、「撤廃会・北九州」が事務局団体となりました。

私は昨年来、「撤廃会・北九州」の事務局長として渦中の真只中にあります。「反むつ反原発原子力と対決する九州会議」（一九七七年）、「反原子力九州・山口実行会議」（一九八一年）と九州・山口を軸とする地域ネットワークに関連して来ましたが、活動分野を変えながらも、依然として九州・山口にこだわる活動に関わっています。

いま、北九州では、「86北九州民衆ひろば」が取り組まれています。北九州およびその周辺の草の根市民運動の出会いと交流の場として、いくつかのイベントを共同で企画し、そのことを通じて横のつながりを深めようとするもので、一月二六日に「教育の中の『日の丸』『君が代』を考える市民集会」でスタートし、五月まででいろいろな企画が催されることになっています。

私の身辺は、一層慌しくなっているわけですが、第二期合宿運動の閉幕にあたって、一つの時代の終わりと新しい時代の到来というものをしみじみと実感している今日この頃です。

『蜂窩』第74号、一九八六年一月号、発行日記載なし）

「地域をひらく」シンポジウム

開会のあいさつ

皆さん今晩は。第五回地域シンポの世話をすることになった九州住民闘争合宿運動の事務局をしています村田です。

私は北九州に住んでいますが、今年三月に北九州の在日韓国人青年と日本人の共同企画で朝鮮の独立運動を記念した三・一文化祭を開きました。「指紋押捺制度撤廃にむけて」というシンポジウムをメインにした三日間の企画でしたが、スローガンは『地域に根ざし、地域を拓こう』というものでした。このスローガンを考えるまでには、それなりに知恵をしぼったわけです。ところがその後、ふとしたことで「ナショナル」（松下電器）のサービスセンターに行く機会があったわけですが、そこで「ナショナル」の販売戦略が「地域に根ざそう」であることを知り愕然としました。さすが

米子での第７回「地域をひらく」シンポジウム、1988年10月

「ナショナル」と思ったわけです。いわば資本の側もそれなりの思惑のもとで「地域」を考えていると思いました。

私は、三菱化成という大企業で働いています。ここの労働組合は、結成以来四〇年、一度もスト宣言をしたことがないというたいへん穏やかな組合なんですが、この労働組合の運動方針の中にも、「地域と連帯する」という一項があるわけです。

いまや「地域」というのが、あちこちで使われていて若干氾濫ぎみなところがあります。だから、私たちが「地域」という言葉を使うとき、その言葉の持つ意味を明確にして行く必要があるのではないか、私たちの「地域」と、「ナショナル」やさきほどの穏やかな（？）労組のいう「地域」とはこのように違うんだぞということを明らかにすることが大切だと思います。宣伝戦では、向こうが上手なので、我々の「地域」がかすんでしまうということがあります。

ここにお集まりの皆さんの中でも、「地域・地域運動」についてのイメージは様々であろうと思うんですが、そのイメージをお互いにぶっつけあうことで「我々としての地域・地域運動」というものが明らかになればと思います。

第五回地域シンポは、第一回からの流れを引き継いでいますが、地域シンポの狙いは、出会いと交流が基本的な設定であろうと思います。ただそれだけに終わるのではなくて、交流を越えて相互に知恵と力を貸しあえるようなネットワークといいますか回路というものをどう作って行けるのかが、大きな課題として我々に迫っていると思います。

考えてみますと、合宿運動は、一九七四年から「腹をわって話そう」、「共通の敵を共同の力で打ち倒そう」を合言葉に一一年間のキャリアがあります。最初の五年間は、水俣に事務局を置いていまして毎年の九州住民闘争交流団結合宿を中心に交流を主とした活動を、その後北九州に事務局を移しまして交流から団結へ、共同行動を模索した活動をして来ました。その中でいろんな経験をしたわけですが、九州・山口はここまで来ているんだと誇れるようなものがあまりないというか、「うまくいかんもんですね」というのが率直なところです。とりわけ共同行動については、いまひとつうまく行かない、もう一度出発点から考えなおさんといかんと思っているところです。

「共通の敵を撃つ」というときに、二つの方式があるように思います。ひとつは、中央をまず固めて、そこから地方を組織して行く、いわゆる、前衛党こそ唯一の中心であって、労働者階級を中心にその回りにいろんな中間階級を組織し、敵を撃っていこうというものです。もうひとつは、地元地方を固めて行ってから、中央へせめ登って行くという発想、民衆の闘いなり地域の運動なりが横につながっていって、いずれは中央へというわけです。

もちろん、両者のいずれが正しいというものではないし、どちらに重点をおくのかということで意見が分かれるというものなんでしょうが、合宿運動は地方から中央へどう迫るのかということを一所懸命模索して来たといえると思います。合宿運動にはいろんな人が関わっていますので、合宿運動はというより私はと言った方が良いと思いますが、地域を固める、地域に根をはるのが第一要件だと考えています。その場合の地域というのは、全国ということに対しては九州・山口だということになりますし、九州・山口の中では、私にとっては北九州ということになります。私自身この間『蜂窩』を出してきたわけですが、最近は『蜂窩』を放りだして北九州の運動にのめり込んでしまっています。『蜂窩』の発行が止まることで合宿運動は空中分解するみたいな雰囲気もあるわけですが、地域がしっかりしていれば、いずれまた九州・山口のネットワークというのは出来るだろう、しかし、地域が駄目になれば、いくら合宿運動の事務局が頑張ってみても駄目なんだというふうに考えるからです。

このように地域が第一要件だと考えているわけですが、ただそれだけでは、地域に閉じこもっていたのでは駄目だろうと思います。地域がそれぞれ頑張っていればそのうち何とかなるでしょうでは、地域もいずれは各個撃破でやられてしまうに違いない。地域の横のつながりというのは、自然成長性というのかみんなでやりましょうということだけでは現実のものにならない、やはり。ネットワークの形成というのを目的意識的に追求する部分というのが必要じゃないかと思います。

今回のシンポで、その辺のところが論議できれば幸いだと考えます。「出会いと交流」というものを越えて、これからの道筋を明らかにして行きたいと思います。それはただ単に一般論としての道筋ではなくて、ではどこからやって行くのかという手がかりみたいなことについても、討論したいと思っています。第一回から第四回と続いてきた地域シンポが、第五回をへて確実に新しい段階に入ったと言えるような論議を行いたいと欲張った気持ちを持っているわけです。

これまでの話と矛盾した言い方になりますが、今回の地域シンポでは、論議を深めるのはもちろん重要なんだけど、交流というものもまた大きな目標なので、運営する側では全体集会、分散会という風にスケジュールに従ってきちっと進めますが、必ずしもそれに拘束されるいわれは毛頭ないと理解していただいて結構です。俺は全体討論に参加するより、あの人といろいろと話し合いたいと思えば、全体討論の運営に支障を来さない程度にロビーなり別の部屋で話し込む、或は昼間の論議は苦手だが、夜の交流会に真価を発揮するという人もいらっしゃると思います。そのような人は夜の自由交流に重点を置いて、昼間は休養するというかたちで過ごされて結構かと思います。それぞれ遠いところから高い参加費を出しての参加ですので主催者側のスケジュールに従うことも迎合する事もありません。自由に過ごして戴きたいと思います。ただ、中にはつめた論議をしたいという人も少なくないと思いますので、そういう人たちを中心に全体的な討論を進めたいと思います。

(『第５回〈地域をひらくシンポジウム〉報告集』九州住民闘争合宿運動世話人会事務局、一九八七年三月一日)

少数派であることについて

村田　このところ合宿運動の事務局では、今後のわれわれの行き方をめぐって、「非国民少数派に徹するしかない」という意見と、「地域の中でどう多数派をめざしてゆくのか」というふたつの意見が対立しています。そんなに深刻な対立というものでもなくて、まだ結論は出ていません。ここにお集まりの皆さんも「地域」というイメージもそれぞれに違うし、それをきちんと整理して集まったわけでもないので、一口に「私たち」というカッコでくることも疑問なわけですが、ただ、それぞれがいまやっていることは、それぞれにやっておればいいんだという風には思っていない。思っていないが故にこういう所へ来て、議論しようということだろうと思うんです。

その場合に、花崎さんが最初に出されたように、地域民衆運動の連合というか、横につながって知恵と力を出し合い、ひとつの新しい政治的潮流として全国性を獲得してゆく、すごく図式的、通俗的に言えば、新しい変革の流れを作ってゆく必要があるんじゃないかと思っている部分がおるわけですね。それに対しては、ここにお集まりの皆さんの中にも、そうだそうだという風には必ずしもならん人たちもいるだろうと思います。七〇年代から頑張ってきた政治的部分、諸党派、学生が、だんだんダメになってきていて、頼りにならなくなっている状況がある。その中で、エネルギーを基盤にした運動が地域から起こってきていて、その部分と常に世界を、全体を見ていて「いまはこれが大事だ、それよりこっちが大事だ」と言っている部分がまったくそのような問題提起能力を失っている状況の中で、どうするのかということがあると思います。

（『第5回〈地域をひらくシンポジウム〉報告集』九州住民闘争合宿運動世話人会事務局、一九八七年三月一日）

今後の地域運動について

村田（北九州）　今後の地域運動について、地域シンポのこれからについて少し提案させてもらいます。

昨日からの議論の中からも明らかになったのですが、今回の金沢シンポに参加した人の顔ぶれを見ると、いままでの継続の上で参加した人が三〇％で、おもしろそうだからひとつ行ってみるかという初めて参加する人が七〇％ということだと思うのです。しかしながら、この地域シンポがこれまでこんな話をしてきて、今回はその上でこんなことについて話したいという説明が十分ではなかったと思うのです。したがって「八合目まで来た」といっても「なんじゃそれ」という人が七割近くいたというのが事実だったと思います。だから進行につれて、とまどいや驚きやあるいは感覚的な反発も生まれたと思うのです。

（中略）だからというわけではないのですが、今日は、地域シンポを積極的に担ってきたいわば世話人的な人間がこのように前にずらっとならんで「私たちはこう考えている」ということを披れきしたいと思うのです。そして、初めての人も含めて議論をし、シンポの中身をふくらませたいと考えています。

さて、これからの地域シンポをどうしていくのかについて、ここにずらっとならんでいる世話人の総意ということではなく、私個人の考えを少し述べさせてもらいたいと思います。

これからの地域シンポを考えた場合、依然として「出会いと交流」というのは、大きな柱になると思うのです。それは、先ほどＰＡＲＣの武藤さんが問題提起をしましたが、私たちは、世界を読み込むところから問題をたてるのではなく、「地域から世界をみる」というところにこだわってきたわけです。しかし、そこには、ある狭さはまぬがれず、いわば視野の狭さを補うために意識的に旅に出ることが必要なのではないかと思うのです。それが地域シンポなのではないかと思います。そんな意味で「出会いと交流」を考えています。

具体的には、第七回は、昨夜米子市政研の方からいい返事をいただきましたので、米子開催の線で煮つまってきました。そして、再来年の第八回は、ＰＡＲＣの提起する「民衆の広場」ともかさなりますし、その中の一画でやれないものかと考えています。また、第十回は、十年目ということもあり、一回目の開催地の札幌で「地域シンポを一年間やってきてどうだったのか」ということについて、いわば地域シンポの中間総括をできたらと考えています。

地域シンポの中身をよりよいものにすることを考えた場合、熊本から金沢への橋わたしのまずさや弱さは克服して、「同じところではころばない」ようになれぱと思います。それは、例えば、地域シンポの継続と深化という問題についていえば、その時々のシンポでキラッと光るいい意見が出ても言いっぱなし聞きっぱなしで、それを実践的に検証するようなしくみとその方法論をなんとか共有できないものかと考えます。――それは、すれちがいを修正して「ハイさようなら」にならないためにどうしたらいいのかということも含めてです。

昨年、九州で「住民闘争合宿運動というが、合宿する運動なんかあるのか」という意見が出ました。このことは、「地域シンポを続けていく運動というのがあるのか」ということに通じますし、私たちは、地域シンポを続けることで何をしようとしているのかについて少しずつ明らかにし、それを運動として取り組みたいと思います。ある意味でシッカリとした運動というものを考えています。それは、責任体制というものとして考えています。具体的には、年四回「通信」を発行できたらと思います。一年に一回のシンポを補い、それを支えるものとしてイメージしています。考えればたいへんな仕事なので、みなさんの反応や意見を聞きながら具体化に向けて考えたい。

埴野佳子（富山）「練り上げの場」というのがありますけれど、その位置づけをしっかりとした方がいいのではないでしょうか。

村田（北九州）まず「練り上げの場」というのは何かということなんですけれども、普通、こういうシンポや集まりは、最後に時間の関係もあり、しり切れトンボになることが多いんですね。そんなこともあって、第五回九州シンポの後に、次に議論をどうつなげていくのかということを少人数―それは、参加できるのはこの人とこの人というように限定しているわけではなく、世話人レベルの少人数と考えています―で練り上げる場をつくろうということで、以後二回行いました。それは、次のシンポの準備会という性格ではなく、独立したものとして考えてきました。しかし、この「練り上げの場」の中でどんなことが話し合われているのかについて外に向けて明らかにする作業をおろそかにしてきたので、ご指摘のように「どうもようわからん」ということになったと思います。

（『第6回〈地域をひらくシンポジウム〉報告集』第6回〈地域をひらくシンポジウム〉金沢実行委員会、一九八八年九月二五日）

第四章　アジアの人々にとっての八・一五

指紋押捺拒否闘争と強制連行問題
1985－1998年

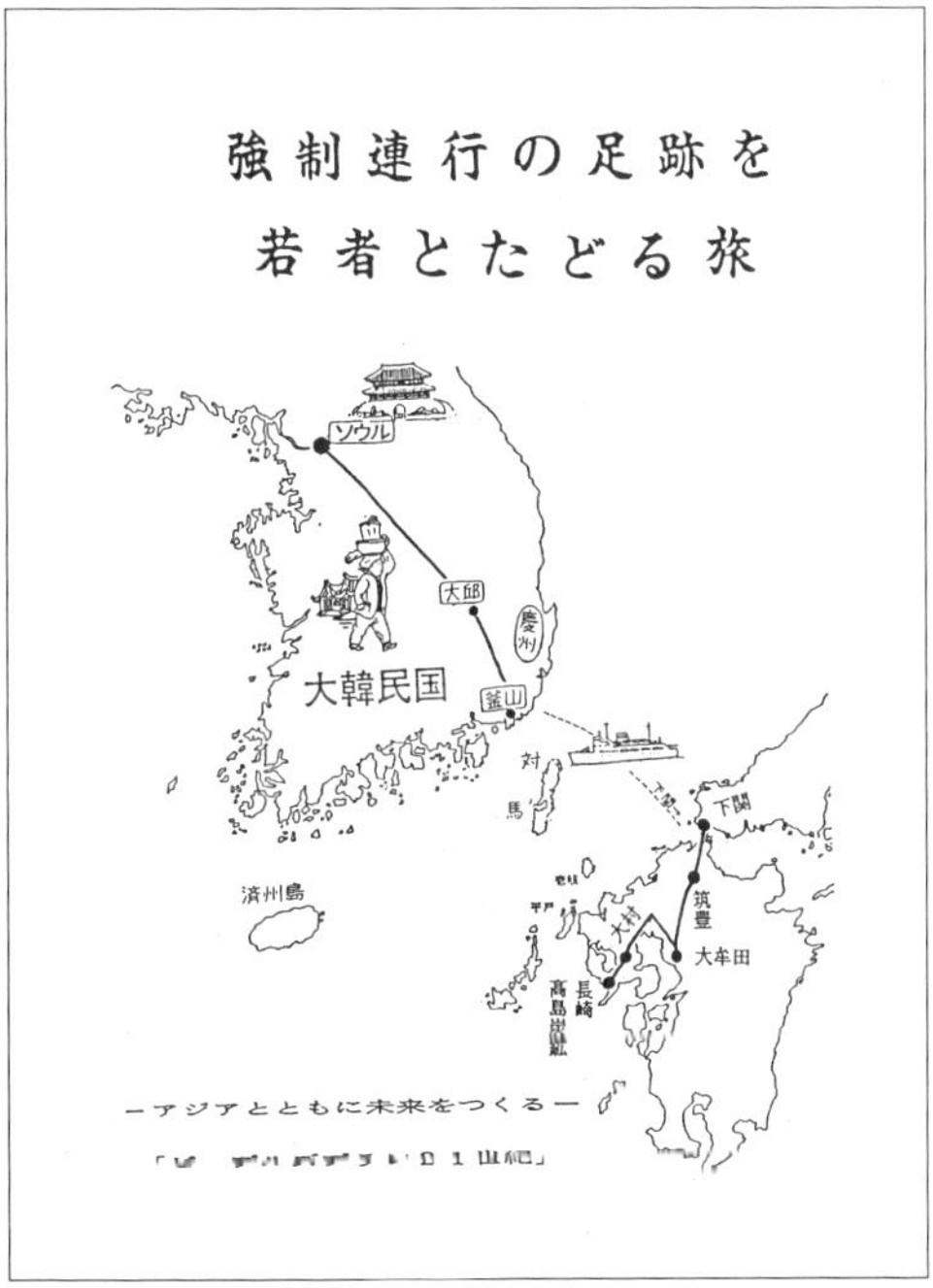

『強制連行の足跡を若者とたどる旅』第１号表紙

解題

道場親信

外国人登録法に基づく外国人の指紋押捺制度に抗議して、押捺を拒否する闘いが在日韓国・朝鮮人の間で拡がっていったのは一九八〇年代前半のことであった。とくに八五年は七月の外登証の大量切り替えに伴う拒否者が数多くあらわれ、指紋押捺制度の問題がメディアでも報じられるようになった。これに先立つ八五年三月一日、在日韓国人青年と日本人有志による「三・一文化祭」が開催され、この成功をもとに「指紋押捺制度を撤廃させる会・北九州（撤廃会・北九州）」が発足（五月）すると、村田は加藤慶二とともにこれに積極的に関わっていった。撤廃会は機関誌『おんどる』を刊行、村田はその編集も担当した。八五年八月、撤廃会は「つぶせ！指紋押捺制度　九州一周キャラバン」（二五〜二二日）を展開した。採録した「四九年式ハイエース最後の長旅」はその時の記録である。同時期に「三・一文化祭」シンポジウムの記録集も作成された。その「編集あとがき」には、その間の北九州における村田たちの活動が簡潔に報告されている。「行政の姿勢を変えるということ」は、行政での窓口交渉に関する考えが、「久しぶりの『おんどる』発行にあたって」には八八年段階での運動の状況が述べられている。指紋拒否者に対する刑事裁判の多くは、その後昭和天皇の死による「免訴」という形で上からうやむやにされた。そして指紋押捺制度は一九九三年に撤廃された。「在日韓国人・朝鮮人差別とアイヌ差別をつなぐ」は、制度撤廃を報じる新聞記事にふれつつアイヌ新法制定運動を紹介している。

撤廃会の活動に関わる一方、村田は一九八八年一〇月に東京のアジア太平洋資料センター（PARC）の武藤一羊が提唱した国際民衆行事「ピープルズプラン21世紀（PP21）」の構想に共感し、北九州での実行委員会結成に加わった。PP21は、アジアのNGO活動家や民衆運動家と日本各地の民衆運動が交流し、これからのアジアをともに考えていくことを謳っていた。PP21の一環として、北九州では村田や加藤を中心に、八九年の八月に韓国と九州をめぐる「強制連行の足跡を若者とたどる旅」という企画が実施された。「動き

第２回強制連行の足跡を若者とたどる旅。1990年８月14～22日

だしたピープルズプラン21」「地域での運動とピープルズ・プラン21世紀」「強制連行の足跡を若者とたどる旅」の三本はこの動きを報告したものである。とくに「地域での運動～」は、九州で活動を続けてきた村田が、東京を中心とした「全国政治派」への不信感を表明している点で重要な意味を持っている。地域の具体的な運動やマイノリティとの対話を欠いた全国政治」づくりに邁進する活動家のあり方を批判し、「『たこつぼ』化からの脱出口」を求める村田の姿勢は一貫したものである。

当初はＰＰ21の企画として取り組まれた「たどる旅」の成功により、以後九八年まで一〇回の「旅」が行なわれた。一九九一年一二月に加藤が病に倒れて以降は「旅」の代表も引き受けた。本章には、加藤への追悼文『若者とたどる旅』の代表として」と「舞台裏から」を採録した。

「アジアの人々にとって八・一五の持つ意味」は、一九九五年八月一五日に福岡県が戦没者追悼式に支出した公金の違法性を問う「福岡県戦没者追悼式公金支出損害賠償請求住民訴訟（略称・「八・一五訴訟」）」の第一〇回口頭弁論において、原告の一人として一九九八年五月二九日に村田が行なった意見陳述書の一部（第三節・第四節）である。同訴訟の原告団五五名の代表は、本遺稿集の編集委員でもある渡辺ひろ子がつとめた。福岡地裁は二〇〇〇年三月三一日、請求を棄却すると判決、「門前払い」の判断をした。原告団は「あまりにもひどい内容にあきれて」（渡辺）控訴せず、裁判は終わった。

この陳述書では、「たどる旅」とブキメラ問題という、この時期村田が関わっていた二つの運動の経験からアジア・太平洋戦争と「八・一五」の意味が語られており、長文ながら採録することにした。本書に収録した部分の前にも第一・第二の二つの節があるが、割愛した。

指紋押捺制度を撤廃させる会

四九年式ハイエース最後の長旅

七月二四日の夜、加藤慶二さんの家で李相進《イサンジン》さんと三人が集った。「指紋押捺制度完全撤廃要求全国行進」の受入について相談するためである。その席で、「九州一周キャラバンをやったらどうだろう」という話がでた。それは、「全国行進をするなら、出発地は水俣にしたい。少くとも熊本から出発して、大牟田、佐賀、福岡、北九州、下関、宇部を経由して広島入りをする。広島までは、九州、山口の運動体が責任を持てるだろう」という考えを持っていたのだが、全国行進隊の計画は、八月一五日北九州出発という線で固まっていて変更は無理だとわかったことが、九州キャラバン発想のきっかけになっている。また、八月二三日に崔昌《チェチャン》華《ホア》、崔善愛《チェソンエ》さんの判決公判が開かれるので、拒否裁判闘争の支援、連帯を訴えたいという気持があった。

九州キャラバンが実現する条件として、

一　キャラバン隊員の見通し。特に指紋押捺拒否者の参加。
二　キャラバン車の調達。
三　各地の受入れ（宿泊、集会）先の意向。
四　費用調達の目途。

が考えられた。

二四日の「指紋押捺制度を撤廃させる会・北九州（撤廃会）」の事務局会議では、全国行進の受入れ団体に撤廃会がなることと、九州キャラバン実現に取り組むことが確認された。加藤慶二さんが全コース加わることで、実質的なキャラバン隊長になることが早々にきまり、「北九州指紋押捺裁判闘争を支える会（支える会）」代表の犬養光博さんもほぼ全コース参加する意向が伝えられた。拒否者のキャラバン隊参加は、李相進さんの意気込みもあって解決。キャラバン費用見積り四〇万円の調達については、趣旨賛同カンパに期待することにした。車は「熊本市民センター」に相談して、キャラバン車を借りることに成功。

最後の難関は各地の受入れであり、これは、日本キリスト教団のネットワークに頼ることにしたが、日程に制約があり、各地と電話交渉にあたった加藤さんは大変な苦労だったように思う。

　どうやら、キャラバン実現の見通しがついたのは八月七日、キャラバン趣意書を各地に発送したのは、出発前一週間というありさまで、準備した私たちも毎日が大変だったわけだが、受入れ要請を受けた各地はもっと大変だったと思う。

四九年式ハイエースのふんばり

　熊本市民センターから借りたキャラバン車は、四九年式トヨタハイエース。それがまたすごいキャリアの車である。排気量一三〇〇CCながら九人乗り、走行距離はすでに三〇万キロを越えているというたいへんな代物である。もちろん冷房設備などついているはずもない。私は熊本から参加したのだが、水俣まで助手席にのって、シートベルトが切れていて使えないのにはまず驚かされた。運転している権《クオン》君は、

「それよりも、ラジエターが破れていて水が漏れているのが心配ですよ。それに、この車は七〇キロ以上出すと、ハンドルがぶれるし、それに、タイヤがつるつるですから危いですね。だから、高速道路は使わない方がいいと思いますよ」という。

　水俣では、一八リットルのポリ容器を買い込み、途中でラジエターに水を補給しながら走ることになった。水俣から北九州へ引っ返した権君に代わってハンドルをにぎった李相進さんは、

「ハンドル、クラッチの調子がおかしい。どうもすべっているようだ」と言い出し、ラジエターの故障といい、前途が危ぶまれて来る。心なしか、助手席に座っている加藤さんの顔色も悪いようである。

　鹿児島からは犬養さん、崔正剛《チェジョンガン》さんが合流し、車中はにぎやかになったが、犬養さんは優しい表情に似合わず、運転は迫力があった。鹿児島から宮崎までの有料道路を九〇キロ近いスピードでとばす。恐らくハンドルが相当ぶれていたと思うのだが、力で押えこんでいたみたい。

　宮崎まで何とか持ちこたえて、大分に向う途中、給油にたち寄ったガソリンスタンドで、ふと前輪をみて本当にビックリした。つるつるといった表現でも控え目なくらいラジアルタイヤのワイヤがのぞいているではないか。スタンドの若者も少々あきれたようす。

「スペアタイヤの方が、まだしも良いのではないか」

と思いつき、スペアタイヤをとり出したのは良いが、なんとスペアタイヤにはチューブが入っていない。スペアタイヤなしで、これまで走って来た無謀さにがくぜんとすると共に、北九州まで帰りつけるかどうか、どっと不安になった。

ところが、このハイエース、しぶとくがんばって、北九州までキャラバン隊を運び、なお、二三日の崔昌華さんの判決抗議のデモ行進の先導までつとめたのだから立派である。

もっともその日の夜、熊本まで回送中に、ハンドル、クラッチが動かなくなって、福岡の修理工場に泊るはめになったのは、キャラバンの重責を果して、車も気がゆるんだのかも知れない。

熟年族の意気込み

九州一周キャラバンの最大の特徴は、熟年族の意気込みのすさまじさであろう。全国行進団の最年少者が一六歳、最年長でも三四歳という、ほとんど二〇代前半で構成しているのにくらべると、九州一周キャラバンは二〇代は僅かに三人、三〇代一人、五〇代一人、残りは四〇代（四人）である。

撤廃会発足以来、会を引っ張って来たのは加藤さんであるが、今回のキャラバンでも彼の熱の入れ方は一段と激しかった。

各地受入れ先との交渉を担当した加藤さんは、当然のことながら日程もきめて行くことになるわけだが、自分では車を運転しない。だから車の所要時間などにはうといということもあるが、できあがったキャラバンコースは超ハードスケジュールになってしまった。

一五日夜、「八・一五集会」が終った後に出発。朝長崎へ着き、長崎市、県との交渉を終え、午後長崎馬町教会での集会、夕方の佐賀集会に間に合うように、佐賀に向う。途中、嬉野町役場に寄って交渉、といったあんばいである。

一五日夜から二二日夕方まで、キャラバンの全コースにつき合った加藤さんは、各地の行政交渉の際にも、そのファイトぶりを披露した。

鹿児島市役所交渉の時、社会党市会議員氏によって、局長室が交渉の場としてセットされていた。キャラバン隊は、まず一階の外登証窓口に行ってその場で窓口担当者に質問をあびせかけ、外登証更新手続を一般の窓口でなく、奥まった所で隔離した形で行なっていることの不当性を追及した。市担当者の再三の要請で、ようやく局長室に行ったキャラバン隊は、セットした社会党市会議員の紹介発言の場を作らないまま、局長に、「五・一四通達」の問題点を提起、その返上を要請した。

北九州弁まる出しで、言いたいだけ言って、時間が切迫しているということで、そのまま鹿児島県庁へ向ったキャラバン隊（その主役は加藤さんであった）には、市役所関係者も、さだめしびっくりしたに違いない。

本文を書いている一一月一八日、「指紋押捺留保運動の終結」によって、指紋押捺撤廃をめざす闘いは、新たな段階を迎えているように思える。

きびしかった夏、多忙なスケジュールを精力的にこなして来た加藤さんは依然として健在であり、家業をそっちのけに、西に東にとび回っていて疲れの色を見せない。そのバイタリティには、心臓病の持病を持つ私などは、ただついて行くだけが精いっぱいである。

（『つぶせ！指紋押捺制度　九州一周キャラバン報告集』一九八五年一二月一日）

編集あとがき

七月からの外登証大量切り替えを目の前にした指紋押捺制度撤廃運動に、シンポジウムの成果を生かしたい。そのためにも報告集をできるだけ早く発行することが必要だということで、「三・一文化祭」実行委員会のテープ起こしを担当したひとびとにハッパをかけながら、できあがったテープ原稿の整理、ワープロによる版下作製が遅れてしまって、苦労してテープ起こしをしたひとびとには、お詫びの言葉もありません。

シンポジウムの成果は、報告集発行を経由しないで、もっと直接的に「指紋押捺制度を撤廃させる会・北九州」の誕生とその活動という形で充分に生かされたと思います。

押捺留保という形で、指紋押捺制度に抵抗の意思表示をした一万人を越す人々が、「留保運動の終結」とともに、指紋押捺に応じざるを得ないという情報に接するたびに、在日韓国人・朝鮮人への抑圧の壁の厚さと指紋押捺制度撤廃運動の前途の厳しさを痛感しています。

でも挫けずに、粘り強くやって行きたい。

（『三・一文化祭　シンポジウム指紋押捺制度の撤廃にむけて　報告集』一九八五年一一月二八日）

行政の姿勢を変えるということ

北九州市の外登窓口（各区市民課）の在日韓国人・朝鮮人への対応のごうまんさ、法律だからと無神経に指紋押捺を迫る非人間的な態度が、撤廃会が発足する直接のきっかけとなっている。

当初は各区市民課にしばしば出かけて窓口担当者とやり合っていたが、各区市民課を管理・指導している本庁（総務部）の姿勢を変えることが重要であることがわかり、最近は行政交渉の舞台が本庁に移っている。

交渉相手は課長・課長補佐であることがほとんどだが、私たちが「人間であること」を共通項にして話し合おうとするのに対して、行政側は「そつのない返事、しかし中身のないもの」に終始している。

交渉していると、彼らが在日韓国人・朝鮮人がおかれている抑圧の状況にうといことがよくわかる。彼らは無知であることを隠そうともしないし、恥ずかしくも思っていない。わかろうという気持ちがない。

行政の姿勢を変えるということは、彼らに理解させることであると思う。ていねいに説明し、国の側にでなく、市民の立場から発想するように訴えるが、なかなか応じない。ついついテーブルをたたく、声が大きくなって糾弾口調になってしまう。

無駄足のように思えた交渉をつみ重ねて、昨年末の人権週間には、市発行の啓発パンフに民族差別をとりあげさせることに成功したが、内容面では大いに不充分であるどころか、逆に民族差別を助長する危険性すらある。

今年の行政交渉は、この啓発パンフをめぐる論議からスタートする。

行政交渉に必要なのは明せきな論理でもなければさわやかな弁論でもない。うんざりするやりとりにめげない根気こそが唯一必要なのだ。

（『おんどる』第6号、一九八七年一月二〇日）

ひさしぶりの『おんどる』発行に当たって

九ヶ月ぶりに、『おんどる』を発行することになりました。

李相進・李根秀《イグンス》さんの指紋押捺拒否裁判も、昨年一〇月二三日の第六回公判以来開かれないままで、『おんどる』読者の皆さんは、「指紋押捺制度を撤廃させる会・北九州はどうしているんだろう」と、思われているのではないでしょうか。

撤廃会事務局では、昨年暮れから正月明けにかけて、「改正」された外登法の学習を行ない、「改正」外登法が「改悪」であるという確信を持ちました。

三月に「改悪外登法を迎え討つための九州・山口関係者会議」をよびかけ、六月一日に施行が予定されていた「外登法」に反対の意思表示をする九州・山口共同行動が実現しました。

九州・山口共同行動は、本誌で報告しているように、九州・山口の九ヶ所で抗議の集会が開かれました。

これまで指紋押捺制度撤廃に全力をつくしてきた九州・山口各地の各グループの人たちの指紋押捺制度撤廃への志と熱い思いは少しも変わることはありませんが、これらの人々をとりまく状況は、どうしようもなく冷え込んでいる事実を認めないわけにはいきません。

七月に入って、撤廃会事務局は八五年六月発足以来の三年間の活動を振り返って、これからの活動のあり方を探るための討論を開始しました。

結論が出るまでには、いましばらくの時間が必要ですが、はっきりしてることは、撤廃会発足の強いきっかけとなった北九州市の行政姿勢は、人権週間企画をめぐっての「民族差別をなくす北九州連絡会議」の活動で、わずかに改善の兆しはみられるものの、まだまだ不十分だということです。

状況は混沌としていて、展望を見いだすのは困難のように考えられますが、もう一度発足の原点に立ちかえって、頑張りたいと思います。

(『おんどる』第9号、一九八八年八月三〇日)

在日韓国人・朝鮮人差別とアイヌ差別をつなぐ

一月五日の『毎日新聞』朝刊は一面トップに、「全外国人対象に、指紋押捺制度廃止へ」という政府方針を伝えました。

一九八五年の外国人登録証大量切り替え時の指紋押捺拒否運動の高揚以来、政府は透明インクの採用、指紋一回制など小手先の対応をしてきたわけですが、とうとう行き詰まっての指紋押捺制度の撤廃に踏み切ることになったものです。

新聞報道によると、政府はこのための外国人登録法の改正案か特別法案を今年一二月の通常国会に提出して、来年春の成立を目指す方針だと伝えています。

実際に指紋押捺制度がなくなるのはもう少し遅れることになるでしょうが、八五年春に結成された「指紋押捺制度を撤廃させる会・北九州」に参加して、指紋押捺制度撤廃と北九州市の行政姿勢を変えるための活動に加わった立場からいうと、やっと在日韓国人・朝鮮人差別の玄関を通り抜けたかなという気持ちです。

というのは、そのことによって在日韓国人・朝鮮人の差別が解消されたということにはならないからです。いぜんとして教員・公務員への就職は「国籍条項」の厚い壁が立ちふさがっていますし、住んでいる地域での政治的表現の場（参政権）も与えられていません。

制度上の不平等を是正するための活動が、指紋押捺制度撤廃の次に待っていますが、最終的には在日韓国人・朝鮮人が本名で暮らしていける社会をつくるための、日本人の中に根強く存在する排外思想をなくすという困難な作業が残っています。

北九州市の行政姿勢をかえる

撤廃会が生まれたころ（八五年）の北九州市の在日韓国人・朝鮮人差別問題への認識はひどいものがありました。

年末の全国人権週間企画で北九州市が配布している啓発パンフレット『いのち・あい・こころ』には、民族差別についてはまったく触れられていませんでした、市民グループのきびしい追及で、取り上げたものの大変ひどい内容で、差別をいっそう拡大するようなものでした。

八七年に結成された「民族差別をなくす北九州連絡会議」は、この北九州市の人権週間企画への姿勢をただすための活動を主にしてきましたが、その成果はすこしづつ実を結びつつあります。

昨年の『いのち・あい・こころ』は、「日本に住んでいる外国人、特にそのほとんどを占める韓国・朝鮮人に対する就職、結婚、居住などでの差別や偏見は、日常生活の中で後を絶っていません」と、述べた上で、「偏見や差別意識を完全になくしていくことが、いま私たちに課せられているのです」と結んでいます。

1984年11月、ホット一息。大分県九重町・竜門の滝

このような啓発パンフレットをつくるようになった北九州市の姿勢は評価できますが、どうも口先（言葉）だけという気持ちがしてなりません。

行政として、そのような差別をなくすための具体的な施策をおこなう態勢がまったくないからです。

同和対策室、婦人対策室などそれぞれ差別をなくすための具体的な活動をする部局があり、人と予算が配置されていますが、民族差別についてはそのような部局はありません。

在日韓国人・朝鮮人の人たちが出かけることが多い各区の市民課窓口職員の姿勢も改善されているとはいえません。法務省の言いなりの自主性のなさが目立ちます。

就職差別をいうのであれば、まず市職員採用試験時の「国籍条項」を撤廃しなければならないでしょう。指紋押捺制度撤廃が、在日韓国人・朝鮮人差別解消の入り口であるゆえんです。

知られていないアイヌ差別

九州に住んでいる私たちにとって、アイヌの人たちといえば、北海道観光で、あるいはデパートの北海道物産展で、熊の木彫りをする姿を思い浮かべるのが普通です。

アイヌの人たちがおかれているきびしい差別の歴史と現状がなかなか見えてきません。

アイヌの人たちが九州に来るというのを聞いて、「自分は日本語しかしゃべれんので……」と大真面目にいった人が出るくらい、アイヌのことは知られていません。

「アイヌ民族は、古来より北海道・樺太・千島列島をアイヌモシリ（アイヌの住む大地）として固有の文化を持ち、独自の歴史を築いてきました。しかしながら、明治維新以来の日本政府の同化政策により、固有の言語・宗教・文化などを封じられ、和人（日本人）の生活習慣を強制させせられてきました。」（野村義一北海道ウタリ協会理事長の挨拶から）

いまは四万人とも五万人ともいわれるアイヌの人々が、経済的に社会的に抑圧された環境下で暮らしています。

萱野茂さん（生粋のアイヌ民族で二風谷アイヌ文化資料館館長）の、「韓国や北朝鮮におわびする以前にアイヌに詫びてもらいたい。北海道というでっかい島、アイヌは売った覚えも貸した覚えもない。それを条約ひとつ結ばずに……」（『朝日新聞』「新人物誌」から）の言葉は鋭く胸に突きささり、心を揺らします。

アイヌ新法制定運動

あなたは、明治時代につくられた「北海道旧土人保護法」というのがいまなお続いていることをご存知でしたか。

北海道に住むアイヌの人々で構成されている北海道ウタリ協会では、一九八四年からこの屈辱的な「北海道旧土人保護法」を廃止して、これまで侵されてきた基本的人権を回復し人種的差別の一掃、民族教育と文化の振興、経済的自立などをめざした新しい法律「アイヌ新法」の制定運動に取り組んできました。

北海道では、ウタリ協会関係者や学識経験者などからなる「ウタリ問題懇話会」を設けて検討を依頼しました。懇話会は海外調査などを含めて三年余り検討してきた結果、一九八八年に「北海道旧土人保護法」にかわる「アイヌ新法（仮称）」の制定を提言しました。

北海道ウタリ協会が、「アイヌ新法」制定運動に取り組みを開始してすでに六年あまりになりますが、北海道以外ではほとんど知られていません。

　昨年一一月に福岡で「アイヌ民族の新法制定を考える集い」（主催北海道ウタリ協会）が開かれましたが、その前夜、遠賀郡水巻町中央公民館で、アイヌの皆さんとの交流・懇談会が持たれました。

　急な呼びかけだったので、四〇人あまりの小さな集まりでしたが、野村義一さんのアイヌ差別の歴史と現状についての話は、参加者に深い衝撃と感動を与えました。このことがきっかけで、水巻町に「アイヌとともに生きるシャモ（和人）の会」（仮称）が生まれることになりました。（発足集会の日時・場所は別掲）

　新しく生まれる会は、アイヌ新法制定運動へ協力するとともに、アイヌの歴史・文化を学んでいくことにしています。

（『北九州かわら版』第63号、一九九一年一月一日）

ピープルズプラン21世紀／強制連行の足跡を若者とたどる旅

動き出したピープルズプラン21

―


「アジアとともに未来をつくる」というサブタイトルを持った「ピープルズプラン21世紀」（ＰＰ21）の呼びかけ人会議が五月一四日に開かれ、実行委員会の結成にむけて本格的な活動に入った。

　三〇〇人を越える人が呼びかけ人に名を連ねており、第一回実行委員会は、九月二四日～二五日に開催されることになっている。

「ＰＰ21」は、昨年一〇月のＰＡＲＣ（アジア太平洋資料センター）の第四回会員総会で、「世界のなかでの民衆のオルタナティブをめざして」として提案され、それ以降、各地の個人・団体の論議を経て、呼びかけ人会議へと結実したものである。

昨年八月の第六回地域シンポ（金沢）でＰＡＲＣの武藤一羊氏から問題提起があったので、それから数えると一年近くの時間の流れの中で、具体化してきたといえる。

「ＰＰ21」は、地域調査・国際共同調査・オルタナティブフォーラム・国際民衆行事・国際会議と多彩な企画を打ち出しているが、地域としては、北海道、愛知の反応がはやく、「出会いと解放のアクションリサーチ」というすばらしい名前をもった「地域調査活動」が四月一日にスタートしている。

二

「ＰＰ21」のよびかけ（一九八八年五月一四日付）によると、「一九八九年夏に集約行事として、列島縦断のかたちでお祭りや会議が開かれ、北海道を皮切りに、最後の結集地九州へ向かう」ことになっている。

呼びかけの背景となった状況認識、問題意識に共通したものをもって、九州・山口各地で活動している人びとが少なからず存在するが、これらの人々の「ＰＰ21」への意見がまとまっていて、「最後の結集地九州」ということには必ずしもなっていない。むしろ、これらの人々の大部分はまだ、「ＰＰ21」についてはほとんど白紙であるといってもよい。

私は、昨年夏の地域シンポでの武藤氏の提案を直接聞き、その後の経過についても詳細な情報に接していて、「九州が最後の結集地」とよびかけにあらわれた事情を理解しているので、それほどの違和感はないが、よびかけではじめて「ＰＰ21」を知った人たちの中には、「九州でやると言ったって、いったい誰がやるの？」という疑問を持つ人もいるだろう。そもそもの提案元であるＰＡＲＣのネットワークが九州・山口で弱いというどうしようもないハンディキャップがある中で、準備が進められてきたいきさつもあり、両者をつなぐのは、この間の準備にかかわってきたごく少数の人間の役割であろう。

三

六月一八日夜福岡で、ピープルズプラン21世紀「呼びかけ人相談会」が開かれた。

場を設定したのは、谷洋一氏（アジアと水俣を結ぶ会）と吉田登志夫氏（博多湾会議）である。

とりあえずの相談会ということもあって、参加者二三名の大部分は福岡市在住の人たちだったが、熊本からは水俣病患者である浜元二徳さん（アジアと水俣を結ぶ会）や砂田明さん、神田公司さん（熊本市民センター）が、下関から人工島問題に取り組んでいる堀内隆治さんが参加された。

呼びかけ人に名を連ねている人の集まりということ

1989年1月ピープルズプラン21世紀第2回実行委員会（東京）

もあって、「ＰＰ21」について、ざっくばらんな意見交換をすることができた。

地域調査については、

○「九州がアジアへむけた軍事拠点として再編強化が進んでいるので、その実態調査をやりたい」
○滞日アジア人労働者の実態調査
○アジア交流をうたい文句にしたウォーターフロント計画
○在日外国人に対する行政姿勢の実態調査

などが話題になった。

参加者の間で「地域調査」という言葉の受けとめ方に相当の違いがあり、「学術調査」というイメージでとらえた人も多かったようである。そのためか、

○地域の運動が元気になる方法
○あとあとの運動につながる調査
○私たちの目に見える調査

という意見が多く出た。

「国際民衆行事」については、

○かなりの力量がないとむずかしい。
○「アジア太平洋博」に対置できるものがやりたい。

と、現状の厳しさと願望が話題になったが、「地域

調査」に時間が費やされ、次の会合の宿題となった。

「ＰＰ21」を九州・山口で実体化するために、もっといろんなジャンルの人たちと相談することになり、七月九日～一〇日に水俣で合宿を持つことになった。

四

水俣合宿の呼びかけ文ができたのが相談会から一週間後、それぞれが知り合いを水俣合宿へ誘うことになる。

ちょうど島根原発の火入れ抗議集会とダブッていて、九州・山口の反原発運動関係者は日程の調整がむずかしそうだ。

「『改悪外登法』に反対する九州・山口共同行動」（一二一団体）が終ったばかりで、その共同行動の言いだし元である「指紋押捺制度を撤廃させる会・北九州」の事務局メンバーである私は、「自分にとって、アジアの民衆とは在日韓国人・朝鮮人に他ならない」という思いがある。

だから、この共同行動に関係した人びとに「ＰＰ21」のことを伝え、参加を訴えていきたいと思うのだが、ストレートに伝わらないもどかしさを感じている。

水俣合宿は、かなり多彩な顔ぶれになりそうだが、どのような雰囲気になるかは当日を迎えてみないとわからない。それがまた当日を迎える楽しみにもなっている。

九州・山口でどのような地域調査ができるのか。はたして、呼びかけにある「最後の結集地九州」は実現するのか。

水俣合宿は、その鍵を握っているわけである。

（『地域をひらく』第2号、一九八八年七月五日）

地域での運動とピープルズ・プラン21世紀

オルタナティブな社会をどういうふうに作るのかということですが、私などの世代になりますと、オルタナティブという言葉こそ使ってないにしても、それと同じようなことを模索してきたと思います。私にしてもここ三〇年以上、日本社会をどう変えるのかということで、いろいろな運動にかかわってきました。その間にもどう変えるのかということに対するビジョン、プロセスについていろいろな人がいろいろな提案をし、また実践をしてきたであろうと思います。そうしたものと、いま、私たちが進めている「ピープルズ・プラン21世紀」というものが、どのように似ていてどのように違うのかということを考えていく必要があると思います。

在日の人たちとの関係の中で

私はここ数年来、指紋押捺拒否問題を契機に在日韓国人・朝鮮人の人たちとつきあってきました。昨年一二月、「新しい社会の創造をめざして」というフォーラムが東京で開かれましたが、そのフォーラムに「在日外国人と日本人」という分科会がありました。この分科会の事務局を担当された高二三《コウイサム》さんが報告をまとめていらっしゃいます(『労働運動研究』２３２号、一九八九年二月号)。そこで、「社会主義に関心のある人は民族や差別に興味をしめさず、民族や差別に関心のある人は社会主義に興味を示さず、すれ違いだったように思う」と締めくくっています。この集まりは、たいへんな盛況で社会変革をめざしている人が多く集まったのだと思うのですが、その人たちに在日外国人が見えていない。そして今、在日外国人問題にかかわっている人たちの間では、今の社会をどうするのかということが見えてないというか、語られていない。この両者の断絶―距離の遠さを高二三さんは言っているのだと思い、非常に印象的でした。

私はひねくれていますので、今日みたいなピープルズ・プラン21世紀をどうするかという話のときに、「所詮、絵に描いた餅じゃないのか」という不信感がどうしてもつきまといます。もちろん一方で、とりあえず絵に描く必要もあるのではないかという意見も理解できるわけですが、その「絵を描く」というこという場に一緒に絵を描くべきはずの人たちが加わっていくということがまだ実現していない。たとえば、明日の分科会に在日韓国人・朝鮮人の人たちが出てきて、「自分たちがともに生きる社会というのはこういうものなのだ」というかたちで議論に加わってもらいたいと思うのだけど、現実はまだそこまでいっていない。いわばある程度ものわかりのよい日本人がそういう人たちと一緒にどうやっていくのかを議論する場になるのがせいぜいではないかと危惧をいだいたりもします。

私自身、北九州で在日の人たちと一緒に民族差別をなくす運動にかかわりながら、その人たちに「ＰＰ21」の趣旨が伝わらないというイラダチのようなものを引きずりながら東京にきているわけです。

いま、「強制連行の足跡を若者とたどる旅」というのが、「ピープルズ・プラン21世紀」九州・山口のイベントの一環として準備が進められています。これは、今年八月に下関から関釜フェリーで釜山《プサン》に上陸、ソウル、大邱《テグ》とたどり、再び釜山から下関に再上陸。その後北九州・筑豊・大牟田・長崎の炭坑跡をめぐるツアーです。この企画を通じて、在日の人たちとの距離を埋める、もしくはこれから先、そういう人たちを交えたプランができるようにしたいと思っています。「PP21」の企画として北海道でも先住民の問題を中心にいろいろなイベントが組まれています。これを単なるイベントに終わらせずに、これを契機にいわば新しい社会へと変革していくプロセスの中に先住民の問題意識を組み入れて行くような運動が作られていくことを願うわけです。

「全国政治派」の人たちへの不信感

私は、「今の社会を変革していく」ことを追求してきた、いわゆる「全国政治派」の人たちへの不信感を持っています。これは今の社会を変えるということになると、「権力のどこがアキレス腱なのか、どこをどうすれば今の社会にクサビを打ち込めるか」という状勢判断がさきに立ちます。そうすると、公害被害者・労災職業病被災者・少数の無視された人たちというのは起爆力になり得ない。集会のある種の目玉にはなりえても、そういうところに全力投球するということにはならない。変革をめざす人たちのエネルギーはどうしても全国的な政治課題というところに行ってしまう。「全国政治派」の人たちは、七〇年代以来、そういう折々の状況に逆に引っ張り回されたのではないかと思うのです。

七〇年代の初期に状況を引っ張った公害被害者の運動は今でも続いているのです。そういう人たちの運動には、今ではもはや人は集まらない。しかし、依然としてこのことに自分の全力を注いで運動にかかわっている人たちも少数ながらいるわけです。このような人たちから見ると、「PP21」の呼び掛けや企画というものが、「またぞろ、装いを変えて変革を云々する集まりだろう」と不信感を持たれている面がかなりあるのではないかと思うわけです。

「たこつぼ」化からの脱出口を

四年前に全国的に盛り上がった指紋押捺制度撤廃の運動も、外国人登録法の改悪・施行以来、難しい局面を迎えています。「もはや指紋では人が集まらなくなった」という状況で、この問題にこだわり続ける人たちは展望を切り開くための模索を続けています。「たこつぼ」化せざるを得ない状況がそこにあるわけで、そこからの脱出口を発見すること、あるいは提示することが「ピープルズ・プラン21世紀」の役目じゃないかと思います。

（『新地平』第175号、一九八九年七月）

強制連行の足跡を若者とたどる旅

――八月二二日―三〇日

一　企画名

「強制連行の足跡を若者とたどる旅」

二　企画の趣旨・目的

かつて日本帝国主義によって強制連行され、炭坑労働・ダム工事など苛酷な労働を強いられた韓国人・朝鮮人の強制連行の足跡の一部を実地にたどることで、歴史および在日韓国人・朝鮮人と日本人がかかえている今日の問題について、正しい理解を深める学びの旅とする。

○在日韓国人・朝鮮人がかかえるさまざまな課題に取り組んできた人たちには、自分たちの在日韓国人・朝鮮人問題への係わり方をとらえなおす場であり、自分たちの問題意識を若い世代へ伝える場として機能させる。

○二一世紀を担う若者たちには、約七〇万人の在日韓国人・朝鮮人が日本に定住を余儀なくされた歴史的事実（日帝の朝鮮侵略と植民地支配、強制連行）を伝え、もはや公教育には期待できない正しい歴史観を養うことができる一つの場とする。

三　企画の内容

下関から関釜フェリーで釜山《プサン》へ渡り、大邱《テグ》、ソウルと強制連行ゆかりの地を訪ね、再び下関に上陸、下関、北九州、筑豊、大牟田、長崎と強制連行された朝鮮人が強制労働に従事させられた跡地を訪ねる、八泊九日の旅。

四　日程

八月二二日　夕方、下関から関釜フェリーに乗船、釜山へ。船中泊。

八月二三日　朝、釜山着。慶州《キョンジュ》を経て大邱へ。夜、「中ソ離散家族会」との交流会。大邱泊。

八月二四日　独立記念館、望郷の丘、パゴダ公園を訪ねてソウル泊。

八月二五日　釜山から関釜フェリーに乗船、下関へ。船中泊。

八月二六日　下関へ上陸。下関、北九州の跡地を訪ねて、夜は「サハリンに強制連行され置き去りにされた韓国人・朝鮮人中ソ離散家族会」に思いをはせる市民集会」を開催。北九州泊。

八月二七日　筑豊の跡地を訪ねる。筑豊泊。

八月二八日　大牟田三池炭坑にいまなお残っている「朝鮮人収容所」などを訪ね、大牟田泊。

八月二九日　強制退去される人が収容されている「大村収容所」を訪ねて長崎へ、長崎泊。

八月三〇日　高島へ渡り、高島炭坑跡地を訪ね、午後長崎市長を表敬訪問。

五　旅の参加者

国内の部分参加を含めて総勢六三名。うち中・高生一三名。若者（二四歳まで）一七名。

六　「たどる旅」が実現するまで

九州・山口では、「ＰＰ21」の呼びかけに応えて八八年七月に水俣で「ＰＰ21」九州・山口第一回合宿が開かれたが、その席で在日韓国人・朝鮮人問題についての企画が参加者から提起された。これは「ＰＰ21」の呼び掛けをこれまで指紋押捺拒否闘争など在日韓国人・朝鮮人問題にかかわって来た人たちで、「アジアとともに」という「ＰＰ21」のよびかけを「内なるアジア民衆である在日韓国人・朝鮮人」ととらえての「ＰＰ21」への参加だったからである。

水俣合宿では青写真の段階であったが、八九年に入

第10回「たどる旅」で、韓国在日本大使館前でハルモニたちの水曜日デモに出会う

り、北九州・下関に「ＰＰ21」実行委員会が誕生し、両者のよびかけで「強制連行の足跡を若者とたどる旅」実行委員会が誕生し、企画が実現したものである。

青写真の段階から問題になったのは、韓国内での行動が単なる観光ということではなく、現地の人たちとの出会いと交流を主題にしているだけに、現地受け入れをどのようなかたちで実現するかということである。それは韓国にまったく手がかりがないということではなく、逆にキリスト者や日韓連帯運動などルートがありすぎて、「たどる旅」の趣旨に沿った韓国の運動体とのコンタクトに迷いがあったからである。

「たどる旅」が日帝の朝鮮侵略・植民地支配そして強制連行の結果、七〇万もの在日韓国人・朝鮮人の日本定住を余儀なくさせていることを主題にしていることから韓国内での受け入れを、サハリン残留同胞の帰国運動に取り組んでいる「中ソ離散家族会」にお願いすることになった。

七　「たどる旅」の中で

「たどる旅」の参加者の大部分は訪韓が初めてだったが、大邱の中ソ離散家族会との交流会で、サハリンに強制連行された夫を四十数年にわたって待ちわびているハルモニ（おばあさん）の鋭い証言（発言）は、たいへんなショックであったし、パゴダ公園で十数人の韓国人から取り囲まれ、口々に「日本への糾弾と、日本人が何をしにきたのか」と詰められたことも貴重な体験になった。

中ソ離散家族会会長の李斗勲《イドゥフン》氏は釜山から「たどる旅」に同行され、北九州での市民集会で講演、長崎では本島市長を表敬訪問し、本島市長の誠意ある応対には、同席した「たどる旅」参加者も深い感銘を受けた。

李斗勲氏の来日が確定した時点で、北九州での市民集会が準備されたが、「たどる旅」実行委員会とは別枠で市民集会実行委員会をつくる試みは周辺の関心の低さもあって失敗し、「たどる旅」実行委員会が旅の準備と実行に追われる中で取り組むことになった。

定席三八〇の会場については、「たどる旅」実行委員会の中でも危惧する意見がでた。というのは、北九州での民族差別問題についての集会参加者は、八五年指紋押捺拒否運動の最盛時でも一五〇人程度で、世論が冷えている現在で、かつあまり知られていないサハリン問題についての集会では五〇人からせいぜい一〇〇人が限度だというのが、ある意味では正確な状勢分析だったからである。

それを強引に推進できたのは、「やるしかない」という熱意と、それを引き起こした「たどる旅」の準備過程で生まれた熱気である。

どの程度の参加者になるかは当日まで摑めず、会場をアコーディオンカーテンで半分にしての開場だったが、結果的に定席をほぼ埋める三五〇人余りが参加し、講演後の質疑でも緊張した雰囲気になるなど大成功に終わった。

「強制連行の足跡を若者とたどる旅」という硬派の企画にどの程度の反響があるかに不安があり、とりわけ若者たちがどれだけ関心を持つかは企画した熟年実行委員にはまったく自信がなかった。何とか若者の参加を実現しようということで、「若者への参加費用補助を行なう。そのための賛同カンパを集める」ことにした。

旅の参加希望者は六月末から続々とふえ始め、定員を三〇名から四五名（韓国での貸切りバスの最大定員）に増やしたあとでも一〇名以上のキャンセル待ちが出るほどだった。中・高生を含む若者の参加も在日韓国人・朝鮮人三世の若者たちを含め三〇名と、「若者とたどる旅」の名前に恥じない企画となった。とくに参加した中・高生の問題意識の確かさは、熟年実行委員をいたく感動させた。

打ち合わせをする左から、裵東録さん、村田久、加藤慶二さん。1990年1月8日、黒崎ルーテル教会にて

「ＰＰ21」九州・山口の第三回大牟田合宿「内なる国際化を求めて・在日韓国人・朝鮮人問題を考える」に北九州在住の在日韓国人二世裵東録《ペトンノク》さんが参加し、それが縁で「たどる旅」の実行委員にしたことで「たどる旅」の内容がいっそう充実した。裵さんはビデオ好きで北九州アマチュア映像連盟のメンバーである。彼の努力で映像連盟会長のＴさんもぺさんと一緒にビデオカメラを持って「たどる旅」に参加、両人が撮影した生テープは二十数時間もの長さである。いま韓国編・国内編のふたつにまとめる作業に追われているが、自分たちの記録を映像で表現する試みとして注目したい。

八　財政

旅に直接必要な費用（移動・食事・宿泊費用）は参加者の負担であるので、心配だったのは、参加した若者たちの分担金の一部補助をするための賛同カンパが集まるかどうかということと、李会長来日・滞在費用・講演謝礼が市民集会カンパでまかなえるかどうかが懸念されていた。

賛同カンパについては、一三〇人を越える人たちからのカンパがあり充分まかなうことができた。また、北九州での市民集会では一五万二〇〇〇円の中ソ離散家族会への会場カンパが集まり、集会費用も参加者の入場カンパがあった。

（オルタナティブ委員会編『ピープルズプラン21世紀希望の連合へ：一九八九年夏／報告集』ピープルズプラン21世紀、一九八九年一〇月二一日）

「若者とたどる旅」の代表として

一九八九年夏に始まった「強制連行の足跡を若者とたどる旅」は、これまで四回の「旅」をおこなっている。

「たどる旅」の青写真をつくったのは加藤慶二さんではないが、その青写真を現実のものにしたのは加藤さんに負うところが大きい。恐らく加藤さんがいなければ幻の企画に終わっていたに違いない。青写真では、「強制連行の足跡をたどる旅」という単発の企画として描かれていた。

学校では教えられない日帝の朝鮮侵略と植民地支配、それを背景とした強制連行の歴史を若い世代に伝える

●強制連行の足跡を若者とたどる旅　日程一覧

第１回	1989年８月22～30日（下関・釜山《プサン》・大邱《テグ》・ソウル・釜山・下関・筑豊・大牟田・大村・高島・北九州）
第２回	1990年８月14～22日（下関・釜山・大邱・ソウル・釜山・下関・筑豊・大牟田・大村・高島・北九州）
第３回	1991年８月14～22日（下関・釜山・大邱・ソウル・釜山・下関・筑豊・大牟田・北九州）
第４回	1992年８月14～22日（下関・釜山・ソウル・釜山・下関・筑豊・大牟田・阿蘇・熊本）
第５回	1993年８月14～22日（下関・釜山・ソウル・釜山・下関・北九州・大牟田・阿蘇）
第６回	1994年８月14～22日（下関・釜山・大邱・ソウル・釜山・下関・北九州・大牟田・唐津）
第７回	1995年８月11～17日（下関・釜山・晋州《チンジュ》・忠武《チュンム》・大邱・慶州《キョンジュ》・下関）韓国コースのみ
第８回	1996年３月29～31日（国内コース：北九州・広島・宇部・北九州））／８月14～20日（韓国コース：下関・釜山・大邱・平澤《ピョンテク》・ソウル・釜山・下関）
第９回	1997年８月14～20日（下関・釜山・慶州・大邱・ソウル・坡州《パジュ》・ソウル・釜山・下関）
第10回	1998年８月14～19日（下関・釜山・大邱・温陽《オニャン》・ソウル・北九州）

ことをメインにして、中・高生には参加費の一部を補助して、中・高生が参加しやすい仕組みを提案し、持続的な運動として取り組むことを提案された。

以来、加藤さんは「若者とたどる旅」代表として精力的な活動を展開される。

北九州指紋押捺拒否裁判闘争を支える会、指紋押捺制度を撤廃させる会・北九州の活動の中でも中心的な役割を担われていたが、機関誌などで自分の気持ちを述べるということはほとんどなかった。

しかし、「若者とたどる旅」では会報や記録文集で随所に若者への期待を独特の文体で表現し、それに魅かれて「たどる旅」に参加した人も少なくなかったように思う。

『強制連行の足跡を若者とたどる旅』第17号、1992年10月

「若者とたどる旅」は、旅の参加者数にくらべて世話をするスタッフの数が少なく、とくに九一年夏の第三回「たどる旅」の国内コースはひどかった。代表としての加藤さんの心労は大変なものであったようである。

旅が終わったあとの「反省を兼ねた打ち上げ」の席で、好きな酒も殆ど飲まないままに横になった加藤さんの姿を、今でもはっきりと思い浮かべることができる。その時は単に疲れとしか理解していなかったので、その内に体調も元に戻るものと楽観していたのだが、今にして思うと、その時はすでに肝臓も癌のために相当に弱っていたのだろうと思う。

加藤さんは行動の人であった。行動にあたっては、加藤さんなりの判断と読みがあったとは思うのだが、傍からみると唐突といった感じのすることが多くある。あれこれ考えるよりも行動に移すことで、一見できそうもないことを実現させて行く人であった。

加藤さんのご冥福を祈りたい。

（村田久編『加藤慶二追悼文集　死ぬ日まで　空を仰ぎ』加藤慶二追悼文集発行委員会、一九九三年五月一日）

舞台裏から

「今年の「若者とたどる旅」はどうなっているんですか」という問い合わせが何件かありました。ニューステーションのスタッフからも同行取材が出来ますかという電話がありました。

準備が遅れてしまって、事務局会議で検討する機会を持てないままに、本号を発行することになりました。そのような次第で、第七回「若者とたどる旅」については、企画の概要にとどまってしまいました。本号発行作業とあわせて事務局で検討して、ゴールデンウィーク明けに韓国へ下打ち合わせに行く予定です。次号（五月末に発行予定）では日程・コースの詳細をお知らせすることが出来ます。

三月末で、六〇歳の定年を迎え、「専業主夫見習い」として再出発することになりました。「毎日が日曜日」になったので、遅れがちだった「若者とたどる旅」会報の隔月刊発行も約束できそうです。

とはいったものの、昨夏の「旅」以来、あれやこれやの市民運動の仕事がたまっていて、その整理に追われているというのが実状です。本号も「会報発行作業をしますので」とスタッフに協力依頼のハガキを出したのに、その前日になっても編集が終わっていません。そのうえ、予定していた新聞切り抜きが行方不明になり、あわてて二ページ分の原稿を用意する羽目になりました。

ピンチに自信を持っていたのですが、寄る年波か少し落ち込んでいます。

（『強制連行の足跡を若者とたどる旅』第30号、一九九五年四月二三日）

アジアの人々にとって八・一五の持つ意味

一、韓国の人々と八・一五

朝鮮半島の南北分断と日本の責任

韓国の人々にとって八・一五とは、日本帝国主義の植民地支配から解放された日である。「日本帝国主義」という言葉は日本ではあまり使われない。しかし、韓国では、日本帝国主義の略称である「日帝」は広く民衆に親しまれている言葉であり、ごく普通に用いられている。アジアを旅して、日本国内では常識あるいは当然と思われる事柄が、まったく通用しないことにたびたび遭遇するが、日帝という言葉との出会いもそのひとつである。

明治以降、日本が朝鮮半島へ侵略して植民地支配を行うにいたった経過については、準備書面三に詳述したが、ここでは、一九四五年八月一五日以降の日本との関係について述べる。

一九四五年八月、米国統合参謀本部において統合戦争計画委員会が開かれ、日本分割占領案が検討されていた。北海道・東北はソ連、関東から近畿にかけて米国、四国は中華民国、中国・九州はイギリスが管理するというものであったが、結局この案はトルーマンらの反対にあい、闇に葬られた。このおぞましい話は、朝鮮で現実のものとなった。その種を蒔いたのは日本である。

四五年八月九日、ソ連軍はヤルタ協定に基づいて対日戦に参加した。北朝鮮にいた関東軍はソ連軍に太刀打ちできずに退却を続けた。南朝鮮にあった朝鮮軍(北緯三八度線以南の日本軍)は、戦わずして敗戦を迎えた。

八月一〇日から翌日未明にかけて、米国の国務・陸軍・海軍三省合同調整委員会は、ソ連軍の南下を食い止めるための方策を検討し、在朝鮮日本軍の武装を解除するという名目で、北緯三八度線を境に、南北朝鮮をそれぞれ米ソ両軍で分割占領するという案をソ連に提示し、ソ連の合意を得た。こうして朝鮮は二大国の占領下におかれ、解放後も軍政が敷かれるようになったのである。そのために多くの朝鮮人が思っていたような、日本の敗戦即独立とはまったく違った状況が出現するが、それでも最長五年間とする信託統治であった。

一九四五年八月一五日、ソウルで「朝鮮建国準備委員会」が結成された。この建国準備委員会は解放後わずか二週間ほどで、全土一四五ヶ所に支部をつくり出すという行政手腕を発揮した。血で血を洗うような悲惨な状態が避けられ、食料が確保されたのも建国準備委員会の活動によるものであった。このことは、日本帝国主義の三六年間に及ぶ力による植民地支配と徹底した皇民化教育をしたにもかかわらず、独立を願う朝鮮の民衆の心まで支配することができなかったことを意味している。

四五年九月六日、全朝鮮の民族運動代表者たちは、ソウルで人民代表者会議を開き、「朝鮮人民共和国」の建国を宣言した。これは建国準備委員会を母胎にした独立のための臨時政府という性格を持っていた。外国の干渉がなかったら、戦後の朝鮮は人民共和国のもとで出発したに違いない。

九月八日、南朝鮮に米軍は進駐してきたが、朝鮮に関する予備知識を持たなかった米軍に情報を提供したのは、降伏交渉にあたった朝鮮総督府と朝鮮軍（日本軍）である。それは最後の朝鮮総督阿部信行が日本政府に提出した「上申書」とほぼ同じものであり、その一部は次の通りである。

朝鮮人側ニ於イテハ、八月一六日以降……共産主義者ノ策動ニ乗ゼラレ……無秩序ナル街頭示威行動ノ挙ニ出テ、余勢ヲ駈ツテ公私ノ諸機関ノ占拠、物資ノ略奪、私怨ニ基ク凶行等頻出セシガ、多数朝鮮人ヲ含ム警察ハ一挙ニ無力化シ……全朝鮮ノ民情相当紊乱セルガ、朝鮮軍当局トノ協力ニヨリ漸次鎮静ニ帰セシムルヲ得タルモ、今尚ホ不良団体ノ跳梁止マザルヲ遺憾トス。（阿部信行「上申書」一九四五年九月二八日）

ここには、朝鮮は「無秩序」で、「物資ノ略奪」「凶行」が横行し、「紊乱」がはなはだしく、「不良団体ノ跳梁止マザル」ところとえがかれ、それは「共産主義者ノ策動」によるものであって、いま総督府は朝鮮軍（日本軍）と一体となって秩序回復に奔走しているとうそぶいている。朝鮮総督府や日本軍は自らのために、反共主義という米軍のアキレス腱に狙いをつけ、つい最近まで敵国であった米軍にすり寄ったのである。この狙いは見事に的中し、当時七〇万人いた日本人の引き揚げは、九月二七日から始まったが、軍人が一番先で、その引き揚げ船は米軍が調達した。

「八・一五からわずか二週間で、総督府と米側が足並みを揃えて朝鮮の戦後の方向付けに向かい始めた」（李景珉「朝鮮総督府の終焉期の政策」『思想』第734号所収）ということである。

米軍の朝鮮観は、朝鮮総督府・朝鮮軍（日本軍）の接触によってゆがめられたまま固まっていき、建国間もない「朝鮮人民共和国」は米軍に否認された。朝鮮人民共和国中央政府は四五年一二月一一日、米軍に急襲されて事実上解体した。

ここに、占領から分断への原点を見ることができる。その中で狡猾に立ち回った日本の役割がきわめて大きかった。

アメリカ軍はその後、南朝鮮での民衆運動をことごとく粉砕し、反共・反ソ主義にもとづく南半部だけの政府樹立を画策した。二年後の一九四七年秋、アメリカはソ連との信託統治を一方的に破棄して、アメリカ外交の強い影響下にあった国際連合に朝鮮独立問題を持ち込み、朝鮮分断を避けがたいものとした。一九四八年五月一〇日、三八度線以南では統一を望む民衆の意志に反して国会議員選挙が強行され、投票は厳戒態勢の中で行われた。これに反対する民衆は各地で抵抗運動を繰り広げ、済州島では民衆武装蜂起が起こり、この島での選挙を不可能にした。しかも、蜂起鎮圧のために差し向けられた軍隊が、途中で命令を拒否して、反米闘争に立ち上がったため南朝鮮は内戦さながらの状態におちいった。

一九四八年八月一五日、激化する抵抗闘争を押さえつける中で大韓民国（初代大統領　李承晩）が成立したが、民衆の抵抗は依然止まらず、ゲリラ戦という形をとって各地で続けられた。米軍と李承晩政権の討伐作戦は凄惨を究めたもので、第二次世界大戦以後の世界に類例のない、しかも戦争のない平和の島での大虐殺だった。全島の焦土化作戦で、五万七千家屋の半数二万八千戸が焼却され、とくに「一九四八年十月から四九年四月までに三万人が虐殺、一日平均一二〇名が殺された（済州四・三研究所―一九九七年）」。

一方、北朝鮮では韓国の成立をみて、一九四八年九月九日に朝鮮民主主義人民共和国の建国を宣言した。

占領から分断への種を蒔いたのは、ほかならぬ日本である。日本の犯した罪は、他民族を半世紀にわたって奴隷化したことにとどまらなかった。解放後の米軍政にきわめて大きな影響を与えたこともまた日本の罪である。

そして、一九五〇年に朝鮮戦争が起こると、日本はこれを「干天の慈雨」と喜び、特需景気の恩恵にあずかった。日本は「参戦」しただけでなく、外貨を得るために朝鮮に出向いて死体の搬送もやっている。南北間で捕虜の交換が行われたとき、その中に日本人が含まれていたことは、関係者の証言で明らかになっている。朝鮮戦争が終わると、日本は独立と経済繁栄の礎を手にしていた。

一方、朝鮮では四〇〇万人が死傷し、離散家族は一〇〇〇万人を越えた。国土と産業施設は荒廃し、残ったのは同族どうしの憎悪と不信であった。

その後日本は、北朝鮮を敵視し続け、韓国とは朝鮮戦争下の一九五二年二月の初めての日韓会談以来、一三年を経て、六五年日韓条約が締結された。これにより、日本と韓国は外交関係が確立した。しかし、日韓会談に臨むにあたっての日本側の姿勢に植民地支配についての反省が全くなかったことから、会談はしばしば中断した。

一九六五年一月に行われた第七次日韓会談に出席した日本側首席代表高杉晋一の、記者会見での発言は、その典型的なものである。


日本は確かに朝鮮を支配した。しかし、日本は良いことをしようとした。今、韓国の山に木が一本もないという（朝鮮戦争で焦土化した。引用者註）。こうしたことは朝鮮が日本から離れた（「独立した」の意　引用者註）ためだといえる。あと二〇年くらい日本と一緒であったら、そんなふうにはならなかったのかもしれない……。日本は謝れ、という話があるが、とても言えたものではない。日本は朝鮮に工場・家屋などを置いてきた。創氏改名をとってみても、それは朝鮮人を同化し、日本人と同じに取り扱おうとしてとった措置であって、悪いことだったとばかりは言えない。（高崎宗司『妄言の原形――日本人の朝鮮人観』木犀社）

この高杉発言は、外務省幹部の手によってオフレコとされたために日本のマスコミは報道しなかったが、それ以降も高杉発言に似た発言をする日本の政治家が続出し、その都度韓国の民衆から厳しい批判を受けている。

韓国では、一九六三年以来、日韓会談反対運動が盛り上がっていた。会談の進捗状況からすれば、韓国は日本の「経済植民地」になりかねないという批判が渦巻いていた。

植民地支配に対する責任問題は、経済協力問題にすり替えられ、在日韓国人の安定した法的地位や被爆者援護問題をはじめ、強制連行補償、徴用・徴兵死傷者補償問題などに言及しないままの国交樹立であった。

日韓条約の締結により、米国を盟主とする日米韓三国同盟体制が生まれ、朝鮮民主主義人民共和国が、「反共和国包囲網の形成」としてとらえたのは、当時の米ソ冷戦下では当然の判断である。ここでも日本は、朝鮮の分断強化に大きく貢献している。

「中ソ離散家族会」と八・一五

アジア・太平洋戦争で労働力の不足を、当時植民地として支配していた朝鮮半島から多数の朝鮮人を強制連行して、炭坑やダム・飛行場建設などの過酷な強制労働に従事させたことは改めて述べるまでもない。

敗戦当時、サハリン（南樺太）には、四万三千人の朝鮮人が居住していたが、ソ連の対日戦参加による緊急疎開と敗戦後の「ソ連地区引き揚げに関する米ソ協定」に基づいて、南樺太に居住していた日本人のほとんどは引き揚げることができた。しかし、当時はまだ日本国籍を持っていた在樺太朝鮮人は引き上げの対象から外されてしまった。

「一九四五年から四八年にかけて、日本国籍者の日本人は日本に引き揚げていきましたが、朝鮮人については、日本当局は、ポツダム宣言の条文を引用して、以後日本公民と見なさないように公式に要請してきました。その結果、朝鮮人は無国籍者として定住すべく残留しました。（一九八七年四月二八日付のソ連赤十字社のベネディクトフ総裁が日本赤十字社社長に宛てた書簡）」

日本政府は、彼らを棄民したのである。

「中ソ離散家族会」は、戦時中サハリン南部（旧南樺太）に強制連行され、戦後は置き去りにされたままになっている朝鮮人の留守家族で構成されている会である。

「中ソ離散家族会」は、サハリンに強制連行されたままになっている会員の身内の消息を探す一方、消息が分かった人の一時帰国・永住帰国を実現する活動を中心におこなっている。一九七一年八月一五日に創立大会を開いて以来、毎年八月一五日に大邱市で総会を開いている。

「強制連行の足跡を若者とたどる旅」は、公教育では教えない日帝の朝鮮侵略と植民地支配、そしてその背景の下でおこなわれた強制連行の歴史を若者たちへ伝えるためにつくられた市民団体で、毎年八月一五日に大邱市を訪れ、「中ソ離散家族会」総会に参加している。

補助参加人村田久は「強制連行の足跡を若者とたどる旅」代表を務めているが、はじめて総会に参加したとき、少し遅れて会場に入った「若者とたどる旅」一行五〇名に対して八〇〇名の会員の刺すような視線を永久に忘れることはない。その夜に夫を強制連行されたまま未だに生死もわからないハルモニ（おばあさん）の証言を聞いて、昼間の刺すような視線の意味が理解できた。ハルモニはその時のもようを語りながら、一生懸命聞き入っている「若者とたどる旅」に参加した日本人若者に言った。

「私は二度、日本人にだまされた」と。

一回目が強制連行を指しているのはすぐわかったが、二回目は何だろうか。

「私の話を聞きに来た日本人はあなた達がはじめてではない。何人かの日本人がやってきて私の話を聞き、写真を撮った。私は一生懸命、私の夫の消息を探してくれるよう頼んだのに、話を聞いた日本人は、二度と私の前に現れることはなかった」

「若者とたどる旅」の一行は、その何人目かの日本人の次に現れたのである。二度と現れなかった日本人が問題なのではない。戦後、放置してきた日本政府こそが糾弾されなければいけないのだ。当時高校二年生で「若者とたどる旅」に参加して、このハルモニの厳しい指摘を聞いた若者は、その後大学に進学して「サハリン残留韓国・朝鮮人問題と日本の戦後責任」をテーマにした卒業論文を書いた。彼は卒業論文を次の言葉で締めくくっている。

その交流会で出会ったハルモニたちと再会したのは六年後であった。一九九六年八月一五日、私はふたたび大邱を訪れ、「中ソ離散家族会」の総会に出

1999年４月、釜山で金景順さん（右から３人目）と

席した。（中略）総会後の交流会で、私は見覚えのあるハルモニに話しかけてみた。下手な韓国語で、「私を憶えていますか。六年前の交流会でハルモニの話をうかがったのですが」と聞いてみたが覚えていないという。私は六年前のハルモニたちの証言を聞いて非常にショックだったこと、それがきっかけになって大学で日本アジア関係史を学び、一年間ソウルの延世大学へ留学したことなどを話した。（中略）ハルモニの夫の消息はいまだにわかっておらず、寂しいひとり暮らしが続いているという。最近は腰が痛くて、歩くのがしんどくなってきたらしい。留守家族のための老人ホームが早くできるといいのだが、とおっしゃっていた。そして最後に別れるときに、私にこう語りかけた。

「一生懸命勉強してください。そして私たちを忘れないでください」

この拙い論文を『待ちわびるハルモニ』たちに捧げます。（佐藤飛文、一橋大学社会学部卒業論文）

金景順《キムキョンスン》さんは「中ソ離散家族会」の理事である。金景順さんは敗戦当時、北樺太との国境（当時）近くの

町上敷香《かみしすか》にすんでいた。上敷香では、軍用道路と飛行場建設のために数千人の朝鮮人が強制連行されて工事に従事していた。その取り締まりもあって、上敷香では約一〇人の警官と五人の憲兵が詰めていた。ソ連軍の対日戦参戦によるソ連軍の南下で、国境（当時）近くにいた朝鮮人とその家族たちが日本人と一緒に次々と上敷香に避難してきた。その混乱の中で「朝鮮人の中にソ連の道案内人がいる」という噂が流れた。憲兵隊はスパイ容疑で朝鮮人青年男子一九人を警察に連行し、ピストルで一人一人を射殺し、証拠隠滅のために留置場にガソリンをかけて燃やしてしまった。辛うじてひとりだけが黒煙の中を便所のくみ取り口から逃げ出して、虐殺事件が朝鮮人社会に広がった。一九四五年八月、敗戦から三日後の出来事である。

この事件で金景順さんは父と弟を憲兵隊に虐殺されている。金景順さんは一九九一年八月一八日、日本政府に補償と謝罪を求めて東京地裁に提訴したが、地裁、高裁ともに「事件から四六年経過しているので時効が成立する」として請求権を棄却した。

金景順さんは八月一五日は必ず「中ソ離散家族会」総会に出席するが、金景順さんにとって八・一五は、その直後に日本憲兵隊に虐殺された父親と弟、それを時効で片づけた日本に対する消えることのない恨（ハン）をかみしめる日である。

二、マレーシアの人々と八・一五

マレーシアは一九六三年に建国されているので、「マレーシアの人々」は厳密には、「日本軍政下に苦しめられた現シンガポールを含むマレー半島の人々」というべきであろう。

一九四一年一二月八日早朝、日本軍は「重要国防資源の急速獲得（「南方占領地行政実施要領」一九四一年一一月二〇日大本営政府連絡会議で決定）のため、当時のイギリスの植民地（英領マラヤ）だったマレー半島南部（北部はタイ）東海岸コタバルに奇襲上陸した。それは日本がハワイの真珠湾を奇襲する約二時間前だった。「先の大戦」がアジア・太平洋戦争と呼ばれる所以である。マラヤ侵攻は、日本の南進の軍事戦略的拠点確保のためであり、さらにマラヤ・シンガポールでおこなわれていた日本侵略と戦っている中国への支援活動弾圧でもあった。

日本軍はイギリス軍と戦ったことから、この戦争でみずからの生活圏を足蹴にされたマラヤの人々の苦痛はほとんど知られていない。

日本軍政下のマラヤ

一九四二年二月にマラヤ全土を掌握した日本は、四五年八月一五日までマラヤを軍政下においた。はじめはマレー人の多くはイギリス軍を降伏させた日本軍を驚異と尊敬の念をもって歓迎したが、日本軍将校の暴行・残忍行為やインフレーション、物資欠乏、統制経済、闇取引、強制労働、政治運動禁止、独立可能性の否定など過酷な政策を強いられて急速に日本軍政から離れていった。日本のマラヤ支配について、マレーシアの中学校教科書で次のように記載されている。

●日本は、マレー人の解放獲得への期待を裏切った。日本人はマラヤを、まるで自分の植民地であるかのように支配した。今度は彼らがイギリス人の座を奪ったのだ。日本の支配はイギリスよりずっとひどかった。マラヤは事実上、日本軍政府によって支配された。警察制度のなかで重要なふたつの部署は、スパイ組織である敵機関と軍の警察である憲兵隊である。敵機関は日本軍の諜報部、すなわちスパイであった。その役目は一般大衆の中から敵を捜し出すことであった。多くのマレー人はイギリスを支持し、日本人を憎んだ。敵機関のスパイはそういう人を探した。日本はまた敵機関で働く現地人を採用した。これらの人々は給仕、物売り、コック、ボーイになりすまして一般の人々と接触して彼らの会話を聞く。次のことをするものは誰でも逮捕された。

一　反日思想を持つ人間と交わる。
二　日本人の行政について文句をいう。
三　日本人に協力している現地人をからかう。
四　イギリス国王または女工の写真を掲げる。

逮捕された人々を尋問するのが憲兵隊である。憲兵隊は一般の人々にとても恐れられた組織だった。憲兵隊は逮捕された人は誰でも犯罪が立証された罪人のように扱った。さまざまな残酷な拷問が行われた。

日本占領時代は、マラヤの住民を怖がらせた暗い

時代だった。（中学二年生用『歴史の中のマレー（マレー語）』一九八八年版）

●日本軍の侵略以前に、マラヤの中国人は、日本軍の中国侵略に敵愾心を抱き、さかんに自国の抗日軍義捐金を送った。これによって日本は特に中国人を敵視し、マラヤ占領後すぐに虐殺を開始した。少なくとも一〇万人以上の中国人が殺害された。

しかし、日本軍はすべての中国人を殺害できたわけではない。日本軍もやはり中国人を必要としていた。日本軍は、助命を望むなら五〇〇〇万元（当時の一元は一＄）の「奉納金」を献金せよと命令した。一部の中国人は日本軍に協力することを余儀なくされたが、反日活動を鎮圧できても消滅させることができなかった。

インド人には、インド人の反英感情を挑発し、インド独立に協力するなどの宣伝をした。イギリス軍にいたインド兵捕虜五万人を「インド国民軍」に改編して日本軍の指揮下に置いた。当然のことながら、日本軍は多数のインド人労働者を利用することも忘れていなかった。

日本は多くの捕虜、中国人、インド人労働者をタイに送り、ビルマに通ずる「死の路」の建設にあたらせた。統計によると、八万人の犠牲者のうち、インド人労働者が四万五千人をしめている。

マレー人には、日本軍は大いに親密な態度をとり、「生粋のマレー人」などの呼称を与えて彼らの協力を取りつけようとした。統治を堅固なものにするため、日本は絶えず民族感情を挑発して反目を醸成させ、マレー人を利用して中国人を主とする抗日軍に敵対させようとした。

しかし、日本の残虐さと日本支配下での生活の困窮により、広範なマラヤ民衆は他の人民同様、生活する方策を見いだせず、日本に好感をもっていなかった。不満の鬱積したマレー人は抗日軍を組織して日本を攻撃するものもいた。日本がマラヤを占領すると、戦争による破壊から、ゴムやスズの生産は深刻な影響を受け、対外貿易もストップしたし、経済は萎縮しきってしまった。同時に日本が各種の組織の名を利用して、マラヤの商工業および特産品を独占した。それにより各種物品、食料が不足した。搾取の目的を果たすため、日本は軍票を乱発し、この結果物価が上昇して人民の生活は困窮した。（初級

中学校用『歴史　第二冊（中国語）』一九八〇年版）

八・一五　喜びから憎しみへ

一九四五年八月にはいると、マラヤの人々の間に「どうも日本は負けるらしい」という噂が流れ始めた。ジャングルにたてこもりながら日本軍と戦っていたマラヤ共産党が市場や街角に姿を現すようになった。一般の人々は軍票の価値が無くなってしまっては大変だと、食料品や日用品の買いだめにはしったため、物価は日を追ってうなぎ登りに上昇した。中には、早々とシャンペンやウィスキーを飲んで「前祝い」を楽しむ人々も出てきた。

しかし、喜びはつかの間だった。日本人や日本軍に協力した人びとへの報復がただちにマラヤ各地で起こった。先に述べたように、日本軍はマレー人とインド人を警察や下級官吏として採用し、主に中国系住民によって構成されている抗日組織の取り締まりに彼らをあたらせたためである。

日本の降伏により、マラヤは再びイギリスの植民地となるが、一九五七年にマラヤ連邦としてイギリスから独立、一九六三年にシンガポール、サバ、サラワクを統合してマレーシアを結成する。一九六五年にはシンガポールが分離独立して、現在のマレーシアを形づくっている。

日本軍政の結果、民族間の対立がさらに深まったマラヤは、民族問題に苦しみながらも独立、国づくりを進めているが、この民族問題は、現在のマレーシア社会にも大きな影を残している。「今日もなお真の意味におけるマレーシア国家の形成を阻む阻害要因となっている人種間の対立感情を助長したのもまた日本の責任」（ザイナル・アビディン編「マレーシアの歴史」）なのである。

三年八ヶ月の日本軍政がマレーシアの人々に与えた損害は甚大なものがあるが、日本政府は一九六七年にマレーシア政府と協定を結び、日本側は二九億四〇〇〇万円相当の貨物船を贈与した。日本政府はこれで「完全かつ最終的に解決された」としている。一九八四年、ヌグリ・スンビラン州で二六八人の犠牲者を葬った墓石が発見された。数々の証言から、これは日本軍が村民を虐殺して遺体を埋葬したことによるものと判断された。マレーシア華僑人協会は日本に謝罪と補償を要求したが、日本は一九六七年の協定を盾に補償要求を断った。国家レベルでの賠償は済んでも民衆レベルの賠償は解決したわけではない。

マレーシアの人々にとっての八・一五

日本の敗戦から五〇余年を経た現在、マレーシアの人々が日常的に八・一五を意識することは稀であろう。しかし、ひとびとの心の奥深くにかつての日本軍軍政に対する怒り・憎しみがしっかりと根をおろしている。

補助参加人村田久が三菱化成株式会社（現在は三菱化学株式会社と改称）がマレーシアへ公害輸出した問題に関わる中で体験したことを通じて、マレーシアの人々に日本軍政への怒りがどのように残っているかを述べる。

一九八〇年、三菱化成（現三菱化学）は、マレーシアのイポー市郊外にマレーシアとの合弁企業エイシアン・レア・アース（ARE）社を設立した。ARE社はスズの廃鉱石からレア・アース（希土）を生産する工場である。レア・アースはテレビの発色光体（キドカラーという言葉の所以にもなっている）や医療用レーザーメスなどハイテク製品に欠かせない物質で、ARE社の製品は全量日本へ輸出される。三菱化成は資本構成こそ三五％だが、技術的にも経営的にも実質的に主導権を持っている会社である。このレア・アースの精製・抽出の過程で、原料の廃鉱石に含まれていた放射性物質トリウムが七％から一四％に濃縮されるが、ARE社はこの物質の保管・貯蔵をマレーシア政府に約束していた。

ARE社は放射性物質の保管・貯蔵所を用意しないままに、一九八二年五月頃から操業を開始し、この放射性物質を含んだ残土を少なくとも三年間にわたって工場周辺の空き地や池に野ざらし投棄した。トリウムはウランとならぶ放射性物質で、半減期は一四一億年ときわめて長く、体内に入ったときの毒性はプルトニウムなどと同様に高い。このような物質を無造作に捨てるなどは、日本ではとても考えられないことであるが、三菱化成はそれをマレーシアで行ったのである。公害輸出として社会問題になるのは当然のことである。

ARE社を中心に半径一キロメートルの円を描くとすっぽり入るところに中国系住民が住んでいるブキメラ村（人口一万人）がある。ブキメラ村をはじめ周辺の住民は、AREがどのような工場であるのか知らなかったし、放射性物質を含んだ残土が自分たちの近くに捨てられていることを知ったのは、操業開始して一年以上経過していた。

当然のことながら、ブキメラ周辺住民に健康被害があらわれた。特に子どもたちのガン・白血病が多発し、先天性障害児も生まれた。

ブキメラ住民を中心に「ペラ反放射能行動委員会」が結成され、工場の永久操業停止を求める運動を展開し、デモ行進が禁止されているマレーシアで、何度も抗議のデモ行進を行い、AREは数千人の住民たちにたびたび包囲された。一九八五年、イポー高等裁判所に操業停止を求めて提訴、一九九二年にイポー高裁は、住民側の全面勝訴の判決をくだした。

イポー高裁の判決当日、原告参考補助人村田久は定数七〇席の法廷内で判決を傍聴することができた。裁判所の敷地内には三〇〇〇人余りのブキメラ村周辺の住民が詰めかけていた。ブキメラ村から高裁のあるイポー市内まで二時間余りを歩いてやってきたのだ。裁判長が判決文を休憩をはさんで七時間あまり延々と読み上げる。日本と違って判決文の主文は一番最後なので、どういう結論なのかは最後までわからない。傍聴席を埋めた中国系住民で裁判長が英語で読み上げる判決文を理解できる人は少ないが、じっと聞いている。外の住民たちは炎天下で木陰を求めて結論が出るのを待っている。日本ではまず見ることのできない雰囲気だった。

反対運動の中心は、かつて日本軍政下で苦しめられた人たちの二世にあたる。日本軍政下で生まれたヒュー・ユンタ（丘運達、ペラ反放射能行動委員会の委員長）さんは「昔は軍艦と大砲でやってきたが、今度は金の力で押してくる」と語った。背広の軍服を着てお金という武器を持った「エコノミック・アーミー」である。ヒューさんは「反対運動がこのように盛り上がったのは、日本軍政下に中国人への弾圧を親から伝え聞いていて、それが今度の日系企業の悪辣なやり方で爆発したのだ」と結んだ。

補助参加人村田久が、この「八・一五訴訟」に参加することになったのも、ヒューさんの言葉が根っこにある。あるマレーシア人の次の発言を多くの日本人ととりわけアジアに進出している企業の経営者に届けたい。

私の国ではほとんどの人が少なくとも、家族や親戚の誰かを日本人に殺されている。おそらく、年配の人たちは一生このことを忘れることはできないだろう。「いつか日本はまたやってくる」みんなそう思っていた。そして、日本はやってきたのだ。形こそ「ビジネス」という形をとってはいたが、またまた多くの人たちが生活の基盤を失うことになった。日本の企業は私の国の企業と比べて資本の力も、あまりにも違いが大きすぎる。勝負にならなかった。もちろん一部の商人の中には日本人と組んでもうけた人もいる。しかし、その数は非常に限定されたものでしかなかった。（アジア青年連絡会議『驕れる日本人』ダイヤモンド社刊、一九七七年）

三、おわりに

アジア・太平洋戦争でアジアの民衆に与えた犠牲に対して、天皇のお言葉や総理大臣の言葉だけの謝罪で済ませられるべきものではない。アジアの人々に多大な犠牲を強いたアジア・太平洋戦争の責任を、開戦を宣言し無条件降伏を宣言した昭和天皇一人に求めるのは酷であろうが、アジアの人々に与えた犠牲については、日本人全体として補償していくべきではないか。

八月一五日に、何らかの行事を行うとすれば、「アジア・太平洋戦争の戦争犠牲者に思いを馳せる」ことを表現した内容でなければならない。

参考文献

越田稜編著『アジアの教科書に書かれた日本の戦争』梨の木舎

内海愛子・田辺寿夫編著『アジアからみた大東亜共栄圏』梨の木舎

内海愛子・田辺寿夫編著『語られなかったアジアの戦争』梨の木舎

アジアの女たちの会編『教科書に書かれなかった戦争』梨の木舎

高木健一著『サハリンと日本の戦後責任』凱風社

綾部恒雄・永積昭編著『もっと知りたい　マレーシア』弘文堂

日本消費者連盟著『ノーといわれる日本人』学陽書房

市川定夫著『環境学』藤原書店

（福岡県戦没者追悼式公金支出損害賠償請求住民訴訟第一〇回口頭弁論意見陳述書より、一九九八年五月二九日）

第五章　ブキメラ村をみつめて

マレーシアARE問題
1991－2003年

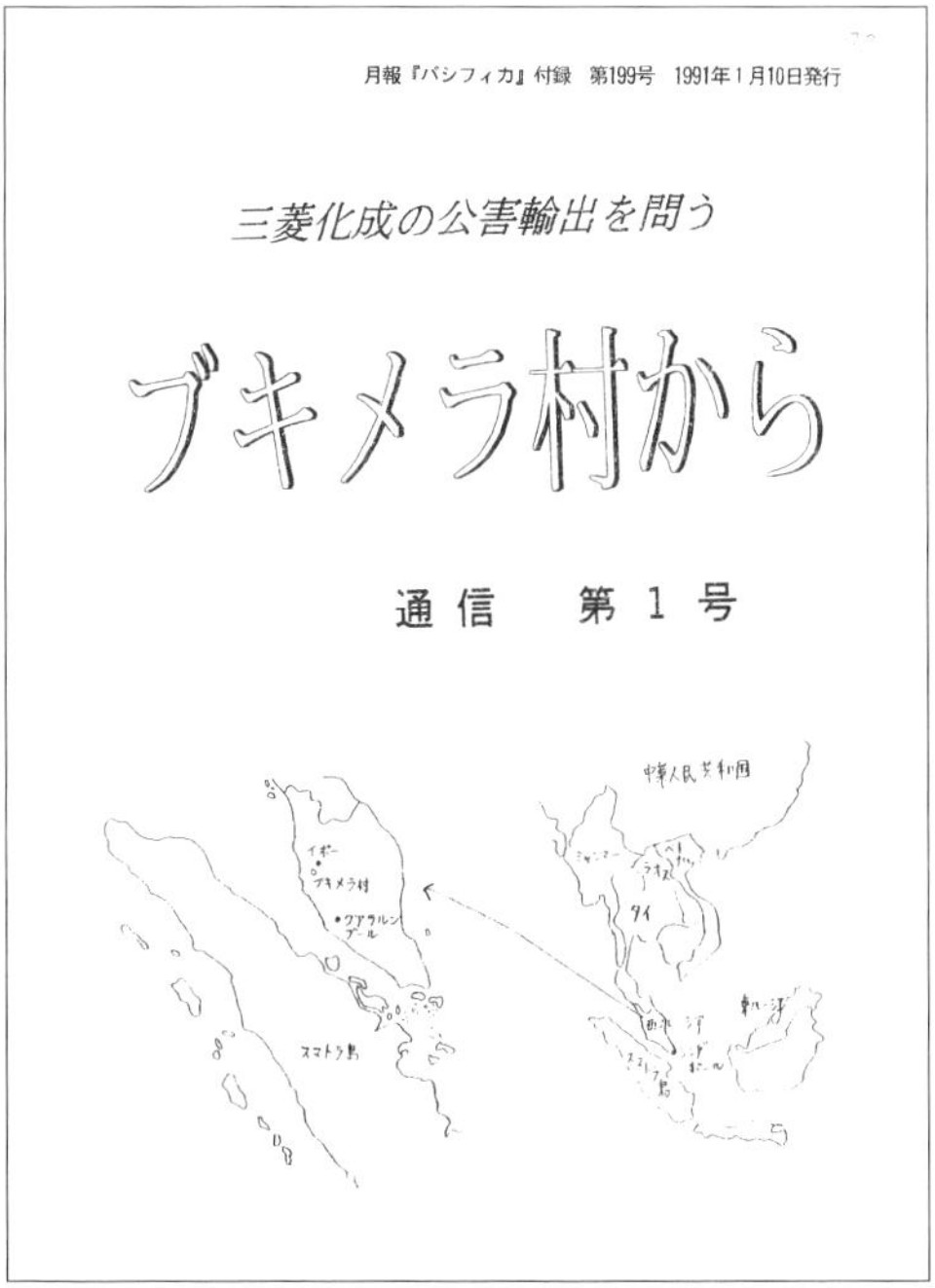
月報『パシフィカ』付録　第199号　1991年1月10日発行

三菱化成の公害輸出を問う

ブキメラ村から

通信　第1号

『ブキメキ村から』第1号表紙

解題　ブキメラ村と村田久

村田和子

私が三菱化成に入社したのは一九六五年三月で、村田は「危険人物」のレッテルを貼られていたが、特に目立った存在ではなかった。本人が言うには、当時の村田の余暇の過ごし方は「パチンコ」もしくは我が子・近所の子どもたちと遊ぶことで、次の活動のための準備期間だったように思う。

六七年一二月、忘年会の帰りに喫茶店に誘われ、「好きだ」と告白された。すぐに『婦人公論』に掲載された森崎和江さんの文章を読むように言われ、感想を聞かれた。私に何を期待していたのか、今では確認のしようがないが、私は村田の期待するような感想は言えなかったと思う。

村田に誘われるまま、会議、森崎さん宅の集まりに参加したが、日本語で話しているにもかかわらず、私には全く理解できなかった。

当然のように裏方の仕事を担当するようになり、二〇年が経過した。私は別に嫌々したわけではなく、裏方の仕事が私に合っていたと今でも思っている。

ところが村田は違っていて、いつか私を表舞台に立たせたいとずっと思い続けていたようだ。

一九八五年六月だったと思うが、谷洋一さん（アジアと水俣を結ぶ会）からマレーシア・ブキメラ村の公害問題を知らされた。村田は即座に、「自分はやらない。自分がやればまたあいつかと言われるだけだ」と言い、言葉通りそれ以後この問題を話題にすることはなかった。

私は労災問題の後遺症で体調を崩していて（今から考えれば軽い鬱状態）、とても関わる元気はなかった。

八八年、米子の地域シンポに参加して元気をもらい（村田に言わせれば劇的に変化）、活動再開しブキメラの問題に取り組むことを決意した。

村田は周りの友人・知人に、「和子は二〇年間裏方として頑張ってきた。これからは自分が裏方として和子を支える」と言い、私は側で何度も聞いているうちに、村田は長い間この時を待っていたんだと思った。ブキメラの問題は二人三脚で頑張った成果だと思う。

村田は残念ながらブキメラの問題を総括する文章は書けなかったが、遺稿集発行で村田の思いは果たせたのではないかと思う。

「ささやかな決意」はブキメラ・キャンペーンに向けて、これまで交流のあった友人・知人に宛てた手紙である。『ブキメラ村から』第1号は五〇〇〇部印刷し、個人・団体を通して配布・郵送した。多くの方に手伝ってもらったが、大変な作業であった。

ブキメラ問題を『草の根通信』に掲載したのは、松下竜一さんから原稿依頼があったからである。内部告発として『毎日新聞』がキャンペーンについて報道したが、その時にコメントを寄せてくれたのが、松下さんであった。その後も高裁判決が出たときなど、松下さんから原稿依頼があった。掲載されたことで、『草の根通信』の読者から反応があり、今でも「有機コーヒー」の注文を頂いている。

ブキメラ村との関わりは、①裁判支援、②医薬援助基金への協力がある。

ブキメラを訪問する度に、マレーシアのお土産（刺繍入りTシャツ・カレー粉・アクセサリー）を大量に仕入れ、集会で販売してきた。しかし毎回同じ物を販売するには限界があり、頭を悩ませていた時に、中村隆市さん（水巻町・ウィンドファーム）に声をかけられ、有機コーヒー・紅茶の販売をすることになった。毎年カンパを届け、総額は五〇〇万円にのぼる。カンパは被害を受けた子どもたちの治療費・交通費として使われた。

ブキメラを訪問する時には必ず、子どもたちに会い、亡くなった子どものお墓参りをしてきた。納骨堂の前でうずくまり泣いていた村田の姿が忘れられない。

村田は、「もう一度訪問したい、しなければ」と言っていたが、二〇〇三年八－九月の訪問が最後であった。

二〇〇六年九月、ヒュー・ユンタ（丘運達・ペラ反放射能行動委員会委員長）さんら二人が熊本学園大学の国際会議参加で来日された。会議終了後三泊四日で北部九州を旅行したのが、楽しい想い出になった。

マレーシア・ブキメラ村の公害問題に関わり、現地の方が中国系だったので、中国語を勉強していた。しかし、一週間に一回、二時間の学習ではなかなか進歩しない。思い切って留学（一九九八年三月～八月）することにした。その他に理由は二つほどある。

一つ、一九九五年に村田が退職した。

二つ、仕事が無茶苦茶忙しくなった。

三つ、両親が年老いた。

私が定年まで働いて退職したとき村田は七〇歳をこえている、それから二人でしたい事をしようとしてもどういう状況（介護が必要かも?）か不安がある。

仕事はますます忙しくなり、トイレも我慢する状況で、定年後コロッと死にたくない（因みに以前は満コロ、当時は現コロと言われていた）。

両親（当時父八五歳、母七八歳）は二人で生活していたが、日常生活の手伝いが出来れば、楽になると思った。

それで会社の転進援助制度（転職などの準備のため一年間休職後、退職する。給料全額・ボーナス半額支給）を利用して、中国への短期留学をすることにした。遼寧省・瀋陽の遼寧大学を選んだのは、最初の中国語の先生が遼寧大学教授だったからだ。

そのためには様々な手続きが必要だったが、健康診断書類を領事館で受け取って、内容のすごさに驚いた。ＨＩＶ・精神病・伝染病など項目が多くて、公立の病院での受診が義務づけられていたが、医師も呆れていた。

留学後も驚くことが多く、部屋の蛍光灯が切れ交換を依頼したが、四日間修理してもらえなかった。今から思えば抗議するのでなく、電気工事の人に袖の下を渡せば良かったのだ。毎日事務所に抗議し、会う人会う人（中国・韓国・日本人）に、「まだ修理してもらえない」と話した。日本人らしくない私は、年齢の事もあるだろうが、大学では有名人になった。文化・習慣の違いに戸惑うこともあったが、「郷にいれば郷に従え」で、今では懐かしい思い出だ。

三月～七月初旬の語学留学終了後一ヶ月、延辺《えんぺん》自治区・哈爾浜《ハルピン》・長春・丹東など東北地方を村田と旅行したことは良い思い出となっている。特に、長白山（白頭山）に登り、天池を見たときには感動した。村田は、私の中国語を信用して、二人旅を何の不安もなく楽しんでいた。客引きや物乞いにつきまとわれたりしたが、そんな事も面白い経験だったようだ。私の語学力への村田の絶対的な信頼に、少々呆れ気味であったが、彼の人柄・性格の良さであると思っている。

現在のブキメラ現地の詳しい状況を知らないので、近いうちにブキメラを訪問したいと思っている。

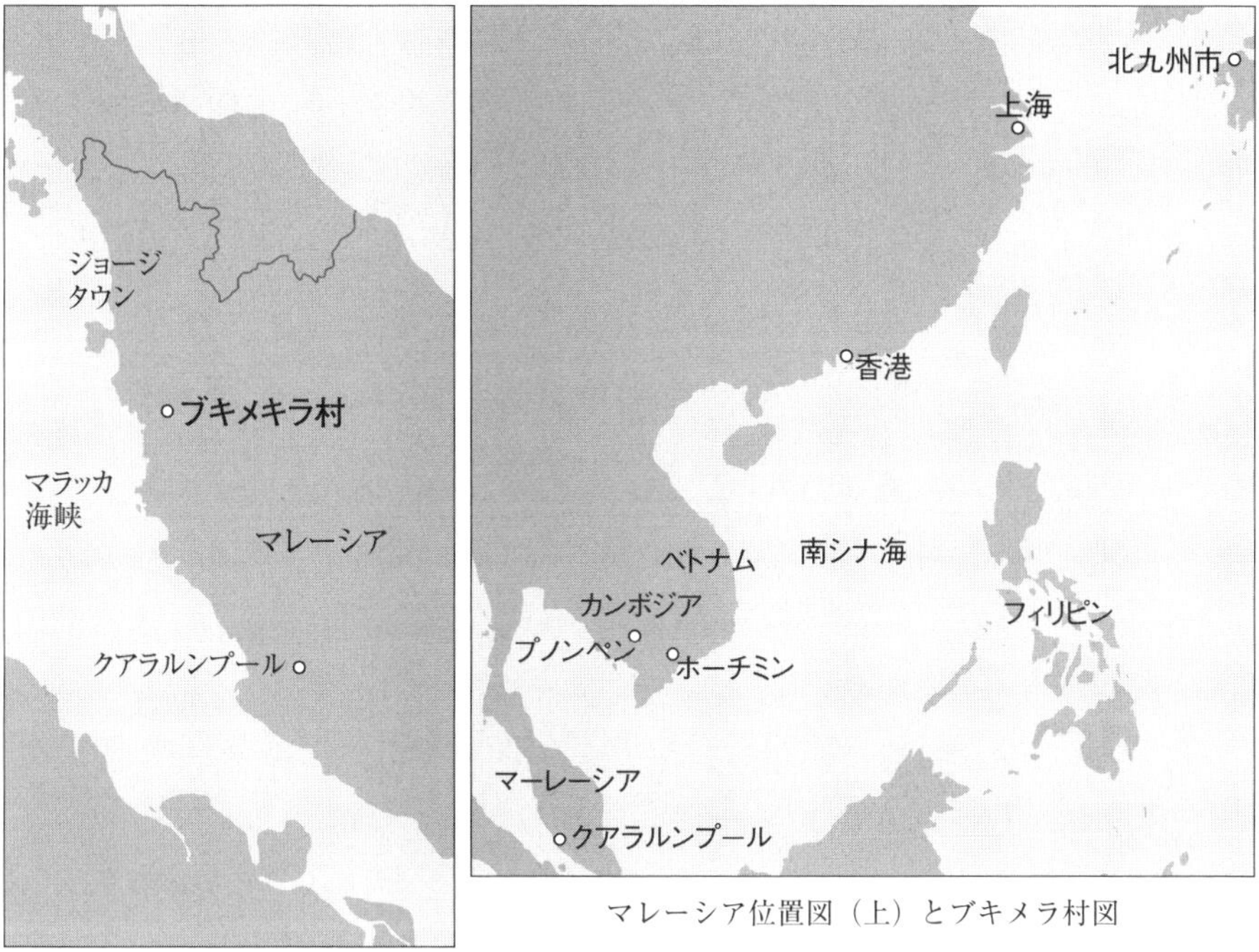

マレーシア位置図（上）とブキメラ村図

ブキメラ村をみつめて下さい

村田和子

ささやかな決意

村田　和子
久

かつて私たちは、三菱化成相手に黒崎工場で被災した労働者の労災認定と企業責任を追及する戦いをした経験を持っています。

もっとも、天下の三菱化成を相手に、徒手空拳の私たちにできることといえば、労働基準監督局への不服審査請求を軸に、出勤途上の三菱化成関連労働者へ毎週三五〇〇枚の『労災ぼくめつ』というビラを、二回にわけて配布するというささやかなものでした。

一応の解決を見るまでの一年半、第69号まで配布しましたが、一〇円カンパと書いた段ボール箱を路上においてのビラまきに、ネクタイ姿の化成社員は目もくれませんでしたが、下請けのおばさんからの日給相当額のカンパをいただいたときの感動を忘れることができません。

表面に出た久は工場の外に隔離され、それを手伝っていた和子は職場での冷たい差別に耐えて過ごしてきました。何の力も持たなかった私たちの闘いを支えたのは、公害被害者運動であり、地域の労働者の仲間たちでした。

化成の労災闘争の経験をふまえて「北部労働者安全センター」を仲間たちと設立して、七〇年代は「反公害・反労災」をスローガンにした「九州住民闘争交流団結合宿」（のちに「九州住民闘争合宿運動」に名称変更）に参加、その事務局を担ってきました。

一九七六年春、旧松尾鉱山被害者（宮崎県）の自主検診を北九州の医師団が行い、その裁判闘争を北九州の弁護士が担うようになったのをきっかけに、土呂久・松尾の砒素中毒患者さんとのかかわりが始まりました。土呂久患者さんの長かった裁判闘争も和解という形ながら、一応の集結を見ることができましたが、振り返ってみますと、一五年以上の歳月が流れていることにあらためて気がつきます。

労災闘争から一九年。ふたたび三菱化成と向かい合います。

三菱化成のマレーシアへの公害輸出は、かつて危険有害労働を下請け労働者へ転嫁した企業姿勢の延長であり、三菱化成で働く者としてはとうてい許すことのできないものです。にもかかわらず、三菱化成の犯罪的行為を知ってから公然と取り組みを開始するまでに、数年が経っています。それは今回の主役を演ずる和子が、ようやく落ち着いてきた職場の人間関係をふたたび緊張させることへの思い切りの期間と理解していただきたいと思います。

この二〇年余り、表面に出ずっぱりの久の付き添いとして、ガリ切り・和文タイプ、機関誌づくりとその発送作業や会計など、舞台裏の仕事に終始してきた和子でしたが、「地域をひらく」シンポジウム・「ピープルズプラン21世紀」の運動に出会うことで、彼女の姿勢は大きく変化しました。これからは久が舞台裏の仕事を担うことになります。（事務処理だけでなく、

食事などの家事まで担当するのが目標です）

工場の操業停止を求めたマレーシア現地住民の裁判闘争は結審しており、判決公判も間近いと思います。三菱化成は次の手としてブラジルに数倍の規模の工場を建設する準備にはいっているとの情報もあります。

裁判に勝てば引き続き操業を続ける。負ければ控訴その他で操業をできるだけ引き延ばすための手をうちながら、いよいよの時にはブラジルへ移すという計画のようです。

放射能で汚染された環境と被害住民を放置する姿勢であることはいうまでもありません。

現地の状況を考えると、取り組みの開始が遅かったという感じがしますが、主体の側からみると、一九年前の労災闘争を始めた頃とは比較にならないほどの力を持っていると思います。そう簡単には土俵を割らないだけの自信めいたものがあります。

マレーシア・ブキメラ村へのかかわりは、現地との距離、言葉の問題など多くの課題を抱えていますが、いったんかかわりを宣言したからには、息の長いものとして継続する気持ちです。

今回のマレーシア・キャンペーンはその第一歩であると位置づけています。

元気なだけが取り柄の私たちですが、よろしくお願いします。

一九九一年二月一〇日
（友人に送った手紙）

ブキメラ村を見つめて下さい

核物質トリウム

『草の根通信』読者のみなさんには、ウラン、プルトニウムはおなじみの言葉でしょう。でも、トリウムというのはなじみがないのではないかと思います。

「ウランを使うかぎりプルトニウムができる。プルトニウムは核兵器になる。核拡散を防止するためには、ウランやプルトニウムを使った原子力はいっさいやめて、プルトニウムを取り出す再処理もやめて、トリウム原子炉でいこうじゃないか」

と、カーター米大統領が提案したことがあります（一九七八年）。

トリウム原子炉は、放射能を出すことは同じですが、プルトニウムはできませんので、カーターはトリウム原子炉の方が安全と考えたのだと思います。現にインドや西ドイツではトリウム原子炉の研究が進んでいるといわれます。

そのトリウムなんですが、これは地球ができたときから存在するもので、半減期が一四一億年。地球ができたのが四六億年前ですから、ほとんど減っていません。通常は岩石の中に入っていますので、私たちの環境には直接触れるものではありません。

トリウムは、日本では「原子炉等規制法」「原子力基本法」で、核原料物質あるいは核燃料物質とされています。したがって、ウランやプルトニウムと同じように扱わねばなりません。

ここでモナザイト鉱石という聞きなれない言葉が出てきます。モナザイト鉱石はマレーシア・オーストラリア・インド・ブラジルなどで産出するもので、マレーシアではスズの廃鉱石のなかにあります。このモナザイト鉱石の中にトリウムが七％含まれているわけです。このモナザイト鉱石の中に希土類金属（レア・アース）という貴重なものが含まれています。特にイットリウムはカラーテレビの発色体としては欠かせないものです。電子関係でもアメリカがＳＤＩ構想を打ち出して、希土類金属の値段がはね上がったといわれています。光学関係でもレンズの表面コーティング材として、いわゆるオートフォーカスカメラの普及と共に需要が伸びています。また、小型カセットレコーダ（ウォークマンなど）のマグネットなどにも使用されています。

このモナザイト鉱石のままだと、放射能が空中に飛び散るということは少ないのですが、イットリウムを取り出すために粉砕することで、空中に飛散する危険性が出てきます。イットリウムを抽出する過程で出てくる廃棄物の中ではトリウム濃度は一四％と濃縮されます。

マレーシアでの放射能被害

マレーシアのペラ州イポー市郊外にエイシアン・レア・アース社（ＡＲＥ）があります。

ＡＲＥは一九八〇年に設立され、一九八二年から操業を開始しました。このＡＲＥと三菱化成との関係は後ほど詳しく述べることにして、ここでは直接の加害

マレーシアのペラ州イポー市郊外エイシアン・レア・アース社の永久貯蔵所にて、1998年12月

企業であるＡＲＥの周辺住民に与えた放射能被害について、書くことにします。

ＡＲＥはマレーシア政府が一〇年間免税という条件と廃棄物（副産物）の成分（トリウム）の所有権と引き替えに、ＡＲＥ工場のあるブキメラ村から三キロほど離れたパパン村の州有地を保管施設用地として無償提供するという力のいれ方で設立されたものです。マレーシア政府としては、まだ実用化されていないが、トリウム原子炉を考えての措置のようでした。

一九八三年一一月、村民たちには何も知らされないままに、貯蔵保管施設工事が開始され、たまたま近くを通りかかった老人が不審に思って作業員に尋ねたところから、放射性トリウム廃棄物投棄計画が発覚したのです。

パパンでは八四年三月に「パパン行動委員会」が結成され、クアラルンプールやペナンの環境保護団体や消費者団体の支援を受けて、猛烈な廃棄物投棄反対運動を開始、ハンストや工事現場への路上封鎖などで必死に抵抗し、「代替地を検討する」という政府声明を引き出すことに成功しました。

計画の段階で発覚して、止めることができたのだからよかった、と思ってはいけません。AREはとんでもないことをしていたのです。

AREは一九八二年七月に装置が完成して、マレーシア政府から「試運転許可」をとっていて、その「試運転許可」にのっかかって、すぐフル操業に入っていたのです。マレーシア政府から提供された敷地に「貯蔵保管施設」を完成させる前に、およそ三〇〇トンに及ぶ廃棄物を出し、工場裏の空き地に山積みしていました。工場と廃棄物の捨て場の間は、もともと公道だったことから、住民は毎日、トリウム廃棄物の間近を往来し、また、出入りを禁ずるような囲いも注意書きもなかったので、その山は子どもたちの遊び場にさえなっていたのです。さらに、そのあたりは沼地のうえ、池があり、すぐ横には川が流れていました。周辺の農地は、その川から水を引いています。廃棄物の山の回りで牛や鶏などが放し飼いにされていたのです。

この一見、何の変哲もない瓦礫の山が、実は放射性廃棄物だったことを知ったときの住民の驚きと怒りはたいへんなものだったと思います。住民はAREに、その除去を要請するのですが、AREは「それは肥料のようなものである」といって、住民を言いくるめようとしたのです（廃棄物はリン酸カルシウムと混合されていて、たしかにリン酸カルシウムそのものは畑の酸度を中和させるための「肥料のようなもの」ではあります）。

住民はそのような説明で納得できませんが、トリウムの危険性を立証してくれる専門家がマレーシアにはいません。そこで、環境保護団体を通じて埼玉大学の市川定夫教授（放射線遺伝学）に、工場裏の廃棄物周辺の放射線測定を依頼することになりました。

市川教授は、第一回測定を八四年暮れから翌年一月三日に実施しましたが、その時には自然放射線量の平均値とされる年間一〇〇ミリレムに対して、四倍から四八倍の測定結果が出ました。市川教授は、その後も八六年一〇月、八八年三月と現地入りして、測定を行いました。

九〇年一一月に埼玉大学経済短期大学部自治会主催で開かれた講演会での市川教授の講演記録から、AREの試運転当時の無謀な投棄の話を紹介しましょう。

「生産（試運転許可）を始めると、どんどんトリウム廃棄物が出てくる。始めのうちは中古のドラム缶に廃棄物を入れて、それを工場内に並べていたんです。

ところがすぐ満杯になって工場が身動きとれなくなってしまった。そしてそのドラム缶を裏の空き地に移した。ところがドラム缶に詰めるのもたいへんだということになった。ドラム缶に詰めていた作業者の皮膚にいろんな発疹などが出るようになって誰もやりたがらなくなった。それで工場で廃棄物が出ると、自動的に強化プラスチックの袋に詰めるようになった。そういう袋に入れて野外に置きだした。

袋にきっちり入っているうちは、飛び散らないのでまだよかった。ところが廃棄物はどんどんできてくる。面積には限りがありますから、上に積んでいかなければりゃしょうがない。どうするか。フォークリフトに載せて、積み上げていく。フォークリフトが届かなくなると、いままで積んであったやつの上をフォークリフトが走ってのっけてくるという。キャタピラのついたフォークリフトで走りますから、先に置いてあった袋は破れて、トリウム廃棄物は散乱することになる。もう散乱してしまうと、今度は袋に詰めないで捨て出したのです。」

一九八五年二月、住民はイポー高等裁判所へ放射性廃棄物の生産・貯蔵・放置の停止を求める裁判を起こし、その年の一〇月に操業停止の仮処分を出させることに成功しました。

AREは操業を停止して、八六年になって廃棄物の「安全」な管理・除去「対策」にとりかかりました。瓦礫の山が片づけられ、一帯が整地されると、その跡地に「暫定貯蔵施設」が建設されました。

AREは、八六年九月に、IAEA（国際原子力機関）の科学者に周辺の放射能値の測定（非公開）を依頼、その結果「安全」の確証を得たとして、マレーシア原子力委員会の操業再開の暫定的許可をとり、八七年二月から操業を開始しました。

八六年一〇月に、市川教授は「暫定貯蔵所」完成後の周辺の放射能を測定（公開）しました。それによると一回目の時よりも低くなっていましたが、それでも貯蔵所の塀の外側で、平均して自然の六倍くらい。いちばん高いところで自然の一四倍（一回目は四八倍）でした。

先に紹介した市川教授の講演記録から引用すると、「トリウム廃棄物を除去して整地して、そこに倉庫を建てたのですが、向こうは熱帯ですから、毎日シャワーのような雨が降ります。それで敷地の中に降った雨水を逃すドレン・パイプを何本もつけたわけですが、そのドレン・パイプの真下でものすごく高い放射線量が出るわけです。いちばん高いところで、自然の一四〇倍。これは雨が降ると雨水に溶けてトリウムが流れてくる。つまり、土の中にまだトリウムが残っているということです。」

八七年九月から、AREの操業差し止め、廃棄物の除去などを求める住民の本訴の審理がイポー高等裁判所で開始されました。これまでに証人尋問など五回の公判が開かれ、九〇年二月に結審しました。九〇年中に判決が出そうだといわれてきましたが、延び延びになって、まだ判決公判の日取りは決まっていません。

三菱化成の公害輸出

これまで書いてきたように、AREは、日本に住んでいる私たちとしてはとても信じられないような無茶苦茶なことをしてきているわけですが、そのAREの経営及び技術指導は、三菱化成から出向した社員で行われているのです。

三菱化成は、一九七〇年代から、新規事業の一環として希土類事業に進出するようになりました。その中で、需要増の期待されたテレビ用赤色発光体素材のイットリウムについて、原料加工・精製・製品化の一貫生産体制をめざして、マレーシアに進出したのです。まず、七三年、マレーシア最大の選鉱業者であり、希土事業への進出を意図していたベー・ミネラルズ社と折半出資で、酸化イットリウム濃縮製造企業、その試験的工場として、マレーシアン・レア・アース社（MAREC）を設立しました。

AREは、その本格操業のために設立されたものです。AREの従業員は八四年時点で一四五人ですが、それらはすべてMARECの従業員と兼務です。AREの資本構成では、三菱化成は約二八％ですが（一九八七年現在）、一〇〇％の株式を持っているMARECに、三菱化成は三五％の株式を持っているので、これを含めると三五％の支配権を持っていることになります。

AREの社長（ゼネラル・マネージャーと呼ばれていますが、実態から、「社長」と訳してよいと思われます）は、元三菱化成の元肥料無機事業部課長代理だった重信多三夫氏で、重信氏はマレーシアでの裁判では会社の代表として証言しています。

また、三菱化成は八〇年から終期の定めなく塩化希土と炭酸希土の製造技術に関するノウハウの提供をしています。

資金面については、AREへの直接貸付金として、短期で三億円、長期で一億円を無担保かつ五%という低金利で融資しています。そしてAREの銀行借入金についての保証債務は八八年一月末現在で一一億円以上に及び、AREのほとんどの債務を保証していると思われます。

八八年一一月、神戸で開かれた日本弁護士会（日弁連）主催の国際人権シンポジウムで、マレーシアの環境問題を訴えるために来日したモヒディーン弁護士の要請で、一六人の弁護士がAREの放射性廃棄物などによる公害問題の調査を行いました。一行は八八年一一月末にマレーシア現地を訪れたあと、帰国後に各弁護士が担当分野を決めて調査研究を行い、その結果を調査報告書にまとめています。

その中で、三菱化成とAREの関係について、

「形式的には『関係会社』であっても、AREの設立の経緯から資本構成、人的構成、資金手当に至るまで密接な関係を有し、実質的な子会社といいうるのである。ひらたくいうならば、資金を三菱化成が出してAREがマレーシアで中間製品として生産し、生産物を三菱化成が買い取る。そして有害な廃棄物はマレーシアに置いてくるような構造なのである。」

とまとめています。

四面楚歌の中で

私は高校を卒業後、三菱化成黒崎工場に入社し今年（一九九一年・編注）の三月で勤続二六年になります。初出勤の日、工場の門に、「就業時間中面会謝絶」と書いてあるのをみて、監獄みたいだなと感じたのを憶えています。

仕事の内容は、石炭・コークスの受入、出荷検査（分析・試験）の作業をしています。この二六年間、仕事の内容はほとんど変わらず、毎日同じような作業の繰りかえしです。ただ装置の自動化が進み、パソコンが導入されたりして合理化が進んではいます。

入社四年目くらいに市民運動に関わった経験があります。映画の自主上映運動の手伝いだったのですが、それを知った会社は、いろいろと干渉をしてきました。毎日のように会議室に呼ばれ、直属の上司と課長か

ら、「活動に関わるのを止めるように」言われました。上司は、「女性は平凡なのが幸せなんだ」と説得しました。私は自分は普通の人間だと思っていましたので、その言葉には驚きました。ひょっとして自分で気付かないところで、非凡な才能でもあるのかな、と思ったりしました。

自分でもびっくりするほど、偉い人たちの忠告(?・)を受け入れる気にはなれず、ただ相手の言うことを聞くだけでした。業を煮やした課長は「それではこっちもとるべき態度をとらしてもらうから」と、テーブルを叩いてドアを乱暴に開けて出ていきました。私の心は不安でいっぱいでしたが、開き直るのも早い性格なので、どうにかなるさと、覚悟を決めました。

その結果は、会社は一週間ほど尾行をつけて私の行動を探り、課長と人事の管理職が自宅に来て、両親に圧力をかけるということでした。

私は、勤務時間中は拘束されるのは仕方ありませんが、プライベートな時間と考え方まで縛られるのはどうしても納得できませんでした。いろいろ悩みましたが、知人に頼んで人権擁護委員会に提訴しました。

当時そのような仕打ちを受けたのは工場内で私だけでなく、私の知り合いではありませんが別の職場の女性もいろいろと圧力をかけられていたようで、それが週刊誌の話題になりました。

そのようなこともあって、それ以後干渉はなくなりました。

二〇歳そこそこの小娘が、ここまでがんばるとは予想していなかった上司はがっくりきたでしょうが、私もこのことがあってから両親とゴタゴタし続けで、大変でした。

一九七二年に、黒崎工場で公害防止の新製品開発途中の試作品廃液が開放した排水溝に流され、その近くで作業していた労働者が、その廃液ガスを吸入して病床につくということがありました。私病として取り扱われたことに対して、それをたまたま知った連れ合い(村田久、編注)がすごく怒り、三菱化成の責任を追及する闘いを始めました。工場内での支援はこっそりとしか得られませんでしたが、ちょうど反公害運動が盛り上がっているときで、闘いそのものは地域の反公害住民運動や労働者の仲間の支えで、つぶされずにがんばることができました。

しかしこのときは、一段と会社の対応が厳しくなり、まったく四面楚歌という状態でした。上司からの表だった嫌がらせとか苦情はなかったのですが、一緒に働いている同僚、とりわけ女性の中での孤立というか、仲間外れの仕打ちには辛いものがありました。女性だけで休日に遊びにいったり、小旅行することがあっても、私には声をかけない。そして、これ見よがしにおみやげのお菓子を机の上に置いておく、といった陰湿な仕打ちは、上司からテーブルを叩いて怒られるよりはこたえました。

会社に弓を引くということは、雲の上の社長や重役、その出先としての管理職との摩擦よりも、本来なら一緒に並ぶはずの職場の労働者との葛藤に耐えなければならないということがあります。

それから二〇年、当時まわりにいた女性はほとんど退職し、一緒に仕事をしている女性の顔ぶれは変わっています。昨年入社した新人さんは娘ほどの世代ですし、私も口やかましいオバチャンとして少し貫禄が出てきました。

まあまあ穏やかな職場の雰囲気になってきていました。

マレーシアの公害問題を知って

六年ほど前だったと思いますか、インドのボパールで大きな農薬事故が起こりました。その農薬は日本では三菱化成の黒崎工場だけしか生産していないということで、北九州で集会が開かれたことがあります。その時に谷洋一さん（アジアと水俣を結ぶ会）から、マレーシアで三菱化成の合弁会社が公害問題を起こしていると聞いたときは、驚きました。

つれあいは「マレーシアへ行ってきたら」と言いますし、谷さんは「三菱化成の社員が行けば、現地は歓迎する」と勧めました。

私としては、ようやく職場での人間関係も緊張しなくてよい状態になってきたのに、またあの緊張状態が続くのかと思うと耐えられないという気持ちが強くて、とてもこの問題に関わる元気はありませんでした。

それで「冗談じゃない、なん言いよるんね」の一言で拒絶し、その口調に驚いたのかこの話はそれでおしまいになりました。

でもそれからずっと、加害企業に勤めていて何もしないでいることに対して、後ろめたい思いでいっぱいでした。

　その後三年位は、体調をくずしたこともあって、活動には加わらず、好きな山登りをしたり、本を読んだりしていました。

　一九八八年、「PP21」（ピープルズプラン21世紀）という運動がはじまり、九州でもその取り組みがありました。北九州では、松井やよりさん（朝日新聞社編集委員）の講演会を、「PP21」の第一弾として取り組むことになりました。その準備で、松井さんの著書を読み、私たちの豊かな生活がアジアの人々の犠牲の上に成り立っていることを知りました。

　AREの公害被害を受けたブキメラ村の人々や弁護士など、反対運動をしている人たちがたくさん逮捕され、それでも闘っているのを知るにつけ、自分の身勝手な考えが恥ずかしくなりました。

　とにかく、マレーシアへ行こうと決め、準備をしてきました。九〇年二月に谷さんから、「ベトナムに枯葉剤の調査に医療班（主に大阪・阪南中央病院の人たち）が行くので、医療班のお手伝いとベトナムの人たちとの交流をする交流班のメンバーとして参加しませんか」と誘われました。ベトナム訪問の前後にマレーシア・ブキメラ村にも行けるということで、参加することにしました。

　いよいよマレーシアの現地に行けるということで、不安と緊張の毎日でした。裁判は結審していますし、今更私が行ってもなんになるのかと、また、「今頃何しに来た」と言われるのではないかなどと心配でした。

　ブキメラ村では、白血病の子供をかかえて苦労している三軒の家を訪ね、いろいろと話を聞くことができました。

　母親たちに、「お金はいらない、AREは操業を停止してほしい」と言われたことを思い出すたびに胸が痛みます。現在までに四人の子供たちが白血病で亡くなっています。その中に私たちが訪問した、一三歳の女の子ラム・ライ・クアンちゃんがいます。

　昨年（九〇年）六月に来日し、「公害を輸出しないで」と訴えていました。また、数学の先生になるのが夢だったと新聞報道で知りました。私たちが訪問したときに終始厳しい表情だったお母さんのことを考えると、言葉もありません。

　反対運動をしている四人の人たちから、裁判の経過や健康被害のことなどを聞きました。私が三菱化成の社員だと分かると、「あなたのボスは、あなたがここにきた事を知ったらどうするか」と聞かれました。私が「さあ？」と言うと、「大丈夫、言わないから」と安心するように言われました。

また、「裁判に勝ったら、廃棄物は全部日本に送り返すから」とも言われました。私は英語が出来ないので黙っていましたが、本当は私たちが引き受けるべきものだと思いました。

マレーシア・キャンペーン

マレーシアから帰ってきてから、日本にいる私たちに出来ることとして、とにかく日本に来ていただこうということになりました。

四月二四日から五月五日までの予定でマレーシアで環境問題に取り組んでいるチー・ヨクリンさん（地球の友マレーシア）とブキメラ村の住民の人を招請して、東京・大阪・岡山・北九州・水俣で集会や会議をすることにしています。

東京では三菱化成本社への抗議行動も予定されています。

三菱化成の主力工場がある北九州では、水巻（二九日午後）、小倉（三〇日夜）と二カ所で集会を開くことにしています。

今回のキャンペーンで世論を起こし、日本の企業の公害輸出をこれ以上させないようにしたい。また起きている公害を何とか止めるために、そして、公害の被害を受けた人たちに対して、私たちにできることを模索したいと思っています。

二月一三日付けの『毎日新聞』朝刊の社会面でマレーシア・キャンペーンが紹介されましたが、それからは職場の上司の態度がごちごちになっています。

私の職場での立場を心配して下さる方がたくさんいらっしゃいます。本当に嬉しく思っています。四〇を過ぎると厚かましくもなりますし、開き直ると自分でも驚くほどガンバリがききます。まあ、せいぜい元気よく明るくいきたいと考えています。

マレーシア・キャンペーンの呼びかけパンフレット（B5版一〇頁）を五〇〇〇部作成して、いろいろな手づるを頼って配布しています。まわりの人へ紹介してくださるようお願いします。

五〇〇〇人の読者から一〇〇〇人の賛同者を獲得することが目標です。

「アジア・女・北九州」

一昨年、松井やより講演会を準備した人たちで、「アジア・女・北九州」をつくりました。これは「アジア」・「女」・「北九州（地域）」に関連することなら何でも取り上げようというもので、会員制は採用せずに出入り自由のゆるやかな集まりとして運営しています。発足したときに、福岡でセクシュアル・ハラスメントの裁判が始まりましたので、この裁判へのかかわりから「アジア・女・北九州」は出発しました。AREの問題については、「アジア・女・北九州」をつくるときから、この問題についての私の関心を話していたので、今回のマレーシア・キャンペーンには、「アジア・女・北九州」で北九州での受入れをすることになりました。

始めは九州・山口の範囲でのキャンペーンを考えていたのが、それだけでは世論を喚起するには不十分じゃないかということになり、せっかくマレーシアから来てもらったので三菱化成本社（東京）にも出かけよう、岡山にはウラン残土の問題もあり、ウラン残土に取り組んでいる人たちとの交流や人形峠の視察も行程に入れようと、企画がどんどん膨らんで来ました。

全体の日程を考えて受入地を東京・大阪・岡山・北九州・水俣・福岡と設定し、各地の受入団体あるいは実行委員会をつくり、その調整を「アジア・女・北九州」が引き受けることになりました。

一月、二月と東京で相談会を開き、その帰り道に大阪・岡山によって受入についての相談をしました。私は昨年夏に『世界から』（アジア太平洋資料センター発行）という雑誌に写真と簡単な文章を掲載しましたが、その直後、それを読んだ大阪の女性から励ましの電話をいただいたことがあります。その女性が周囲の人たちに声をかけ、「アジア・女・大阪実行委員会」という受け入れ団体ができました。二月の東京相談会のあと、大阪実行委員会に参加しましたが男性よりも女性が多い集まりで、その元気のよさにたいへん勇気づけられました。大阪にはすでに「マレーシアのトリウム被害の患者を支援する会」があって医療カンパ活動をしていることを知りました。その会の人たちも、実行委員会に参加されていました。その席で、プレキャンペーンとして三月二一日に集会を開くことが決まりました。ブキメラ村のことについては弁護士の大西裕子さんが話され、私は黒崎工場とそこで働く女性のことについての話をすることになっています。

この集会で、実行委員会の女性たちは、AREを被告にした模擬民衆裁判を上演するそうで、ビラ撒きなどの準備作業のかたわら劇の練習に励んでいるそうです。（私は八ミリビデオを持って行きますので、うまく撮れたら、ダビングしてキャンペーン資金として販売しようか、などと皮算用をしていますが……）

大阪の御堂筋に三菱化成大阪支店がありますが、実行委員会の女性たちは、三月一二日の昼休み時をねらって、集会のビラ撒きに出かけました。

大阪支店の三菱化成社員は最初はためらっていたそうですが、あとからは受け取ったということです。

私はその大阪集会に出席したあと、高松・善通寺・今治・松山の四ヶ所でARE問題を訴えることにしています。四国は今度のマレーシア・キャンペーンのコースにはいっていませんが、坂出には三菱化成の工場がありますし、今度のマレーシア・キャンペーンを一過性のものにするつもりはないので、キャンペーン以後を考えての四国まわりです。

職場の反響

マレーシア・キャンペーンのことが（九一年）二月一三日の『毎日』朝刊社会面に報道されました。たまたま、その日はKS懇談会の日でした。以前は現場懇談会といっていたもので、退社後、ひとり八〇〇円くらいの予算（会社負担）で、食事と飲物で管理職は直属の課長、課長代理だけでなく、人事を担当している部門からも出席します。KSというのは化成スピリット（創造・情熱・挑戦）の頭文字なんです。飲物は男性はビール一本、女性はジュース二本で、車で来ているとか酒を禁止されている、酒が飲めない男性でもビールが割当てられるし、ジュースよりもビールが欲しい女性でも、ビールは駄目というのが私の職場なんです。

懇談会の席も乱れて、それぞれ雑談しているときに、某管理職がよってきて、「『毎日新聞』見たぞ」と声をかけました。すかさず「前科一〇犯、凶悪犯の顔だったでしょう」と答えたのですが、私のとなりにいた昨年入社の新人女性が、「エッ、新聞に出たんですか。見たい」といったものですから、某管理職との話はそれでおしまい。

その後、『西日本新聞』でも報道され、三月九日には『毎日新聞』朝刊で、ARE問題を解説した記事が掲載されたので、職場のかなりの労働者が知っていると思います。残念ながら表だってそのことを話題にする雰囲気はありません。

直属上司の態度がごちごちなのはわかりますが、それ以上の圧力はありません。どのように料理しようかと思案中といったところでしょうか。管理職からの圧力よりも職場の仲間との摩擦や葛藤をうっとうしく思っている私としては、まあまあの毎日ですが、高松・善通寺と坂出工場周辺で集会を開いたりすることで、職場の緊張も高まるのではないかと覚悟しています。

立ち遅れている北九州の取り組み

全国キャンペーンになったことで、外回りに追われて、肝心の足元での取り組みが遅れています。

第一日目には、AREの問題を日本人記者としてははじめて報道した松井やよりさんに講演を快諾してもらっていますが、会場が水巻町中央公民館という北九州市のはずれですし、頼りにしていた「むらさきつゆくさの会」の女性たちは、芦屋町のリゾート開発反対運動の中心で、急きょ町会議員に仲間を出すことになって、それはそれはたいへんな状態になっています。

二日目は、小倉北区での集会ですが、チラシとチケットがどうやらできあがったので、それを持ってあちこちに相談に行くことになります。

何しろ三菱化成の主力工場のあるところでの集会ですし、会社も注目していると思うので、ぜひ成功させたいものだと思っています。松井やより講演会の時も女が頑張って成功させましたので、今度も女の意地と意気込みで何がなんでもヤリヌクゾ、と気持ちばかりはやっているのですが、体がついていかないのがホンネです。

通信第1号の読者五〇〇〇人（こちらから一方的に渡した人も含んで）から一〇〇〇人の賛同者をという目標は、いまのところ二〇〇人を少し越したくらいです。なかなか想いというのは伝わらないものですねえ。

ARE問題を取り上げたテレビ番組のビデオ（NHK・TBSの二番組で約六五分）があります。連絡していただければ送ります。

プレキャンペーン（大阪・四国）

マレーシア・キャンペーンの大阪での受け入れ団体である「アジア・女・大阪実行委員会」の世話で、三月二一日に私が話をする場がセットされました。「できるだけ多くの人に、マレーシアARE問題を訴えたい」という私の気持ちをくんで、連れ合いは、「売れないタレントを売り込むマネージャーの気持ちがよくわかる」などと言いながら、大阪の帰りに四国を廻るミニ・キャンペーンを企画しました。

連れ合いは「地域をひらく」シンポジウム運動の世話人をしていて、今年の秋に愛媛で開かれることになっています。その世話人へ頼み込んで、高松・善通寺・今治・松山と駆け足でAREの話をしてきました。

四国は今度のマレーシア・キャンペーンのコースには含まれていないのですが、瀬戸大橋の橋脚近くに三菱化成坂出工場があり、私の知り合いも多くいます。ARE問題への関わりは長い道のりになりそうなので、そのことも考えての四国廻りでした。

私は人前で話をした経験はほとんどありません。今まで一番長く話をしたのは一五分くらいで、四〇分とか一時間も話をするというのは考えただけでも気の重いものでした。

二〇日夜行列車の中で、話の内容をまとめようと思っていたのですが、そうもいかずに寝てしまった私でした。

大阪では、最初にAREを被告にした裁判劇をするということで、会場に着くと、賑やかに準備をしていました。出演する人たちは衣装もきちんと用意していて、劇中の人物になりきっていました。被告の後にうそ発見器役の影の人物が立ち、被告が証言すると「うそだ、うそだ」と言って、おもちゃの槌で頭を叩くという趣向で、観客は思わず笑ってしまうという愉快なもので私もリラックスできました。

三〇人位の参加者の多くが女性で、話しやすい雰囲気でした。私は以前からの知り合いと話をしているようで、思わず身振り手振りも入り、楽しく話ができました。

二二日の高松は、高松市民会館を使った夜の集まりでしたが、あいにく雨が降っていました。早く着いた私たちは、ビデオの準備をして待つ間、誰も来ないのではないかと少し不安になりました。お世話してくれた方も集まりが悪いかもしれないと言っていましたが、それでも一二名くらいの方が参加してくれました。集まった人たちは男性ばかりで（遅れて女性が一人参加されました）、初めはとまどいました。真剣に話を聞いてくれたのですが、私の話では満足してもらえたのか、雨のなかせっかく集まってもらったのにと気の毒な感じがしました。

高松といえば、伊方原発出力調整実験反対の行動を思い浮かべますが、高松の脱原発運動は少し沈滞気味ということで、残念に思いました。

二三日は昼、善通寺市の地区労会館で話をしました。地区労会館はとても古い建物で、天井は高く畳敷きという近ごろでは見られない空間で、なつかしさを感じました。

夜は今治で話をするという強行軍でしたが、善通寺で世話をしていただいたNさんに今治まで車で送っていただきましたので、車の中で寝ていき、楽でした。今治は、「おもしろ共和国」という第三世界の商品・自然食品・古本・古着を扱っている店をやりながら、いろいろな運動に関わっている人たちに話を聞いてもらいました。

驚いたことに『草の根通信』の私の文をコピーして配ってありました。『草の根通信』に書いたことを中心に話をしようと思っていた私は、話すことがなくなって一瞬うろたえました。

ここは子連れ参加で、大人が会議をしている周りで子供たちが遊んでいるという状態で最初はびっくりしました。北九州では小さな子供がいると女性は集会や会議に参加しにくいということで、北九州でも今治方式を取り入れたいと思いました。

二四日は松山で第三世界ショップのお店をしている人たちが、話をする場をつくってくれました。五カ所で話をしたのですが、拙い私の話でも真剣に聞いていただいたことに感謝しながら松山からフェリーに乗りました。さすがにくたびれましたが、たくさんの人と知り合えて、楽しい旅でした。

動き始めた三菱化成

三月二九日午後、私たちの職場の全員（約三〇名）に会議室へ集まるように連絡がありました。何事だろうと集まった全員に配られた資料は、A4版五ページのものでした。「マレーシアARE社における訴訟問題について」と書いてあり、管理職がＯＨＰ（スライドのように壁に資料を映すことができる装置）を使って説明を始めました。
とうとうきたかと少し緊張して説明を聞きました。というのは、新聞報道もされたのに私の職場では今まで何の動きもありませんでしたので、「天下の三菱化成、蟻が一匹動きだしたぐらいでオタオタするか」と問題にもされていないのかと心配していたからです。それと、前日に「明日は重大な話があるらしい」という噂が職場に流れていたこともありました。（中には今年は賃上げがないということではないかと、真剣に心配していた人もいました）
管理職の手元には説明用のマニュアルがあって、ＯＨＰによる説明では、イットリウムの製造工程やＡＲＥ側が測定した周辺の放射線値（工場からの距離を横軸にとったグラフ）など、なかなかのものでした。
私は、平然とした顔で聞いていましたが、それでも『毎日新聞』の記事が映されたときには、さすがに驚きました。「指名手配中の凶悪犯」みたいな私の顔写真がアップで映り、新聞記事のあちこちに赤の傍線が引かれてありました。

三〇分ほどの説明の要旨は、
○放射性物質の不法投棄の事実はなく、ブキメラ村の放射線汚染は認められない。
○従って、放射線による障害が起こるとは全く考えられない。
○これまでの報道記事の中には、現地の一部住民側からの一方的な主張や客観性や科学性に欠けた情報をもとにした間違った報道が少なからず見受けられる。
ということでした。

また、「裁判の判決もおりていないのにいろいろ言うのは問題だ。例えば殺人事件で裁判中に犯人扱いにすれば、人権問題だ」とも言いました。

『毎日新聞』で二回、『西日本新聞』でも報道されたので、ほとんどの人が知っていたと思いますが、説明が終わり、「質問はありませんか」に、みんなは黙っています。シーンとした雰囲気なんです。

私が手をあげると、管理職（課長）はびっくりしたように私を見ました。「うつむいたまま黙っている」私を予想していたのかも知れませんが、そのくらいのことでひるむ私ではありません。六年間も考え抜いて思いたったことですから、そう簡単に引き下がるわけにはいきません。

私は言いたいことは山ほどあったのですが、とりあえず三つの質問をしました。

ひとつは、マレーシアでの裁判で、放射能による環境汚染があったのかどうか、そして住民の健康被害に影響があるのかどうかについては、専門家の意見が真っ向から対立していて、会社の説明はその一方の意見に過ぎないのではありませんか。

もし、専門家同士の公開討論会を私たちが用意したら、三菱化成はARE側証人を出席させますか。

ふたつめは、ARE側証人の重信多三夫さんは、操業開始から現地にいたわけでなく、裁判の始まる半年前にマレーシアに赴任してきた人と聞いています。いま問題になっているのは、操業開始の時の野ざらし投棄をめぐるところで、その時に三菱化成から出向していたはずの工場責任者は誰ですか。その人はいまどこにいるのですか。何故その人が証人に出なかったのですか。その人が証言すれば、説得力があると思いますが。

みっつめは、今日の説明会は会社の言い分を一方的に説明していて、聞いた人が公平な判断をすることはできないのではないですか。

私がテレビで放映されたもののビデオを持っているので、昼休みにでもみんなに見せたらどうですか。

管理職は、「そんなこと（ビデオを見せること）はできない」とボソボソといって、それでおしまい。

全職場で説明会をすると聞いていますので、三菱化成は一万部以上の説明資料を従業員に配布したことになります。

マレーシア・キャンペーンを報道した新聞社には抗議文を出して、文書で回答を求めたそうです。共同通信の配信でかなりの地方紙が取り上げていますので、その全部に抗議文を送るのでしょうねえ。

三菱化成が動きだしたので、ますます元気になると同時にほっとしています。

新聞報道されても職場で話題にのぼることはありませんでしたので、どこまで周りの人が知っているのか分かりませんでした。会社の説明で全部の人が知ることになり、私としてはすっきりしました。

親しくしている職場の友人からは、「あんたみたいな常識のある人が、なんで自分の働いている会社が不利になることをするんね」と言われ、「常識があるからするんよ」と答えると、「親が嘆く」と追い打ちがきます。

またある友人からは、「あの人はあれ（トラブルを起こすこと）が生きがいなんやから」と言われました。「冗談やない、誰が好きこのんでトラブルを起こしますか。トラブルの原因になるようなことを三菱化成がやったからじゃないですか」と、わめきたくなります。

説明会から一ケ月になろうとしています。驚いたことに、というよりもたいへん嬉しいのは一緒に働いている人の態度が全然変わらないことです。（大企業では管理職とやり合う前に、会社大事と立ちふさがる従業員との葛藤に消耗する事情がわかってもらえるでしょうか）

「社長も知ってる村田和子さん」と、職場で冗談を言ったりしています。

これから何があるか分かりませんが、ブキメラ村の人たちとようやく向き合うことができたと思います。

マレーシア・キャンペーンを何が何でも成功させて、次のステップにしたいと考えています。

また心やさしい松下センセは、「『草の根通信』の読者から反応がありましたか？」と心配して下さいます。有り難いことに二人の方から、お手紙とカンパをいただきました。どの方もそうでしょうが、関心を持って下さる方はまたカンパも多くて、ひとつひとつに関わっていたら大変です。私としては、これ以上公害輸出を許さない、また、起きている公害問題は早く止めさせたいと思います。

三菱化成社員

海外合弁企業の放射性廃棄物投棄

「公害輸出」と〝内部告発〟

各地で集会、抗議行動

村田和子さん

マレーシアのイポー市郊外で操業する三菱化成（本社・東京）の合弁企業エイシアン・レア・アース（ARE）社が、放射性トリウム廃棄物を野ざらし投棄、住民に深刻な健康被害が出ているとされる問題で、三菱化成の女性社員が公害輸出を〝内部告発〟、列島縦断キャンペーンに乗り出す。

この女性は同社黒崎工場勤務の村田和子さん(四四)＝福岡県水巻町。キャンペーンは四月二十五日－五月八日に行い、現地住民ら三人を招き、東京、大阪、岡山、北九州、水俣の五カ所で市民集会を開催、三菱化成本社への抗議行動もする。

ARE社はイポー市郊外で八二年に操業を開始。モナザイト鉱石から、半導体の材料などに欠かせない希土類を生産、この精製過程で放射性廃棄物が出る。

住民側は八五年、AREが廃棄物を工場周辺に投棄したため被害が出たとし、操業の停止を求めて提訴。地元医師は「操業後、周辺での妊婦の流・死産率は国内平均の五倍。白血病、ダウン症などの発症率も異常」などと証言した。裁判はすでに結審、今年中にも判決公判がある。

村田さんは黒崎工場に二十五年間勤務。市民グループ「アジア・女・北九州」の代表でもあり、昨年四月に現地を視察、白血病で死んだ子供たちの親から「お金はいらない。操業を止めてほしい」と訴えられ、〝内部告発〟の意思を固めたという。「日本企業の公害輸出は後を絶たない。日本とアジアの関係を問い直したい」と話している。

大分県中津市の作家、松下竜一さんの話　一日も早くこの問題を解決し、被害者を救済することが日本人の責任。当の加害企業で働く一女性が立ち上がったことに救いを感じる。

三菱化成広報室の鶴谷緑平主席の話　何千人もの社員がいる中で、単に会社に打撃を与えたいと思う人間がいるのかも知れない。会社としては愉快ではないが……。

昨年11月、白血病で死亡した現地の少女。化学療法のため髪が抜けた＝昨年4月、村田さん写す

1991年2月13日朝刊で「『公害輸出』と内部告発」と報道した『毎日新聞』

キャンペーン始まる

四月に入ってからは、『ブキメラ村から』通信第2号の製作、北九州での集会準備と慌ただしい日が続きました。

一番心配していた年休も簡単にとれ、私は二四日の夜行で東京に行き、北九州まで一緒に行動することにしました。夜行列車の中で、マレーシアからのメンバーは無事着いただろうかとか、何も支障はないだろうかとか心配はつきません。

ブキメラ村の住民代表として来日されたのは、ペラ反放射能委員会の委員長ヒュー・ユンタ（丘運達）さんと事務局長のパン・クイユー（彭貴友）さんでした。お二人には昨年私たちがブキメラ村に行ったとき、大変お世話になりました。もう一人のペナン消費者協会のバランさんは初対面でした。

一一時から記者会見で、一二時から東京の支援グループが三菱化成本社前で抗議行動をしてビラをまく。マレーシアの人たちは午後一時に三菱化成本社へ行くという予定が伝えられました。三菱化成には事前にブキメラ村の住民に会うようにという申し入れをしていたのですが、「会えません」と電話で断ってきたそうです。

小雨が降る中、三菱化成本社に行きますと、ビルの中にはガードマン、社員がずらりと並び、会社側の緊張しているのが分かります。

三菱化成本社での交渉が実現

「化成が一〇人までと人数を制限して会うといっている」と聞き、驚きました。三菱化成は、今までブキメラ村からの人たちに会うことはありませんでした。ヒューさんが三菱化成本社へ行くのは今度で三度目ですが、これまではビルの中へ入ることもできなかったのです。

一時間半ほどの三菱化成との交渉でしたが、会社の態度は全然変わらず、「マレーシア政府に従って操業している。何故抗議に来るのか分からない」という、話にならないものでした。ただ、現地でのAREとの話し合いの場を設定することについては、三菱化成としても努力しますということでした。本社との話が初めて出来たということと、現地での交渉の場が持てるというのが、今回の成果だと言えます。

私はこの交渉には加わりませんでした。このマレーシア・キャンペーンについては、一二月一三日付けの『毎日新聞』で報道されたのですが、その時に三菱化成広報室（本社）鶴谷主席の話として、「何千人もの社員がいる中で、単に会社に打撃を与えたいと思う人

1991年４月25日、三菱化成本社で広報室鶴谷主席へ抗議。中央が村田和子

間がいるのかも知れない。……」が掲載されており、本社へ行ったときには、鶴谷主席のコメントに怒りを感じていましたので、本社へ行ったときには、鶴谷主席に面会を申し込んで抗議したいと思っていました。

鶴谷主席は別の応接室で報道関係者にARE問題の説明をするということがわかったので、私も報道関係者と一緒にその応接室に入ることにしました。

何人かの記者が鶴谷主席と名刺交換をしていましたので、部屋の入り口で何か言われたらその場で抗議しようと思っていました。ところが何も言われずに席に着くことができました。

鶴谷主席の最初の説明が「黒崎工場の社員がこのキャンペーンを一緒にやっているようですが、ARE工場のことを知っているわけではなく、私たちは個人として参加していると思っています（内部告発ではない）。マレーシアにも行かれたようですが、住民の話を聞いただけのようで、AREには何の連絡もなかった」と始まりました。私は当然の見解だと思って聞いていましたら、今度のマレーシア・キャンペーンに同行取材していたKBC九州朝日放送の記者が「村田さん、今の話に対してどうですか」と言ったものですから、私が居ることが分かってしまいました。

鶴谷主席は驚いたようですが、私は「あのコメントに対して怒っている。ただ単に会社に打撃を与えたいためにやっているのではない」ということを伝えました。自分の言いたいことを本人に直接伝えることができ、私としても目的は果たしたわけで本社に来たかいがありました。

この後すぐに国会議員会館に行き、この問題の説明をし協力をお願いするために、参議院、衆議院の二班に分かれ、何人かの議員にお願いに回ることになりました。

昼食をとる暇もなく、ようやく四時過ぎに議員会館で食事をしました。この後またすぐに文京区民会館での集会です。会場は雨が降っていたということもあり、少ない人数でしたが最初の集会という緊張感もありスタートとしてはよかったと思います。

ただ通訳がマレー語から英語、英語から日本語という二重通訳で時間がかかりました。司会者の機転で通訳を待つ間、これまでの経過などを説明したりして集会が散漫になりませんでした。また、マレーシアの人たちにとっては、前日に日本に着いて、ベッドに入ったのは午前一時過ぎだったので、たいへんなキャンペーン初日だったと思います。

二六日は午後一時から開かれる脱原発法制定全国集会でアピール（五分）するだけでした。

午前中通訳なしで、バランさん、パンさんと私と連れ合いの四人の英単語の羅列と筆談という珍妙な会話で、皇居見学に行きました。そばで聞いている人がいたら、笑いこけたでしょうが、私たちはたいへん真面目にお互いの意思の疎通に心がけたのでした。

夕食はパソコン通信の仲間の招待でてんぷらを食べました。マレーシア風の乾杯（ヤム・セーンといって、コップの中の飲物を飲み干す）も経験しました。昨日の慌ただしさからすれば、楽しい一日でした。

大阪・岡山へ

二七日は大阪へ移動しましたが、新幹線の指定席がとれていませんでしたので、私がホームで並びました。連休初日ということで、混雑するホームの取材で報道関係者がたくさん来ていました。いつもは連休に出かけるのを控える私には、ニュースでしか見ない風景の真ん中にいるという体験でした。

1991年４月、エイシアン・レア・アース社の公害輸出を問う大阪集会

大阪では打ち合わせ、記者会見、集会と忙しいスケジュールでしたが、マレーシアの人達には休憩用の部屋が準備されていて、「アジア・女・大阪実行委員会」の心遣いが感じられました。

集会は一〇〇人くらいの人数で会場いっぱいに椅子をいれ、熱気のある集まりでした。通訳は北京語と英語の通訳二人が、集会での発言など日本人が話していることも三人にひっきりなしに通訳し、マレーシアの人達も集会にとけこんでとってもよい雰囲気でした。

二八日は、午前中に「シャボン玉フォーラム」（全国協同石けん運動連絡会主催）に参加し、その後岡山に移動して午後の集会というスケジュールでした。

岡山集会ではマレー語、英語、日本語という二重通訳でしたが、通訳のMさんは、打ち合わせのために二七日の大阪集会に参加されるという念の入れようで、通訳の仕事のたいへんさを知りました。

集会には倉敷からぜんそく患者（三菱化成も被告になっている公害裁判の原告）の人たちが喘息のひどい症状にもかかわらず二六名も参加され、日本の公害もまだまだ続いていることを改めて知らされました。

北九州での集会は大成功

二九日の北九州の集会は水巻町です。今度のキャンペーンについていろいろと力になってもらった松井やよりさんが忙しいスケジュールを調整して日帰りで東京からかけつけられました。北京語の出来る通訳（留学生）も確保でき、二重通訳にならずにすみました。

会場は私の家から五分ほどの近さにありますが、水巻でこのような硬い感じの集会が開かれるのは初めてだと思います。準備不十分ということもあって、どれだけの人が集まるのか不安でした。三菱化成の主力工場のある黒崎のすぐ近くで開く集会ですから、会社も注目しているだろうと思って気にしていたのですが、一三〇人の定席をほぼ埋めるほどの参加でほっとしました。

三〇日の夜は、北九州の市民運動体がよく利用する小倉北区のひびき荘での集会でした。七〇人ほどの参加でしたが、連休の合間にしてはよく集まったほうだと思います。

五月一日から五日までは水俣です。五月一日は水俣病公式確認三五周年の行事に参加、三日の夜に「ブキメラ村から」の報告集会が開かれました。ヒューさんたちは来日して過密スケジュールをこなし、ようやく水俣でゆっくり過ごすことができました。六日の福岡での集会も無事終わり、一行は八日、元気に帰国されました。

キャンペーンを終わって

いろいろと心配したキャンペーンでしたが、各地の実行委員の皆さんのご協力のおかげで無事に終わりました。全国的なキャンペーンは初めての経験で、当初に考えていた以上に大変でした。「今度のキャンペーンの獲得目標は何ですか?」と何回か聞かれました。「できるだけ多くの人にAREの問題を知っていただきたいと思っています」と答えるのですが、どうもそれだけでは不十分のようで、質問した人は納得していない表情です。それ以上の答え方がわからずに困ってしまいました。連れ合いは運動慣れ（?）していて、いろいろとアドバイスしてくれるのですが、私はどうも「運動」が苦手です。

予算的にもたくさんの賛同カンパを頂いたのですが、予算以上の出費がかさみ予算オーバーでした。

そして一番大変なのはこれから私たちが何をしていくかです。私個人としては、加害企業に勤める者として工場の中からこの問題を考えていきたいと思います。三菱化成の中では「会社にたてつくなどとんでもないことだ」と思っている人が大部分ですが、AREの問題について、会社の意見に疑問を持っている人も少なくないと思います。会社側の一方的な説明だけしか情報が入らない職場の人たちに、真実を知らせていく努力をこれからも続けるつもりでいます。

マレーシア現地では、ARE社との裁判が結審して公判待ちの状態です。公判の日時がきまったら、マレーシアへ飛んで、現地の人たちと一緒に判決を聞くことにしています。パスポートとへそくり（約二〇万円くらい）を用意して待つことになりますが、同行される方はいませんか。

『草の根通信』には二回載せて頂くつもりが、松下センセの配慮で四回も掲載することができました。まずい文章を読んで下さった読者の皆様に感謝いたします。有難うございました。

参考文献

○『市川定夫教授の講演記録』埼玉大学経済短期大学部自治会主催の講演会（九〇年一一月三日）

○『マレーシアARE事件調査報告』マレーシアARE事件調査団発行

○『ARE社の放射性廃棄物投棄問題報告』鈴木真奈美進出企業を考える会発行

（『草の根通信』一九九一年三月〜六月、第220号より223号まで四回連載）

日本の公害輸出に警鐘

──マレーシアで判決を聞く

突然に判決公判の知らせ

（一九九二年・編注）七月七日、職場で「今日は七夕やね」などと話をしながら、心の中では「七夕とか祇園とかここ何年か季節の行事とはまったく無関係な生活だな」と少し淋しく思っていました。その日も帰宅後すぐに郵便物二〇〇通を発送する作業があり、連れ合いと二人で折尾（北九州市八幡西区）郵便局に行きました。

九二年、三菱化成の公害輸出、マレーシア・ブキメラ村キャンペーンが無事終わり、パンさん（ペラ反放射能委員会・事務局長）が帰国したのが六月七日（日）でした。一ケ月後ようやくキャンペーンを受け入れて、協力してくれた各地実行委員会の人達やカンパを下さった方々へのお礼と報告の通信を出したのです。

ここ何カ月かの慌ただしい状態からやっと一息ついて、二人ともほっとしていました。連れ合いが「そう言えばボーナスもらって、何もしとらんね」と言い、「じゃ、食事をして帰ろう」と奮発して、彼はビールを飲んでリラックスして帰りました。

帰宅して間もなく、谷さん（アジアと水俣を結ぶ会）から電話があり、「パンさんからファックスが届いた？」「いや」「判決が一一日に出るという連絡があったよ」『エーッ！』『谷さん行けますか』『いや予定があって行けそうにない』『じゃこれから（各地に）連絡しますから』と電話を切って、それからが大変でした。

その直後にパンさんからファックスが入り、その後に電話がかかってきました。「ムラタサン、ハウ、メニー、ピィプル？」、乏しい単語で何とか応対し、「バーイ」と電話を切ったまではよかったのですが、何人行けることやら、パンさんやヒューさん（ペラ反放射能委員会委員長）、ブキメラの人達と一緒に判決を聞くために少なくてもいいから何人か行ける人がいるといいけどと思いました。

連れ合いはあちこちに電話をかけ、判決の日程を知らせて「和子は行けそうにないが私は行きます」と言っている。それを横に座り込んで聞いていたら、だんだん腹が立ってきました。

都合の悪いときにちょうど重なってしまってと、誰を恨むわけにもいきませんが、職場の同僚が北海道に旅行に行くということで、一ケ月以上前から九日から一三日まで休暇を取ることに決まっていました。彼女の代務を私がすることに決まっていて、日頃から休暇が重ならないように調整しています。

そんな訳で、休暇を申請しても断られるのは仕方のないことですが、何とか方法はないかと策略をめぐらせました。ここは正攻法でいくしかない、はっきりとマレーシアへ判決を聞きに行くということで、休暇を申請することにしました。そのためにここ数年したこともない残業もして、仕事を片付けました。

休暇も、驚くほど簡単に職制のＯＫが出て、拍子抜けしました。

マレーシアへ

一〇日午後五時三〇分、谷さん、福崎さん（広島県上下町《じょうげ》・町会議員）、村田久、私の四人を乗せたマレーシア航空の飛行機は無事飛び立ちました。

二三時（現地時間・時差一時間）にクアラルンプール・スパン国際空港に到着し、すぐそばのエア・ポート・ホテルにチェック・インしました。

一息ついた後ホテル内のレストランで、ビールを飲みながら明日の打ち合わせをしました（ここのホテルは高いので、本当にビールだけ）。

「明日の判決はどうやろか」「さあ、現地では判決の後どんな予定をたてているのか、全然聞いていないので分らない」「集会でスピーチを頼まれたらどうしようか」「勝ったときはいいけど、負けたときはうかつなことは言えんよ」「政府を批判してもいけないし、裁判所を批判したりしたら現地の人達に迷惑をかけることになるから」「負けたときは、残念でしただけにしとこう」ということになり、私がしゃべることになりました。

連れ合いをはじめみんなは、我々は付き添いやからなどと、気楽なことを言っています。また、現地の人達は中国語（またはマレー語）ですから、そういう意味ではきちんと通訳できる人がいないので、むずかしいことは言えない、こちらの真意が正確に伝わらないと困るので簡単な挨拶にしようということになりました。

谷さんは自分が通訳しないといけないかもしれないし、その時の雰囲気でとんでもないことをしゃべると困るので、原稿を書いておいた方がよいとアドバイスしてくれました。明日は、七時一〇分の離陸ですから六時にホテルをチェック・アウトすることにして、午前二時に寝ました。

しかし、明日の判決のことを考えると、なかなか眠れませんでした。

イポー市で

七時四〇分にイポー空港に到着、空港には周さん夫妻（ペラ反放射能委員会・イポー市役所勤務）、パンさんの息子さん（二一歳）達が出迎えてくれ、日本から日弁連の小島弁護士他二名の弁護士さんが一緒の飛行機でしたので、三台の車に分乗してイポー高等裁判所に向いました。

裁判所のすぐ近くのイポー・クラブというところに案内されました。そこにはすでにミナチ、ニジャ両弁護士、Dr.ジャヤバラン、パンさんたちPARC（ペラ反放射能委員会）のメンバーが打ち合わせのため、集まっていました。

少し休憩した後、裁判所に様子を見に行きましたら、九時少し前でしたがすでに一〇〇名くらいの人々が集まっていました。集まっていた人達が一斉に拍手をして私達四人を迎えてくれました。

その後、いったんイポー・クラブに戻り待っていると、一〇時三〇分から判決公判が開かれるということで一〇時過ぎに裁判所に行きました。

その時はもうたくさんの人々が裁判所のまわりをとり囲み、弁護士たちを熱狂的に迎えました。法廷は二階で、私たちは法廷には入れないと思い、階段を昇っていく人達を見上げていました。階段の途中に鉄の扉があり、裁判所の警備員がもうこれ以上は入ってはいけないと制止しているにもかかわらず、警備員を押し退けて次々に入っていきます。

谷さんが入っていくのが見えたので、ただ一人言葉の分かる谷さんが入れてよかったと思っていると、パンさんがついて来いと言います。パンさんの後をついて行くと、警備員に「フロム・ジャパン」と言って、扉の内側に私と連れ合いを押し込んでくれました。階段を上っていき法廷にすっと入ってしまいました。私たちみたいなのが入っていいのかなと思いましたが、せっかくのチャンスだからマレーシアの裁判を経験させてもらおうと、空いていた長椅子に腰掛けました。

ちょうど裁判長の横顔を見る位置で、こんなところにいていいのかなと思いましたが、そこは記者席（机がありました）のようで、私の横には新明新聞（現地の中国語の新聞）の男女二名の記者がいました。前には小島弁護士（日弁連）がいて、その隣には日本人の新聞記者がいました。

判　決

一〇時三〇分きっかりにテレビで見たままの掛け声（？）「ハローン」（と私には聞こえました）という声と同時にみんな立ち上って座ります。

いよいよと緊張しましたが、裁判長は英語で判決文をえんえんと読み続け、何時終るともしれません。二〇分くらいで終ると聞いていましたので、一体どうなっているのかなと見渡しますと、弁護士、傍聴席の人達（英語ですからよく分らない人もいるはずです）は裁判長の方を向いて一生懸命聞いています。

私は言葉は分らないし、朝からほとんど食べていなくてお腹はすくし、冷房がききすぎていて上着を着ていても寒いし、体調は最悪の状態でした。ボーッとしていると、いきなりみんなが立ち上りました。時計を見るとちょうど一二時です。終ったにしてはなんかおかしいので聞くと、「休憩だ」ということです。とにかく外に出て椅子に腰掛けて休んでいました。連れ合いに、頭は痛いし寒いし、気分が悪いというと、法廷のすぐ外のソファで待っていればいいと言われ、そうすることにしました。

三〇分の休憩の後、再開されました。私のまわりでは、新聞記者やカメラマンが立ったり座ったり、落ち着かない様子で公判が終るのを待っています。私は居眠りしながら待っていましたが、こんな時にだらしないと、我が身のふがいなさにあきれていました。

かれこれ二時を過ぎているというのに、「まだ終わらないなあ」と見ていると、まわりがざわしてきて、ライトを照らしたりしています。いよいよ終りかなと思っていたら、村田が出て来て「勝ったよ、操業停止」といいました。私は一瞬我が耳を疑い、「本当？」と言いましたが、それから言葉が出ませんでした。まるで夢を見ているようで、「はやく（皆の待っている下へ）行こう」と促され、階段を降りていきました。

たくさんの人が階段の下に集まっていて歓声を挙げています。ヒューさんがすぐ前を降りていきます。降りたところで、ヒューさんを人々がとり囲みカメラが回っています。ヒューさんが目頭を押さえているのを見て、初めて「勝ったんだ」という実感がわいてきました。ブキメラの人々のガンバリを思って、本当によかったと嬉しさがこみあげてきて、涙が出ました。

ブキメラの女性たちは元気がよくて、つぎつぎにPARCのメンバーを抱え挙げて、喜びを全身で表しています。私たちも抱え挙げられ、みんなと一緒に歓声を挙げました。

裁判所をとり囲んだ人々は四〇〇〇人（パンさんたちによると）ということです。新聞の報道では二〇〇

1992年７月11日、勝利判決に歓喜し村田和子を抱き上げるブキメラの人々

〇人から五〇〇〇人まであり、はっきりとは分りませんが、それにしても大変な人数です。

警備にあたっていた警察官が私と目が合うと、にっこり笑いました。気のせいか警備員もにこやかな表情をしていました。夜にブキメラ村で集会があるということで、食事をしてヒューさんの妹さんの家で休むことにしました。朝五時三〇分から起きたため、本当に疲れてしまいました。

七時にパンさんが迎えに来て、食事をして会場に行きました。たくさんの人達に拍手で迎えられて壇上に上がりましたが、照れくさくて困りました。

集会は弁護士、ヒューさん、小島弁護士と、喜びのアピールがあり、私も次のように挨拶をしました。

「私は三菱化成で二七年間働いています。三菱化成の合弁会社ARE社の公害問題を知って、日本人としてまた三菱化成の社員として恥かしく思っていました。日本でもARE社の問題に、たくさんの人が関心をもっています。今日判決が出るという連絡をもらって、是非ブキメラの皆さんと一緒に判決を聞きたいとイポーに来ました。判決を聞いてとても嬉しく思いました。これからもAREの問題には関心をもって、また三菱化成が二度とこのような問題を起こさないように、日本で活動していきます」

集会のあとレストランでお祝いをし、長い一日が終りました。現地の新聞をたくさん買って持って帰ることにしました。連れ合いは一〇〇部もお土産に持って帰ると言い出し、もう少しで私と言い争いになるところでした。

翌日六時にパンさんに迎えに来てもらって、イポー空港まで送ってもらいました。空港では朝早いにもかかわらず、周さん夫妻も見送りに来てくれました。

本当に忙しい二日間でした。

日本に帰ってきて

ブキメラで喜びの中にも、本当に喜べない気持がありましたが、それは帰ってきて、さっそく現実のものとなりました。

一三日(月)、職場単位でARE社の裁判の判決に対する、副社長のコメントを管理職が伝えました。そして早い時期に上告する考えである、と付け加えました。

落ち込んでばかりいられないのですが、直接また電話で「おめでとう」と言われるたびに、素直に「ありがとう」と答えられません。

この間、各地でAREの問題に関わってきたグループまたは個人で、三菱化成本社に電話やはがきなどで抗議をしています。

現地では、何とか三菱化成が上告しないように自分たちで出来ることはないかと、行動することを考えています。私たちもブキメラ村からのネットワークで、現地の人達と一緒に活動していきたいと思います。

現地の新聞の判決報道

七年の訴訟は無駄ではなかった。ブキメラ村の住民は今日(一一日)の午後、イポー高等裁判所の外で歓声を挙げた。ARE社の操業停止と放射性廃棄物を撤去する判決に、高裁の外でお祝いをした。

最高裁の長官白瑞真がイポーの第二法廷内で、二時間以上の判決文を言い渡した。

原告の弁護士二人(ニジャとミナチ)は喜んで、法廷内でも法廷の外で待っている住民も、大きな拍手をした。

白瑞真は五つの項目を指示しました。

①被告側は、ブキメラ・ナチロの工場団地内での

操業と廃棄物の貯蔵を禁止する。

②被告側は他人に頼んで工場の操業を続けることも禁止する。あるいは工場内で放射性廃棄物を貯蔵することも禁止する。なぜかというと、操業によって、放射線を含んだ気体と放射線が住民の住んでいる地域を汚染するからである。

③被告側はさっそく必ず工場内の有毒な放射性廃棄物をマレーシアの原子力の規定に従って、ペラ州のケラダン・ヒルの永久貯蔵所に移しなさい。

④廃棄物を永久貯蔵所に一四日以内に全部を移さなければならない。

⑤被告側はすべての訴訟費用を支払わなければならない。

判決文は七〇頁におよぶもので、翻訳に時間がかかります。翻訳が終りましたら、詳しく報告したいと思います。新聞報道で判決を知った方は、操業停止を命じていながら、損害賠償を認めなかったということで不思議に思っておられる方もいると思います。

この裁判はあくまでも操業停止と廃棄物の処理が目的です。マレーシアではまず操業停止を勝ちとって、次に損害賠償の裁判を起こすと聞いています。このため裁判の原告には（八人で二人すでに亡くなりました）、亡くなったラム・ライ・クアンちゃんやその他の健康被害を受けた子供達や家族は入っていません。

また、二〇日にヒューさんと原告のラオさんが来日し、三菱化成本社要請行動、環境庁記者クラブでの記者会見、二一日は集会「三菱化成は判決に従え！」を東京の支援団体が企画して開きます。

私たちも、三菱化成が判決に従って、ブキメラの人々が安心して生活できるようになるまで、微力ながら、頑張っていきたいと思います。

御支援をお願いしたいと思います。

（『草の根通信』第２３７号、一九九二年八月五日）

ブキメラ村、その後

ＡＲＥ社は上告

三菱化成の合弁会社ＡＲＥ社（マレーシア・イポー市）の操業永久停止（撤収）を求めたブキメラ村住民

の裁判は一九九二年七月にイポー高裁（マレーシアでは、外資系企業を相手にした裁判は地裁をとびこえて最初から高裁で行なわれます）で、住民側の主張を全面的に認めた判決を獲得することができました。

　マレーシアでは日本と違って、判決が出た時点で確定するので、上級裁判所による処分停止の決定がないと操業を停止しなければなりません。ARE社はすぐに最高裁にイポー高裁判決の執行停止を申し立て、最高裁はこれを認めました。また、ARE社は上告したので、最高裁（クアラルンプール）で審理が行なわれることになりました。

1992年７月、三菱化成本社前での抗議行動

　最高裁が高裁判決の執行停止を認めたことから最高裁では住民側に不利な判決がそれも九二年度中に出るのではないかと予想されていました。

　そのことはARE社が最高裁の操業再開許可にも関わらずに操業を再開せずにまた従業員を解雇せずに給料を支払っていることからも、最高裁判決が早く出るのではないかという裏付けにもなっていました。

　ところが九二年までに公判が開かれず九三年になってからも三月、六月と日程が決まったことがあったのですが、理由がはっきりしないままに延期されてきました。その最高裁公判が年末も押し迫った一二月一六日に開かれました。私は年末にブキメラ村を訪れることにしていたので予定を一週間早めてマレーシアに行くことにしました。

　マレーシア最高裁判決は一週間後の二三日（一九九三年一二月・編注）に言い渡されました。判決は日本の新聞でも大きく取り上げられたので知っている方も多いと思いますが、住民側の逆転敗訴となりました。

　私は最高裁判決公判を傍聴するため、一二月一五日から二三日までマレーシアに滞在しましたので、最高裁公判のもようを中心に報告します。

最高裁判所で

一六日の最高裁公判にはブキメラ周辺の住民が四一

台のバスでクアラルンプール（バスで四時間半）に行くというのは、日本を離れる前に知っていました。私の依頼でペラ反放射能行動委員会事務局長のパン（彭貴友）さんと電話で話をしたマレーシアからの留学生は、バス四一台と聞いて、何度も聞き返したそうです。そして、「そちらから何人来るか」と聞かれて、「二人」と答えるのに戸惑ったようです。住民の皆さんがこの裁判に示す関心の深さを改めて認識しました。

マレーシアに行くようになって、初めて連れ合いと二人だけで出かけることになり、無事最高裁判所に到着するだろうかと若干不安を抱いていました。ところが幸いなことに、英語の話せるNさん（福岡市在住）が一緒に行ってくれることになりホッとしました。

一六日午前八時に私たち三人が最高裁判所に着いたときは、最高裁判所と道路を隔てた公園にはたくさんの人たちが集まっていて、九二年のイポー高裁判決の時の雰囲気に包まれました。

ヒュー（丘運達・ペラ反放射能行動委員会委員長）さんやパンさんがどこにいるか分からず、まず彼らを捜すことから始めました。私のたどたどしい中国語では分かってもらえず、キョロキョロしていましたら、向こうの方から気がついてくれました。

挨拶をすませると、すぐに私たちの朝食の心配をしてくれ、飲み物などを渡されました。忙しいにもかかわらず、いつも気配りを忘れないのには感激します。

話を聞くと、予定通りブキメラ周辺から四一台のバスと多数の乗用車で約三〇〇〇人の人たちが集まっているということです。一五日の二三時頃から現地を出発し、最後のバスが出発したのは午前一時過ぎだったそうで、一六日午前五時には最高裁判所に到着していたというのです。公判は九時から始まりますが、みんな疲れた様子もなく三々五々話をしたりして待っています。東京からマレーシアARE事件弁護団の小島弁護士も駆けつけられており、マスコミ関係も各新聞社から取材に来ていました。

九時近くなって、片側三車線の道路をみんなが渡り始めました。信号もなにもないのに、どんどん渡って行くのには驚かされます。私たちも後について渡りましたが、これだけたくさんの人たちが渡り始めると車も止まらざるを得ません。「みんなで渡れば恐くない」の言葉を実感しました。最高裁判所の建物の回りに新聞紙を敷いて、座り込み準備完了です。イポー高裁判決の経験から四時間ほど待たなくてはならないと私も覚悟を決めました。

傍聴席は六〇席で、マスコミ関係者に傍聴し、報道してほしいという住民の希望が伝わってきましたので、私たちは法廷には入らないことにしました。みんなと一緒に行動することで、一体感を味わいたいと思いました（裁判は英語ですから、私が聞いても何も分かりません）。

結果的には公判は九時から一六時半過ぎまで開かれました。その間、人々は静かに待つだけです。長時間外で待つわけですから、私はトイレと昼食のことが心配でした。昼食はクアラルンプールのサポートの人たちが弁当とジュース（三〇〇〇食分）を用意してくれました。トイレは午前中は最高裁のトイレが使用できましたが、午後からは入れてくれませんでした。みんなはどうしたのかと今でも不思議に思っています。

この日は審理だけで判決は出ませんでした。日本の最高裁はほとんど口頭審理が開かれませんし、地裁や高裁でも七時間あまりの審理というのは聞いたことがありません。後学のために昼食休憩の後の審理を二時間あまり傍聴しましたが、弁護人の陳述に対して裁判官が質問だけでなく意見も述べているようで、雰囲気としては熱心に審理しているという印象を受けました。

私は今回でマレーシアの裁判は二回目の傍聴経験ですが、日本と大きな違いを感じたのは、集会と呼ばれるものがないことです。日本でしたら、裁判の前後に集会があり、アピールなど行われますが、マレーシアでは何もありません。これは行動が規制されていることもあると思いますが、誰も大声で指揮を取ったりしないのに整然とみんなが行動するのには驚きます。

法廷は二階だったので終わってから二階のテラスからみると、公判を傍聴せずに住民の世話に回っていたパンさんがハンドマイクでなにやらしゃべっています。おそらく公判は終わったが判決は出なかったということを伝えているようです。回りを囲んでいるのはブキメラ周辺各地の世話役の人たちだったと思いますが、まもなく住民は道路を横切って公園の方へ移動し始めているのが見えました。

チャーターしていたバスが次々とやってきてそのバスに住民が乗り込み、三〇分ほどで裁判所の回りはいつもの姿に戻りました。最高裁判所の回りにはゴミひとつ落ちていなくて、きれいになっていました。ゴミはみんな拾ってきれいに片づけ、トラックで運んだのです。先ほどまで三〇〇〇人もの人たちがいたとはとても思えません。

ブキメラ村で

私たちは公判を傍聴した後、ブキメラに滞在して医薬援助基金委員会の活動を聞いたり病気の子供たちを訪問することにしていました。しかし、判決の日程が決まらないのでスケジュールのたてようがなく、落ちつかない雰囲気の中で翌日の予定だけをたてるのが精いっぱいでした。日曜日だけは絶対に開かれないことははっきりしていますので、日曜日にヒューさんに子どもたちの家を案内していただき、医薬援助基金委員会メンバーとのミーティングをすることにしました。

翌一七日朝早く私たちが泊まっている民宿にパンさんから、「判決が出るかもしれないので、ヒューさんなど住民の代表がクアラルンプールに行くことになったが同行するか」という電話がありました。その車に便乗させてもらい、七人でブキメラを出発しました。公判前の二週間ほどは毎日のようにミーティングがあり、三日ほど前からほとんど寝ていないという話でしたが、クアラルンプールに向かう車中ではみんな元気で笑い声を交えてしゃべっています（広東語が日常語なので北京語をならい始めたばかりの私にはチンプンカンプンです）。その元気さにはびっくりしました。底抜けに明るいのです。クアラルンプールまであと一時間ほどというところで、電話連絡で判決が出ないことが分かり引き返しました。それでも不満らしい言葉は誰からも出ません。「判決は出ないので、引っ返す」と淡々としたものです。判決は年が明けて二月くらいではないかと、パンさんたちは話していました。

いよいよ帰国する二三日、最後の昼食をヒューさん、パンさんとすることになり、ヒューさんをレストランで待っていました。そこにヒューさんから電話があり、弁護士から判決が出るという連絡があったので自分は行けないというのです。判決言い渡しの二時間前に連絡があったということで、住民側弁護士の三人は誰も間に合わない、もちろん原告も間に合わないということで、びっくりしました。

パンさんは、その異様な連絡の仕方をみても、敗訴だと思うと言って、携帯電話で弁護士と連絡をとったり、あちこちに電話して、とても緊張していました。

一時間程して、「どうも負けたらしい、ニュースで流れた」と聞き、詳しいことは何も分からず、後ろ髪を引かれる思いでイポー市を離れました。

帰国して

マレーシアから帰国する寸前に風邪を引いて体調を壊してしまいました。住民側敗訴のショックもあって、コンディションが最低のまま二七日に出勤しました。職場では二四日に職制から説明があったそうです。「会社の主張が認められた」という簡単な説明だったということです。

住民側の敗訴ということで、私は上司からいろいろ言われるだろうと覚悟していたのですが、何も言われませんでした。やはり、不自然な判決の出され方と高裁判決が操業停止という画期的な判決だったこともあると思います。判決の詳しい内容は帰国してから日本の新聞で知ったのですが、マスコミの論調もどちらかといえば住民側に好意を持った取り扱いのようでした。

最高裁判決が出たことで、住民としては裁判による操業停止の運動は終わったとして、あとは直接三菱化成へ働きかける方法を考えたようで、日本に来て細川首相に会って要請したいという意向を示していました。東京の支援グループが、ARE問題議員懇談会に属している国会議員への働きかけと各地での集会を準備するなど、積極的な取り組みを始めました。

その矢先、一月一八日（一九九四年・編注）に三菱化成はマレーシアからの撤収とARE社の解散を発表しました。経済性が見込まれないというのが理由になっていますが、住民の根強い反対運動が撤収の大きな原因になっていると思います。日本では工場の操業停止や開発反対などの住民運動で、最後まで分裂せずに闘い続けた例はほとんどありません。ペラ反放射能行動委員会というのは、ブキメラ村を中心に周辺の七つの地区住民によって構成されているのですが、「ARE社の操業永久停止」をスローガンにしてまとまり、最後まで壊れることがありませんでした。

残されている白血病の子供たち

ARE社の解散で、工場は四ケ月ほどで更地（土地はマレーシア政府の所有と聞いています）になり、住民の一〇年以上の運動は実を結びました。しかし、これまでの操業による放射性廃棄物の保管・管理問題は未解決ですし、ARE社の操業が原因とみられる白血病の子供たちや障害を持った子供たちの問題が残されています。

ブキメラ村では五人の子供たちが医薬援助基金委員会からの援助（毎月日本円で約五〇〇〇円）を受けており、医薬援助基金委員会は昨年二月にブキメラ村に自前の診療所をオープンして、住民の健康調査や医療相談に応じています。

三菱化成はマレーシア最高裁判決を盾にしてこれらの問題を無視しようとするでしょうが、そのような企業姿勢を変えるのは世論の力だと思います。

三年前に何の力もないのに「天下の三菱化成」を相手に「三菱化成の公害輸出を問う」マレーシア・ブキメラキャンペーンを思い立ったのは、その世論を少しでも起こしていきたいという一念でした。その気持ちは今でも変わっていません。三菱化成に働き続ける者として、「三菱化成の企業姿勢」を少しでも変えるために努力したいと思っています。私個人としては、今からが闘いの始まりだと思い、気持ちを新たにしてこの問題に関わり続けていこうと思っています。

昨年二月に現地の医薬援助基金委員会に協力するために「ブキメラ医薬援助基金・日本」を発足させ、賛同カンパを訴えてきましたが、善意のカンパだけに頼るのは限界があると思って、マレーシアのTシャツと無農薬のコーヒー・紅茶・日本茶を販売することにしました。ご協力をお願いします。

（『草の根通信』第256号、一九九四年三月五日）

三菱化成の公害輸出を問う　村田　久

マレーシア北西部のペラ州イポー市郊外のブキメラ村のすぐ傍に工場を持つARE（エイシアン・レア・アース）社は、住友化学、昭和電工と並んで日本を代表する重化学企業である三菱化成（現三菱化学　以下、旧社名を使用）が実質的に支配している日系企業である。ARE社はモナザイト鉱石からイットリウムなど希土類金属を抽出して製品はすべて日本に輸出していた。

原料のモナザイトには、トリウム二三二という放射性物質が含まれていてイットリウム抽出の過程で濃縮される。ARE社は一九八二年に操業を開始して以来、社会問題化するまでの一年数ヶ月の間、この放射性物質を含んだ副産物を野ざらし投棄をするという、日本

来日時に左より村田久、バラン、ヒュー・ユンタ（丘運達）、パン・クイユー（彭貴友）、1991年４月24日

ではとても考えられないようなことをおこなっていた。

ブキメラ村はARE工場を中心に半径一キロの円内にあり、環境汚染をもろに受けた。ブキメラ村および周辺の住民はペラ反放射能行動委員会（PARC）を結成し、ARE社の操業停止を求めて抗議行動を展開し、八五年三月にイポー高等裁判所に提訴した。三菱化成はこの提訴によって海外に進出している数千の企業の中で、現地住民から裁判を起こされた第一号企業として歴史に名前を残した。

九二年七月、イポー高裁は住民側全面勝訴の判決を出したが、九三年（一二月・編注）最高裁判決で逆転敗訴となった。三菱化成は最高裁判決で操業再開の権利を取得したものの、九四年一月にARE社の解散とマレーシアからの撤退を表明した。工場はイポー高裁判決以来、操業を停止したままになっていて、住民は実質的に勝利を勝ちとった。

住民の実質的勝利

一九九二年七月、イポー高等裁判所を取り巻いていた三〇〇〇名にも及ぶブキメラ村周辺の住民に歓呼の声がわき起こった。住民側の全面的な勝訴判決が出された瞬間である。

三菱化成の実質的な子会社であるＡＲＥ社が操業開始時に放射性物質を含む廃棄物を工場周辺の池や空き地に野ざらし投棄をするという日本では到底考えられないような破廉恥なことを行い、周辺住民に深刻な健康被害をもたらした。ブキメラ村など周辺住民は「ペラ反放射能行動委員会（ＰＡＲＣ）」を発足させ、集会・デモなどが厳しく規制されているマレーシアで工場を包囲する抗議デモなどたびたびおこない、リーダーが逮捕拘留されるという弾圧にも屈せずに闘い続けた。

イポー高裁の判決内容は、操業を即時停止するだけでなく、「工場内の放射性廃棄物を二週間以内に永久貯蔵所に移すこと」を要求するもので、ＡＲＥ社、三菱化成ではまったく予想もしなかった厳しい内容だった。「勝訴するに違いない」と思いこんでいた三菱化成はこの判決連絡を勘違いして、報道陣の取材に対して「妥当な判決であって満足している」というコメントを発表するという醜態を演じた。

マレーシアでは、日本の司法と違って、控訴の有無に関わらずに判決は有効なので、ＡＲＥ工場は即時に操業停止をせざるを得なかった。一年半後の一九九三年一二月、最高裁の政治的判決で形の上では住民側の敗訴となって裁判闘争は終結した。しかし、ＡＲＥ社はイポー高裁判決直後に申し立てた操業再開が受理されて、操業再開が可能になっても操業を再開せず、最高裁で住民の訴えが退けられた一ヶ月後の九四年一月、工場の閉鎖とマレーシアからの撤退を発表した。そのことで、「ＡＲＥ工場の操業永久停止」を求めた住民の裁判闘争は実質勝利で幕を閉じた。


残された課題（その一）健康被害に苦しむ子どもたち

放射性廃棄物の野ざらし投棄による環境汚染の被害をもっとも受けたのは子ども達である。しかし、裁判ではその損害賠償請求はおこなわれていない。住民は「工場の操業永久停止閉鎖」一本に絞って公判に望み、放射性廃棄物による環境汚染に言及したものの個別の被害立証をおこなわなかった。それは健康被害を受けた子ども達の面倒は住民が見るという中国系住民の共同体意識によるものだったが、その事によって日本の公害裁判では避けることができない和解派と訴訟派との分裂などを起こすことなく、最後まで一つにまとまって闘えた要因になっている。

住民は「ブキメラ医薬援助基金委員会」を発足させ、子ども達の医薬援助活動をおこなうことにして、その活動は現在も続いている。

◆カストリ・チュラン

（先天性障害児　一九八八年一二月二七日生まれ）

頭部に欠損部があり、そのためか記憶力が弱いとお母さんは心配している。ときどき発熱・頭痛の症状があるが元気に通学している。

生まれた場所はARE工場の横を流れるセロカイ川の下流で飲料水も汚染されていた。

◆チャー・コーレオン

（先天性障害児　一九八三年四月七日生まれ）

お母さんのライ・カンさんがAREで働いていたときに胎内にいて、先天性の障害を持っている。かすかな視力が頼りのチャー・コーレオン。心臓にも欠陥があり、お母さんのライ・カンさんは介護に苦労している

コーレオンは来日したことがあり、三菱化成本社に面会を求めたものの拒絶されて、本社前の路上でコーレオンを抱いたライ・カンさんの姿は全国に放映されたことがある。

コーレオンは会うたびに大きくなり力も強くなっている。片方の眼がかすかに見える程度で言葉はしゃべれない。肢体も不自由である。

◆シン・コクチョン

（白血病　一九八六年四月一三日生まれ）

一九九一年二月に発症。当時は血液検査など治療に苦しんだが、現在は元気に学校に通っている。

◆チャン・ウーハオ

（白血病　一九八五年五月四日生まれ）

一九九三年に発症。イポー中央病院で三ヶ月に一回、クアラルンプールのマラヤ大学病院で半年に一回の検査を受けていて薬は飲んでいない。以前は激しい運動はできないので、見学していると言っていたが、いまはサッカーができるほどの元気。

ウーハオの妹は、ウーハオが白血病だとわかってから生まれた。白血病で将来は骨髄移植が必要かも知れないと思い、ウーハオの姉さんとは白血球の型が合わ

ないので、もう一人生むことにした、と両親が話してくれた。

◆チャン・ワイセン

（白血病　一九八四年五月二七日生まれ）

チャン・ワイセンの健康障害がもっとも重く、一〇歳から休学して自宅療養だったが、九八年夏に吐血して入院、その後退院して症状も落ち着いていたが、〇五年六月二六日、二一歳で肝臓病のために死亡した。

残された課題（その二）工場の解体作業

工場の敷地は、マレーシア政府から供与されたものなので、ARE社は更地にして返還する義務がある。ARE社は工場閉鎖を発表した九四年一月から建物の解体作業を始めたが、放射性物質が付着している反応層のある建物や放射性廃棄物を一時的に保管している暫定貯蔵所の解体に手を付けないままに時が流れた。

ARE社は精算業務に入っていて、日本人責任者が常駐していたが、ブキメラ住民への対応も対決路線から対話路線へと転換した。二〇〇〇年二月、私たちは日本人支援者として初めて工場敷地内に入り、責任者から解体作業計画の詳細を聞くことができた。

その時の話では、二次汚染を起こさないための作業計画書や永久貯蔵所での貯蔵計画は、マレーシア政府と州政府の認可を必要とするが、すでに工事計画書を提出しているので、近いうちに認可されるだろう、ということだった。認可された場合は、工事内容について住民説明会を開催する。その説明会には私たちの同席も認める、ということだった。

認可が下りたのは、それから三年半後だった。遅れた原因は、州知事が替わったこと、工事を担当する米国の会社が別の会社に吸収合併されたことによるもので、住民（代表）への説明会は、〇三年八月に私たちも同席しておこなわれた。三年半前に説明した日本人責任者は定年退職。交替の責任者は四〇代で、解体工事計画について次のような説明を受けた。

一　解体作業に従事する労働者の教育

二　作業服などに付着する放射性物質の工場外への持ち出し禁止（更衣室等の管理）

三　排水処理タンクの設置

四　汚染地域と非汚染地域の区分（すでにフェンスが設置されている）

五　永久貯蔵所については、排水による汚染を監視するため、排水サンプリング場所（二五ヶ所）が設置され、分析が行われている。

放射性物質が付着している装置や暫定貯蔵所は散水をしながらの作業で、労働者も作業所に入る前後はシャワールームを通る仕組みになっているという。その汚水をきれいなものにするために装置も新しく建設するのだという。

説明を聞く限り、解体作業は慎重におこなわれるようだが、本当にその通りに行われるか疑問である。これからも定期的に会議をもち、監視していく必要がある。

「解体工事期間は四年間で、その後二年間の観察期間のあと、永久貯蔵所の管理を州政府に委ねる」

ということなので、AREがブキメラ村から完全に姿を消すのは、二〇一〇年になる。

ブキメラ住民との出会いと交流の経過

三菱化成黒崎工場（北九州）で働いていた私と和子が三菱化成の子会社であるARE社がマレーシアで起こしていた公害問題を友人から聞いたのは一九八五年春、ブキメラ住民が「工場の操業の永久停止」を求めて提訴した直後だった。その頃の私は在日韓国・朝鮮人の指紋押捺制度撤廃運動にのめり込んでいて動きがとれなかったし、和子はあれこれの課題に手を出すノーテンキな私の裏方としての日常生活に疲れ果てていて、「もう運動はコリゴリ」という状態だった。

一九八八年秋、米子で開かれた地域シンポには、「大山に登るだけで、シンポには参加しない」という条件で、部屋も別室をとっていた。そのような和子を夜の分科会へ強引（?）に誘ったのは、大橋成子さん（当時、アジア太平洋資料センター「パルク」事務局。現在フィリピン在住）である。翌朝、和子は「私はパルクの賛助会員になる」と言って私を驚かせた。「賛助会員でなくて普通会員でよい」と言ったのを憶えている。

和子は「ARE問題」に取り組むことを決意して、まず自分の眼で現地のもようを確かめたいと思い、ブキメラ行きをめざした。「ピープルズプラン21世紀」の運動は、八八年から本格的な準備作業に入ったが、和子は東京での集まりにも積極的に参加し、松井やよりさん（故人）と出会う。ARE問題を最も早く報道したのは、その当時『朝日新聞』記者としてシンガポールに駐在していた松井やよりさんだった。

九〇年三月、北九州で「松井やより講演会」を実現させた。和子が舞台裏から舞台に登場した最初のイベントである。その実行委員会は「アジア・女・北九州」と名前を変えて、九〇年代の北九州市民運動に登場した。

九〇年五月、阪南中央病院の「ベトナム枯れ葉剤被害調査団」に同行する機会を得た和子は、念願のブキメラ訪問を果たし、被害を受けた子ども達と出会い、「核のゴミは要らない。日本に持って帰ってくれ」という住民の言葉に衝撃を受けた。

職場の同僚たちがブキメラで起こっていることについてまったく知らない（知らされていない）ことに気がついた和子は、「まず、ブキメラで何が起こっているのか、知らせる必要がある」と考え、ブキメラ住民を招請したキャンペーン活動を思い立った。

「三菱化成の公害輸出を問う　ブキメラ村から」と名付けられたキャンペーンは、当初は九州各地を回る計画だったが、九〇年、日本列島を縦断した「PP21」運動の中で、呼びかけ団体は「アジア・女・北九州」、「PP21世話人会」など七団体。賛同者は一二三人。キャンペーン受け入れは、東京・大阪・岡山・水巻・北九州・福岡・水俣の七ヶ所と大きく膨らんだ。

マスコミも深い関心を示した。『毎日新聞』は「ひろびろ福岡」でほぼ全ページを割いてキャンペーンを紹介した。「新局面迎えたARE公害輸出」「親会社・三菱化成の社員が告発キャンペーン実施へ」という見出しの署名入り記事は、何よりも三菱化成当局に衝撃を与えた。私は一九年前に黒崎工場で起こった労災事故を巡って大げんか。労務管理に絶大な自信を持っていた三菱化成の向こうずねを蹴ったことがある。だから私が言い出したとしても会社はそんなに驚かなかったに違いない。私のハネアガリのせいで和子は職場のイジメに遭いながらも、黙々と働き続けたし、いわゆる「運動」めいた言動もなかった。

三菱化成は『毎日新聞』で報道された一ヶ月半後に全社員（本社・研究所・各地の工場）で職場単位の説明会を開いた。和子の職場でも開かれた。A4判五頁の資料が全員に配布され、管理職が手元の説明用マニュアルを見ながらOHPによる説明をおこなった。

キャンペーンの初日、私たちはブキメラ住民と一緒に丸の内の三菱化成本社を訪れた。「住民とだけなら

ブキメラ村との交流経過

1982年	ＡＲＥ（エイシアン・レア・アース社、三菱化成の子会社）マレーシア・ブキメラにて操業開始。
1990年４月	第１回ブキメラ村訪問（村田和子）。
1991年４月	第１回ブキメラキャンペーン（東京～水俣７ヶ所）。
1991年12月	第２回ブキメラ村訪問（参加者７名）。
1992年５月	第２回ブキメラキャンペーン（大阪～四国・北九州11ヶ所）医薬援助カンパ、５万円）。
1992年７月	第３回ブキメラ村訪問(参加者４名)。イポー高裁判決公判。住民勝訴。
８月	第４回ブキメラ村訪問（参加者７名）。
12月	第５回ブキメラ村訪問（参加者９名）。医薬援助カンパ30万円。
1993年12月	第６回ブキメラ村訪問（参加者３名）。クアラルンプール最高裁判決公判。逆転敗訴医薬援助カンパ90万円。
1994年１月	三菱化成、マレーシアからの撤退とＡＲＥの解散を表明。
1994年５月	第３回ブキメラキャンペーン（東京～水俣）。
1994年12月	第７回ブキメラ村訪問（参加者３名）医薬援助カンパ90万円。
1995年６月	第４回ブキメラキャンペーン（北九州・山口）。
1995年12月	第８回ブキメラ村訪問（参加者５名）医薬援助カンパ90万円。
1997年４月	第９回ブキメラ村訪問（以後通訳なしで村田和子・久の２名だけの訪問)。医薬援助カンパ90万円。
1998年11月	第10回ブキメラ村訪問　医薬援助カンパ50万円。
2000年２月	第11回ブキメラ村訪問　医薬援助カンパ50万円（北海道ブキメラ基金からのカンパ15万円を含む)。
2001年７月	第12回ブキメラ村訪問　医療援助カンパ65万円（北海道ブキメラ基金からのカンパ15万円を含む)。
2003年２月	第13回ブキメラ村訪問　医薬援助カンパ50万円。
2003年８月	第14回ブキメラ村訪問

会う」という三菱化成に対して、「報道陣への説明場所を設けよ」という要求、応接室で広報担当管理職と会うことができた。ブキメラ住民が本社を訪れるのは初めてではなく裁判を支援している日弁連の弁護士たちも訪れているが、いずれも会うことを拒否されている。三菱化成の頑なな傲慢な姿勢を変えさせたのは、企業内部からの批判の声を無視できなかったからではないか。

「ブキメラのことを多くの人に知ってもらいたい、とりわけ化成で働いている人たちに」という和子の思いから始まった一五日間にわたるキャンペーンは大成功に終わり、その中で来日したブキメラ住民との熱い連帯感が生まれた。

その後の交流経過は年表の通りだが、ブキメラ住民の日常語が中国語であることを知った和子は中国語の勉強を始め、当初はボランティア通訳を伴ってのブキメラ訪問も、今では通訳なしで訪問できるまでになっている。

ブキメラ一筋に生きている和子の眼に、今の日本はどのように映っているのだろうか。

（『田をつくる』第Ⅰ期第3号、二〇〇五年七月一〇日）

出過ぎる杭は打たれない

出過ぎる杭は打たれない
――公害輸出を告発した村田和子・久さん

もしも、自分の勤めている会社が、とんでもない環境破壊や人権侵害に手を染めていることがわかったら、あなたならどうしますか。黙ってうつむいて知らなかったふりをしていますか。それとも内部告発に踏みきりますか。あるいはそんな会社は飛び出して環境破壊をやめさせる市民運動を起こしますか。――これは、そんな難しい選択にあたって「内部告発」という茨の道を選んだ勇気あるお二人の物語です。

日本という島国では許されなくなった公害を発展途上国におしつける大企業。これは、いまも世界のあちこちで起こっている問題です。山口県立大学の「環境問題」の授業に、北九州の水巻町から駆けつけてくださった村田和子さん・久さんご夫妻の経験に耳を傾けてみましょう。

高校を出てすぐに会社に入る

――子ども時代のことからお話しいただけますか?

▽村田和子さん　私は、一九四六年に旧八幡市枝光(現在の北九州市八幡東区)で生まれました。九歳の時に心臓の持病で母がなくなるまでは、ちょっと気が強いだけの普通の子でした。

それから半年もしないうちに、父が再婚して、双方子連れの再婚で、四人の子どもがいました。その子どものことで両親がけんかするんです。また、きょうだいげんかをすると親が介入してくるので、それがいやでしたから、けんかの種になるようなことはしない、という「いい子」をしていました。姉は、かわいがられて育ったせいか、わがままだったので、新しい母とよく喧嘩をしました。それがいやでした。

こんな暮らしはいつまでも続くわけじゃない、いつかは親元を離れて自分が自由に生きられる時が来ると思い、それが夢でした。それで、今の子どもたち自由でいいなあと思ったこともありました。子どもがどんなに心を痛めているか、親は分からない。

長姉が就職した時、デパートに勤めたのに門限が七時なんですよ。遅くなったら、父が迎えに行っていたんです。中の姉は九時門限でした。遅れようものなら、ひどいんです。

私は高校を出てすぐ、三菱化成の黒崎工場(現在の三菱化学、黒崎事業所)に就職しました。父が勤めていた会社が三菱のグループ企業でしたから、父の上司の口利きでした。中の姉も同じ工場なのでちょっといやだったんですけれど、父の強い勧めには逆らえませんでした。

私は事務より分析を希望しました。それで配属された先は石炭コークスの分析という、粉塵が飛び交い有毒なガスが出る、かなり汚い仕事でした。退職する五年ぐらい前に、ゴムに混ぜたりプリンターのインクに使ったりするカーボンブラックの分析の持ち場にまわされるまで、ずっとそれをやりました。

▽村田久さん　工場から出るときは、風呂に入らなければいけないくらい汚れる仕事でした。

▽和子さん　女性のお風呂が付いているのは、コークス部だけでした。私の年代までは、風呂に入ってから帰るものでした。

事故で毒ガスのホスゲンや塩素ガスなんかが漏れたりするときは、私たちも避難で大変です。避難訓練だけはきちっとやります。ガスが漏れたという訓練の時は吹き流しで風向きをみて逃げる方向を決めるんです。私が入社する前後はけっこうそういう事故があったからです。

▽久さん　インドのボパールであったユニオンカーバイド社の農薬工場の事故の時、同じものを日本で作っていたのは、黒崎工場だけでした。東大の名物助手で、「公害原論」の講義で有名だった宇井純さんが調べに来られた時、私が案内したら、宇井さんを運転手と間違えて守衛が入れないというんです。宇井さんは誇り高い人ですから怒ってね……。

▽和子さん　平凡な職場生活を送っていたんですけれど、入社したときに、上司や女性の先輩から「危険な人物が職場にいるから、誘われてもついていかないように」とそれとなく言われました。それが、その後私が結婚することになる村田久だったんです。危ない人がいるといわれると、私は逆に面白そうと思う年頃でした。

「危険な人物」への道

▽久さん　私は、遠賀郡香月町（現八幡西区）に生まれました。一九五〇年に中学を出てすぐ入社して、二年間養成所で工業高校程度のことを勉強して現場（コークス試験課）に配属されました。一九五五年に日経連主導の「生産性向上運動」が全国的におこなわれて、それで職場では仕事は増えるが人数は減るという状況が起こりました。ソ連の『経済学教科書』がベストセラーになった時代です。

私が社会運動に関心を持つようになったのは、この「生産性向上運動」の反対運動に関わるようになってからです。それ以来、会社からマークされるようになりました。会社としては「共産党」とか「アカ」とかいって、私を左翼反対派の組合員として早くから危険人物扱いしました。例えば、組合の代議員の選挙の時には、会社の押す職制候補に対抗してこちらから候補を出しました。五〇人のうちで二〇票とったのが最高でした。

▽和子さん　エックス線を活用して分析を合理化できないかという特別検討班ができて、七人が選ばれ、村

三菱化学黒崎工場実験室のパソコンに向かう村田久、1985年頃

田久さんは統計に強かったから、その中の一人に入っていたんです。分析の特殊任務として、私たちのところにX線分析装置が置かれました。女性が四人、そこへ七人の侍がきた。一年半ほど色々こき使われて仕事をするうちに、忘年会をしました。それから村田と親しくものを言うようになりました。そして帰りに送ってくれたり、色々なことに誘ってくれたりするようになりました。アメリカの原子力潜水艦エンタープライズが寄港するのに反対するグループや、作家の森崎和江さんが加わったグループにもさそわれました。

▽久さん　それは、歴史的には一九六七年の暮れでした。一九六八年の一月に佐世保にエンタープライズが来る、その抗議運動がおきていました。北九州にはその他に米軍の山田弾薬庫を撤去すべきだという目標で、北九州反戦青年委員会というのができた。その運動は一年でポシャルわけですが、一九六八年の暮れに九州工業大学でも学生運動が起こる。それを森崎和江さんが支援するんです。

　一九六九年に『沖縄列島』という映画を上映するようになるんです。三月から部屋を借りて秋の上映のために準備を始めました。一九七〇年には黒崎の街で手をつないで道いっぱいに広がるフランスデモをしました。

――ベトナム反戦運動を経て一九六八年にフランスの若者たちが起こした「五月革命」ともいわれた大きな動きの影響は世界に及んで学生運動のうねりや七〇年安保闘争につながっていきましたね。

▽久さん　和子は、その上映会の実行委員に入ったの

で、会社が尾行をつけるんです。
▽和子さん　ある時は電車の停留所でなんかおかしいなと思いました。見られているような気がしたんですが、まさか尾行されているとは思いませんでした。歩くような距離でないところを新日鐵の若い人とぷらぷらと二時間も歩いたときも、尾行してたんでしょう。ご苦労なことです。会社から家に知らせがきました。管理職が二人きて「おたくの娘さんはとても危険な人達とつきあっています。すぐ話し合って、結果を会社に知らせてください」という申し入れでした。
「ただいま」とドアを開けたとたんに父が、裸足で玄関のたたきに飛び出してきて、「おまえは大変なことになっちょる！」と私の手をとって泣かんばかりなんです。叩かれると思っていたのに、逆の出方をされてとまどいましたね。でも話しても無駄だということはわかっていましたから、翌朝、戸棚の中に置き手紙をして、着替えぐらいを余分にもって、うんと朝早く家を出ました。そして会社には出ましたが家には戻りませんでした。ころがりこんだのは、映画の上映会の準備のために借りてあった部屋でした。

仲間は「ここにずっとおられても困る」という当然の反応でしたが、しばらく静観しようということになったんです。父から会社に電話がかかってきて、泣き落としです。口出しをするな、ということで家に戻りました。二三歳でした。けれども、何ヶ月しかもちません。父は「食べるのも住むのも親がかりだから、偉そうにいうな」というんです。それなら出るしかないと決心して、部屋を探して出ました。部屋代は七〇〇〇円でした。初任給は一万六四五〇円でしたが、経済成長のまっただなかで、どんどん給料があがる時期で、それほど痛い出費ではなかったと思います。

家を出るとき、父は「あの子はいうこと聞かん」とあきらめてくれました。その点は感心しましたね。

会社では私を隔離するために、一七、八歳も年上の金属分析のおじさんと二人きりの部屋に移しました。私の実験器具やらを全部移すのは会社も大変だったでしょうけれど。この気むずかしいおじさんとのおつきあいもかなり大変でした。

――ところで、お二人がいっしょに生活されるようになったのは？
▽和子さん　彼が私のところに転がり込んできたんです。一九七一年の春だったと思います。

▽久さん　忘年会の帰りに出会って、喫茶店でプライベートな話をしたのがきっかけだったのです。彼女が「とてもそんな風なものについて行けない」という反応をしたので「ザイルの長さと強さ」という話をしたんです。長くて強いザイルでつながっておれば、姿が見えなくても大丈夫だといいました。

私は、労災問題でいろいろ活動して窓際族にされたわけですが、その後も、九州での北部九州労働者安全センターという名前の労災職業病のかけこみ寺をつくりました。それがきっかけで、カネミ油症、水俣病、豊前火力発電所等の公害反対運動とのつながりができてきました。

▽和子さん　この間、私はずっと裏方をやっていましたです。ガリ版の孔版切りや和文タイプを打ったりしたんです。そんななかで、マレーシアのブキメラの情報に出会ったのが、一九八五年。「アジアと水俣を結ぶ会」の運動をしていた谷洋一さんという人が、インドのボパールの事故の調査をし、帰りに北九州でその報告会をしたのに、私たち二人しか参加者がいなかったんです。その話の最後に、実は三菱化成もマレーシアのブキメラ村というところに、ＡＲＥ（エイシアン・レア・アース）という子会社を建てて、大変な公害輸出をしているというんです。聞いてびっくりです。現地では大騒ぎになっていたのですが、日本では、ほんとうに小さくしか報道されていなかったから知らなかったんです。

三菱化成がマレーシアでしたこと

それでは、ブキメラ村で何が起こったのかを、まず、一九八九年二月に放映されたＴＢＳの「三菱化成の公害輸出」で見ましょう。コンパクトによくまとまっていますので。

ＡＲＥ社は三菱化成が二八％出資して、一九八二年からマレーシアのイポー市のブキメラ村というところで操業を始めました。スズ鉱石にともなって出るモナザイトという鉱物から、希土類を取り出すという工場です。ところが、その生産にともなって、放射性物質のトリウムが出るんです。

住民たちに体の変調が出ていました。トリウムを測るのが難しいので、血液中の鉛の量を調べて、それでトリウムの量を推定すると、一般人の基準の一〇倍の量に達していました。操業を休んでいる時は、六〇人中四人だけが異常値を示すのに、フル操業の時には、四四人全員が異常に鉛が多かったのです。しかも、ＡＲＥ社に近いほど、異常が高い。妊婦一〇八人の中で一五人までが死産でした。五倍もの割合です。障害児も生まれ、村では例のないことでした。これまで一二人の子どもを産んで、何の異常もなかった人が、今回は異常が出て、妊娠中にＡＲＥ社で働いていたといいます。

住民は日系企業相手の訴訟にふみきり、日本人学者の助けを求めました。市川定夫さん（当時埼玉大学教授）が公開の現地調査を実施しました。工場から五〇〇メートル離れたところで、年間の被爆限度量の一〇〇ミリレム（＝一ミリシーベルト）を越え、それ以内のより近いところでは、二〇数倍もの放射線量だったのです。

放射性廃棄物が四年間も放置されたような状態で不法投棄されていました。道路や道ばたにもトリウムを含む残渣を捨てていたという証言があります。市川教授の調査では、そういう現場からは非常に高い線量が出ています。調査の時に「若い者は跳びされ！」と遠ざけさせたぐらいでした。

日本人の担当者は、匿名を条件に不法投棄そのものの事実を認めました。出入りの会社がやったことだ、というのです。運送業者がＡＲＥ社に出した請求書には、トリウムを池に捨てたという作業があります。運搬したトラックには、トリウムが付着していました。

ビデオの市川教授の発言に「トラックを見たときいやになりました。その上にプラスチックのバケツとスコップがあった。子どもたちがそこで遊んでいたんですよ。砂だと思って……。」という場面があります。

トリウムは、核燃料、核物質と日本の法律では定められ、環境に放出したら罰則は三年以下の懲役とされています。しかしブキメラ村ではトリウムを含むものを裏の小川に廃棄したり、廃液を流したりということをしてきました。川のすぐ傍に井戸を掘る住民、川の水を飲む牛たち、果樹にも川の水が取り込まれます。すると川べりの木の実からは、許容量の三〇倍もの鉛が検出されました。トリウムもこれに比例して多いと考えられます。

住民達の抗議行動が起こります。日本大使館への陳情や、裁判も起こしました。一九八八年には、日本人弁護士たちは、熱烈に歓迎されました。住民の三分の一にあたる三〇〇〇～四〇〇〇人がつめかけました。こうしてARE社は操業をはじめて実に七年目にトリウムの保管体制を整えました。

ARE社が扱っているモナザイトは、トリウムおよびウランを含有しているため充分注意して扱わなければならない、ということが、『レア・アース』という専門書に書かれていて、その執筆者の一人がARE社の取締役になっています。ですから、ARE社は危険を承知していたのです。

1992年6月3日、黒崎駅北口で三菱化成黒崎工場従業員へのビラまき。右端が村田久

一九八九年、ブキメラ住民を支援している日本の弁護士たちが三菱化成の東京本社を訪ねました。しかし、会社の幹部は会ってくれません。「人の命に係わるということを知っているか？」と尋ねても、帰れというだけです。不法投棄や貯蔵所がないまま操業をはじめたことについての説明はありませんでした。

八年目になっても、住民達の健康調査、被害調査はまだ一度も行われていません。何のための企業進出だったのか？

――ということろで、このビデオは終わります。

放置された村びとたち

▽和子さん　その後の現在までの経過です。トリウム二三二という物質が徐々に分解して半分の放射能に減る半減期は実に一四一億年です。四六億年という地球

の歴史から考えても気が遠くなるようなことです。アルファ線を出して、体に入るとガンなどを引きおこします。

三菱化成は日本国内では絶対にできないことを外国ではしてきたということです。一九六〇年代の後半、日本でも公害が大きな問題になり始めていました。水俣病、四日市ぜんそく、イタイイタイ病など……。公害対策をきちんとすると設備投資に莫大なお金がかかります。お金を節約するために、公害対策をしなくてもいいマレーシアに進出したんです。イポー市は、マレーシア第三の都市です。

さて一九九三年にマレーシアで最高裁判決が出るんですが、判決公判の時間が明らかにされず、二時間前に連絡がきました。これでは原告は誰も行けません。弁護士も間に合わない状態でした。原告敗訴です。そういう政治的な判決が出た一か月後、三菱化成はマレーシアからの撤退を発表しました。

その後十年間工場は解体されませんでした。危険だから解体の許可がおりないんです。二〇〇三年にようやく解体工事がはじまったところです。アメリカの原子炉などを解体する業者がやっています。

ところで、希土類金属は何に使われるか知っていますか。テレビのブラウン管の赤い発色や、カメラの自動焦点やウォークマンなどの原料となって、皆さんも毎日使っています。

知ってもすぐには動きだせなかった

▽久さん　実は、ブキメラ村のことを知った時、彼女はすぐには動かなかった。そのわけは、体調を壊していた。皮膚に吹き出物ができたり、精神的にも落ち込んでいたころでした。

▽和子さん　仕事はしていたけれど、今にして思えば軽い鬱状態でしたね。あまり市民グループの人達と接触したくない、という状態でした。

▽久さん　労災問題への取り組みの一三年間の疲れが出たんですね。そこで私がとった方法は、できるだけ山歩きに誘ったんです。それがリハビリになれば、と思ったんです。

▽和子さん　一時期、村田がかかわっている運動に接触しないうちに、村田の交友関係が名前もわからなくなっていたので、これではいかんと思って、少しずつ出るようになって、「じゃなかしゃばが欲しかよう

2000年２月に初めてエイシアン・レア・アース社内に入る

（今のようではない世の中が欲しい）」を旗印にしたＰＰ21（ピープルズプラン21世紀）の人達に出会いました。アジアでの人身売買とか児童買春とか衝撃的なことも初めて知りました。
▽久さん　このＰＰ21の実行委員会に出たのは、阿蘇の山歩きに引っかけてでした。そして、一九八八年の米子シンポ（地域シンポといって、花崎皐平さんが呼びかけて各地で十年間開催したもの）で大山に登ったときから、彼女が劇的に変わりました。夜の集会に引っ張り出され、その時原発問題が話題になっていました。四国の伊方原発の出力調整実験反対運動の九州のもりあがりについて話して欲しい、という女達の願いに彼女が答えて話した。その明くる日から「やります！」といって、彼女は変わりました。
▽和子さん　集まった人たちの雰囲気が良かったんですね。ＰＡＲＣ事務局長の大橋成子さんと埴野佳子さん（富山県出身。ＬＬサイズの包容力のある人でＬＬ会議というのをつくっていました）とか、いっぱい元気をもらったんです。これはうかうかしとられん、と思いましたね。

「出過ぎる杭」への風当たり

▽和子さん　さきほども言いましたように、私は、一九六五年に三菱化成（現在の三菱化学）に入社して、三三年七ヶ月、黒崎工場で分析の現場で働いてきました。入社して三年ほどして、運動（いまなら市民運動ということばがありますが、当時はありませんでした）に関わり出したら、会社から圧力がかかるんですよ。しかし圧力では止められないとわかると、職場では「隔離して管理する」というやり方で隔離されて扱われました。これには親との葛藤もありましたが、なんとか平和に暮らせるように落ち着いてきた矢先、自分が働いている会社が外国で公害問題を引き起こしているという、ARE社のこの問題を知ったんです。驚きました。でもこの時は体調が悪く、「冗談じゃないよ、とてもかかわれないわ」という感じでした。

それでも北九州の反公害運動にかかわるうち、四年かかって、ようやく重い腰を上げました。それからいよいよ動きだすまでにさらに一年間かかりました。はじめに考えたことは、ありきたりですけれどキャンペーンをしました。三菱化成が海外でこんなことをしているど、報道されていましたが大きなニュースにはならず、ほとんど知られていなかった。

会社と関係がない人たちのキャンペーンや抗議だったら会社は痛くもかゆくもない。でも私は社員です。東京本社にブキメラの人達と乗り込んで話をしました。その時の会社の対応は悪かったんですね。キャンペーンのことを知った会社は対策としてARE社の問題を全社員に説明することにしました。

会社内で説明が始まるということを、私は直前に把握しました。全社に先駆けて、まず私がいる黒崎工場から説明会があったんです。会場では新聞のコピーが映し出され、そこにいかにも悪者そうな私の写真。そして、いかに、会社が正しくて私たちの指摘が間違っているかを延々と述べました。

私は、何も言うまいかとも思ったのですが、用意していた三つの質問をしました。

一、両方の側の専門家によって、違う意見が出ているが、そういう討論の場をもうけたら、会社側の専門家を出しますか。

二、裁判で証人にたっている現地のゼネラルマネジャーは、裁判の半年前に交代しました。問題を起こした当時のマネジャーは現在どこで何をしているのですか。

三、ＴＢＳの報道番組のビデオをみんなで見たらどうですか。

予想もしていなかった質問に、管理職はしどろもどろです。まったく返事できません。

後日、その時説明した課長と宴会であったら、あのとき、自分は胸はばくばく、どうしようかと思ったというんです。

ある管理職が、「君はばかなことをした」というので、「あなたがあの子どもたちの親だったら？」と聞いたら、「自分なら爆弾をかかえて、工場につっこむ！」という正直な返事でした。自分のこととして感じられるかどうかが分かれ目になるんですね。

留学生たちにも知ってもらいたいという会で話をしたことがあります。マレーシアからのマレー系の学生が「発展のためには少々の犠牲は仕方がない」というのです。これには、ショックを受けました。自分の家族だったらどうするんでしょうか？　想像力が大切だなあ、と痛感しました。

私は会社の圧力とかに対して、かりかりして闘ってきたわけではありません。会社をやめようとも一度も思いませんでした。そして、どんな時でも仕事だけはきちんとやりました。そうすると、解雇する口実もないんです。他の従業員から隔離されることはあっても、出過ぎる杭は打たれないといいますか……。会社の中の人間関係で辛い場面があっても、ここまで続けてこれたのは、現地の人達と交流して、家族のように受け入れてもらって、元気づけに行ったはずの私たちが元気づけられる、ということがあったからなんです。ブキメラの人たちとのそういう人間的なかかわりのおかげですね。

ブキメラ村は中国系の人たちの村ですから中国語を挨拶だけでもと思って勉強を始めました。退職前の最後の年には、転進援助制度を活用して給料と半額のボーナスをもらえるという待遇で一年間休職し、そのうち五か月間を中国で暮らしました。おかげでそれ以後は、通訳なしで現地を訪れ、交流できるようになりました。

二〇〇三年の八月から九月に訪問してから現地へ行っていませんので、近いうちにまた行きたいと思っています。被害を受けた一番年下の子が成人する二〇〇八年までは見届けたいと考えています。

いつか流れは変わる

▽和子さん　本当に会社の利益をあげさせたいと思えば、最初のときにきちんとしておけばよかったわけです。今のマンションの鉄筋不足の問題でもそうです。費用をけちって偽装して、ばれてから壊すときにとんでもない大きなお金がかかるでしょう。

私が退職するときに、「あなたのブキメラ村への取り組みは社長表彰をもらってもいいというぐらいの貢献だ」と研究所の人が言ってくれました。もうひとつ、忘れられないのは、私のキャンペーンに対抗する会社での初めての説明会のあと、同僚の一人の若い女性が「私は、これまで通りですよ、何も変わりませんよ」と言ってくれて、涙が出るほどうれしかったことです。会社からの「つきあうな」という圧力に対して「家族みたいなものですよ！」と言い返してくれたんですから。

「いつか早晩流れは変わる。こんな不当なことが続くはずはない」と自分に言い聞かせながらやってきました。そうやってできるかぎり誠実に一生懸命生きてきました。だから、わたしの命が今日で絶えても満足して死んでいけると思っています。

▽久さん　七〇代に入って老いを痛感している毎日ですが、若い人達に言っておきたい事があります。どこかで決断を迫られることが一生のうちに何度かあると思います。好きな人ができたとか、これを選んだら「仲間はずれにされるのではないか」というような決断ですね。

その時に、あまり世間体だとかなんとかということにこだわらずに、自分の心の声に従ってください。それによって、人生は大きく変わると思います。逃げずに真剣に考えていただきたいと思います。人間は変わる。六〇歳になっても七〇歳になってもそれはある。当面の利害関係だけにとらわれず、どう生きていくのか、ということをご自分で考えて、選んでもらいたい。それを、若いみなさんへのはなむけの言葉にしたいと思います。

（安渓遊地・安渓貴子編、『出すぎる杭は打たれない――痛快地球人語録』第二章、みずのわ出版、二〇〇九年四月一五日）

第六章　情報の交流から運動の交流へ

北九州かわら版・第Ⅲ期サークル村
1995－2007年

『北九州かわら版』第Ⅱ期第0号表紙

解題

道場親信

一九八五年二〜三月、愚安亭遊佐の一人芝居「百年語り」の実行委員会を担った北九州の運動家たちの中から、いろいろな団体の運動や企画を案内するミニコミを出そうという声が上がり、深江守を発行人として『北九州かわら版』が八五年五月に創刊された。深江は主に反核・反原発運動に取り組んでいた。村田は「顧問」を引き受け、毎月の発行に協力した。また、『かわら版別冊』として、『ブキメラ村から』と『強制連行の足跡を若者とたどる旅』も刊行され続けた。この間、村田は「別冊」を主に編集・発行していた。

一九九五年七月、突如深江が廃刊を宣言すると、村田は発行人を引き受け、九月発刊の第Ⅱ期第０号（第118号）以後二〇〇五年四月までの約一〇年間、『かわら版』を毎月発行した。『かわら版』は題号を残したまま『田をつくる』に引き継がれ、二〇一〇年二月の『田をつくる』第31号（『かわら版』第250号）で廃刊した。

本章では、北部九州の多様な運動を紹介したこのメディアに村田が寄せた多様な運動の記録のうち、とくに村田の考え方や人間観、人生観があらわれた文章を採録した。一九八八年の「コーヒーブレイク」（編集後記欄）では伊方原発出力調整実験反対運動にふれている。少しとんで九五年の「情報の交流から運動の交流へ」では、発行人を引き受けるにあたっての抱負が語られている。同様に「転換期の第Ⅱ期『北九州かわら版』」では、発行を支える層が厚くならないことに警鐘を鳴らしている。「北九州かわら版　終刊号まで、あと一回」では、過去に自らが関わった運動や発行したミニコミについてふりかえっており、収録することにした。

「目からうろこが落ちる思いの六時間半」「町内会長は『隣組』を使わないで」「ハワイでは原潜の操舵席に」「九州新幹線を問う沿線住民集会に参加して」「まず、住基コードを突き返す運動を」は、さまざまな課題に関わった記録であり、「松下竜一さんと『草の根通信』」「姜金順ハルモニ逝く」は、運動の中で深くかかわった人々への追悼文である。九六年と二〇〇〇年

1999年10月、「周辺事態法反対運動を軸とした合宿討論会」（北九州市）での村田久

の「コーヒーブレイク」（編集後記欄）は、運動ばかりでない村田家の風景が垣間見える短文を採録した。村田家に最初の猫がやってきたときのこと、村田が頭を丸めて「村田入道」と名乗った話は読んでいて微笑ましい。こうした身辺雑記的な文章が載るようになったのも『かわら版』期の特徴であった。こうした短信は『田をつくる』のコーナー「タンゴの部屋」に引き継がれる。

一九九七年から村田は周辺事態法制定の動きに関連して各地の反戦運動家たちが結んでいったネットワークに加わり、「新ガイドラインに異議あり！北九州行動会議」の一員として積極的に反戦運動に取り組んでいる。その一環として九九年一〇月に北九州市で「周辺事態法を軸とした合宿討論会」を開催、全国の活動家が集まって討論をした。本章に収録した「響きあう運動づくりを」は、はじめ『かわら版』に発表され、『インパクション』第114号に加筆・転載されたあと、さらに加筆されて合宿討論会で配布された資料集に発表されたという経緯を持つ文章であり、何度も加筆しているところに村田の思い入れが感じられる一文である。この合宿討論会の第二回（二〇〇〇年一一月、佐世保市）を開催するにあたり、村田は『第二回合宿討論会に向けて』というミニコミ（全4号、『北九州かわら版別冊」として発行）を出した。「『市民戦線』から『民の党』へ」はその第3号に、纐纈《こうけつ》厚の問題提起に答えるという形で発表された論文である。

『かわら版』の終期は『第Ⅲ期サークル村』の発行と並行した。同誌発行の経緯は村田自身による「編集後記にかえて」に詳しいが、松原新一の『幻影のコンミューン』（創言社、二〇〇一年）刊行を記念して旧『サークル村』関係者が集まったことをきっかけとして、旧サークル村メンバーの加藤重一と村田が語らって刊行を計画したものである。『第Ⅲ期サークル村』は最初から12号で廃刊することを決め、村田・加藤のほかに二人より若い世代の坂口博も加わって編集実務を担当した。村田は同誌に永年温めてきた回想「大企業の向こうずねを蹴る」を連載した。本章では、『第Ⅲ期サークル村』への関わりを記録した「『幻影のコンミューン』との出会い」「編集後記にかえて」の二本を収録した。

私（道場）自身は二〇〇六年九月に「『第Ⅲ期サークル村』が主催した「阿蘇集会」で初めて村田夫婦にお会いした。『第Ⅲ期サークル村』は予定通り第12号を発行して終刊した。

『第Ⅲ期サークル村』第１号表紙

『北九州かわら版』より

コーヒーブレイク

◆◇　伊方原発の出力調整実験を止めさせようという運動は、突如として起こり、あっという間に運動の輪が拡がった感があります。

世論調査の上では高い数字（反原発）を示しながらも、反原発運動への登場が少なかったこれまでの運動のありようを一新しようとしています。

かわいがっていた猫「トモコ」。2006年1月にトモコが亡くなると5日間泣いていた

市民運動へのかかわりが長くなると、自分なりのペースが決まってくるものです。そのペースを守ってきたからこそ、今日まで持続できたように思います。そのような目でみると、伊方原発出力調整実験反対を牽引している主婦パワーは、すごくオーバーペースに感じられます。

ある期間、日常の生活を横において、非日常の生活に徹する。そのオーバーペースが歴史の流れを変えてきたわけで、新たな激動の時代の幕開けを予感させます。

元来が血の気の多い性分なので、ついつられて、自分のペースをくずしそうですが、せいぜい気をつけて、それでもあまり離されないように、トコトコとついて行きたいと思っています。

（『北九州かわら版』第29号、一九八八年二月六日）

情報の交流から運動の交流へ

『北九州かわら版』にあなたの知恵と力を

『北九州かわら版』は、北九州及びその周辺の草の根市民運動、文化運動の紹介と企画案内を中心に、「保存するほどではないが、くず篭に直行させるにはちょっと惜しい」と思われるような〝気軽に読めるもの〟を念頭において作っています。いわば草の根市民運動、文化運動の〝タウン誌〟といったものをめざしています。

『北九州かわら版』は、一応有料で発行することにしていますが、多くの人に目を通していただくのが趣旨ですので、財政の許す限り、集会などで配布したり、そこで出会った人へ送付したいと考えています。

このようなミニコミの発行に不慣れなものどもの思い立ちですので、これからの航海に自信のある筈もありませんが、多くの人々の協力で行先のさまざまな障害を乗り越えていきたいと思います。

（『北九州かわら版』創刊号、一九八五年五月号）

一九八五年五月、B５判八ページ建てで発足した『北九州かわら版』は、深江守さんの根性で一一年三ヶ月にわたって月刊発行を維持してきました。一九九一年一月に第三種郵便物としての認可を受け、ページ数も一六ページが普通になり、時には二四ページの冊子で北九州周辺の市民運動の情報を読者に提供してきました。

ミニコミが持続するためには、さまざまな人の協力が欠かせません。情報を寄せる人、原稿を書く人、ワープロに直す人、編集（版下作成）そして印刷、丁合いから製本・発送作業に協力する人。何よりも定期購読者として財政を支える人。

このように多くの人の協力があってこそミニコミは持続しうるのですが、その要は、編集と発行に最終責任を持つ人の存在です。特に『北九州かわら版』のような市民運動情報誌は発行日の厳守が絶対です。発行日を守ることのストレスは経験者でないとなかなか理解してもらえないかも知れません。

『北九州かわら版』の一一年三ヶ月は「発泡スチロール（絶対に沈まない）」というニックネームがつけられるほど、落ち込むことのない深江さんだったからこそ実現できたといっても過言ではありません。

その深江さんをして、「気力がつきた」といわせるほど『北九州かわら版』を引き継ぐことは至難のことです。

私は創刊から関わっていましたが、私の立場は「顧問」という肩書きでした。

『北九州かわら版』創刊号のコーヒーブレイクに次のように書いていています。


『北九州かわら版』の中心は、二十代後半から三十代前半である。ミニコミの発行についての経験は乏しいが、何よりも行動力がある。

五十代の仲間入りをした私は、ここ五年余り、『蜂窩』（九州住民闘争合宿運動機関誌　月刊）という二〇ページあまりのミニコミ編集発行に携わっていて、『北九州かわら版』を思い立った人たちの中では、数少ないミニコミ発行経験者である。

という次第で、どうしてもああだこうだと口を出すことになり、そのたびに私の感覚の古さに、若い人のひんしゅくを買っている始末である。

失敗を恐れない若者の行動力と失敗だらけの道を歩んできた熟年の知恵がうまく嚙み合うかどうか、それはこれからの『北九州かわら版』が明らかにするだろう。

（創刊号「コーヒーブレイク」）


『北九州かわら版』の製作・発送作業が黒崎で行われているときは、丁合いや袋詰めの協力をしていましたが、その後作業が小倉南区に移ってからはなかなか協力ができなくなっていました。

私自身は、一九八九年に発足した「強制連行の足跡を若者とたどる旅」の会報、一九九一年からは三菱化成の公害輸出問題（マレーシアARE問題）の通信『ブキメラ村から』の発行を主にして来ました。

「若者とたどる旅」やマレーシア・ブキメラ村のことは、『北九州かわら版』にもたびたび登場したし、北九州かわら版別冊として発行したこともあります。

そのようないきさつもあって、これまでの『北九州かわら版』を第Ⅰ期として、第Ⅱ期の発行人を引き受けることになりました。

深江さんよりも若い人が登場するのが自然で、六十代に入った私が引き継ぐというのは自然の摂理に反する感じですが、そのような人が登場するまでのいわば中継ぎ投手の役割を担うことにしました。

情報コーナー機能はこれまで通り

第Ⅱ期『かわら版』はこれまでの情報の交流から運動の交流へと、誌面の内容を変化させますが、これまでの「北九州周辺の市民運動の情報誌」としての機能は引き継ぎます。

毎月最後（第四あるいは第五）の日曜日を丁合い・製本・発送作業日として、それまでに寄せられた集会や催し物の案内を「情報カレンダー」（付録）というかたちで取り上げ、詳しい内容については、本誌でも紹介することにします。

発行主体は「同人・かわら版」ですが、これまで有名無実になっていた「同人・かわら版」を実体化して、ともすれば発行人のひとり請け負いになりがちな発行作業からの脱却を図りたいと思います。

情報の交流から運動の交流へ

第Ⅱ期『かわら版』ではこれまでの北九州周辺の市民運動の情報コーナー機能を維持しながら、これからの運動の交流を促進させる媒介としての機能を追求しようと考えています。

そのためには、さまざまなジャンルで活動する人たちで「同人・かわら版」を構成し、その中に編集委員会をおいて、系統的な企画・編集を行うのが理想的ですが、なかなかそのようにならない現実があります。

その実現に向けて努力をしたいと思いますが、それまでの間、「強制連行の足跡を若者とたどる旅」と「ブキメラ医薬援助基金・日本」（『ブキメラ村から』通信を発行）のふたつの運動体の機関誌機能を『北九州かわら版』に移行させ、「アジア・環境・人権」をキーワードにした誌面づくりをおこなうことにします。

一六ページ建てをベースにして、編集責任を、「強制連行の足跡を若者とたどる旅」と「ブキメラ医薬援助基金・日本」が交互に担当することにし、できるだけジャンルを越えた誌面づくりを目指すようにします。

頒価を一部一〇〇円（送料別）年間（一〇回発行）購読料を送料込みで二〇〇〇円に改訂します。

これまでの北九州かわら版の主な購読者には、一一月号（「強制連行の足跡を若者とたどる旅」編集）と一二月号（「ブキメラ医薬援助基金・日本」編集）を見本誌として送付して、定期購読をお願いしようと考えています。

なお、『強制連行の足跡を若者とたどる旅』会報や『ブキメラ村から』通信の定期購読をしている人については、送料込みで二〇〇円／号として購読料期限の精算をおこなう予定です。定期購読の手続きをしてない人にも送付しているという現実があり、誌代もカンパ込みということが多いので、きちっとした精算は難しいと思いますが、できるだけ明確にするよう心がけます。

（『北九州かわら版』第118号、一九九五年一〇月五日）

目からうろこが落ちる思いの六時間半
――聴覚障がい者のハンスト座り込みに連帯して

『かわら版』読者から「ハンストの仕方を教えて欲しいのですが」という連絡があった。「特措法改悪に抗議する五・一四ハンスト座り込み」の記事がきっかけである。

「ハンストの仕方なんて……」と思ってよく聞くと、「道路上で三日間ハンスト座り込みをしたいのだが、警察に届けなくてはいけないのか、警察から干渉されないだろうか」という相談である。

いきさつを聞いて全聴連の気持ちはよくわかったが、座り込みをかんがえているところが西鉄大牟田線福岡駅周辺という。天神のど真ん中である。五・一四の座り込みの場合は、テント設営や警察の干渉に備えて二〇名近いサポーターの支援があったればこそ実現できたのである。私も何ともアドバイスのしようがなかった。

現場責任者を務めるという聴覚障がい者の若い女性の懸命な気持ちは痛いほど伝わるのだけど、私には何の力もなかった。

一九日の座り込み開始直後が三日間の座り込み実現の鍵になるだろうとはわかっていたが、変更の出来ない企画が入っていてどうしようもなかった。

二〇日の午後一時半、座り込み現場を探した。岩田屋東側の歩道で天神コアに向かう横断歩道が目の前にある。絶好の場所であり、警察の干渉もなかったようでホッとした。

全障連九州ブロックのTさんの手話通訳でハンスト中の永井さんと初対面の挨拶をする。北九州から「沖縄・反基地ピースチャンプル」の三浦さんがゼッケンをつけて街頭署名を呼びかけていた。一週間前に会ったときに簡単に話をしたのだが彼も聴覚障がいがあって、たいへん関心を寄せていた。

長崎から「いじめネットワーク」のMさんがかけつ

けた。A君の事件を「いじめ」の側面からとらえて、家族との接触などこの二年間活動を続けてきたという。三浦さん、Mさん以外で署名板を持っているのは聴覚障がい者で、署名を呼びかけるチラシを署名板の前につけて立っているだけである。もちろん言葉はない。座り込みをしている背後の壁に模造紙に大きく書かれているので座り込みの趣旨は通行人に伝わる。

私は午後八時まで一緒に座ることだけに徹し、何もしなかった。私が座っている間に次々にサポーターがいろいろと入れ替わったが、ほとんどが聴覚障がい者でコミュニケーションは手話である。私はやってきたサポーターにゼスチャーで挨拶し、帰るときには手を振るだけである。

雨が降らなかったのは幸いだったが、炎天下の座り込みは暑かった。信号が変わるたびに、「よくぞこんなに」と思うほど、大勢の人が前を通る。驚いたのは「聴覚障がい者」の通行人が多いということである。視覚障がい者や車椅子の人は外見でわかるが、聴覚障がい者は外見ではまったくわからない。署名をしたあと、手話で話しかけてくる。その人たちは座り込みを知って来たのではなく、たまたま通行中に座り込みに出会ったのである。その数の多さにビックリした。私は不勉強で聴覚障がい者がこんなに多いというのは知らなかった。座り込み現場に用意してあるノートに記入されている来訪者の連絡先は、電話番号でなくFAX番号であるのが目立つ。聴覚障がい者の来訪が多いことがよくわかる。

私が住んでいる水巻町からも五名の聴覚障がい者がかけつけている。自分の住んでいるすぐ近くにこのような活動に積極的に関わっている聴覚障がい者がいることを知らなかった自分の無知が恥ずかしかった。

今回のハンスト座り込みはほとんど二〇代の若者たちである。すぐ近くで「美容院オープン」のチラシをまいていた茶髪の女性、モヒカン刈りの青年も、あとで署名に応じていた。健常者で手話は理解しないから、言葉に頼らない心と心がふれあうことで成り立つコミュニケーションであろう。

後で気がつくと、座り込んでいた間に一度もトイレに行かなかった。何もせずにじっと座っただけの六時間半であったが、私のこれからの活動に大きな示唆を与えてくれたように思う。

（『北九州かわら版』第１４０号、一九九七年八月五日）

町内会長は「隣組」を使わないで！

前号の『北九州かわら版』に掲載した「愛媛玉串料訴訟違憲判決の波紋」に思わぬ所から反響があった。飯塚市に住む三浦さんという女性から「『町内会』決定による『隣組』を使った署名活動おかしいぞ！集会」案内のファックスが入った。急いで読者リストを見たが見あたらない。かわら版同人の弁護士が取り持つ縁である。「ムラ社会に生きる（一）」のコピーを弁護士からファックスでもらったという添え書きがしてある。届いたのが集会前日だったので、集会には参加できなかったが、とりあえず、『北九州かわら版』本誌と一緒に集会報告の原稿をお願いした。三浦さんは超多忙ということで、寄稿は先送りになったが、集会資料と新聞の切り抜きをいただいたので、概要を紹介したい。

ことの発端は、飯塚市議会（定数三三）の議員定数削減を求める飯塚市町内会長会・市老人クラブ連合会・市商店街連合会・飯塚青年会議所が「議員定数削減の陳情」をおこなうために署名活動をはじめ、町内会長会が入っていることから、各町内会は傘下の隣組長に回覧板署名を指示したことに始まる。

当番組長である三浦さんは、隣組長会で、

○町内会長会で決定し、下りてきたというが、町内会長会は町内会（自治会）の上部機関ではない。今の町内会は戦中の大政翼賛組織ではない。町内会長や隣組長は市長より委嘱辞令をもらい、市行政事務の一部をなしているので、市行政の末端組織と勘違いするが、町内会はあくまで独立した自治会であり、任意団体である。

○今回のような政治的な陳情を、しかも町内会で決定したとして下ろすことは大変おかしいことだから、町内会長レベルで拒否してもらいたい。

○回覧板で回すことは、隣組長が回ることよりもおかしいことだ。

と反対したが、少数否決された。

三浦さんは、「隣組組織を使った回覧板署名は、個人の思想信念を賛成か反対かを問う記名アンケート活動であり、個人のプライバシー侵害である」と考えて、冒頭の集会を企画したものである。

私は、飯塚市議会定数削減の是非についてコメントする立場にないが、「町内会（自治会）」活動のあり方について、三浦さんが提起されていることは、たいへん重要であると思う。

ほぼ自動的に加入させられている町内会（自治会）の活動・運営が「本来の姿」から遠く離れていることについては、そんなに異論はないと思うが、それを変えていくのはたいへんな作業である。

三浦さんは、裁判も辞さないと意気軒昂だが、奮闘を期待したい。

（『北九州かわら版』第１４１号、一九九七年九月五日）

転換期の第Ⅱ期『北九州かわら版』

○第Ⅱ期『北九州かわら版』は、隔月ごとに「強制連行・差別・人権」をキーワードにして「強制連行の足跡を若者とたどる旅」が編集を担当、「ブキメラ医薬援助基金・日本」が「アジア・環境・女性」をキーワードにして編集することで発行してきました。

「若者とたどる旅」は今年で第一〇回目を迎えますが、今夏の「旅」で幕を閉じることになりました。「若者とたどる旅」は、サハリン（旧樺太）に強制連行され、置き去りにされた朝鮮人留守家族で構成される「中ソ離散家族会」との一〇年来の交流があり、待ちわびるハルモニたちの老人ホーム建設のための「サハリン募金」を続けてきました。八月一五日に開かれる家族会総会に参加を前提にした「若者とたどる旅」の日程も定着しています。

「若者とたどる旅」スタッフ会議では、「若者とたどる旅」を解散しても、家族会総会への参加とサハリン募金の継続を軸にした新しい運動体を発足させることも確認されています。

第一〇回「若者とたどる旅」の企画内容については、『かわら版』四月号で紹介する予定です。

○「ブキメラ医薬援助基金・日本」は、三菱化成（現三菱化学）の子会社であるＡＲＥ社がマレーシア・ブキメラ村で放射性廃棄物を野ざらし投棄をして周辺の環境を汚染したことについて、村田和子さん（現在休職中）が自分が勤務する三菱化成の企業姿勢を問う運動を始めたのが発端です。

「ブキメラ医薬援助基金・日本」は、ＡＲＥ社の操業が原因と思われる白血病などの子どもたちの医薬援助活動をして、善意のカンパと無農薬コーヒーなどの物販収益をブキメラ村住民で組織されている「ブキメラ医薬援助基金委員会」へ贈呈してきました。

九一年二月に提案したブキメラ住民を招いての「三菱化成の公害輸出を問う　ブキメラ村キャンペーン」は全国各地から賛同が得られ、「ブキメラ医薬援助基金・日本」はその勢いの中で発足しました。それから七年、ARE社の操業停止と解散、三菱化成のマレーシアからの撤収により、各地で作られていた支援運動体も姿を消して、おそらくただひとつ「ブキメラ医薬援助基金・日本」(名前だけは大げさですが……)だけが活動を続けてきました。

その中心になってきた村田和子さんの中国への語学留学(ブキメラ村住民が中国系で日常会話が中国語であることが彼女の中国語学習の動機であり、ブキメラ村住民とのいっそうの交流を念頭に置いての今回の語学留学です)は、『かわら版』編集・発行作業見直しの契機ともなりました。

○第Ⅱ期『かわら版』は上述のふたつの運動体で支えられてきたこともあって、読者は全国に点在しています。そのために、北九州の運動情報を全国へ、そして課題領域に限界があるとはいえ、全国の運動情報を北九州の読者に届けるという機能を持っています。

ふたつの運動体の環境変化は、意気込みだけが取り柄の発行人といえども態勢の建て直しを考えないわけにはいきません。

○第Ⅱ期『かわら版』は本号で二八回発行することになりますが、当初の勢いが衰えてきたことは否めません。作業日の日曜日に夫婦ふたりだけという最悪事態にまでは至っていませんが、ただひとりの応援というこ とはありました。留学中の留守を預かる身、ひょっとしてひとりで丁合い・ホッチキス止めという事態が起こるかも……。

○とりあえず、表紙の『編集担当』からふたつの運動体とキーワードをはずすことにしました。どのような編集方針でいくかは、おいおい考えていきます。

(『北九州かわら版』第146号、一九九八年三月五日)

コーヒーブレイク2

○● 先月号に、連れ合いは「頭を丸めようにも髪の毛が少ないしどうしようもない」と書きましたが、本当に頭を丸めてしまいました。これからは、「村田入道」と名乗るのだそうですが……。

○●　最近何人かの方から、「猫のトモコは元気にしていますか?」と聞かれます。彼女は相変わらずマイペースで元気に暮らしています。

よくノラから追いかけ回されて、飼い主に助けられています。先日も激しい鳴き声がするので飛び出すと、

「村田入道」と自称していた頃の村田久。2000年11月

ノラに追いつめられてちびっていました。「へぇー、猫もちびるのだ」と初めて知りました。

朝出かけ、昼時に餌を食べに帰り、夜は気に入りの場所で寝ます。飼い主が出かけると昼でも家で寝ているという状態（私が帰ってくると出ていく）で、猫の心理は理解できない私です。

連れ合いは好かれて、私は嫌われているようです。餌が欲しいときだけ愛嬌を振りまきますが……。（和子）

○●　第二回合宿討論会は佐世保で開催することになり、ニュースレターを『かわら版』とあわせて発行しています。ニュースレターといっても『かわら版』と同じかそれ以上の頁数で、少しばかり荷が重い感じですが、頭に血がのぼっている今は、あまり気になりません。

丸刈りも悪くありません。さっぱりした感じで床屋さんの費用がダウンしました。（村田入道）

（『北九州かわら版』第１７２号、二〇〇〇年一〇月五日）

○● みなさん、お元気ですか？
　私（タンゴ）は、雷が怖くてふるえる日もありましたが、梅雨があけてホッとしています。マルコ姉ちゃんも雷が怖くて、ベランダの下でふるえていました。私たち２匹がふるえているのに、トモコおばちゃんは平気でご飯を食べていました。一番気が弱そうなので少しバカにしていましたが、さすが大先輩と見直しました。これからは追いかけていじめるのをやめようと思います。

　私は写真のように箱が大好きで、箱があるとすぐに入って居心地を確かめます。袋も好きで入って遊んでいたら、お母さんに見つかって、時々振り回されます。お父さんはそんな時は、「いやがっとるやないね」とお母さんを怒ります。お父さんは優しいので大好きです。

　お母さんは可愛がってもくれるけど、からかうのが好きで困ります。トモコおばちゃんとマルコ姉ちゃんは敬遠のフォアボールですが、私はお母さんが缶詰をくれるので、やっぱり食い気の方が勝ってついてまわります。

　一番困るのは私に炭坑節を踊らせることです。膝の上にのせて、前足をつかんで「月が〜出〜た出〜た」と歌いながら、振りをつけるのです。

　お父さんは呆れていましたが、近頃では「それをやると（私一人で踊ると）、テレビ局が飛んでくるやろな」と真顔で言っています。お母さんは左団扇で過ごせると言うのです。これって動物虐待じゃないですか？左団扇って何ですか？困った人間たちです。

（タンゴ）

『北九州かわら版』にはしばしば愛猫の話題が登場した。第202号「コーヒーブレイク」より、2003年８月

日出生台《ひじゅうだい》米軍実弾演習抗議行動

二〇〇一年二月三日、「米軍基地と日本をどうするローカルネット大分・日出生台」主催の日出生台演習場ゲート前抗議行動に参加した。

　厳冬期の日出生台演習場へのアプローチは、チェーン付きの車でないとダメだと聞いていて、防寒着に身をかためておっかなびっくり出かけた。

　幸い好天続きだったためにチェーンの必要はなかったが、ゲート前に到着すると、すでに私服の警官が待ちかまえていた。北九州で出会う私服と違ってすごく愛想がよい。「ご苦労様です」などといわれて、最初は地元の人と間違えてしまった。

　東京、関西からも参加があり、元海兵隊のアレン・ネルソンさんも駆け付けた。

　異色参加は、地元の「竜門の滝」観光協会の人たち。演習場から出る生活排水が、竜門の滝を汚すので、環境保全の立場からの反対を訴えるために参加したという。集会前に「水を汚すな！」という横断幕を書き上げた。なかなかの達筆である。

2006年、日出生台・抗議活動のとき

主催者を代表して浦田龍次さんがあいさつ。現地では、一月二八日から米海兵隊実弾演習抗議の集会・行動がさまざまな形で取り組まれていて、この日の行動もその一環である。演習は八日から始まるので、今日は、まだまだ抗議運動の序の口である。浦田さんは演習が終わる二〇日までは、家業（酒屋）そっちのけの毎日であろう。

続いて、各地から参加した人からのアピール・スピーチがおこなわれた。

入退院を繰り返している松下竜一さんは、医師の反対を押し切って、連日の日出生台通いである。「反対というのをはっきりと意思表示をしないと、賛成とみなされる」と発言。

毎月二の日に築城基地ゲート前での座り込みを続けている「京築住民の会」は貸し切りバスを仕立てての参加である。二の日座り込み行動の常連メンバーが顔を揃える。

東京、埼玉、関西から参加した人、日本山妙法寺の僧侶の発言が続いた。

今日の抗議行動のメインスピーカーは、元海兵隊員のアレン・ネルソンさんである。北九州でも彼の話を聞く場を設けたことがあり、久々に元気な姿に出会った。

ネルソンさんは、通訳を介してスピーチをおこなった後、ゲート内への海兵隊員に向かって、

「みなさんの祖国であるアメリカに帰ってください。日本の土地を暴力のために、戦争のために使うのはやめて欲しい。

演習をやるならば、祖国アメリカでやるべきである。平和に機会を与えようではないか。

海兵隊の諸君、アメリカに帰りましょう。そして日本人が平和で暮らせるように明け渡そうではありませ

んか」

と訴えた。

最後は、「シュプレヒコールの島田」という異名をとっている島田雅美さん（大分）の音頭で、シュプレヒコール。

1989年４月２日、築城基地を人間の鎖で包囲した。左から前田俊彦さん、村田久、一人おいて梶原得三郎さん

全部英語で、「アイ・ラブ・ピース」にはついていけても、次々と出てくる英語にはついていけずに弱った。あとで、「英語のシュプレヒコールをするのだったら、カードを用意してもらわなくては」という声が多かったので、安心した。

抗議行動の後、地元住民が開設している「監視センター」へ移動。団子汁、おにぎりのサービスを受け、いろんな型のたこを揚げた。

演習場にもっとも近い玖珠町日出生台で反対運動の中心になっている衛藤洋次さん（人見会）は、かつて帝国陸軍の演習場として強制的に立ち退かされ日出生台に移り住んだ人たちが、ふたたび立ち退き攻撃にさらされている厳しい現状を報告するとともに、日出生台を訪れる支援の人たちとの出会いに元気づけられていると語った。

渡辺ひろ子さんが持参した檄布を贈呈するという一幕もあった。

夜、アレン・ネルソンさんや地元の人たちと深夜まで交流会。「沖縄を返せ」ならぬ「日出生台かがやけ」と出会った。

一二日、ふたたび日出生台へ。松下さん、渡辺さんなど一三名の呼びかけによるゲート前抗議行動である。北九州・福岡から車五台に分乗して現地入りしたが、この日も天候に恵まれ、チェーンなしでアプローチできた。米軍実弾演習がおこなわれている矢臼別《やうすべつ》（北海道）からの参加もあり、矢臼別の反対運動の厳しい状況が報告された。

九日に米軍が海兵隊の一五五ミリりゅう弾砲を地元自治体関係者に発射させたという報道がされた直後の抗議行動で三日よりも格段に緊張した集会となった。「米軍基地と日本をどうするローカルネット大分・日出生台」は、「米海兵隊が民間人に実弾砲撃をさせていた事件の徹底調査とその結果の公開、米海兵隊自身による釈明」を求める防衛施設局長宛の要請書を施設局職員に手交した。

衛藤洋次さんは、施設局職員に「必ず局長へ届けるように」と繰り返し要請した。

りゅう弾砲の引き金を引いたのは、玖珠町町会議員と町内会役員という。

今回の米海兵隊の実弾演習は三回目であるが、日出生台の実弾演習反対運動は難しい局面にたっている。「日出生台を忘れまい」。私のいまの気持ちである。

（原題「ハワイでは原潜の操舵席に、日出生台では155ミリりゅう弾砲の引き金を。疑問だらけの米軍の『民間人サービス』」（『北九州かわら版』第177号、二〇〇一年三月五日）

九州新幹線を問う沿線住民集会に参加して

水俣から一通のメールが届いた。

七〇年代のはじめ、多くの若者が支援で水俣を訪れ住み着いた。メールをくれたのはそのうちのひとり谷洋一さんである。

この一〇年余争ってきた九州新幹線の内山地区で唯一抵抗を続けていた水俣ほたるの家が七月九日以降強制撤去されることになりました。九州新幹線はこれで路線上の障害物はなくなり、二〇〇四年三月開業にむけて、急ピッチで工事が進行することになります。沿線住民のほうは公調委の申請手続きを進めているところです。新幹線公害、かつて名古屋では大きな問題となりましたがその教訓はまったく生かされていません。今後とも、ご支援、ご協力をお願いいたします。

そして、「ほたるの家」からの住民集会の案内が添えてあった。

二〇〇四年三月開業を目指して、熊本県八代市と鹿児島市の約一二六キロの区間で新幹線建設工事が進められています。しかし、この工事は沿線住民に多くの災禍をもたらしています。

熊本県下約五〇キロ区間だけでも五〇箇所にのぼる水枯れ問題を引き起こし、水俣市内山地区など多くの集落を破壊し、トンネル建設に伴う大量の土砂は河川や不知火海の汚染を引き起こすなど多くの問題点が明らかになっています。そもそも、このような新幹線が「必要なのか」という論議はなく、かっての高度成長を夢見る「地域の発展には新幹線が必要」の一点張りの公共工事の進めかたは、諫早湾干拓や川辺川ダム問題と同様、公共事業のあり方の根幹を問うべきものです。なぜ、利用者の多い博多・熊本・八代間からでなく、利用者の少ない鹿児島県側から工事が進められているのか？　スーパー特急（狭軌新幹線）からフル規格へと無駄な投資を拡大したのか？　在来線は第三セクターによる民営化により赤字となり、熊本・鹿児島両県住民に多くの負担を強いるやりかたは到底容認できるものではありません。

また、工事は高架橋の幅一一・二メートルしか用地取得を行わないため、一五メートルの高架橋の下に住宅が存在する例や、家の庭先を高速の新幹線が突っ走る例など、かつて名古屋や埼玉、北九州などで住民の闘いで勝ち取ってきた緩衝地帯がまったく作られず、移転を求める住民は途方にくれています。

私達沿線住民はこの間、新幹線沿線の環境問題に取り組むと共に、再三にわたって路線の変更や公害被害のひどい地域の公共用地化などを求めて闘ってきましたが、鉄道建設公団、国土交通省、熊本県などは未だ何の解決策も示さぬまま今日にいたっています。

また、水俣市内山地区で移転を拒否して闘ってきた松本勉さん（水俣病市民会議事務局長）の敷地と家はこの五月八日土地収用法に基づく強制収用の裁決がなされ、七月八日がその明渡し期限となっています。この場所は現在水俣・ほたるの家として、水俣病患者支援施設として活用され、胎児性患者の坂本しのぶさんらが機織などの作業に取り組んでいる場でもあります。

現在も鉄道建設公団と沿線の公害問題や緩衝地帯問題の解決などをめぐって交渉は継続中ですが、状況は大変厳しいものがあります。

そこで、私達は水俣ほたるの家の強制収用に抗議し、九州新幹線の様々な問題点を理解していただくため以下の日程にて抗議の集会を開催したくご案内を差し上げる次第です。是非多くの方々がご参加くださり、九州新幹線の問題をご理解いただければ幸いと思います。

また、遠方でご参加いただけない方もメッセージ等お送りいただければ幸いです。

集会日時：二〇〇二年七月九日(火)午前一〇時より

場所：水俣市内山一〇八　水俣・ほたるの家前

久しぶりの水俣

一九七〇年代のはじめ、水俣病やイタイイタイ病などの反公害住民運動が全国的に昂揚し、水俣はその拠点であった。

「腹をわって話そう　共通の敵を共同の力で打ち倒そう」を合い言葉に、「九州住民闘争交流団結合宿」が毎年水俣で開かれ、北は山口（豊北反原発運動）から南は奄美（石油備蓄基地反対運動）まで、反公害、反労災を闘う労働者、住民が二泊三日の合宿で熱っぽい議論を交わした。

この合宿の裏方を担ったのは、水俣病支援で水俣に移り住んだ若者たちであった。

その当時、私は三菱化成（現三菱化学）黒崎工場（北九州）で働いていて、作業中に有毒ガス吸引により健康障がいを受けた労働者の労災認定闘争をおこなっていた。労組結成以来一度もスト宣言をしたことがないという輝かしい伝統を誇る御用組合幹部の「組合を除名すると自動的に解雇になるんだよ」という恫喝に耐えながら、孤軍奮闘していた。そのような私を支援し勇気づけてくれたのは、地域で反公害運動にかかわっていた人たちであった。

そのような縁で、「九州住民闘争交流団結合宿」運営委員として、しばしば水俣を訪れていた。谷さんともそこで出会った。

連れ合い（村田和子）は、一九八九年にマレーシア・ブキメラ村へ公害輸出をした勤務先（三菱化成）の企業姿勢を糾すために行動に立ち上がるが、その時に谷さんにはたいへんお世話になったといういきさつがあって、谷さんからの要請となると、何はさておいても……ということになる。

今回の抗議集会の軸になっている松本勉さんとの出会いは更に古い。私は一九五八年秋に始まった「九州サークル研究会」（谷川雁、上野英信、森崎和江さんらを中心にして『サークル村』という月刊誌を発行）に入会した。『サークル村』との出会いは、私の人生にかなり（ある意味では決定的な）影響を与えている。一九五九年に水俣で「南九州サークル交流会」が開かれた。私はそれに参加したが、松本さんも参加していたという（そのことは、八年ほど前にマレーシア・ブキメラ村住民を水俣に案内したときに交流会の席で松本さんから言われて、四三年前に出会っていたことを知った）。

その松本さんが生まれ育った家を強制収用されるという。せめてその現場に立ち会いたいと水俣へ出かけた。

形ばかりの土地収用委員会

抗議集会の前日、土地収用法に基づく強制収用の裁決により、明け渡し期限が来ている「水俣病患者支援施設　ほたるの家」（松本勉さんの家と敷地）を訪ねた。

家のすぐ裏まで工事が進行している。

「ほたるの家」代表の伊東紀美代さんは、六九年に水俣に移り住み、水俣病第一次訴訟以来、患者、被害者の奪われた人権の回復のために活動している。伊東さんは、「新幹線の見える所にいるもんか、と思っていたが、ここを拠点にして各地の新幹線問題を自分のこととして考えていきたい」と、すぐ傍のプレハブに引っ越して、活動を続けることにしたと語った。

「ほたるの家」の前は県道で、その先も新幹線工事中である。新幹線側壁と接するように民家が建っている。「あの家も立ち退きになるのですか」と聞くと、「いや、立ち退いた先があそこなんですよ」という答えが返って唖然とした。すぐ側を時速二六〇キロで新幹線が通ったときの騒音と振動のすさまじさは、想像するだけでもぞっとするが、どうしてこんなことになったのだろうか。

熊本県収用委員会の審理中（場合によっては、土地収用差し止めの裁決が出る可能性もあるはず）というのに、鉄建公団は、お構いなしに工事を進めている。

熊本県収用委員会のでたらめさは、『九州新幹線建設に対する住民の意見』（熊本県新幹線環境を守る連絡協議会・水俣病患者支援施設水俣ほたるの家共同発行、頒価二〇〇円）に詳しく書かれている。

ささやかな抗議集会

翌八日、九時過ぎに新聞社、テレビ局が取材にやって来る。抗議集会は定刻に始まったが、「ほたるの家」関係者と水俣市長野地区（後述）の住民、八代、熊本の「熊本県新幹線環境を守る連絡協議会」の人たち、あわせて三〇名足らずのささやかな抗議集会である。

計画発表から一一年、鉄建公団の執拗な切り崩しで、土地を手放す人が増え、最後（収用委員会審理）まで頑張ったのは、「ほたるの家」の敷地・建家の持ち主である松本さんだけである。

集会は谷さんの司会で始まった。

松本さんは、「新幹線建設に納得して明け渡すのではない。負けるが勝ち、ここで〝玉砕〟するより、拠点を移し問題点を指摘し続けた方が息長く闘えると判断した」（一〇日付『熊本日日新聞』）と、経過を述べ、「心情から言えば、歯がゆく悔しい。莫大な金を使い、環境を破壊しながら建設される新幹線に反対し続けたい」（一〇日付『毎日新聞』）とあいさつした。

熊本、八代から駆けつけた連絡協議会の人が連帯のあいさつ。

「ほたるの家」から水俣病患者の坂本しのぶさん、水俣市長野地区（後述）の住民からも報告があった。

最後に、国土交通相、知事、日本鉄道建設公団総裁らあての、「公共事業、整備五線（北海道、東北、北陸、九州鹿児島、長崎）を、九州新幹線鹿児島ルートから問う」という抗議文を読み上げ、シュプレヒコールで集会を閉じた。

「ほたるの家」が、遠く離れたところに移らずに、すぐ側に作業所を移したところに、これからの決意の程を垣間見た。

抗議集会の後、水俣市役所に交渉に行くというので同行した。

水俣市長野地区では、高さ二五メートルの高架橋が民家の上に覆い被さるように建てられている。長野地区は、住居地域（都市計画法の用途地域指定で）だったが、一九九六年に水俣市の都市計画用途地域指定において、新幹線の両側五〇メートルのみが、準工業地帯に変更されてしまった。

そのために、新幹線高架橋の真下にある三世帯がその影響を受けることになった。新幹線騒音の環境基準は、住宅地域の七〇ホンから七五ホンに緩和された。現在の公害防止技術では、騒音を七五ホン以下にすることは出来ても、七〇ホン以下にすることは出来ていない。七〇ホン以下にすることが不可能なので、環境基準違反にならないように、逆に、用途地域の指定を変更したのではないかという疑いが起こる。

水俣市役所との交渉は、この用途変更のいきさつをただすと共に用途指定をもとの住宅地域へ戻して欲しいという要請である。

新幹線予定通路の用地指定を変更したのは水俣市だけで、八代・出水市ではおこなっていない。この用途変更は、水俣市都市計画課の発案ではなくて、鉄建公団や国土交通省からの働きかけがあったのではないかという疑念が湧くのはいかんともしがたい。

応対した水俣市助役は六月に熊本県庁から天下ったばかり。住民の熱心な説明と要請には、「市長と相談してから……」をくり返すばかりだった。

水俣市は、水俣病の教訓から「環境都市」として生まれ変わることを宣言して、家庭用ゴミのリサイクルに積極時にとり組むなど各地から注目されているのだが、国土交通省、鉄建公団からの圧力には抗しがたいということだろうか。

（『北九州かわら版』第191号、二〇〇二年八月五日）

まず、住基コードを突き返す運動を

圧倒的多数の国民の不安と反対（朝日新聞の世論調査では八六％が不安を感じ、七六％が延期を望んでいる）を押さえ付け、ついに八月五日（二〇〇二年）から「住民基本台帳ネットワーク（住基ネット）」が稼働した。多くの国民は、住基ネットで一体何が起こるのか、今後政府は何をしようとしているのか、何も知らされないままの実施である。

「住民基本台帳改正法」は、三年前の第一四五国会で周辺事態法や国旗・国歌法などの悪法と一緒にどさくさ紛れに成立した法律である。「個人情報保護法案の成立」が実施の前提とされていたが、それを無視しての今回の強行稼働である。

「法律だから仕方がない……」と国の言いなりになっている自治体が多い中で、矢祭町をはじめ杉並区など五自治体が離脱を表明。実質的延期とされる横浜市を含めると四一五万人以上が「住基ネット」から欠落している。

八月五日の稼働前にも集会や声明・決議など様々な反対運動が展開されたが、通知カードが送付されたことで、「住基ネット」への関心も高まっている。

通知カードの受け取り拒否や返上運動が各地で開始されている。北九州市では、八月二九日に北九州市民運動連絡会議のメンバー一六名が北九州市役所に出向き、住基コード通知表を突き返した。市によると一一一世帯分の通知表が返却されているという。

これからの「住基ネット」反対運動については、いろいろな提案が出されているが、まず、各人が自分のところに一方的に送られてきた住基コード通知表を自分の住む自治体の窓口に突き返すことから始めてはどうだろうか。

個が問われる時代にさしかかった。「住基ネット」はその試金石のひとつである。以下、私たち（私と連れ合い）の「住基ネット」反対運動を紹介する。

八月二日、私たちは人口三万人あまりの水巻町住民課を訪れた。

別掲の水巻町町長あての申入書を渡して、趣旨を説明した。

文書による回答を求めたことに対して、応対した住民課長は、「町長や関係者と相談の上、返答します」と、文書回答を約束した。

申入書

私たちに一一桁の識別コードをつけないでください

住民登録をしているすべての日本人に一一桁のコードをつけて、個人情報を一元的に政府の監視下に置く住民基本台帳ネットワークが八月五日から強行されようとしています。

全国民の個人情報を政府の掌中に集中させるというこのシステムが、国による国民の監視、コントロール、人権弾圧に容易につながることは火を見るよりも明らかです。加えて第三者による個人情報の抜き取り・悪用を阻止する、いわゆるセキュリティー問題についても専門家から懸念する声が高まっています。

アメリカで否決されてドイツでは「人間の尊厳」という裁判所判決によって廃案になり未だ諸外国で実現されていません。

このように危険な住民基本台帳ネットワーク・システムだからこそ法案成立時にも「包括的個人情報保護法」の制定が前提との縛りがかけられたはずですが、政府はこれを無視して強行しようとしています。しかも「保護法」そのものも、政府を監視して国民を守るのではなく、マスコミや国民を監視して政府を守るものへと中身をすりかえようとしています。

これは、明らかに個人の尊重をうたった憲法第一三条に違反するものです。

そうであればこそ、各地の地方議会からは住基ネットの施行延期を求める意見書が相次いで提出され、矢祭町（福島県）のように「住民基本台帳ネットワーク」から離脱する自治体も続出しています。

そのような中で、水巻町は「住民基本台帳ネットワーク」の持つ危険性について触れないままに、その利便性（住民票の広域交付とか住所変更が容易になるなど）だけを強調した広報活動（広報みずまき七月号）に終始していることをきわめて遺憾に思います。

私たちは、万全のセキュリティーもない中で、私たちの個人情報を「住民基本台帳ネットワーク」に連結することを強く拒否します。

私たちの意に反して外部に漏らされた情報は、もはや私たちや水巻町職員のコントロールを離れるのであり、その瞬間から私たちは生涯にわたってプライバシーを侵害される不安にさいなまされ続けることになります。

ＢＳＥ（牛海綿状脳症）緊急対策として導入が決まっている「家畜個体識別システム」では、全国すべての家畜に一〇桁の識別番号が割り振られます。私たちを牛と同じように管理して「情報」という名の檻の中に閉じ込めようとしている国の施策と、そのような国に対して住民の側にたって抗議しようとしない水巻町の姿勢に失望します。

私たちには「一一桁の識別コード」は不要なので、つけないでください。もし、つけているとしたら削除してください。

私たちの希望が叶えられない場合は、納得のいく説明を文書でしてください。


水巻町（町長名）からの回答書は八月八日付で郵送されてきた。

住民からの文書回答を求める申し入れに対して、とかく無視しがちな自治体が少なからず見受けられる中で、一週間以内に文書で回答をしてきた水巻町の姿勢は率直に評価したい。

しかしながら、回答書の内容は落第点もいいとこである。

回答書は次の通りである。

回答書
現在、デジタル・ネットワーク社会の急速な進展の中で、住民サービスの向上、行政改革推進のためには、行政の高度情報化の推進が必要不可欠となっています。

住民基本台帳ネットワークシステム（「住基ネット」）は、こうした観点に立って市町村が行う各種行政の基礎である住民基本台帳のネットワーク化を図り、四情報と住民票コード、これらの変更情報により全国共通の本人確認を行うシステムです。

しかしながら、住基ネットは個人情報を取り扱うものであるため、万全な個人情報保護の処置が必要であります。

このセキュリティについては、制度面、技術面、運用面においても万全な措置を講じており、住基ネットの稼働については問題ないものと考えています。

まず制度面においては、本人確認情報の利用出来る業務は、住基法で九三業務に限定されており、目的外利用は禁止されています。

次に技術面では、住基ネット全体で統一ソフトウェアーを導入しており、
①専用回線を使用し、データの暗号化
②ＩＣカードや暗証番号による操作者の厳重な確認
③ファイヤーウォールによるサーバーへの接続制限
④データ通信及び操作者の履歴管理

⑤通信相手となるコンピュータとの相互確証等、現在最高のセキュリティ措置を講じています。

また当町は運用面につきまして、水巻町住民基本台帳ネットワークシステムの管理運用に関する要綱を定めており、万が一、本人確認情報の漏洩の恐れがある場合の緊急時対応計画書も作成しているところであります。

さらにサーバー室の入退室における鍵の管理、端末機のＩＣカードの管理は常時、住民課長が厳重に行い、住基ネット担当職員以外使用できないようになっています。

また、水巻町個人情報保護条例を三月議会に提案し、継続審議中ですが、十分な審議が尽くされており、九月議会での成立をお願いしているところです。

以上のことから、セキュリティについて現時点では、制度面、技術面、運用面、いずれの面においても万全であり、住基ネット稼働参加は問題ないものであります。

私たちの申し入れ主題であった「私たちに一一桁の識別コードをつけないでください」について、何ら言及していない。

「つけるのかつけないのか？　つけるとすれば、その理由は何か。」に触れない回答書は、「回答書を送った」という体裁はとりつつも内実では無視していると判断せざるをえない。

回答書の大部分は、セキュリティ問題にさかれており、制度面、技術面、運用面から説明されているが、これは国からの説明の丸写しであろう。

運用面でのセキュリティについては、水巻町については管理が厳重であること、水巻町職員の資質についても保証できるかも知れない。しかし、ネットワーク先の運用面でのセキュリティについては、水巻町として何の保証もできる筈がない。せいぜい、「他の自治体や国も職員の資質は大丈夫だろう」と答えるしかないだろう。

新聞に「住基コード通知表」送付をめぐるトラブル事例が載るようになった。心待ち（？）していた通知表が我が家に届いたのは八月二〇日、透かしてみたが識別コードが透けて見えるというふうに思えなかったが、水巻町にはクレームの電話があったという。

直方市に住む友人から、「受け取り拒否」と書いてポストに投げ込んだという電話があった。

私たちは、不充分な回答書へ文書で反論と抗議することにし、そのときに通知票を直接返上することにした。（二回目の申入書は誌面の都合で省略）

二九日、北九州市民運動連絡会議のメンバーが北九州市役所に行くというので、それに連動して、二九日午後、五項目からなる抗議と反論そして要請を文書化して、水巻町におもむいた。

住民課長が不在で、応対したのは女性係長とコンピュータに強い若手課員。二時間近く二人を相手に回答書の不備と「住基ネット」の不当性について意見を述べた。コンピュータ神話を信じている若手課員は、「住基ネット」を積極的に支持する意見を述べ、私たちの「総背番号制につながる懸念」については、「片山総務相が総背番号制に反対と言明しているから大丈夫」という始末。話し合いは平行線となり、最後に通知票を受け取らせて、水巻町役場を後にした。

（『北九州かわら版』第192号、二〇〇二年九月五日）

松下竜一さんと『草の根通信』

（二〇〇四年六月一七日・編注）、松下竜一さんが、肺出血による出血性ショックのために逝去された。昨年六月に脳内出血で倒れてから一年、治療の甲斐があって自宅での療養生活の目途がついていたところだけにこの一年間松下さんの病状を見守ってきた人たちは信じられぬ思いで訃報に接したに違いない。

『草の根通信』は、「豊前火力絶対阻止・環境権訴訟を進める会」の機関誌として一九七三年四月に創刊されたが、「訴訟をすすめる会」は豊前火力が操業開始し環境権裁判は最高裁で係争中とはいいながら豊前火力反対運動が事実上終わった九年後に解散、「草の根の会」として再発足した。それ以来、『草の根通信』は「草の根の会」の機関誌として、サブタイトルを「豊前火力絶対阻止」から「環境権確立に向けて」と変えて発行が続けられてきた。

『草の根通信』という舞台には多くの人たちが登場（寄稿）し、観客（読者）は舞台を鑑賞した。松下さんは発行者というだけでなく企画から原稿整理、印刷所とのやりとりから財政まで引き受けていただけに、昨年六月の突然の脳内出血で『草の根通信』の継続は危ぶまれてきた。

『草の根通信』は松下さんの一人舞台のように見えたが、実は十数名の「縁の下の力持ち」に支えられていた。その人たちの努力で『草の根通信』は発行されてきたが、とつぜん「縁の下」から陽の当たるところへ登場せざるをえなかった「力持ち」の人たちの困惑と苦労は察するに余りある。

『草の根通信』は七月号で休刊して松下さんの現場復帰を待つことになっていた。松下さんは「休刊のあいさつ文」を書く予定になっていたという。

私は松下さんたちが豊前火力建設差し止め訴訟を思い立って弁護士探しをしている頃に、松下さん、梶原さんと出会った。一九七二年の春ではなかっただろうか。ご両人とは、その後七四年に始まった「九州住民闘争交流団結合宿」を通じて交流を深めてきた。

「九州住民闘争交流団結合宿」（略称「九州住民合宿」）は、一九七四年夏に、「共通の敵を共同の力で打ち倒そう」「腹をわって話そう」を合い言葉に、反公害・反開発・反労災運動に関わる住民・労働者が水俣で二泊三日の合宿をおこない、それ以降六回にわたって水俣、志布志で合宿をおこなってきた。タブロイド版の月刊機関誌『蜂窩《ほうか》』を発行していた。七九年に私が事務局を引き継ぎ、Ｂ５判二〇頁（発行部数六五〇）の月刊誌を八五年に解散するまで発行してきた。

松下さん、梶原さんは『豊前火力反対運動』の立場から、私は工場内の労災問題からの参加であった。その当時、「公害は工場の外に出た労災である」といわれていた時代であった。

私は『草の根通信』の舞台にはほとんど登場せずに、もっぱら観客席の常連に終始してきたが、二度だけ登場したことがある。二〇年以上も前のことである。

そのひとつは、八一年一月に『草の根通信』一〇〇号を記念して二回にわたってひらかれた座談会への誌上（メモ）参加である。私は前述の『蜂窩』の編集発行人という立場での参加であった。私は、「草の根通信読者の圧倒的大部分はファンであり観客である。彼等はもっともっと続けて欲しいという願望を持っているが、決して自らがその舞台にのぼろうとしない」と、独断と偏見にみちた分析をおこない、

「松下さんは舞台のレギュラー登場人物および台本

作家、演出家として、ネタ切れ（環境権裁判という軸のそう失）を機会に幕引きのタイミングを考えざるを得なくなる」と予想して、「これからは九電の後方をおびやかすゲリラとして頑張ってほしい。そのためには〝裁判にかわる運動の軸〟を早急に創り出して『豊前火力絶対阻止・環境権訴訟をすすめる会』が『対九電包囲戦線』の情報宣伝部として『草の根通信』を武器に、新たな構想と方法論をあみ出すことを期待している」と述べた。

また、原告団に高教組のメンバーが含まれていることに触れて、「いま、教育現場で問題になっている日の丸・君が代問題、労線統一にからむ労働運動の右傾化などについて、どのように考えておられるのか。そのことと豊前火力のたたかいがどのように結合し、あるいは断絶しているのか？」と、質《ただ》した。

もうひとつは、それから一年後に「すすめる会」が解散、「草の根の会」として『草の根通信』発行を引き継ぐことになった時である。

私は一年前のメモを引き合いに出して、「この一年間、『すすめる会』は『裁判闘争にかわる運動の軸』を創り出すこともなく、『草の根通信』を武器にした新たな構想と方法論をあみ出すことなく過ぎたように思う。今度の解散と『通信』の継続は、『豊前火力絶対阻止』というタテマエと、『草の根通信』に一貫してあらわれていたホンネとを埋めるための、きわめて無原則的な行為ではないだろうか。

私が『すすめる会』・『草の根通信』に学んでいたものは、『豊前火力絶対阻止』という絶望的なスローガンにホンネの部分から肉薄しようと苦闘しているところであり、その緊張関係こそ貴重だったからである。」と手厳しく批判した。

その当時、「『蜂窩』が硬派の機関誌代表とすれば、『草の根通信』は軟派の代表だ」という言葉が言われていて、私は「『蜂窩』はタテマエからホンネへ」、「『草の根通信』は、ホンネからタテマエへ」の接近に挑戦していると位置づけていた。松下さんは、「人間とは必ず軟派部分を持っているのだという思いこみがあって、そこを断ち切ったような人物の言動には近寄りがたいものを感じる」と、第二期『草の根通信』の編集方針として「軟派宣言」がふさわしいと語っている。

なにしろ、お互いに四〇代半ば、血気盛んなころのやりとりである。このようなやりとりが『草の根通信』に載っても違和感を感じない時代だった。

それから二一年、『蜂窩』は四年後に終刊号を出して、「豊北の反原発から奄美の石油備蓄基地反対運動まで」といわれた九州住民合宿の運動は終熄し、『草の根通信』はとぎれることなく発行され続けた。

私は『蜂窩』のあと、取り組む課題が変わるたびにその運動の機関誌発行に関わり、今は『北九州かわら版』発行人として、かつての『蜂窩』とはうってかわった誌面作りをしているが、「タテマエからホンネへ」と迫る姿勢は変わっていないつもりである。

『草の根通信』と違って『北九州かわら版』は、私が倒れると即「廃刊」の運命にある。松下さんの突然の発病で若干年長で健康にも自信を持てなくなっている私は、来年四月号を『北九州かわら版』終刊号にすることに決めてカウントダウンをはじめた。

「後継者は見つかりましたか?」「うーん難しいですね」という昨今である。

(『北九州かわら版』第211号、二〇〇四年七月五日)

北九州、在日一世の語り部姜金順ハルモニ逝く

在日一世の語り部として、北九州・福岡で在日コリアンの差別・人権問題に関わっている多くの人々から親しまれていた姜金順《カングンスン》さんが、一月八日未明に九三才の生涯を閉じた。通夜、告別式には多くの日本人が参列して別れを惜しんだ。

姜さんは、八幡製鉄の下請け会社に徴用された夫を追って、一九四二年に四人の子どもを抱えて玄界灘を渡った。解放後も船賃がなかったために故国へ帰ることもできずに、朝鮮半島はまもなく南北に分断されて戦火にまみれ、故国へ帰ることができないままに日本での苦しい生活を送らざるを得なかった。

厳しい差別社会の中で、七人の子どもを育てた姜さんはテッテイした日本人嫌いだったが、七〇代半ばから心を開くようになり、八〇歳を過ぎてから文字を勉強し始めた。

姜さんの心を開いたのは、四男・裵東録《ペトンノク》の力に負うところが多い。九三年の生涯の中で、心穏やかな毎日を送ったのは、晩年の一五年間ではなかったろうか。

告別式の席で弔辞を述べたのは、私を含めて裵東録さんの知人であったことからも、そのことがうかがえる。

弔辞

オモニ

と、呼びかけさせてください。

在日コリアンの差別・人権問題に関わっている私たちにとって、あなたは母親のような存在でした。

私があなたと出会ったのは、指紋押捺拒否闘争が全国的に高揚した一九八五年のすぐ後でしたから、かれこれ二〇年近いおつきあいになります。あなたの訃報を裵東録さんから聞いたとき、さまざまな場で出会ったあなたの姿が走馬燈のように私の脳裏に浮かびました。

あなたは一四年ほど前、私が世話をしていた『強制連行の足跡を若者とたどる旅』に参加されました。長年日本の差別社会で生きることに苦労されたあなたは、おそらく日本人嫌いだったことでしょう。知らない大勢の日本人若者と一緒に行動する「たどる旅」への参加には、ためらいがあったと思います。貸切バスの中では、あなたはずっと私の手を握ったままでしたよね。

強制連行された朝鮮人が働かされていた阿蘇内の牧にある露天掘りの鉱山跡を訪ねたあと、草千里で弁当を食べていたときのことです。あなたはとつぜん踊り始めました。驚いて見守る私たちに、「こんなに良い天気なのに、踊らなくてどうするのよ。身体が自然と動き出すのよ」と言われたことを昨日のように思い出します。あの全身で開放感を表現したあなたの姿をビデオに残していなかったのは、たいへん残念なことです。

オモニ

あなたは、いつも笑みを浮かべた穏やかな表情でした。もっとも東録さんとの口げんかはしょっちゅうのことでしたが、これはそばで見ていてもほほえましいものでした。

そのようなあなたが、心底から怒った場に居合わせたことがあります。

大牟田・三池炭坑で朝鮮人が収容されていた馬渡社宅五一号棟には、押し入れの壁に強制連行された朝鮮人による故郷への想いなどが綴られた落書きがありました。

1998年５月10日、姜金順さんと村田久

三井鉱業所が馬渡社宅周辺の土地をミスターマックスに売却しようとしているのを知った東録さんは、この五一号棟を保存しようとあなたと一緒に奔走しました。

あなたが激怒したのは三井鉱業所を訪れた時でした。鉱業所職員の煮えきれない返事に対して、それまで黙っていたあなたは突然立ち上がって、自分のこれまでの生きざまを早口で話し、テーブルをたたいて抗議しました。

そのあまりのすさまじさに、職員はもちろんのこと同席した誰もが圧倒されました。

「言葉ではなくて全身で」、それがあなたの表現方法だったと思います。

馬渡社宅五一号棟の建家そのものの保存はできませんでしたが、ミスターマックス敷地傍に、立派なオモニ記念碑を建立させることに成功しました。

馬渡社宅五一号棟保存運動は、晩年のあなたの生き方を変えるきっかけになったのではないでしょうか。

そのあと、あなたは東録さんと一緒に筑豊・北九州・京築の小中学校に招かれて、子どもたちに朝鮮の文化となぜ日本に多くの朝鮮人が住んでいるのかを、身体で表現する「語り部」として活躍されました。あなたは数え切れないほどの小・中学校を訪れ、数多くの子どもに感動を与えました。

あなたは、まさしく「歴史の生き証人」として晩年を送られました。

日帝による三五年間の植民地支配は終わりましたが、それから六〇年たった今でも、なお在日コリアンへの民族差別は解消されていません。

そのような日本社会のありようを変えきれない私たちの非力を痛感しますが、これからも精いっぱい努力する所存です。

どうぞ安らかにお眠りください。

二〇〇四年一一月一〇日　　村田　久

（『北九州かわら版』第２１５号、二〇〇四年一二月五日）

『北九州かわら版』終刊号まで、あと一回

『北九州かわら版』も次号は終刊号となる。しかし、『北九州かわら版』そのものは、これまでのような「情報誌」的なものから、不定期刊ながら少なくとも年四回以上発行する「主張するミニコミ」として継続させたいと思い、そのありようを思案中である。
その前に、これまで未整理のまま放っていた資料の整理に手をつけたい。私のところにしかないだろうと思われる資料は、いくつかの段ボール箱に未整理のまま押し入れやロッカーに積まれている。
〇三菱化成相手の労災闘争（七〇年代）
〇北九州反公害センター（七〇年代）
〇竜王プロパン撤去闘争（七〇年代）
〇北部九州労働者安全センター（七〇年代）
〇九州住民闘争交流団結合宿（七〇年代）
〇指紋押捺制度を撤廃させる会（八〇年代）
〇強制連行の足跡を若者とたどる旅（九〇年代）
〇三菱化成の公害輸出・ＡＲＥ問題（九〇年代）
などなど
七〇年代はガリ版刷りの時代。当時の資料は、古文書みたいに判読に苦しむものも多々ある。また、文書だけでなく、写真、ビデオが未整理のままである。
これらは私が元気な内に、何とか整理しておきたい。
（『北九州かわら版』第２１７号、二〇〇五年三月五日）

反基地討論合宿

響きあう運動づくりを

「あなたはね、アメリカが私たちを苦しめとると思う。あなた方が、アメリカを頼んできてね、わしらをね、ひどい目にあわせておるんだ。戦争を誰がやったのか、戦争があったからこんな事になったんじゃないか。何故その日本の政府とね国民はね、私たちをアメリカに売り払ったのか。ちょうどここに綺麗な娘が一人おる。それをね、遊郭に高い値段で売り払って、そしてそのお金を持ってきて、親父がね、きれいな家を建てたり贅沢して暮らして、そしてお金がなくなったら、またひそかに行って、その娘から金をしゃぶってきてよやっておるのと同じだよ。日本は。何が工業国のね、二等になった三等になった、もう世界でもね、何番目の工業国になったと言っておるけどね、世界の恥さらしということが分からないの、恥さらしだよあなた、沖縄を売り払っておいてね、沖縄からドルのかせぎだなんかと言って、ドルをみなまきあげてよ、そして日本が繁栄したというのは、この娘を売った親父と同じことじゃないの、恥ずかしくはないの」

2004年３月６日、門司港へのアメリカ艦隊寄港反対集会にての村田久

三〇年前に製作された記録映画『沖縄列島』（東陽一監督）の冒頭のシーンでカメラに向かって怒りを込めて語った男性は今もご健在だろうか。

「安保粉砕！闘争勝利！」が死語となり、「反原発」が「脱原発」へと「草の根市民運動」が多様に変化する中で、一九九五年秋の米兵による少女暴行事件で爆発した沖縄民衆の怒りは「安保」を忘れたヤマトの民衆運動に衝撃を与えた。と、筆者はとらえている。

北九州市でもさまざまな課題に取り組んでいる人たちが実行委員会方式で「沖縄・基地問題」をキーワードにした集会が開かれてきた。「沖縄はたいへんなんだ」が米軍実弾演習場の内地移転、そして新ガイドライン策定と日本全体の問題になってくる中で、これまでの実行委員会方式から持続的な運動体への転換が話題にのぼるようになった。

九八年四月、新ガイドライン関連法案が国会に上程された時、私たちは北九州市へ「関門港・病院など市が管理する施設の軍事利用を拒否してください」という申し入れをおこなうことにした。共産党以外の会派は与党、という議会をバックにしている北九州市長を説得するのは至難の業である。新ガイドラインに反対する市民団体が名を連ねた申し入れ文書を何人かのメンバーが代表して北九州市に手交することは簡単だが、その実効のほどはまったく期待できそうもない。むしろその申し入れ行動を運動として展開しようと個人呼びかけによる申し入れ署名活動を始めた。

「まず本人が署名してできるだけ周辺の人に働きかける」のが呼びかけ人になる唯一の条件であり、「大学教授や弁護士などの知名人を呼びかけ人にして署名を集めるのは無名の人たち」からの脱却をはかった。一四五名の呼びかけ人で二ヶ月間で二六三〇名という署名数が九八年八月時点での私たちの全力量である。署名活動を進めていく過程で、申し入れは出発点であり、これからも行政にねばり強く働きかけることを申し合わせていたが、行政のハードルは高く「これは国の問題であり、国会での審議を見守っている」と私たちと話し合う場を渋っているのが現状である。

「新ガイドラインに異議あり！北九州行動会議（以下、北九州行動会議と略称）」は、この申入署名活動の集約の中で持続的な運動体として発足したもので、これまでの沖縄・反基地をキーワードにした集会実行委員会を担ってきた個人で構成されているが、ほとんどの人が市民団体、宗教団体、労組などで活動をしている人たちである。

福岡県北東部自治体への申し入れ行動

北九州市から車で一時間足らずのところに航空自衛隊築城基地がある。この基地前で毎月二日に座り込み行動がおこなわれており、地元だけでなく北九州市や大分県中津市など平和を願う人々が参加して出会いの場として機能している。ここで北九州市長への申入署名活動が話題になったことがきっかけで、「福岡県北東部九市三八町村」首長への申し入れ行動が始まった。

対象自治体を五ブロックに分けての申し入れ行動は申し入れそのものよりもその地域で新ガイドラインを憂慮する住民との出会いを求めることに重点を置いているために、これまでに申し入れ行動をおこなった自治体は七割程度である。「新ガイドラインに異議あり・福岡県北東部住民ネットワーク」という形での申し入れ行動は、地域の住民との話し合いを続ける中で、独自の運動主体が誕生して私たちが当初考えていた自治体首長への申し入れだけでなく、議会へ陳情、誓願をおこなう運動へと発展した。保守派議員が多数を占めている議会では、「反対ではなくて慎重審議なら支持する」保守派議員を取り込むための配慮（譲歩）もおこなった。ある自治体では「反対なら支持するが慎重審議では支持できない」という共産党議員がいて結局どちらも採択されなかったという。糸田町は新ガイドライン関連法案の問題点をきちんと指摘した意見書を採択しており、小さな自治体とはいえその卓見に敬意を表したい。

一九九九年四月二二日現在で福岡県北東部四七自治体のうち一五自治体で、「新ガイドライン関連法案」に反対あるいは慎重審議を求める意見書が採択されている。これは現在の国会が民意を充分に反映していないことのあらわれであり、国と自治体との矛盾を鋭く表現しているものである。

申し入れ行動を始めたばかりの頃、地域で反原発運動をしている人と出会い、その町の首長へ申し入れをするときの同行をお願いした。それから二ヶ月ほどして会ったとき、「私の町で関連法案反対の請願を議会に出したところ採択されました」という話を聞いた。北九州ではとても考えられない住民と議会あるいは行政との距離の近さである。

田川市の滝井市長との出会いは印象的だった。四階にある市長室を訪ねた私たちを、新聞に折り込まれている広告チラシを小さく切ったものをメモ用紙にして現れた滝井市長は、「実は新ガイドライン関連法案の件で……」と用件を話そうとする私たちを制して、新ガイドライン関連三法案の問題点を滔々と話し始めた。

その論点も明確で私たちはただただ聞くだけの三〇分だった。六〇年安保の国会包囲デモの時に社会党行動隊長を務めたという滝井氏（その時の自民党行動隊長は田中角栄氏だったという）はとても八四歳の高齢とも思えない若さだった。

何とか申し入れ文書を渡すチャンスを得て帰りかけた私たちと次の約束で出かける市長と階段を下りたが、なんと二段飛びで階段を下りて行くではないか。六〇代半ばの筆者はこのところ足元に自信がなく階段を下りるときはそろそろ降りるようにしているが、その前ですいすいと階段をおりる姿を目撃してうっと思った。滝井氏の年齢まであと二〇年近く。「体力の衰えを気力でカバーしていますが、その気力も最近は衰えてきて」などと弱音を吐いている筆者にとって衝撃的なシーンだった。

動き出した労働組合

北九州市あるいは福岡県で新ガイドライン関連法案へいち早く異議申し立てをしたのは市民運動であり労働組合の対応はあまりほめられたものではない。しかし、今年に入って「民主・リベラル福岡県労働組合会議」を中心にして「戦争への『新ガイドライン関連三法案』ＮＯ！」福岡県フォーラムが発足、北九州でも国労、教組など中心に「福岡県フォーラム北九州実行委員会」が発足した。この実行委員会には筆者が所属する「新ガイドラインに異議あり！北九州行動会議」も事務局団体として参加している。

国会での審議が本格的になった三月、私たちは何とか街頭デモを実現したかったが正直なところ自分たちだけでは企画する自信がなかった。「フォーラム北九州実行委員会」としての最初の企画は、五〇〇人規模の屋外集会とデモだった。行動会議への動員要請は一〇名。自分たちが一〇名集まれば五〇〇人のガイドライン関連法案反対デモが実現すると、目標を五〇名と大幅に上方修正して頑張った。私たちの目標は達成できたが、労組の動員はいまいち。それでも二〇〇名を越す人数になり、ひさびさのデモ行進で元気が湧いてきたものである。筆者は北九州行動会議を代表して、「国会審議のヤマ場である一ヶ月後にもう一度集まりましょう」と訴えた。

しかし四月は地方選挙のまっただ中、二回目の集会・デモについて労働組合側は腰が重かった。四月二九日に福岡県フォーラムとして福岡市内で屋外大集会をするというのがだんだん膨らんで全九州規模の一万人集会になって、その動員要請にも応えなければという事情もあった。それをかなり強引に説得して四月二五日に北九州で二回目の集会・デモをおこなった。あいさつにたった北九州フォーラム実行委員長は「選挙動員で持ち駒を使い尽くした」と挨拶したが本音だったろう。にもかかわらず会場には前回を上回る労働組合傘下の労働者が集まり会場は熱気に包まれた。労組幹部が考える以上に下部労働者の新ガイドラインに対する危機感が強かったことのあらわれだろう。

四月二九日に開かれた「新ガイドライン法案を廃案へ！有事立法はいらない」全九州ブロック総決起集会には八〇〇〇名が結集、九州の労働組合がまだまだ健在であることを示した。総評時代の地区労働組合協議会（地区労）は解散が相次いでいるが、北九州市では門司区と若松区に地区労が残っている。五月六日、門司地区労では「新ガイドライン法案衆院通過」に抗議してJR門司駅前で七時からテントを張って一二時間の座り込みをおこなった。六月六日は参院通過に抗議する第二波の座り込みがおこなわれる予定になっている。法案が成立しても持続的に抗議の声をあげ続けようとする労働者の心意気が感じられる。労働者と市民の新しい出会いが始まっている。

自治体への働きかけ

ガイドライン関連法案の衆院通過が迫っていた四月二二日、北九市市議会総務財政委員会で前述の「福岡県フォーラム北九州実行委員会」と「北九州平和を考える市民の会」がガイドライン関連法案の慎重審議を求める請願と陳情が議題に取り上げられるというので傍聴に出かけた。

事務局が請願・陳情の文書を読み上げたあと、五分間の口頭による説明が許される。そのあと審議にはいるわけだが、発言は共産党議員だけ。委員長は結論は次の委員会でと閉会しようとする。慎重審議を求める請願なのに次回委員会までに衆院を通過するではないかと共産党議員が食い下がるがそれまで。委員会審議とはそのようなものだと思っていたので呆れはしたが驚かなかった。しかし、傍聴する際にもらった他の陳情項目を見た時は驚いてしまった。

「北朝鮮の対南革命策動から日本を守るための意見

書提出」

「朝鮮商工会に対する徴税実務の実態調査及び北朝鮮の秘密組織の破壊活動への対処を求める意見書提出」

「北朝鮮との国交樹立及び食料支援を行わないこと等を求める意見書提出」

である。委員会で特に驚きの声が起こらなかった様子をみると、この種の意見書はこれまでも出ているのだろうが、右翼勢力の日常的議会工作を目の当たりに見た思いだった。

政令都市ワースト三に入るに違いない北九州市はやっかいな相手である。これまでもいくつかの課題で行政の姿勢を変えようと交渉を持ったが、結局は糾弾に終わってしまわざるを得なかった経験を持っている。だからといってこのまま民間施設の軍事利用を許すわけにはいかない。説得であれ糾弾であれ揺さぶりをかけ続けることが必要であり、そのために乏しい知恵を振り絞って繰り返し挑戦するしかない。

さいわい、前述したように北九州周辺の自治体には、政治的には保守の立場に立つ首長でも、住民の平和な暮らしを大切にする自治体が少なからず存在する。昨年秋の北九州北東部自治体への申し入れ行動で培った住民ネットワークを活かして、周辺事態法九条を中心にした公開質問状を持って、ふたたび福岡県北東部自治体訪問を計画中である。何よりもそのことの意味を関係者で充分討論し、必要な資料収集や公開質問状の内容についても共同で練り上げる作業を重視したいと考えている。

周辺事態法が成立した五月二四日の翌日深夜、湯布院からメールが届いた。周辺事態法成立への九州共同声明（抗議アピール）への賛同依頼である。賛同の返信メールを出して、北九州行動会議でも独自の抗議アピールを行うことにした。

北九州では抗議の主体を個人・団体とし、抗議アピール原案をあちこちにファックスなどで送って賛同者を集めることにした。短期間の取り組みであったが私たちが予想した以上に多くの賛同が寄せられ、その中には昨年以来の申し入れ署名活動やいろいろな集会・行動でも出合えなかった人たちも多数含まれていた。私たちは小渕首相宛の抗議アピールを、

「私たちは、「政府の行為によって、再び戦争の惨禍」を繰り返すことのないよう、人類の英知と全国の

市民の良識を武器に、最後まで、徹底した「新ガイドライン」の発効、実施の動きに対してこれを阻止する取り組みを続けることを、ここに宣言し、今回の新ガイドライン関連法案成立に強く抗議します。」

と、結んだ。

周辺事態法を発動させないためにこれからも闘いと運動を持続させることの決意表明でもある。マラソンレースに例えれば、この一年間は、スタート直後の道路に出るまでのグラウンド内の若干ペースをあげた走り方であったが、これからはみずからの体力とスタミナ配分を考慮しながらの長距離走法に切り替える時期であると考えている。公開質問書を持っての福岡県北東部自治体訪問で、準備とプロセスを大切にしようとするのもその表れであり、腰を据えて状況と切り結びたいと考えている。

響きあう運動づくりを

ガイドライン関連法案が衆院を通過した四月二六日の午後一一時過ぎに北東部自治体への申し入れ行動を一緒にやっている飯塚市の女性からファックスが入った。一七時のニュースで関連法案が特別委員会で可決されたことに対して、山崎拓特別委員会委員長（福岡県）に抗議のファックスを送ったという。それには特別委員リスト（賛成した議員が左側に反対した議員が右側）が添えられていて、

「左列は犯罪者、その親分の山崎拓に上のような幼稚なさけびを送りました。（「オオッ」という勇ましい集団の文じゃないけど……）。

もうこれからは個がどう生きるか（どう闘うか）が問われる時代ですネ。そこで『戦争に荷担しない個の会』ただいま誕生!! オギャー」

と追記してあった。ここにこれからの運動（闘い）の原点がある。

筆者が編集発行人となっている『北九州かわら版』の読者（岡山県女性）から新ガイドラインに反対するチラシと署名用紙が送られてきた。彼女は『北九州かわら版』で紹介した斉間満氏（『南海日日新聞』）の文章に共感し、わかりやすいチランをつくって岡山県北で反対運動をしている友人から取り寄せた署名用紙と一緒に、友人へ手紙を書き送った。その手紙の中で、「日本はいったいどこへ向かって行こうとしているのか。愛する娘たちの将来は大丈夫だろうか？ 多く

の国民は賛成なんかじゃない。ただ知らないだけなんじゃないのか。」こう思いついた時、いても立ってもいられない気持ちで向かいました。」

と書いている。

「新ガイドラインに異議あり！北九州行動会議」という名称は、九七年秋におこなわれた「新ガイドラインに異議あり！全国キャラバン」からヒントをえたものであり、前述の地方自治体首長への申し入れ行動も、広島県の市民運動体がおこなった「許すな！新ガイドライン広島県全自治体キャラバン行動」に刺激を受けて自分たちのスタンスに変形して企画したものである。また、周辺事態法成立後に小渕首相宛に送った抗議アピールは湯布院からのメールに触発されたもので、抗議文の末尾も、九州共同声明の結語を借用している。

北九州行動会議の活動企画は、各地の運動体のアイディアにヒントを得たものが多いが、北九州での運動がまた、各地の運動に刺激を与えているに違いないと信じている。このように新ガイドライン関連法案に反対する人々が、相互に響きあい、刺激しあう運動を作りあげることが必要ではないか。

これまで述べてきたように、今年は年明けから新ガイドライン関連法案反対運動の諸企画が次々と行われたが、それと平行する形で『教えられなかった戦争・沖縄編』（高岩仁監督）の上映運動が実行委員会方式で進行していた。中心になっている女性は昨年末からその気で準備をすすめていたもので上映会の成功に向けて並々ならぬ決意できわめてエネルギッシュに取り組んだ。

彼女と市民運動との出会いは、冒頭に紹介した「沖縄列島」北九州上映運動に関わったことに始まる。三〇年前のことである。一部上場企業に就職して間もなかった彼女に企業はしつこく干渉し、毎日のように会議室に呼びつけて説得する（おどす）だけでなく一週間にわたって退社後の彼女を尾行してそれを持って両親に「お宅の娘さんはとんでもない人間とつきあっている」と圧力をかけた。しかし彼女は一時家出をするやら人権擁護委員会に提訴するやらたいへんだったが最後まで屈しなかった。二〇年後、彼女は自分が勤めている企業がアジアへ公害輸出をしたことを社会的に厳しく糾弾することで、三〇年前の市民運動との出会いが一過性なものでなかったことを明らかにした。

今年二月、偶然『沖縄列島』のビデオを入手した彼

自宅書斎での村田久、2001年4月

女は、「上映会までの過程があまりにも強烈だったので、映画の内容は全然憶えていないのです。もっとも裏方で上映会当日は受付などでほとんど映画を観ていないとは思うのですが、それにしてもきれいさっぱり記憶にないというのは我ながら呆れています。」と苦笑する。そして、

「改めて観ても古くありません。それを当時一緒に活動した友人に言うと、『沖縄の現状が変わってないからよ』と言われて返す言葉がありませんでした。」

と付け加えた。

七月一〇日の上映会には、六三〇名が参加、高岩監督の講演も参加者に深い感銘を与えた。高岩監督の講演を聴いた直方市（北九州市から一時間）の女性は、戦争がどうして起こるかを伝えるためには、『教えられなかった戦争・フィリピン編』上映から始めなければ、と『フィリピン編』上映運動を準備期間を半年間とって取り組みを開始している。

飯塚の女性が特別委員会可決のニュースを聞いてすぐに抗議ファックスを山崎拓に送り、岡山の女性が「いても立ってもいられない気持ち」で分かりやすい手書きのチラシをつくって友人にガイドライン反対の

署名を頼む。運動を進めるためには情勢分析も必要だし、方針も欠かせない。しかし、何よりも重要なのは「いても立ってもいられない」行動エネルギーではないだろうか。

女性が動き出したときに状況は変化する。北九州市攻略に手を焼いている「新ガイドラインに異議あり！北九州行動会議」には女性パワーが欠けているのかも。（『インパクション』114号に掲載したものを加筆・修正）

（『戦争協力への道を阻止するために、これからの運動のあり方を探る周辺事態法反対運動を軸とした合宿討論会　資料集』新ガイドラインに異議あり！北九州行動会議、一九九九年一〇月一六日）

「市民戦線」から「民の党」へ

纐纈厚《こうけつ》さんのイメージにふれて

さる八月一五日、纐纈さんとJR小倉駅ビルの喫茶店で佐世保合宿についての相談をした。

第一回合宿討論会を北九州で開催したいきさつもあり、第二回合宿討論会開催が気になりながらも、準備をためらっていた私にとって纐纈さんとの二時間は、第二回開催準備に弾みをつけるものとなった。

昨年、今年の合宿討論会について私のイメージは、「意見の異なる人々がぶっつかりながらもお互いに学びあい、相互の意見を練り合わせるかたちで状況認識を共有し、知恵と力を貸しあう共同行動への道を模索する」

「地域に根をおろし、相互に響きあう関係の運動づくり」

である。

「反基地・平和運動の共同の運動（闘争）を具体的にどのように展開するのか、その態勢をどうするのか」について、深い関心を持っている私にとって、「講演記録集」に収録されている講演会終了後の参加者との質疑は刺激的であった。

短い時間の中での応答であるので、纐纈さんのこれからの運動のあり方についてのイメージ・メモと受け止め、「もし、自分がその場に居合わせて、発言する機会があれば……」を想定しての私のコメントである。

前提としての相互信頼関係

「市民戦線」から「民の党」へ、あるいは「民の党」を支える「市民戦線」。表現はユニークではあるが、それに似た形態はうんざりするほど作られてきたし、政治組織まではいたらないまでも、課題ごとに「市民戦線」に似た「○○協議会」（最近は「○○ネットワーク」がトレンディ）が数多く形成されていて、それぞれ活動をおこなっている。

環境・人権・教育問題などの領域ではほとんど問題にならないが、こと「反基地・平和運動」のような政治問題と密接な関係のある領域になると、そう簡単にはいかない。

あまりにも多く登場する「市民（大衆）運動戦線」を分かりやすく理解（分類）する方法として「○○党派系」ついには「○○グループ」という個人名まで登場する。それはそれで分かりやすくて（?）便利ではあるが、そのように表現する背景には、そこでイニシアティブをとっている部分への距離感なり不信感がある。

「意見の違いがあるからこそ討論することに意義があり、そのことによって相互の認識が深化される関係」がなかなか実現せずに「意見の違いが縁の切れ目」になってしまうのは、大前提としての「相互信頼関係の欠如」が大きな要因ではないだろうか。

この「相互信頼関係」は、共通の意志のもとで同じ空間・時間を共有する共同行動の積み重ねの中で少しずつ醸成されるものである、と私は考えている。

私は毎月「二の日」に築城基地正門ゲート前で一一年間にわたって続けられている一時間の座り込み行動に参加している。常連というにはまだおこがましい立場であるが、この座り込み行動には、いろいろな立場の人が参加していてそれぞれが持ち込むチラシが配られたりさまざまな署名活動アピールがある。有機農業を営んでいるメンバーが野菜や卵などの販売もおこなう。参加している人の大部分はお互いに顔なじみで、久しぶりに出会った人と近況を語り合う雰囲気はほほえましい。そのような場にまだなじめない人たちも参加している。先ほどの「分類」に従えば、「内ゲバ容認派」に区分される人たちが「呉越同舟」風に同じ空間・時間を共有している。時には「アナーキストグループ」を自称する若者がナップザックの中に愛用の

1989年から毎月「２の日」に行われてきた築城基地座り込み行動は多彩な人が顔を出す。1998年４月２日、後列右から村田久、渡辺ひろ子、松下竜一、宇井純、山口勲などが見える

アナーキスト七つ道具をしのばせて参加したり、夏休みの平和学習の一環として基地見学に来た中学生グループが訪れることもある。

この座り込み行動は、共同行動としてはあまりにもささやかなものであるが、「出会いの場」として機能すると同時に、参加者の間に少しずつではあるが「相互信頼関係」が育まれていくことを確信している。

共同行動の積み重ねの中で

私は「市民戦線」から「民の党」へという道筋そのものに異論を唱えるつもりはない。名称はなんであれ、「共通の敵を共同の力で打ち倒す」ためには、運動論だけではなくそれを支える態勢（組織論）およびそれを政治日程にのせるための戦略論が必要と考えるからである。

問題はその中身にある。「総論では賛成しても各論になるとあまりにもいろいろな意見が出てまとまらない」。そのことをどう克服するのかが私たちが乗り越えなければいけない課題ではないだろうか。

その解決にとっておきのプランを持ち合わせているわけではないが、「反基地・平和運動」をキーワードにした「具体的な共同行動」を積み重ねる中でこそ、共同戦線に必要な相互信頼関係を育んでいけるのではないかと考えている。

いま私たちにとって必要なことは、共同行動の具体的なプログラムを策定して、その実現と成功に向けて行動することであり、その過程で共同行動を支える「あるべき態勢」についても模索したい。

五本の指

「共同行動」を実現し成功させるためには、個人あるいは集団がイニシアティブをとることが必要である。纐纈さんは「リーダー」という表現をされているが、私は「コーディネーター」と表現したい。イニシアティブ・リーダー・コーディネーターは、その語感から各人が感じる響きはさまざまであり、それがまた誤解される原因ともなるので、言葉の使い方はややこしい。

纐纈さんのイメージする「リーダー」と私がイメージする「コーディネーター」はニュアンスが微妙に違うが、何らかの形で局面をリードする存在の必要性を提起している点は共通していると思う。

私の好きな言葉を紹介しよう。

五本の指はすべて力が違う。
形も違う、立場も違う。
だがその一つ一つの役割は大きい。
五本の指全部が協力し、理解し、
団結すれば何事も簡単にできる。
だが、出来たときに威張る指はない。

阿《あ》波《は》根《ごん》昌《しょう》鴻《こう》（沖縄・伊江島）

（一九九七年訪ねてきた小学生への言葉）

とりわけ、「出来たときに威張る指はない」はすばらしい。

いまの世に、志を曲げずに状況に挑戦し続けるためには、それなりの決意を持ち続け集団を形成することは当然であり必要でもあるが、「自分・たちの担ったもの」をことさらに誇示する風潮を戒めるのにふさわしい阿波根昌鴻さんからのメッセージである。

（『北九州かわら版別冊　第2回合宿討論会に向けて』第3号、二〇〇〇年一一月五日）

第Ⅲ期サークル村

『幻影のコンミューン』との出会い

予 感

今年二月末、「『サークル村』に入っていた村田さんですか?」という電話を受けた。三〇年以上も音信の途絶えていたKさんからである。

新聞に掲載された私の短いコメントに目がとまり、もしやと思って電話したのだという。電話番号はインターネットで検索したそうである。インターネットのすごさと怖さを痛感した。

一九五八年から六一年まで、九州・山口を舞台に月刊『サークル村』発行を軸にした文化思想運動があった。中心はすでに故人となられた谷川雁、上野英信さんで、筑豊(中間《なかま》市)を拠点にしていた。

当時二〇代前半だった私は、一会員として参加、Kさんはその当時の仲間である。久しぶりに会ったKさんは、「自分たちにとって『サークル村』は何であったのか」を総括する必要があるのではなかろうかと言い、私も同感した。

『幻影のコンミューン』との出会い

それから二ヶ月も経ないで、私は『幻影のコンミューン』(二〇〇一年四月二〇日刊)と出会った。この本を手にしたとき、一九五八年から六一年にかけてのさまざまな記憶が脳裏をかすめた。Kさんとの再会直後のことで、因縁めいたものを感じた。そして、私たちより若干若い世代の松原新一さん(著者)とどう考えてもそんなに売れそうにもない本をあえて出した出版社(創言社)の編集者に、「なぜ、いま『サークル村』なんですか」と直接問いかけたいという思いに駆られた。

それは意外に早く訪れ五月末に著者と創言社の人たちと会うことができて、私の疑問は氷解したが、当事者でさえ忘れかけている『サークル村』の運動を評価している人たちがいるのは驚きだったし、改めて、「自分にとって『サークル村』は何だったのか」と、それ以降四〇年にわたる自分たちの人生を振り返るきっかけにもなった。

そのようないきさつの中で、四〇年ぶりに元『サークル村』編集委員の何人かと相談して、『幻影のコンミューン』出版を契機にした集いを企画することになった。

『幻影のコンミューン』読後感

『幻影のコンミューン』には、「『サークル村』を検証する」という副題がつけられているが、その検証作業は、雑誌『サークル村』とその運動の中で発行された『無名通信』など、活字で残されているものを資料としておこなわれている。

「さすがに文芸評論家」と表現したくなるほど、『サークル村』の運動軌跡を客観的にとらえていて、渦中に巻き込まれた当事者からは見えづらい、あるいは把握しきれない『サークル村』の全体像を鳥瞰することができる。

しかし、『サークル村』の運動は、単に文学を志す人々の集まりではなく、その当時「芸術派」「政治派」「大衆派」と区分されていたさまざまなサークル運動関係者が集っていて、その表現方法が文字による『サークル村』であったに過ぎない。

したがって、もし『サークル村』を検証するとすれば、『サークル村』に集った無名の労働者、農民の文字に表現することが出来ない苦吟を検証しなければならないだろう。もちろん、それを著者に望むのは酷というものであり、それをおこなうべきは、『サークル村』に関わった者たちに課せられた課題であろう。

『サークル村』運動は、時代的には六〇年安保を間に挟み、「総資本対総労働の闘い」といわれた三池闘争があった。三池闘争敗北後、『サークル村』が拠点にしていた中間では、大正炭坑閉山にともなう「退職者同盟」の激しい闘いがあった。いわば「後退戦」ともいうべき闘争の思想的な支えとして『サークル村』が果たした役割は大きいと考えている。

前述の『幻影のコンミューン』出版を契機にした集いの副題のひとつを、「私・たちにとって、『サークル村』は何であったのか」としている所以である。

私にとっての『サークル村』

『サークル村』は、その後四〇年以上の私の人生に決定的な影響を与えている。だから、標題を語るということは、がむしゃらに突き進んできた私の人生そのものを振り返る（総括する）作業にほかならないが、この限られた誌面では到底無理であり、また、その余裕もいまの私にはないので別の機会にゆずりたい。

ただ、言語表現をもっとも苦手とする私が、六〇年代後半にガリ版刷りの『わが「おきなわ」』発行に携わって以来どれほど多くのミニコミ発行に携わってきたことか。そして、いまなお『北九州かわら版』発行人としてミニコミに執着しているのも、ひとえに『サークル村』の影響である。

民衆運動を集団的にすすめるためには、態勢ないしある種の組織（枠組み）が必要であることは言をまたないが、私はそれが苦手である。

それもまた『サークル村』に端を発している後遺症なのかも知れない。

一一月一七日の集いは、よくある出版記念パーティでもなく、昔の仲間が回想談に興ずる場でもない。「現在」の視点から四〇年前を照射する場である。

（『北九州かわら版』第183号、二〇〇一年一一月五日）

編集後記にかえて

◆前号（一一号）を発行したのが昨年八月。ようやく終刊号を発行することができた。ガリ刷りの『第Ⅱ期サークル村』は終刊を宣言することなくひっそりと幕を閉じた。掲載予定だった約一〇〇枚の創作は日の目をみることなく原稿用紙のままになった。ペンネームであったが故に誰の作品であったかどうかも判らないままである。それに比べると予定よりも一年四ヶ月ほど遅れたとはいえ、終刊宣言をすることができたのはよしとすべきか。

◆『第Ⅲ期サークル村』発行のそもそものきっかけは、『幻影のコンミューン』（松原新一著、創言社、二〇〇一年四月刊）である。私は一九六九年に「おきなわを考える会（ミニコミ『わが「おきなわ」』を発行）」に関わって以来、今日まであれやこれやの運動に関わり続けて、いまなお社会運動の現役であることを自負している。しかし、『サークル村』のことはすっかり忘れていた三十数年間であった。

『幻影のコンミューン』は『西日本新聞』に連載さ

れたものを下敷きにしたものだということも私は初耳だった。私は、著者は年代的にも『サークル村』のメンバーではなさそうだ。今にして『サークル村』をテーマにした本を出した著者にぜひ会ってみたい。また、こういう本を今頃出しても売れるはずがない、これを企画した編集者や出版社にもビックリした。私は創言社に電話をした。電話に出たのは編集者の坂口博さん。坂口さんの紹介で著者の松原さん、創言社社長と会食する機会を得た。私が電話をしたときに坂口さんが居合わせなかったら、「故『サークル村』関係者を偲ぶ集い」を企画することもなかったろうし、『第Ⅲ期サークル村』も誕生しなかったに違いない。

◆坂口さん、松原さんと出会ってから半年後、『幻影のコンミューン』出版を契機に「故『サークル村』関係者を偲ぶ集い」を開催（二〇〇一年一一月）したが、私の問題意識は次のようなものであった。

「『サークル村』運動に次の世代に伝えるものがあるのかどうか」、すなわち、「いま、何故『サークル村』なのか」である。

『幻影のコンミューン』には「『サークル村』を検証する」という副題がつけられていて、雑誌『サークル村』とその運動の中で発行された『無名通信』など活字で残されているものを資料として検証作業がおこなわれている。しかし、『サークル村』の運動は、単に文学を志す人々の集まりではなく、その当時「芸術派」「政治派」「大衆派」と区分されていたさまざまなサークル運動関係者が集っていて、その表現方法が文字によるものが『サークル村』であったに過ぎない。したがって、もし『サークル村』を検証するとすれば、『サークル村』に集った無名の労働者、農民の文字に表現することができない苦吟を検証しなければならない。それを著者に望むのは酷というものであり、それは『サークル村』に関わったひとりひとりに課せられた課題ではないのか。

（『第三期サークル村』村びらき準備号、二〇〇三年三月）

◆「偲ぶ会」から一年近い時が流れた。翌二〇〇二年九月、「故谷川雁（流水院盤石居士）を偲ぶ集い」を旧『サークル村』有志で企画した。つまり谷川雁の墓参り（円光寺・熊本県松橋）ツアーである。宿泊は谷川雁ゆかりの地、水俣である。ワイワイガヤガヤの楽しいツアーであった。その翌日、水俣で谷川雁と一緒にサークル活動をしていた松本勉さんから中間に居を移す前の谷川雁の話を聞いた。時間の都合で詳しく話を聞けなかったことを残念に思った加藤重一さんと私は、二ヶ月後に再び水俣を訪れて、湯の鶴温泉に松本さんと一緒に泊まり、酒もすすみ、あれこれの談義に時間を忘れた。

その翌朝、前夜の盛り上がりをそのままにするのが惜しく思った三人は、同人誌の発行を思い立った。

そのときの私の気持としては、七〇年代からずっとやって来た三菱化成相手の喧嘩をまとめておきたいという気持があり、加藤重一さんは大正闘争に関する資料を整理したい。松本さんは『みずがね』をできるだけ多くの人に読んでもらうために、再掲になるけれども載せてもよいという話になった。

普通、同人誌というのは思い立った人間がある種のコンセプト、この雑誌はこういう趣旨ですという目標を掲げてスタートするものである。ところが私たちはそんなものがまったくなしに、ともかく三人が集まってやるということで、そういう意味でのコンセプトはせいぜいそれぞれが自分の書きたいものを載せるということだった。

そのときの話では、とにかく我々もトシだから、ずっとやるということにはならない。三年間で一二回ならやれるだろうということで、有限の『第Ⅲ期サークル村』を発足させることにした。

もう一つは、お金の問題。製作を外注するとなると有料の定期購読者を獲得しなくてはいけない。有料読者が少なくなると単価があがる、という悪循環に陥って同人誌というのは財政的に行き詰まることになる。そういうことも配慮して手作りに徹しようということになった。

それから楽しくないのはやめよう、ということも話題になった。

その時の申し合わせが、

○季刊発行で、思いたったメンバーの年齢、健康面からの制約期限は三年間とあらかじめ限定する。それは「状況に打って出る」というよりも「己の人生を整理する場」にアクセントを置きたい。

○「発行作業は、徹頭徹尾愉しいものであること」

○「財政的に無理がないこと」
つまり遊び心にあふれた手作り
(『第Ⅲ期サークル村』準備号での「呼びかけ」、二〇〇三年七月)

となって、『第Ⅲ期サークル村』は発足した。

◆私が『第Ⅲ期サークル村』発足時に意図していたものは、「次の世代に何を伝えるのか」である。それを文章で残したいと思った。

それが何であるのかは、まだ充分に整理されていないが、「少なくともこれだけは」というのが一五歳から六〇歳まで勤めた三菱化成(現三菱化学)での二つのでき事である。

一つは、一九七二年から二年間、工場での労災闘争であり、もうひとつは、それから十数年後にマレーシア・ブキメラ村でおこした放射性廃棄物による環境汚染(公害輸出)について、企業姿勢を問うた運動である。

前者の労災闘争は、毎週二回、午前五時半からの二時間、三〇〇〇枚のガリ刷りのビラ『労災ぼくめつ』を出勤途上の労働者へ配布する活動を軸にしたもので、このビラ配布は六九週間続いた。私は闘争が始まるとすぐに工場を出され、定年退職までの二三年間、社業に寄与することのない窓際族としての生活を送ることになるのだが。

見かけは私の孤独な闘いにみえたが、私と同じ職場で働いていたが故に、さまざまないじめや嫌がらせに耐えながら毎週のガリきりに協力した連れ合い(村田和子)の存在と、カネミ油症患者や地域の住民運動の支えがあればこそ貫徹できた労災闘争であった。

その時の『労災ぼくめつ』は粗悪なザラ紙のせいもあって、今では判読が難しくなっているが、私にとっては貴重なものである。

『第Ⅲ期サークル村』はその当時の資料を整理する絶好の機会となり、「大企業の向こうずねを蹴る」という標題で、八回にわたって連載した。

当初の予定では、一二回発行予定の『第Ⅲ期サークル村』の前半六回を労災闘争に費やし、後半を労災闘争集結から十数年後の子会社ARE社がマレーシア・ブキメラ村でおこした放射性廃棄物による環境汚染(公害輸出)について、企業姿勢を問うた運動資料の整理に当てる予定だった。

この運動は、長年職場のいじめに耐え抜いた村田和子が前面にでて、私は裏方にまわった運動である。

ブキメラ村住民を招請してのキャンペーン企画は、『毎日新聞』のワイドふくおか版で「企業内告発」として大きく紹介された。労災闘争で浮かされていた私と違って、よもやと思われた村田和子の登場は、マスコミ取材の追い風もあって企業・職場の労働者に与えたインパクトはたいへんなものがあった。現地住民の闘争によって、三菱化成は九四年にマレーシアからの撤退を表明することで一応の決着がついたが、環境汚染により白血病などの健康障がいに苦しむ子供たちへの医薬援助活動など現在もブキメラ村へのかかわりを続けている。

ここでも『ブキメラ村から』というミニコミを発行し、それは今の『北九州かわら版』へと引き継がれている。

『幻影のコンミューン』との出逢いで、六九年にガリ版刷りの『わが「おきなわ」』発行に携わって以来多くのミニコミ発行に携わり、いまなお『北九州かわら版』の発行人としてミニコミに執着しているのは、二〇代前半に出会った『サークル村』の影響であることを思い起こさせた。このミニコミ遍歴と『サークル村』との関係についても整理したいと考えた。

◆『第Ⅲ期サークル村』は滑り出し好調だった。製本だけはプロに頼んで、印刷・丁合作業は、平均年齢が七〇歳を越す旧サークル村の面々。「新聞配達千夜一夜」を連載している坂本次郎さんが加わっての単純作業。それは結構楽しいひとときであった。

『サークル村』に関心を持つ若い世代との出逢いもあり、『第Ⅲ期サークル村』を思い立って事務局を担っている私たち（加藤・村田）は、「ひょっとしたら、三年後に引き継いでくれるメンバーが現れるやも」と幻想を抱かしめる程であった。

しかし、肝心な所で読みが甘かった。実務を担っている事務局の環境である。

『第Ⅲ期サークル村』は、箱根駅伝風にいえば復路に入った。四八年前の『サークル村』洗骨作業の進捗はいまいち。往路の課題のひとつである。

しかし、往路を少しオーバーペースで走った感があって、村役場書記の息づかいが荒くなっている。駅伝とちがってたすきを渡す相手が見つからないままの走りなので無理もない。

本号印刷予定日の二日前というのにまだ版下が届かない。電話で進捗を聞くと、昨夜は徹夜で版下作成をしたと電話の声も元気がない。というよりも「切れる」寸前の言葉付き。

まもなく七〇歳になろうかというのに徹夜とは……。

連れ合いは「ちょっとの区間でも、代走したらどう」と心配顔である（村田）。（第七号「編集後記」）

2003年８月、タイ南部にあったマラヤ共産党の基地（現在は観光地）へ向かう船上でブキメラの人たちと「インターナショナル」を歌う

加藤さんが体調不良でダウンしたことで、八号の発行は半年遅れた。
事務局代行を引き受けた私は、二〇〇四年夏から、花崎皋平さん（哲学者・小樽在住）と共同で、「田をつくる」運動を始めていた。「田をつくる」という言葉から農業問題の運動と誤解されやすいが、故前田俊彦さんの『百姓は米をつくらず田をつくる』（海鳥社、二〇〇三年、編注）から借用したもので、「田をつくる」運動とは、花崎さんの言葉を借りれば、
私たちは、この間の状況、政治の右傾化、極端な国粋主義に抵抗しながらも、じりじりと押されてきた状況を逆転させるには、長期的な構想のもとで、五〇年、一〇〇年先を見据えて「田をつくる」、す

なわち地域に根を張って揺るがない思想を育てることが重要ではないかと考えています。人と人とが人格的に出会い、語り合い、気脈を通じる、そのわざがお互いにとっての教育、相互の影響として作用するような場をつくりたいと思いました。

また、二〇〇四年暮れに『新日本文学』が652号で終刊となり、最後の編集長だった鎌田慧さんの編集後記の一節、「この号で新日本文学会は解散、雑誌は廃刊にする。現実を切りひらく表現運動はますます必要な時代に、である」が、胸に響いた。

そのころ私は、『第Ⅲ期サークル村』に「大企業の向こうずねを蹴る」を連載中だったので、花崎さんの「五〇年、一〇〇年を見据えた揺るがない思想の構築」を私は新しい文化・思想運動ととらえた。

『田をつくる』運動のキーワードは、「日本をどうするのか」であり、その作業を学者・研究者に依拠するのではなくて地域で現場を担っている人たちとおこなおうというものである。

しかし、地域で現場を担っている人たちは、抱えている現実的課題の取り組みに忙殺されているという現状があり、「日本をどうするのか」と問いかけられても困惑の表情は隠せない。必然的に全国各地にでかけることが多くなり、私はニュースレター『田をつくる』（B5判二〇頁の小冊子）の編集を引き受けた（これまで二〇号を発行）。

そのぶん、『第Ⅲ期サークル村』にさく時間が減少して、「大企業の向こうずねを蹴る」第二部の三菱化成の公害輸出を問う運動のまとめは挫折した。

◆私は、『第Ⅲ期サークル村』村びらきにあたって、「……もし『サークル村』を検証するとすれば、『サークル村』に集った無名の労働者、農民の文字に表現することができない苦吟を検証しなければならないだろう」と書いた。

そのひとりとして、「私にとってサークル村は何であったのか」を書かねばならないと考えてきた。

せめて終刊号にはと思いながらも結局書き終えることができないまま、いずれは書かねばならない宿題として残ってしまった。

（『第Ⅲ期サークル村』第12号、二〇〇七年一二月三〇日）

第七章　長期的な志を軸に

田をつくる

2004－2010年

1991年1月24日　第三種郵便物認可

北九州
かわら版

2005年5月号
（通巻220号）

田をつくる（1）

2005「田をつくる」in米子（米子シンポ）

□米子シンポへの思い
◆自治体の議席は、地域運動の欠かせないツール◆　中川　健作

□賛同者のプロフィル

□百姓は米をつくらず田をつくる
◆山形から◆　菅野　芳秀

□甘酒と味噌　大沼　淳一

□インターネット会議室　津林邦夫・花崎皋平・村田久

『田をつくる』第1号表紙

解題　村田久さんとの出会いと共同の活動

花崎皋平

私が村田さんに会ったのは、一九八一年、日向市で開かれた第二回「九州・山口のエネルギー基地化とたたかう合宿討論会」でした。一九八〇年から、私は札幌を拠点に、「地域をひらく」シンポジウム運動を呼びかけ、全国各地の市民住民運動の交流を図ろうとしていました。この合宿討論会に参加して、九州の住民運動の層の厚みに感心すると共に、「地域シンポジウム」運動との課題、方向の一致を知りました。

「地域をひらく」シンポジウムへの村田さんの出席は、一九八二年、第三回名古屋集会からでしたが、関係は次第に深まり、第五回地域シンポジウムは、熊本の玉名温泉で開催することができました。このときは九州の合宿運動の最終回を兼ね、村田さんが中心になってくださいました。その後、一九八九年の、ピープルズプラン21世紀国際民衆行事という、日本列島を縦断しての大きな企てでは、南と北で、村田さんは「強制連行の跡を若者とたどる旅」の、私は「世界先住民族会議」の運営に努力しました。

一九九〇年代、村田さん夫妻は、マレーシアのブキメラ村に通い、三菱化成の現地工場の核廃棄物投棄による地域と住民の被害、汚染問題に力を入れられました。私はアイヌ民族への関係を深め、差別糾弾闘争や国際連帯の活動に力を入れました。アイヌ代表をフィリピンでの先住民族会議や先住民族の祭りに案内したりしました。一方、北海道の泊原発と幌延の核廃棄物貯蔵施設設置反対の運動にも参加しました。

二〇〇三年一二月六〜七日　アメリカのイラク侵略、自衛隊のイラク派兵という事態に対応して、「ほっかいどうピースネット」結成の合宿に、村田夫妻が来道されました。

さらに翌二〇〇四年二月一四日「北海道から平和発信！イラク派兵を認めない！全国交流会」に各地から活動家が札幌に集まりました。村田夫妻も来会され、そこで私たちが「田をつくる」を始める気運がうまれました。

二〇〇四年四月、イラク戦争が激化し、日本人三名

（うち二人は北海道出身）がイラクで民兵組織に拘束され、自衛隊を三日以内に撤退させなければ殺害するという通告をうけました。その事態に、ピースネットに加わっていたさっぽろ自由学校「遊」の有志を中心に、三人の救援活動が行われ、幸いに人質の救出ができました。

七月一七日に沖縄大学地域研究所シンポジウムに参加し、鹿野政直、新崎盛暉両氏と三人で報告をしました。私は沖縄金武湾での石油備蓄基地反対運動に力を尽くされた安里清信《あさとせいしん》さんの思想について話しました。

沖縄からの帰り、九州に寄り、「故松下竜一さんを偲ぶ会」に参加し、そのあと村田夫妻と阿蘇に泊まってゆっくり話し合いました。そして、翌年、米子市の市民運動のキーパーソンだった冬村達夫さんの一周忌にあわせて、これからの五〇年の社会・文化・政治の構築について論じあう催しを準備しようという合意に達しました。私たちの共通点は地域に根ざした活動の横断的なつながりをつくるという点にありました。村田さんのキーワードは、「課題・領域を越えた交流と連帯を」でした。

村田さんと私は育ちも気質もちがうのに、私には、最初に会ったときから話のうまがとても合うように思えました。村田さんはすぐに、自分が発行していたミニコミ誌『北九州かわら版』を開放して、社会運動の立場から五〇年後、一〇〇年後を展望する議論の場を設けてくださいました。

米子シンポジウムは二〇〇五年七月三〇日と八月一日、全国から三四名の参加者を得て開催されました。呼びかけ文が掲げた「あるべき（オルタナティブな）社会のビジョンを構想し、それに立つ長期的な道筋（運動論・組織論をふくめて）意見交換をする場」にしたいという目標達成からは遠く、活動者経験の交流合宿にとどまりましたが、これは呼びかけた村田・花崎の準備不足、力不足のためであると同時に、参加者の活動、経験が個別具体的課題に集中し、ビジョンを描くことへの思いが熟していなかったことにもよっていました。このことは、いまもなお続いている民衆運動の弱さであるように思えます。

反面、『田をつくる』ニュースレターの継続発行に見通しが立ちました。これはもっぱら村田さんのイニシアティブでした。『田をつくる』ニュースレターは、このあと、二〇〇九年九月二五日発行の第三〇号、山形県長井市でのシンポジウムの報告まで隔月刊で発行されました。

「田をつくる」運動の二年目、二〇〇六年、村田さんと私は二人旅を始めました。二月に、栃木の田中正造大学二〇周年記念シンポジウムに参加し、交流が出来ました。私はこの大学の人びととは懇意でしたが、村田さんは初めてで、交流できてとてもよかったという感想でした。四月一日には、三里塚空港建設に反対して闘った現地の人たちが立ち上げた「地球的規模の実験村」の「年次寄り合い」に参加し、共催で『田をつくる』のミニシンポジウムを行うことが出来ました。このときの討論では「入り会い」の思想についてなど重要な問題提起がありました。

八月には金沢でミニシンポを行いましたが、経験交流を超えることはなかなか難しいのを感じました。私たちの問題提起に議論を引き出す力が足りないためでした。そのことの反省から、まず私たち二人のあいだで議論の呼び水になるような問題提起の公開書簡を交換しようと話し合い、一往復の書簡を『田をつくる』誌上で交わしました。そのなかで共有した政治の危機的状況は、今読んでみるといっそう深まっており、私たちの憂慮は杞憂ではありませんでした。

この年前半、私はハンセン病療養所での強制堕胎によって残された胎児標本の焼却処分に反対する市民の会の活動にかかわっていました。八月にはピープルズプラン研究所が企画した「中国農村を訪ねる旅」に加わりました。

一〇月には、韓国の光州と益山へ、光州事件と東学農民戦争の歴史を学ぶ旅に参加しました。このようにあちこち歩きまわりながら、「田をつくる」の運動をどうしたらいいか悩んでいました。この間、村田さんは九州の「土呂久・松尾三五年企画」に参加され、年が明けて二月には、大阪で「第一〇回ゆるすな!憲法改悪・市民運動全国交流集会」が開かれ、村田さんが参加。ニュースレター三月号の編集後記で、村田さんは第二回シンポジウムの開催地探し、事務局後継者探しはままならなかったと書かれています。

二〇〇七年三月号から『田をつくる』ニュースレターは第三期になりました。私は二月末からフィリピンのネグロス島へ、札幌のオルタトレード研修旅行に加わって出かけてきました。五月にはピープルズプラン研究所との共催で「グローバリゼーションに対抗する主体?」というミニ討論会を開催しました。

村田さんは春から在所の水巻町の頃末南区自治会六六〇世帯約一六〇〇名の会長を引き受けて、多忙を極めるようになられました。その活動で『田をつくる』の発行がおくれたことのお詫びが第18号(二〇〇七年七月号)にのっています。村田さん自身は、日常暮らしている地域での自治会活動を、「地域とはなんであるのか、地域の再生は可能であるのか」などについての、あたらしい経験としてとらえておられました。

一一月に私は大阪で村田さんと合流し、関西、岡山、広島、下関、福岡と市民住民運動グループを歴訪して、「田をつくる」の趣旨を話し、連携の可能性をさぐりました。この二人旅は、私たちにとっては実り多いものでした。

第二回の「田をつくる」全国シンポジウムは、二〇〇八年二月に、山形県長井市のレインボープラン・グループにお願いして開催することにこぎつけました。

論議する課題としては、次世代への課題と経験の継承について、これからの社会、政治運動に求められる思想について、の二つをあげました。シンポジウムでは、開催現地からの報告「レインボープランの事業と課題・展望」を受け、「農」をキーワードにした分科会と次世代への継承の分科会で出席者の議論が行われました。このシンポジウムを通じて、めざすべき次の社会の一つの姿が浮かび上がってきたように思えました。それは、それまでの地域民衆の社会的文化的な蓄積を破壊する開発や発展を拒否し、自分たちの共同の力で築き、育てたものをまもり、充実させる社会的なあり方です。長井市の循環型社会をつくるレインボープランと次世代を育てる寿限無塾がそのヒントになりました。札幌の自由学校も共通の方向性を持っています。「農」の危機は以前から語られてきましたが、TPP問題を通じて、それが最終局面に来ていることが意識されています。その状況からの脱出路は、地産地消の循環型社会を作ることによるしかありません。そういう点で、かなり共通認識をえることができたと思います。

次世代への継承問題は、自主自前の学習運動以外の具体案は得られませんでした。この問題は、連続的な継承を期待するだけではなく、非連続な、湧き水型の継承を信じて、地下水をためたり、一隅を照らし続けたりの努力を怠らないことで、次世代の自由な選択に

花崎皋平さん（左）と村田久。
2008年6月8日、第4回竜一忌にて

よる継承を期待するべきではないかと思っています。

長井でのシンポジウムをもって「田をつくる」の運動は終わりになりました。村田久さん逝き、次の世代の担い手の一人、越田清和さん逝き、戦後の政治社会運動をになってきた人たちもつぎつぎに姿を消しつつあります。今当面している暗黒政治との闘いは、あたらしい担い手を待っています。

米子シンポジウムに向けて

閑話休題1

□■マルクス主義が日本に伝わって以来、資本主義打倒のためにさまざまな政治諸潮流が活動をして来た。とりわけ六〇年安保以降、「新左翼」と呼ばれる政治諸潮流が雨後の筍のごとくつくられ、そして分岐。その全体像は研究者の研究対象になっている感がある。
そのような中での「田をつくる」運動の提起は、「何十番目かの党派形成なのか」と解されてもやむを得ない面がある。

「そうではないとしたら、どのような運動なのか」と聞かれても、適当な言葉が見つからないでいる。
□■「田をつくる」運動の前方は深い霧に包まれていて見通しがきかない。「米子シンポ」で少しは視界が開けるとよいのだが。
記憶の闇から、「展望は与えられるものではない。

切り開くものだ」という言葉が浮かび上がってきた。

□■これまでの『北九州かわら版』で書いていたものとまったく違う私の文体を見て、連れ合いは、「そんなに肩に力を入れて、どうするのよ。つねづね太極拳の先生から、全身の緊張をとって意識だけをしゃんとするようにと、注意されているじゃないの」と、あきれ顔である。

（『田をつくる』第I期第2号、二〇〇五年六月一〇日）

閑話休題2

□■「米子シンポ」まであと一週間。参加申込み者は、部分参加を含めて三五名。そのうち私が初対面の人は一一名。おそらく大部分の人たちは始めて出会う人が二〇名を越すに違いない。

「田をつくる」という茫漠としたイメージの呼びかけに、貴重な時間をやりくりし、乏しい財布をはたいて参加する人たちの期待に応える集いが実現するかどうか。強気で準備を進めてきた私だが、土壇場で不安が脳裏をよぎる。いや、そんな弱気なことでどうするというのだ。ここに至れば精一杯の努力をするしかないではないか。

□■集いの内容を豊かにするために、いくつかの切り口を準備した。使用される言語はもちろん日本語である。日常会話は支障ないだろう。しかし、討論の過程でそれぞれが日本語で語る言葉をどれだけ共有することができるだろう。限られた時間で対手に自分の考えを伝えるためには、言葉を選び、凝縮させ、かつ論理的に語らなければいけない。だが、論理だけで自分の気持ちを対手に伝達できるものかどうか。

□■一八年前の金沢での地域シンポで、今は故人となった向井孝さんとトイレで小用を足しながら、短い間言葉を交わしたことを思い出した。向井さんが、「会議もよいけど。幕間が大切なんだよね」と言った言葉を思い出した。「米子シンポ」でも、精いっぱい準備した会議よりも息抜きに予定している野外ジンギスカン料理を味わいながら、談論したことが参加者の印象に深く残るかも知れない。

□■ともあれ、「米子シンポ」は目の前である。どうなるのか判らないという不安は、それだけに楽しみでもある。

（『田をつくる』第I期第3号、二〇〇五年七月一〇日）

開会挨拶&経過報告

貴重な時間と乏しい財布をはたいて、「田をつくる」in米子シンポへようこそいらっしゃいました。

呼びかけ人を代表して、心から歓迎の意を表します。もっとも、呼びかけ人を代表して開会挨拶をすることについては、呼びかけ人の皆さんの諒解を得てからのことではなく、私が勝手に名乗っているだけです。だから以下のことは、呼びかけ人の総意ということではなくて、村田個人の視点と思い入れが多分に含まれていることをご諒解ください。

なぜ、米子なのか

集まりの場所として米子を選んだ理由については、「田をつくる」の呼びかけ（ニュースレター0号）で触れていますが、もう一度申し上げたいと思います。

私と花崎さんとの出会いは、一九八一年一一月に宮崎県日向市で開いた「九州・山口のエネルギー基地化とたたかう合宿討論会」に花崎さんが参加されたことでした。その当時、私は九州・山口の「反公害・反労災」をキーワードにした九州・山口の住民運動・労働運動ネットワークの事務局をしていて、日向での集会主催者でした。花崎さんは伊達火力建設反対運動に関わっていて、豊前火力反対運動の中心だった松下竜一さんと会うために九州入りされ、日向集会へは松下さんと一緒だったと記憶しています。私が四四歳、花崎さんは四八歳。今にして思えば、お互いに若かったなあと思います。

それが縁で、私も八〇年代の「地域をひらくシンポジウム」に関わるようになりました。昨年（二〇〇四年・編注）六月、松下さんが亡くなられ、八月一日に、松下さんを偲ぶ会が催されました。偲ぶ会に参加された花崎さんと久しぶりに会ったことで、「地域シンポ」で一緒に汗を流した仲間たちの中で、私たちよりも若くして故人となったあれこれの人が話題にのぼりました。そして、昨年三月に急逝した冬村達夫さんについて、「冬村さんの一周忌の集いを米子で開催したいですね。でも、同窓会みたいなものにはしたくないですね」と話したのがそもそもの始まりでした。冬村さんは私よりも一回り以上若い希望の星で、今回のような思い立ちには、諸手を挙げて賛成したであろうと思います。

一七年前の一九八八年に第八回「地域シンポ」を米子で開いたいきさつがあります。このシンポには、八九年北海道から沖縄まで各地で開かれた「ピープルズプラン21世紀（ＰＰ21）」の中心に座ったメンバーも参加していて、「地域シンポ」と「ＰＰ21」は縁続きでもありました。そのＰＰ21からも十数年の歳月が流れていて。「希望の世紀」であるはずの二一世紀は「戦争と破壊・絶望の世紀」と化しています。

「地域シンポと冬村さんの一周忌」と「同窓会風ではない新しい運動をめざす集い」という矛盾をはらんだ準備が始まりました。私と花崎さんはキャラクターがまったく異なっています。花崎さんは、古典的な表現を使えば「行動する知識人」の最右翼に列せられる人で、熟読すべき多くの著作も発表されている哲学者です。一方、私は行動でしか自己表現できない「頭や尻尾を少しくらい切られてもピクピクと動くみみず」みたいな原始生物のような存在です。共通点は、最近の政治・社会状況を憂慮しながらもお互いに「老い」を実感する年代に入っていて、運動の現場に身を置き続ける残り時間が気になっているということでしょうか。

私と花崎さんは連名で、かっての「地域シンポ」の主立った仲間たちへ通信を送りました。何しろ「地域シンポ」が閉幕して一五年を過ぎての通信ですから受け取った人も驚いたに違いありません。ただひとり、癌で闘病中の森井芳勝さんは通信を受け取ったその日に、「大賛成です。事務局のお手伝いをします」とファックスで連絡してきましたが、その後病状が悪化して今年五月に亡くなられました。森井さん以外は消極的な反応というだけでなく、むしろこのような思い立ちを危惧する声が強くはね返ってきました。

しかし、水をかけられれば、かけられる程燃え上がる若年者の恋に似て私と花崎さんは引き返すことなく、忠告を真摯に受け止めながらも準備を進め、「地域シンポ」には関わらなかった人たちの賛同も得て、今日の日を迎えたというわけです。

「長期的な志を軸に、今なにをなすべきか、どのような構想で、どこから手を着けたらいいか、それぞれの地域、課題・領域を越えて、横に連帯して支え合い、援助し合う関係をどのように編むべきか」（賛同呼びかけ）は、あまりにも大きな課題でかつ茫漠としています。

七月三日に森井さんの偲ぶ会が開かれ、私は「田をつくる」に触れて、「かつての地域シンポのフルモデルチェンジ版です」とスピーチしました。後で、「フルモデルチェンジ版というが、どのようなものになったのかよく判らない」という便りをいただきました。その指摘はまったく当を得ています。新車はまだ発売の時期ではなく、試作車はおろか設計図すらできあがっていないのですから。あるのはイメージだけです。「田をつくる」は設計図をつくることから始まります。それが今日からの二泊三日だと考えています。

課題・領域を越えた討論の実現を

米子シンポのイメージとして呼びかけ文では、「さまざまな課題を背負って現場の活動をしている人たちが活動領域を越えて出会い（一堂に会し）、あるべき（オルタナティブ）社会のビジョンを構想し、それにいたる長期的な道筋（運動論・組織論を含めて）について意見交換をする場」としていますが、私はそのような討論が課題・領域を越えて実現するかどうかを危ぶんでいます。

森首相の言動には驚かされましたが、小泉になると一段と悪くなりました。その小泉の命運も尽きているようですが、その後に登場する首相はもっとよくないだろうという予感がしてなりません。昨今の石原慎太郎の言動は目に余るものがありますが、小泉の後を継ぐ首相は石原に近い感性を持っているのではないかという気がします。そのような時代認識については参加者の間で大きな違いはないだろうと思います。

各領域で現場を担っている人たちへの「では、そのような日本をどうするのか」という設問はいかがでしょうか。

「いまやっていること、追求している課題をやり遂げることでしか展望は開けない」という答えが返ってきそうです。私も問われれば、そう答えるに違いありません。いま、追求している課題と「あるべき日本社会の実現」への道がつながっていることに確信を持っていても、その距離を図るまでには至っていないのではないでしょうか。

課題・領域毎に地域を越えたネットワークは、すでに多数つくられています。同じ領域であれば、経験交流や具体的な事項について相談したり、その実現に向けて共同で取り組むことも可能です。その延長線上に国政参加（選挙）をめざした活動も展望できましょうし、すでにそのことに着手しているネットワークもあります。しかし、課題・領域、そして地域を越えたネットワークをそれぞれの現場から発想するには、クリアすべき難関がいくつかあるように思います。そのひとつに「課題・領域を越えようとするときに予想される政治諸潮流との摩擦や葛藤の煩わしさ」への拒絶反応があるように思います。

かつての「地域シンポ」は「地域」がキーワードになっていて、地域にこだわってさまざまな活動をしている人たちが領域を越えて出会う場として機能することが出来ました。しかし、「地域」がキーワードであったために、「地域シンポには、軍事・外交が欠落している」と批判されてもやむを得ないものがありました。今回は、「地域」にこだわりつつ「日本をどうするのか」をキーワードにしています。当然、軍事・外交も視野に入るでしょう。地域で個別領域・課題と日々格闘している人々が「軍事・外交」を含む日本社会総体を問う討論になじむかどうか、それが今回の米子シンポの第一の関門であるように思います。

「日本をどうするのか」は使い古された言葉で、識者による提言も多々あります。そのテーマで連続講演会を企画すれば、十指にあまる講師から傾聴すべき講演を聞くことができるでしょう。でも米子シンポで期待するものは識者の話を学習する場としてではなく、現場の視点から、「日本社会のあるべき姿とそこに到る道筋」を模索するための場として機能させたいのです。花崎さんの話を傾聴する（それも大切でしょうが）のではなくて、花崎さんへ問題意識をぶっつける場になることを願っています。

次世代への伝達回路を

当初から懸念としていたことですが、米子シンポ参加者の平均年齢は六〇歳を越えています。六〇年安保世代と七〇年全共闘世代は当事者にとっては歴然とした違いがあります、それは日本共産党を「代々木」と呼ぶか「日共」と呼ぶかの違いでもあります。それでも共通の言語が存在したと思いますが、東大が落城し、佐世保にエンプラが寄港した年に生まれた子供がいまや三〇代半ば。彼らにとって、六〇年安保世代と七〇年全共闘世代を区別することは困難です。「デモ」は

花崎皐平さん（前列右から３人目）と村田久（左隣）。
1987年３月５日富山で「地域をひらく」の皆さんと

いまや「ピースウォーク」が当たり前、「ピースパレード」という言葉さえ登場している昨今です。

今回の米子シンポを思い立って準備を進めてきた者として、そのような世代への断絶感は相当なものがあります。何よりも言葉が通じないといういらだちを押え切れません。お互いに日本語を話していて、日常会話は支障がないというのにです。今回の二泊三日で、その糸口を見つけ出したいと願っています。

（『田をつくる』第Ⅰ期第３号、二〇〇五年七月二五日）

花崎皐平氏との公開書簡

公開書簡　複眼的な思考を巡って

村田　久

花崎皐平様

「過ぎた一〇年は短く、これからの一〇年は長い」という言葉が脳裏に浮かびます。七〇歳を越えるといっそう過ぎ去る時間の速さを痛感しています。

「田をつくる」ミニシンポ in 金沢は事前打ち合わせが不十分で限られた時間での意見交換がいまいち深まらずに、地元から参加された人たちに申し訳なく思っています。夜の懇親会の席で、「長期的な志を軸に、今なにをなすべきか、どのような構想で、どこから手を着けたらいいか、それぞれの地域、課題・領域を越えて、横に連帯して支え合い、援助し合う関係をどのように編むべきか、などについて議論を交わしたい」（「米子シンポ」の呼びかけ文）が一年を過ぎても始まっていないことが指摘されたことを重く受け止めました。アルコールが入っていたにも関わらず眠れないままに、『田をつくる』誌で花崎さんに公開書簡を送り、誌上での意見交換を行うことを思いつき、それをみなさんに宣言しました。

八月は、『田をつくる』誌は休みで、次号までは一ヶ月以上の猶予があるので大丈夫だろうと高をくくったのはたいへんな誤算だったことに気がつきましたが後の祭りです。私はこのところ「老人性躁鬱症」（自称）の「鬱」状態で、焦れば焦るほど思いを文字に変換することができませんでした。文章表現となるとどうしても堅くなりますし、いわんや花崎さん宛の公開書簡となると肩に力が入ります。それで大上段に振りかぶるのはよして、できるだけ自然体で書くことにしました。いわば電話で話をするのを少しだけまとまったものにします。

「たいへんな時代になってきた」という状況認識については、異論を唱える人は少ないでしょう。安倍政権になると、憲法改悪、教育基本法改悪、共謀罪、自衛隊海外派兵恒久法などなど「たいへんな時代」はいっそう加速することでしょう。

それに抵抗する側の状況はどうでしょう？

国会に議席を持つ抵抗勢力から個別領域で抵抗している市民グループにいたる全抵抗勢力の現況を語るほどの資料を持ち合わせていませんが、どう考えても楽観的な状況ではありません。

そのような中での「田をつくる」は、「蟷螂の斧〈注〉」なのかも知れません。

「田をつくる」運動を発足させるのに七ヶ月の準備期間を要したということは、状況を詳細に分析してそれを突破する方策の検討をおこなったからということではなくて、むしろそのような作業をしないままに思いだけで発足しようとした私たちへの親しい仲間からの憂慮が原因ではなかったろうかと思います。その作業は発足してから一年半を経過しても一向に進捗していないことを金沢で指摘されたように思います。私たちに残されている時間にゆとりがない中での一年半でしたが、少なくとも議論をかわす基盤はできたことをよしとしましょう。

花崎さんが「『田をつくる』シンポジウム運動二年目にあたって」（『田をつくる第』第9号）に書かれた、『田をつくる』の運動は、直接に政治勢力の一端をになおうという趣旨ではありません。直近の政治状況に反応することはそれぞれの活動にゆだねて、長期的な視野で志を立て、思想と生き方を交流することがねらいですが、長期的な視野は、短期の情勢への積極的なかかわりの中で養わないと床屋談義に傾くでしょう。そういう意味では、長期と短期の複眼的な思考を養いたいものです。」

という言葉にはまったく同感です。加えて、長期的視野の中にはさまざまな領域を鳥瞰して、「あるべき〈オルタナティブ〉社会」を構想することも含めたいと思います。

最近、「愛国心」という言葉がマスコミに登場するようになって、「守るべき国」とはいったい何なのかという疑問が起こります。花崎さんと近い関係にあった人たちが花崎さんへ期待しているのは、自分たちの拠り所となる「国家論」を展開して欲しいというものだったと思います。それを前提として花崎さんが外に出るのではなくて書斎にこもって思索をめぐらせて欲しい、というものだったと思います。

私はその作業は、識者に委ねるのではなく、運動現場をになっている人たちの協同の作業としておこなわれなければならないと考えていますが、運動現場にどっぷり浸かってきた者の側からすると容易なことではありません。何よりも抱えている課題をこなすために時間をとられすぎているという現状があります。当面の行動計画〈戦術〉はあっても中長期的な戦略を持ち得ない状況があり、いわんや個別領域を越えた社会全体を見据えた視点などについては、気になりながらもついつい識者の提言を受け身で聞くということになっています。それもじっくり聞いて考えるゆとりも持ち得ないというヤバイ状況があります。

そのような中で、花崎さんが「沖縄がはらむ民衆思想」（『田をつくる』第5、6号）で展開されている「ピープルネス・サブシステンス・スピリチュアリティ」は刺激的な提起ですが、正直言ってピンときません。日本語では表現できない語彙だとは思うのですが、私の理解力をはるかに超えています。その結果、ついつい読み流してしまい、花崎さんが期待されたであろう運動現場からのコメントを発せずじまいでした。

私はピープルズプラン研究所の活動に敬意を払っていて、季刊『ピープルズプラン研究』が届くのを楽しみにしています。最近号（35号）は、「グローバリゼーションに対抗する主体を構想する」という魅力的なテーマですが、そこで新しくマルチチュード・プレカリアートという言葉と出会い面食らっています。発題者は海外のメディアにも精通されている人だろうと推測しますが、グローバリゼーションがもたらす矛盾と日々格闘している現場にいる者との無限の距離感はいかんともし難いものがあります。私が東京近郊で生活していれば、標題に惹かれて傍聴したことと思います。その席でコメントを求められたことを想像するのですが、おそらく言葉は出なかったことでしょう。

少々愚痴めいた文章になってきましたが、識者との協同作業の場として、「田をつくる」運動が果たすべき役割は大きいと考えています。いやそのような役割を果たしたいものです。

話は飛躍しますが、私は一七年前に北海道から沖縄まで日本列島を縦断した「ピープルズプラン21世紀（PP21）」の運動に出会い、「オルタナティブな社会」という聞き慣れない言葉にとまどいながらもたいへんな刺激を受けました。水俣総括会議で採択された「水俣宣言—希望の連合」は、今でも私たちが指針とすべき文書だと思います。その時に期待した二一世紀が希望の世紀にならずに「戦争と殺戮の世紀」になった現在、いっそう重要な意味を持っています。

【注】蟷螂はかまきり。斧は鎌に似たかまきりの前足で、かまきりが前足を振りかぶって、大きな車に抵抗するさま。自分の微弱な力量をかえりみずに強敵に反抗すること。はかない抵抗のたとえ（『広辞苑』）

追伸

印刷直前にハッと気がつきました。

書簡の冒頭に、「長期的な……議論を交わしたい〈米子シンポの呼びかけ文〉」が一年を過ぎても始まっていないことを重く受けとめた云々と書きましたが、花崎さんの「沖縄がはらむ民衆思想」（『田をつくる』第5、6号、二〇〇五年一一月、一二月）は、そのための問題提起ではなかったか、と。

「ピープルネス・サブシステンス・スピリチュアリティ」という言葉への戸惑いだけが先行して、花崎さんの真意をきちんと受けとめることができなかった私の至らなさを恥ずかしく思っています。

残された時間が気になる年代の私たちにとってこの一年間の議論の空白は残念ですが、議論の基盤ができたことをよしとしましょう。

それにしても、米子シンポからあっという間の一年間でした。

(『田をつくる』第Ⅱ期第5号、二〇〇六年一〇月二五日)

公開書簡　若干の報告と提案

花崎皋平

村田久様

公開書簡をいただいてのお返事を急いでいたします。挨拶抜きで報告と提案を手短にのべます。このところ、「田をつくる」の運動をどう進めたらいいかということが、つねに頭から離れず、私なりに思い詰めていま す。

提案をのべる前に、すこし報告をします。

夏から秋へ　いくつかの旅

八月の金沢ミニシンポ後、ピープルズプラン研究所が企画した「中国農村を訪ねる旅」に参加しました。PP研から武藤一羊さん、スタッフの笠原さん、塩沢さん、さっぽろ自由学校「遊」から私を含めて四人、アジアの農民と連帯する会の大野和興さんといった旧知の人たちのほか、地域アソシエーション研究所の山口協さん、日本農村力デザイン大学という面白そうな活動をしている東海大学の伊藤洋子さんやアジアの人権を専門にしている神戸の大学の先生など、はじめて出会う人たちが一緒でした。北京で最初と最後、報告と討論があり、北京では出稼ぎ労働者の集落訪問をしました。そして河北省の農村二カ所に行き、ジェームズ・イエン農村開発学院を訪ねました。訪ねた村の一つが、かつての三光作戦の現場だったので、過去と未来の両面の問題に思いを馳せることができました。

九月初旬には、青森市で精神障害者の自立支援のNGOが主催した、精神障害者のセルフ・ヘルプ研修会に伴走者として招かれ、二泊三日間、その集まりに参加しました。大阪、東京、秋田から同種のグループの当事者と支援者が参加し、非常に印象深い経験をしましたが、私は統合失調症について知識と経験が乏しく勉強の必要をつよく覚えました。また、この会合が終わってから、一人で同市内のハンセン病療養所松が丘保養園を訪れ、一泊して入所者の方々のお話を聞きました。

九月中旬には、東京での「水俣和光大展」に参加して話をする機会があり、水俣の市会議員藤本寿子さんとおなじ時間に話をして気持ちが通じ合うのを感じました。このイベントでは、何人か、「田をつくる」への参加を期待できる旧知の人にも会いました。

和光大のあと三重県の桑名へ行き、同朋大学教授で泉称寺の住職の尾畑文正さんが自分の寺で行っている親鸞塾で「田をつくる」という題で話をさせてもらいました。この席には、一九八〇年代、東海地区で持たれていた「無縁と回心の会」のメンバーだった住職二人も来会されて久しぶりの再会を喜びました。「無縁と回心の会」は、名古屋の秋田健さんのきもいりで作られた市民、仏教者、キリスト者が宗教や信仰の有無を越えて、社会運動にかかわりつつ、宗教や霊性について話し合う集まりで、とても内容の濃いものでした。私はその会に参加していた人たちを「田をつくる」に誘っていました。今回会って、旧交が復活したことを喜んでいます。そのうちの一人杉浦明道さんは仏教者国際連帯会議のメンバーでタイから日本へつれてこられて風俗店で働かされている女性の支援活動を長年続けておられます。

一〇月中旬、韓国の光州と益山へ、光州事件と近代韓国の革命運動、東学農民革命の歴史をまなぶ旅に参加しました。東学農民革命戦争については、一九七〇年代から関心を持ってきました。詩人の金芝河が東学の思想伝統に光を当て、自分の思想に摂取しているのに接したこと、一九七九年に韓国民主化運動の活動家を訪ね、大邱のカトリック農民会を訪問したとき、壁に「人乃天」という東学思想の額が掛けてあったことなどがきっかけでした。今回のそのゆかりの地を、いま韓国で東学農民戦争研究の最先端にいる円光大学助教授朴孟洙《パクメンス》さんの案内で回れたことは得難い経験でした。また、円仏教という一九四六年にできた新仏教を知り、興味を抱きました。禅宗系ですが、仏像を拝さず、ただ一個の円だけを掲げ、神仏はどこか人外のところにいるのではなく、心の中にあると説く仏教です。朴先生の話では東学の思想伝統を受け継いでいるとのことでした。この旅でも「田をつくる」に誘おうと思う人に出会いました。

ひとつの提案

このようにあちこち歩き回りながら、「田をつくる」の運動をどう進めたらいいか、悩み考えていました。その結果の提案ですが、ある地域に出かけてそこで活動している人たちの実践をまなび、意見交流し、長期的展望を養うという目的に沿った学習を、年に一回の集まりに組み込む、というのはどうでしょうか。具体的に言うと、日本の民衆思想をまなぶ、という趣旨で、安藤昌益、田中正造、前田俊彦、石牟礼道子、沖縄の民衆思想（阿波根昌鴻、安里清信）あたりが念頭に浮かびますが、そのほかにも中江兆民とか荒畑寒村とかいろいろ考えられるかも知れません。安藤昌益については、杉本茂樹さんを介して石渡さんという研究者に来ていただくことは可能とのことですし、田中正造は私か熊本大学の小松裕さん、前田俊彦は村田さんに、というように発題者を求めて話を聞き、語り合う。そうすれば、この学習の場が呼び水になってあらたな出会いが生まれる可能性も期待できはしないか。とりあえずそんなことを考えました。旅から帰って早々なので、走り書きですがお許しください。

二〇〇六年一〇月二一日

（『田をつくる』第Ⅱ期第5号、二〇〇六年一〇月二五日）

公開書簡「若干の報告と提案」その補足

花崎皋平

村田久様

村田さんの『田をつくる』第12号での公開書簡「複眼的な思考をめぐって」に対して、第13号の私の返事は十分かみ合う内容でありませんでしたので、補足をいたします。

今年も残りあとわずか。ふりかえってみると、国際、国内共に希望の見えにくい年であったという気がします。なにしろ核兵器を持つべきだという声が上げられるこのご時世、直近のこととしては教育基本法が改悪されそうな情勢で、この分ではかつての軍国主義時代を上回る国権主張の言論や覇権政治が出てきても不思議ではないかもしれません。

労働現場は労働時間の規制を取り払う「ホワイトカラー・エクゼンプション」とやらの導入が図られ、下積みの人びとはタコ労働も顔負けというほどの酷使と無権利状態。その一方で、企業減税が声高に要求され、その減収を消費税増税で埋めるという政策が提起される。この暴走は弾みがついてしまっているので、ちょっとやそっとのことでは変えられなさそうです。軌道を飛び出して転落するまで止まらないのかもしれません。

もう人生の持ち時間がすくないお互いとしては、長期的なビジョンと構想の旗を立て、思想の形で残すつもりであるというわけですが……。

村田さんは、私の「沖縄がはらむ民衆思想」(『田をつくる』第5、6号)がピンとこないといわれました。ピープルネス・サブシステンス・スピリチュアリティといった外来語でくくったためでもあるという意味のことも言われましたが、じつはあの「安里清信」論で、私は一歩前へ出られたという手応えを得たのです。たしかに私としても日本語でわかりやすい表現に行き着きたいと考えています。サブシステンスは、安里さんのいう「生存基盤に根を張る」がもっとも適切ではないかと思いつつあります。近現代の民衆思想家に共通する核心は生存基盤を守り、その破壊とたたかうということです。経済的に最大限の利益を追求する開発主義とたたかうだけでなく、生存基盤を守って生きている民衆の思想、文化、倫理の全体像に立ち返って、貨幣という神にすべてを捧げる物神崇拝を脱却し、生命の再生産、生存基盤、生活の回復を基本においた全体像をとりもどす。

それがサブシステンスという言葉で表現したことの中身です。私はその生き方を直接にはアイヌの人たちから学びました。発展しない、開発しない生き方です。定常性を守る生き方です。その生き方が、いま、極度の危機にさらされています。

一二月三日に、東京で三里塚闘争四〇周年の集会がありました。当時の青年も今や六〇代ですが、語られた言葉には、この四〇年の経験の結晶がありました。柳川秀夫さんは、「腹八分目の生き方」を説き、菅野芳秀さんは「土」を原点にする思想をのべました。石井紀子さんはどこまでも「出荷場」を守るという「生きる場」に根を張って動かない生き方を語りました。それぞれ表現と力点は異なりますが、生存基盤を破壊する開発に対峙する民衆の思想の宣言でした。少数者の声でありますが、質において世界の民衆の生き方に共通し、文明のめざすべき方向を指し示しています。

「生命」は二一世紀世界の課題の中心に据わる事柄です。韓国ではキリスト教の神学教授などを中心に「生命の総合的研究のためのアジア太平洋大学院」という構想が練られています。その趣意書を読んでみました。冒頭は次のようです。

「地上における生命は二一世紀の中心問題となってきている。なぜならすべての生きとし生けるもののいのちの宇宙的な秩序が死と破壊の重大な脅威にさらされているからである。地球上で進行しているグローバリゼーションは未曾有の仕方で地球上の生命の破壊と死をもたらしている。それは人間生活にあふれるゆたかさをもたらすというユートピア・ビジョンを約束するという仕方によってである。グローバリゼーションは多国籍企業資本とその権力体制による世界市場の支配と統合によって、またそれに付きそわれて、引き起こされたものであり、その結果として、貧富の格差が深まり、飢える人びとやエイズのような感染症が飛躍的に増大し、一極世界帝国のグローバルな地政学的覇権とその結果としての限度のない戦争、民衆の民主主義的主権の崩壊、そしてそこから、抑圧と無関心、無制限無制約の競争と複合的矛盾による社会的不正義と暴力の強まり、商品化されたマルチメディアとコマーシャル化されたコミュニケーションによる文化の荒廃と衰滅、反動的な宗教的原理主義による紛争、地球上の自然生命の破壊が生じた。これらは現在進行中のグローバリゼーションによって引き起こされた現象のいくつかである。そしてその進行はグローバル帝国の権力と共棲の関係にある」。

この状況に対抗するために、「破壊の力を乗り越え、生命の尊厳、維持、充足のあたらしい文明を創造する方策と知恵を見いだすことが必要である」とのべています。

この大学院の構想はきわめて大規模で野心的なもの

で、企画通りに実現するのはとてもたいへんだろうと思います。しかし、世界中至る所で、共通の問題意識が生じていることは確かです。

小手先の小変化では間に合いません。文明規模の大転換でなくては地球も人類も救われないでしょう。大風呂敷を広げることが必要です。

スピリチュアリティは霊性という言葉で置き換えることができますが、既成宗教の匂いがつくのでためらっています。私の共感するスピリチュアリティは、石牟礼道子さんが説く、万物に聖なるはたらきを感じとり、天地万物と対話する感性です。これはアイヌの人びとにも共通しています。土着の民衆信仰の中で培われた大切な感受性を受け継ぐことです。また、人と人の関係だけではなく、人と物、物と物との関係も対話的な関係として接する思考態度です。それは、原因結果の関係よりも仏教の論理である縁起の関係に基礎をおく態度です。

もうひとつ付け加えたいのは、体制の変革なしには女性の解放もないとする立場のフェミニズムの重要性です。一九八〇年代から九〇年代にかけて、女性学とポストモダンフェミニズムが影響力を強めましたが、その多くはグローバリゼーションと今日の資本主義世界市場経済がもつ男性権力支配・家父長制構造と正面から向き合わず、システム内改良主義として精緻な理論をくり広げました。今日、多国籍企業と世界市場経済活動は、強大な権力を誇って、戦争、暴力、搾取、抑圧をほしいままにしています。こうした支配からの女性の解放なくして、生命の再生産と生存基盤と生活の安定はありえません。その意味でフェミニズム運動との密接な連携が重要だと考えています。

「田をつくる」の呼びかけはまだ着地に成功しているとは言いかねますが、田や土を作る営みはほんらい、すぐには成果が現れない努力を積み重ねるうちにすこしずつ現れてくるものでしょう。声を掛けあって一歩一歩、歩みを進めましょう。

二〇〇六年一二月一四日

（『田をつくる』第Ⅱ期第6号、二〇〇六年一二月二五日）

これから

お詫び

このような標題をつけると、最近はやりのテレビ画面での企業幹部三名の頭を下げるシーンを思い出します。

本来ならば五月末に発行する予定だった一八号が二ヶ月も遅れてしまいました。原稿をいただいた方々にはたいへん申し訳なく思っています。『田をつくる』も18号になりますが、こんなに遅れたのは初めてのことです。「『田をつくる』もついにつぶれたか」と思われた人もいるやも知れません。

私は四月は三里塚へ、五月はＰＰ研との合同ミニ討論会に参加するために東京に行きました。そこまでは想定内で五月末には18号発行という筋書きでした。ところが……。

私が住んでいる水巻町（人口三万一〇〇〇人、一万二〇〇〇世帯）は町としては大きい方で、三一の行政区に分かれていてそれぞれ自治会（町内会）が作られています。私が所属している「頃末南区自治会《ころすえ》」は頃末南一丁目～三丁目の住民で構成されています。六六〇世帯（約一六〇〇名）と水巻町でも五本指に入る大世帯の自治会です。

私はひょんなきっかけで頃末南区自治会区長（自治会長）に選任されました。地域コミュニティが崩壊を始めている中での区長就任要請でした。受けるかどうかはひとえに連れ合いの意向次第の我が家ですが、「地域のお世話をする最後の機会だから受けたらどう」というアドバイスで受けることになりました。

五月に入って、一丁目と二丁目の間にある県道拡幅工事問題に遭遇、町役場や県土木事務所に交渉（陳情）、行政交渉と言えば、テーブルをたたく糾弾調が身についてるために、役場の管理職からすっかり嫌われてしまいました。

そうこうしているうちに、自治会最大の行事である盆踊り行事が目の前です。初盆者のリスト作成からあいさつの準備、盆行事財政に欠かせない祝儀集め（これも区長の仕事らしい）が目の前です。

でも、たいへんよい経験をしています。「地域とはなんであるのか。地域の再生は可能であるのか」などなど。

（『田をつくる』第Ⅱ期第2号、二〇〇七年七月一五日）

『田をつくる』のこれから

「長井シンポ」報告集の作成

「長井シンポ」の準備をする中で、何とか「長井シンポ」の記録を残したいと思って、録音とビデオ収録を準備しました。録音もテープ録音からデジタル録音と進歩して、録音したものはメールで送ることも可能になっています。しかし、結局は人力で文字化する必要があるのですが、この作業に越田清和さん（札幌）の協力が得られて、文字化が進んでいます。

八月下旬には、越田さんに九州まで出向いてもらって、『報告集』の編集や体裁などについて相談することになっています。いわば九州と北海道の協同作業というわけです。

「長井シンポ」報告集は『田をつくる』誌のように印刷・丁合・ホッチキス止めという手作業では無理なので、版下だけ作って、その後は、印刷所にお願いすることにしています。

年内には、発行する予定です。

ビデオについて専門的な技術が必要なので、討論に加わらずに、ひたすら撮影に専念した杉本茂樹さん（埼玉）にお願いするしかありません。『報告集』と一緒に出来上がることを期待しているところです。

『田をつくる』誌のこれから

編集者の能力不十分で、系統的な企画が作れずに、誌面がマンネリ化していることは否めません。隔月刊（年六回）を最低限目標にして、『田をつくる』ならではの誌面を目指したいと思います。

地域からの報告

『田をつくる』の特徴点のひとつは、「地域」にこだわることです。全国各地では、「小さな集団」あるいは個人として、さまざまな課題に取り組んでいる運動（営み）があります。これらの運動（営み）は、その課題・領域では知られていると思いますが、「課題・

領域」を越えてより多くの人へ伝える「場」として、『田をつくる』誌を役立てたいと願っています。

誌上での意見交換

「長井シンポ」のグループ討論のひとつの柱として、「対決か協同か、あるいは参加か抵抗か」を考えていましたが、準備不十分のために実現しませんでした。

本号に掲載した大沼さんの文章（未完結）は、「長井シンポ」に向けて用意されていたものです。

地域で活動していると、原則論あるいは理念だけでは物事がすすまないことがままあります。とりわけ行政相手の課題はそうです。

「対決か協同か、あるいは参加か抵抗か」という標題は、どちらが正しいかではなくて、個別に検証され、成功あるいは失敗の経験をどのように活かしていくかということだと思います。

そのような意味でも、継続的な議論が必要ですし、現場を知らない「余所者の口出し」が思わぬヒントになるのではないかと思います。

ネットワークの整理

それは「田をつくる」運動で出会った人たちへほぼ一方的に送付してきた結果でもあります。前号で「振替用紙」を挟み込みましたが、その経過も踏まえて、ネットワークの整理をおこないたいと思っています。

（『田をつくる』第Ⅳ期第2号、二〇〇九年七月二五日）

第三種郵便物としての『北九州かわら版』の廃刊

前号の『田をつくる』第30号の発行日は、昨年九月二五日ですので、四ヵ月ぶりということになります。第三種郵便物としての条件は、「三ヵ月に一回発行」で、マスコミを騒がせた「障害者発行物の低料金制度を悪用した悪徳出版社」問題以来、第三種郵便物への審査が厳しくなりました。民営化されたとはいえ、「日本郵便」社員は官僚気質が抜けきれず、担当職員との電話での問答は疲れるばかりでした。

「『田をつくる』全国シンポジウムIN長井」（昨年二月）の最終日、「田をつくる」のこれからが話題になったとき、リングに上がっている私にセコンド（村田和子）から「これ以上は無理です」とタオルが投げられました。「長井シンポ」前の私の状況を見てのリングサイドからの客観的判断だったと思います。

しかし、リングにあがっている私にとっては、そう簡単にリングをおりるわけにはいきません。ダウン寸前とは判っていても闘志だけはあるのですから。

この一年間、せめて「長井シンポ」の『報告集』だけは形にしたいと思い、参加者への原稿催促など『報告集』作成に向けて努力をする傍ら、「田をつくる」のこれからについて、花崎さんと相談してきました。

昨年九月に花崎さんに我が家にきていただき、一一月は私が花崎さんを小樽に訪ねました。小樽ではこれまでの「田をつくる」運動を振り返りながらこれからのあり方について、数時間にわたってテープ録音をしながらの対談でした。録音をするというのはその模様を活字にしたいという思いがあり、越田清和さん（札幌在住）に同席していただきました。

「長井シンポ」の最終日、私に替わってリングにあがることを越田さんにお願いしてハッキリ断られたいきさつがあるのですが、それでも「長井シンポ」の全録音と小樽での対談録音テープ起こしに協力いただきました。

越田さんからは「長井シンポ」、「小樽での対談」のテープ起こし原稿がメールで届いています。越田さんの多忙ぶりを知っているだけに、忸怩たる思いの昨今です。

『田をつくる』誌の発行が遅れ気味になっているのには、編集者をとりまく環境の変化があります。

水巻町は人口三万一〇〇〇人あまりでちょっとした市なみです。私の住んでいる水巻町頃末南（一丁目～三丁目）には約七〇〇所帯。そのうち自治会（町内会）への加入者は四五〇所帯で、水巻町三〇行政区のひとつです。

私は三年前に自治会長（区長）に選出され、『頃末南区かわら版』（Ａ４判一枚裏表）を発行しています（これまで一二六回発行）が、なかなか好評です。これまで、下宿型の生活を長らく過ごしていて、九州一円から全国へと放浪してきた私にとって、暮らしに結びついた「地域」を実感してきました。

昨年秋の自民党政権の崩壊、社民党を巻き込んだ新政権の誕生で日本の状況は大きく変化しました。この「新しい風」は中央政権だけにとどまらず、水巻町にも吹き始めているようです。

昨年一〇月におこなわれた町長選挙で会派をつくら

ず一匹狼的な議員活動をしていた近藤さんが「チェンジ　水巻町政を刷新」をキャッチフレーズに立候補を表明。対立候補は現職町長。歴代の町長はいずれも町職員出身で、「保守利権派の議員に牛耳られている」と噂される存在でした。現職絶対有利の中で進められた選挙でしたが、二四票の僅差で近藤さんの方が当選しました。

近藤新町長は一匹狼議員であったが故に町議会では与党会派はありません。唯一共産党だけが「是々非々会派」として存在するだけです。

近藤新町長の誕生で現職町長と補佐役の副町長が辞任するのは当然ですが、秘書役である総務課長まで退職。町職員（管理職級）の支援が不十分なまま与党会派がいない町議会を迎えることになりました。初日に提案された「副町長人事」案については反対討論もないままに否決。四面楚歌の中での船出でした。

それは長年にわたり「行政の下請け機関」として機能してきた区長会も無縁ではありません。現職候補を積極的に支援してきた区長とそれを良しとしない区長との間に火花が散ることになり、現職町長の落選で表面化しました。

私は町長選では「積極的中立」を標榜していたので嵐の圏外にいたつもりでしたが、気がついてみると、嵐のど真ん中に巻き込まれる羽目になりました。そのため、昨年一二月からいろんな会合に顔を出すことになり、「長井シンポ」報告集編集作業や『田をつくる』誌製作に影響が出るようになりました。

そのような状況下での前述の日本郵政職員とのやりとりです。

思案した末、第三種郵便物としての『北九州かわら版』を廃刊することにしました。これからは、『北九州かわら版』ではない『田をつくる』誌として発行を続けます。

『田をつくる』誌のこれからについては、『田をつくる』運動を好意的に見守っている人たちと相談しながら知恵を絞りますが、少なくとも「長井シンポ」報告集完成までは、隔月刊を維持していきたいと思っています。

そんな中、息子世代の『田をつくる』読者から手紙をいただきました。

「（前略）『田をつくる』30号の一〇頁に、「インターネットの普及と活字文化の衰退」とありました。

このことについて知人と話をしました。結論から申せば「活字文化はなくならない」と意見は一致しました。ネットだとたくさんの情報をすぐに集めることができます。しかし、不必要な情報、間違った情報、悪意ある情報も集まってきます。ネット上では「なりすまし」もカンタンで、有名人の名をかたって嘘の話を配信することさえできます。

書籍や雑誌、ミニコミまでふくめ、活字であれば編集から流通まで様々な人の目を通過していきます。その過程である程度ふるいにかけられ、読者が自分にとって必要か不必要かを判断しやすくなるのでは、と思います。『田をつくる』も、これからも永く発行していただきたいと思います。カンパとして五〇〇〇円同封します（後略）」

ともすれば「荒野で独り叫んでいるような気がしていた編集者」にとって、このような便りをいただくとたいへん元気が出ますが……。

（『田をつくる』第Ⅳ期第4号、二〇一〇年二月一日）

付・『頃末南区かわら版』から

『頃末南区かわら版』について

二〇〇七年四月、居住する遠賀郡水巻町頃末南区の自治会区長となった村田は、翌五月に町内会報『頃末南区かわら版』を刊行し、亡くなる直前の二〇一二年七月まで編集・発行を続けた（全四八号、ただし村田の没後も刊行は引き継がれている）。ここに収録したのは、区長となった村田が最も熱心に取り組んだ課題である、単身高齢者への見守りを担う「福祉会」の設立に関わる記事である。

（道場親信）

2009年８月15日、頃末南区主催の盆踊り大会での記念写真

高齢者が活き活きと毎日を過ごせる地域づくりを

このたび、頃末南区の区長を務めることになりました。

地域のことは何一つ知らないままの区長就任ですが、精一杯のお世話をさせていただきたいと思います。

さて、高齢化社会になりましたが頃末南区も例外ではありません。水巻町は三二の自治区で構成されていますが、高齢化率は高い方から八番目です。また、六五歳以上の単身者世帯は九〇所帯で六番目、夫婦世帯は七九世帯で五番目の高さです。

私がもっとも気になるのは、七五歳以上の単身者世帯、八〇歳以上の夫婦世帯です。このようなお年寄りが安心して生活していく上で私たちにできることは？どうすればそれが実現できるのか、民生委員の方々の知恵も拝借して取り進めたいと思います。

「遠い親戚よりも近くの他人」という言葉があります。縁あって頃末南区に住むようになった私たちです。お互いに支え合える地域づくりを目指したいものです。

それには、何よりも地域の皆さんのご協力が欠かせません。よろしくお願いします。

(『頃末南区回覧版』第1号、二〇〇七年五月二〇日)

頃末南区に住んでいる高齢者の実情調査を始めます

ひとり暮らしのお年寄りの「孤独死・火災による焼死」がよく新聞・テレビで報じられます。それは決して遠くの出来事ではありません。

頃末南区主催の「故村田区長を偲ぶ会」をおこないます

5年半にわたり頃末南区のため、ご尽力くださいました村田区長は、生前の本人のご希望により「葬儀」は行われませんでしたが、頃末南区として「偲ぶ会」を開催いたしますのでお知らせ致します。

[故 村田区長を偲ぶ会]

呼びかけ人代表:山田勝義 区長代理
日時:11月4日(日) 11時から受付開始
11時30分開会
＊頃末南区代表者の弔辞
＊来賓のご挨拶
＊参加者全員の献花
＊遺族から御礼の言葉
会場:いきいきほーる 多目的ホール(1F)
会費:1人 1,000円

偲ぶ会:簡単な昼食を用意いたします。
故人を偲んでの「ひと時」をお過ごしください。
お願い:＊会費以外の心遣いは、ご遠慮申しあげます。また普段着のままでお越しください。
＊準備の都合上、参加予定の方は10月下旬をめどに、各役員まで事前に、お名前をお知らせくださると助かります。

『頃末南区かわら版』に掲載された頃末南区主催の「故村田区長偲ぶ会」の案内

頃末南区には七〇歳以上の高齢者が約三三〇名住んでおられますが、ひとり暮らしのお年寄りもおられます。

三年前の隣組長総会で私が区長に選ばれたときに、「頃末南の高齢者問題に取り組みたい」と挨拶しました。毎年春の隣組長総会では頃末南区事業計画の一つとして、「福祉ネットワーク立ち上げの準備」を掲げていますが、遅々として進んでいません。

その反省に立って、「頃末南区福祉ネットワーク(仮称)」を早期に実現すべく、積極的な活動を進める決意を新たにしました。

その手始めとして、約三三〇名の高齢者の実情調査をおこない、その結果を踏まえて「あるべき頃末南区福祉ネットワーク」を構想したいと考えています。

第一段階の調査活動として、

約三三〇名の七〇歳以上の高齢者の最小限の生活実態

○ひとり暮らしなのか、夫婦二人暮らしなのか、家族と一緒の生活なのか、それとも施設に入所されているのか

○健康状態はどうなのか、介護保険を利用されているのかどうか

○自治会活動参加の有無

についておこなうことにしました。

すでに調査用紙をつくっていて、三月末までには第一段階の調査結果をまとめることにしています。

第一段階の調査では、対象高齢者本人との面談は必ずしも必要ではありません。近所の人であれば周知の

事柄だろうと思います。

調査活動には、協議委員、昨年一一月の隣組長懇談会に出席された組長さんに協力をお願いしてますが、協力いただける方からの連絡もお待ちしています。

この調査結果を踏まえて、「声かけ、見守り活動の必要な高齢者」について、「かかりつけの病院や緊急の連絡先など」の第二段階の調査活動に入ることにしています。


「頃末南区福祉ネットワーク」の立ち上げには、民生委員、協議委員、隣組長さん、何よりも南区住民の皆さんの協力が不可欠です。

よろしくお願いします。

（『頃末南区かわら版』第38号、二〇一一年五月二二日）

区長時代の村田久。2010年８月14日

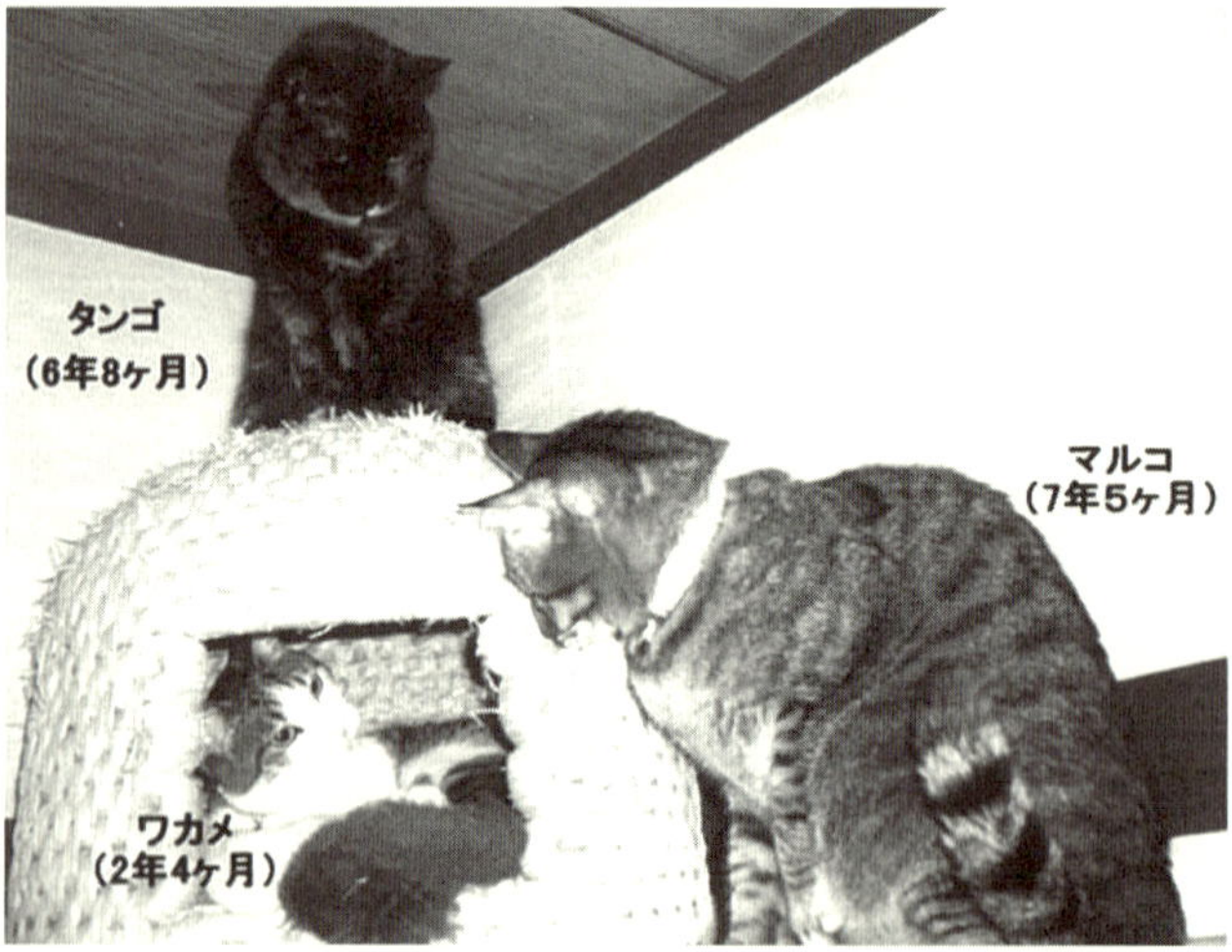

村田家の年賀状は、愛猫の写真が添えられることが恒例であった。2009年の年賀状の猫たち

あとがき

「私が死んだら誰にも知らせなくてよい。『村田はどうしているか?』と聞かれたら、『死んだ』と答えれば良い」「私が死んだら、今度は若い人と再婚したらいい」、「そんな馬鹿なことはできんやろ」「もう結婚はせん。自分一人の世話で精一杯」と冗談のような話をしていました。別れは、まだ当分先のことだと思っていました。入院して二〇日余りで旅立つとは、茫然自失。気持ちの整理なんて出来ないまま、やらなければならないことを淡々としました。

死後の手続きは面倒で何度も足を運ばないといけないと聞いていましたが、役場の担当者の適切なアドバイスで、手続きは順調にすみました。これも区長として活動してきた村田のお陰かなと思っています。

ホッとする間もなく、『追悼集』の発行、「偲ぶ会」の準備と忙しくなり、「泣いている暇はないよ」と村田からハッパをかけられているようでした。

『追悼集』発行では札幌の越田清和さんに大変お世話になりました。食道ガンの病を抱えながら、暑い夏の盛りに毎日のように印刷所に通い打合せをしたと聞きました。周りの方が驚く早さで発行され、一〇月七日の「偲ぶ会」で参加者の皆さんに渡すことができました。

『追悼集』の題字は、村田が一番会いたがっていた花崎皋平さんが書いてくださいました。「田をつくる」での花崎さんとの二人旅のことを楽しそうに話していたのを想い出します。

村田との出会いは、一九六五年四月、三菱化成黒崎工場コークス部コークス技術課(当時)に配属された時です。第一印象は「目の大きなおじさん」でした。

六月に私の職場、南実験室に、村田を含む七人の男性が「X線検討班」として来ました。それから仕事上の関係が密接になり、忘年会なども一緒にするようになりました。

一九六七年一二月一九日、忘年会後に喫茶店に誘われ、すぐに次のような手紙を受け取りました。

『婦人公論』六月号
主題は「性と女と私と」76page です。

内容より著者にポイントをおいてます。

このような文体になれていない（と私は推察しています）。

あなたの困惑した表情が目に浮かぶようです。

でも余り神経質に考えないで読み流して下さい。

二七日朝、会社帰りに著者を訪ねて借り出したものです。

その他の記事もざっと目を通しましたが、これが一番難解のようです。読後感をきける機会をたのしみにして居ります。

富島健夫の文章（186page）は面白く読みました。現代の青年の弱点をそれなりに指摘しているようです。もっとも、彼が書いているような女性が現代の若い女性の一般的な心理とは思えないように思います。私たちの周囲の女性は如何？

勿論、あなた自身を含めて。

このような通信ができることを嬉しく思っています。

どの程度言葉が通じるか疑問なので、一抹の不安感があることは否定できません。日常会話に不自由しない日本人同志でコミュニケートについての心配など考える必要もないようなのに、いざ、何等かのものを相手に伝えようとすると、とたんに通じ合わなくなるのはどういうわけでしょう。

抽象的な意味で住んでいる世界が違うとでも云いたい状況があるように思います。

試験炉班のかべにかかっている〝訓諭〟なるもの、なかなかの名文句だと思いませんか。曰く、

〝人間は、名誉や地位や、財産を失っても再起はできる。しかし勇気を失っては、万事おしまいだ〟

金を失うことは　小さく失うことである
名誉を失うことは　大きく失うことである
勇気を失うことは　すべてを失うことである
失恋にたえる勇気
叱られてもがまんする勇気
秘密を守る勇気
友情を貫く勇気
孤独や陰口に耐える勇気
あるいはお茶くみをする勇気

化成のサラリーマン諸君（若いスポーツマンも含めて）に毎朝、暗誦させたいものです。丁度、安全体操をやっているみたいに。

無気力サラリーマンの典型みたいな人間がたくさんいる中で、生きて行くのも考えてみれば大変なものです。うっかりしていると自分自身まで、くさっていくようで……。

威勢の良いことを書きましたが、別にたいしたことではありません。

ふり出しに戻って、

「性と……」は難解で理解し難い文章かも知れません。必要とあれば解説的な文章を書けないことはありませんが、そのようなことをすることで、対等の関係がくずれるのは嫌ですのでやめます。

唯、〝とてもついて行けない〟等の弱気を出さないで下さい。

夜の南実験室は大変静かです。

仕事が一段落して、煙草を一服する間の走り書きです。

夜勤を続けていると（特に夜は）、人間が次第に原始的になり、本能的になります。（後略）

手紙が書かれたのは一九六七年一二月二八日、「性と女と私と」（『ははのくにとの幻想婚』に収録）の著者は森崎和江さん、『婦人公論』は一九六七年六月号。

この手紙を遺稿集に載せることは少し迷いましたが、村田が初めてくれた手紙で、私にとってはとても大切なものです。村田は「そんなものまで載せて」と怒るかもしれませんが、残された者の特権です。

村田は三二歳、私は二一歳でした。

森崎さんの文章は解題でも触れましたが、全然記憶になく、もう一度読みたいと思っていました。手紙を載せるか相談した札幌の水溜真由美さんからすぐに「『ははのくにとの幻想婚』に収録されています」と連絡をいただきました。

改めて読んで、村田が何故私にこの文章を読ませたのか、理解できるような気がしました。

遺稿集の発行は越田さんが亡くなられた後、東京の道場親信さんが引き継がれ作業が進められてきました。私は「遺稿集を発行する意味があるのか、作業が大変でたくさんの方の手を煩わせる。発行されたが売れず在庫の山に囲まれて生活するのは嫌だ。発行費用を頑張っている団体にカンパした方がより有意義ではないか」等々、本当に悩みました。

2012年７月25、26日の別府行きが２人での最後の旅行になった

編集委員の皆さんに励まされて作業をする中で、これまでたくさんの方々に出会い、お世話になったから活動できた。私たち二人では決してできなかった、支えられ元気をもらい、共に頑張ってきたからできたことなんだと再認識し感謝の気持ちで一杯になりました。

村田が亡くなって気持ちが萎え、「私の人生終わった。もうどうでもいい。いよいよ耐えられなくなったら死ねばよい」とまで思い詰めていました。遺稿集の作業をする過程でそんな気持ちが少しずつ前向きになり、村田からも「元気で、できることをしていきなさい」と言われているような気がします。思い出すことも多く、辛い作業でもありましたが、発行されることに喜びを感じています。

築城の座り込みで物売りをする私を称して、渡辺ひろ子さんが「村田商店」と言いますが、遺稿集をリュックに入れて全国行脚をしようかと冗談を言っています。

二人で発行したミニコミを丹念に読み、取捨選択をし膨大な年譜を作成された道場さん。年譜では村田が可愛がっていた猫たちのことまで入れて下さり、とても嬉しく、村田もきっと喜んでいます。猫たちは私たちにとって大切な家族ですから。

道場さんは東京から、花崎皋平さんは小樽から、水溜真由美さんは札幌から編集会議に参加いただきました。「出すぎる杭は打たれない」の収録を快諾くださった山口県立大学の安渓遊地・貴子さんとみずのわ出版。編集委員会の会議場所として自宅の提供と美味しい昼食をつくってくださった原田さやか・吉治さん。梶原得三郎さん、新木安利さん、それに森川万智子には校正で大変お世話になりました。海鳥社の西俊明さんには出版のプロとして、アドバイスをいただきました。ご協力いただいた方々に深くお礼申し上げます。

そしてこの本を手に取り、読んで下さる皆さまに感謝します。

少し早すぎたと思いますが、多くの方々と交流し、活動できた村田はとても幸せな人生だったと思います。お世話になりました。ありがとうございました。

二〇一四年八月　久三回忌の日に

村田和子

海鳥社の本

宮沢賢治の冒険

新木安利著

食物連鎖のこの世の「修羅」にあって，理想を実現するために受難の道を歩んだ宮沢賢治の文学世界を読み解く。また，賢治，中原中也，夢野久作の３人の通奏低音を探ることで，人間存在の根源に迫る。

四六判／ 360 ページ／並製　　2427 円

松下竜一の青春

新木安利著

家族と自然を愛し，“いのちき”の中に詩を求めつづけたがゆえに“濫訴《らんそ》の兵”たることも辞さず，反開発・非核・平和の市民運動に身を投じた，松下竜一の初の評伝。詳細年譜「松下竜一とその時代」収録

四六判／ 378 ページ／並製　　2200 円

百姓は米をつくらず田をつくる

前田俊彦著

「人はその志において自由であり，その魂において平等である」。ベトナム反戦，三里塚闘争，ドブロク裁判。権力とたたかい，本当の自由とは何かを問い続けた反骨の精神。瓢鰻亭前田俊彦・〈農〉の思想の精髄《エッセンス》。

四六判／340ページ／並製　　2000円

上野英信の肖像

岡友幸編

「満州」留学，学徒出陣，広島での被爆，そして炭鉱労働と闘いの日々。筑豊の記録者・上野英信の人と仕事。残された膨大な点数の中から精選した写真による評伝。

四六判／ 174 ページ／上製／２刷　　2200 円

キジバトの記

上野晴子著

記録作家・上野英信とともに「筑豊文庫」の車輪の一方として生きた上野晴子。夫・英信との激しく深い愛情に満ちた暮らし。上野文学誕生の秘密に迫り，「筑豊文庫」30年の照る日・曇る日を死の直前まで綴る。

四六判／ 200 ページ／上製　　1700 円

＊価格は税別

村田久遺稿集編集委員会
新木安利／梶原得三郎／花崎皋平
原田さやか／水溜真由美／道場親信
村田和子／渡辺ひろ子

響《ひび》きあう運動《うんどう》づくりを
村田《むらた》久《ひさし》遺稿集《いこうしゅう》

■

2014年8月8日　第1刷発行

■

編者　村田久遺稿集編集委員会
発行者　西　俊明
発行所　有限会社海鳥社
〒812-0023 福岡市博多区奈良屋町13番4号
電話092(272)0120　FAX092(272)0121
http://www.kaichosha-f.co.jp
印刷・製本　大村印刷株式会社
ISBN978-4-87415-910-1
［定価は表紙カバーに表示］

村田久年譜

1935年３月31日	福岡県遠賀郡香月町で五人兄弟の三男として誕生。
1950年４日４日	中学卒業後、三菱化成（現三菱化学）黒崎工場に15歳で入社、技能者養成所で2年間学ぶ。養成所では80人の募集に2000人近くの応募があったという。
1952年４月	コークス試験課に配属。
1954年頃	中尾青年団を組織、香月町青年団体協議会（香月青協）を通じて文化サークル運動に関わるようになる。学習サークル「だるま会」を組織（『だるま』発行）、上野英信と出会う。
1955年	生産性向上運動反対の活動をする。
1958年９月	『サークル村』に参加、谷川雁・森崎和江と出会う。
1959年１月10−11日	『サークル村』南九州サークル懇談会（水俣市・湯の児温泉）に参加。
1959年７月24−26日	『サークル村』第２回総会（熊本県阿蘇外輪山麓・旧五高道場）に参加。
1959年８月10日	『サークル村』第２巻第８号に「蚤はひねりつぶせ」を掲載。第２回総会記録では発言も収録、編集にも関わるようになる。
1959年10月23−25日	第４回国民文化全国集会（大阪）に参加。
1959年11月10日	『サークル村』第２巻第11号に「救われざるの記」（国民文化全国集会への参加記録）を発表。
1959年12月12−13日	『サークル村』年末小集会に参加。
1959年12月17日	Ｉさんと入籍・結婚。
1960年はじめ	共産党入党を決意し、香月青協のリーダーであった党員に相談するも、地域細胞では「いまの時代に自分から入党したいというのは会社のスパイではないか」と却下、谷川雁が県委員会にかけあうと言うも、雁自身が除名されてこの話は立ち消えになった。
1960年６月25日	長女誕生。
1960年７月30−31日	『サークル村』第３回総会（中間市・大正鉱業昭和寮）に参加。
1960年９月10日	『サークル村』第３巻第６号に総会記録を掲載、同誌編集委員となる。
1960年12月10日	『サークル村』第３巻第９号「座談会　前衛をいかにつくるか第１回」に参加、発言。
1960年？	片山亮とサークル誌『がいたん』第０号を発刊。

1961年02月19日	『サークル村』座談会「前衛を如何につくるか（B）」（福岡市）に参加、テープ整理担当。
1961年10月	『サークル村』休刊。
1962年4月11日	長男誕生。
1969年春	「おきなわを考える会」を組織し、映画「沖縄列島」（東陽一監督）の上映運動にとりくむ。「考える会」の拠点として黒崎駅から10分の岸ノ浦（北九州市八幡西区）にアパートを借りる。 「北九州べ平連」の結成に参加。
1969年4月	おきなわを考える会の機関誌『わが「おきなわ」』創刊。
1969年10月3日	「沖縄列島」上映会（八幡市民会館）。
1969年10日	九州活動者連合準備会『九州通信』創刊、編集責任者は河野靖好。
1970年6月15日	「60年安保から10年」集会・デモ（黒崎）。
1971年春	和子と同居。
1971年3月28日	日中友好協会（正統）八幡支部理事（教宣担当）に選出される。
1971年9月9日	日中友好協会（正統）八幡支部事務局次長に選出される。
1971年秋	「三里塚連帯行動委員会」を名乗り、夜な夜なステッカー貼り。
1971年11月11日	北九州での宇井純講演会「告発！『公害』」（主催・北九州公害をなくする会、八幡製鉄労組戸畑労働会館）に参加。
1972年2月頃	三菱化成黒崎工場で被災した紀井禧橘の労災問題を知る。
1972年3月	三菱化成社員・「垂水健」と『地下通信』発行（4月第2号、6月第3号）。
1972年4月？	紀井問題への関わりが表面化した直後から福岡県金属試験所へ「研修」に出される（～74年3月）。
1972年6月24日	三菱化成労働組合執行委員選挙に立候補するが、落選。数日後、黒崎工場通用門において「落選のあいさつ」（ガリ刷りのビラ）3000枚を1人で配布（初めての門前のビラ配布）。
1972年7月24日	『労災ぼくめつ』第1号発行。「落選のあいさつ」から『労災ぼくめつ』終刊号（69号、1973年12月24日）までの1年5ヵ月、毎週月・火曜日の午前6時から8時まで1人でビラを配る。
1972年秋	「反医学総会」（大阪）に参加。

1972年12月11日	三菱化成研究所（横浜市）でビラまき。
1972年12月19日	「紀井問題報告集会」開催（北九州市八幡区婦人の家）。
1973年１月23日	九州大学医学部の自主講座「公害、労災と医療」で紀井問題を報告。
1973年１月26日	北九州での東大自主講座の移動講座（１月24-27日）に参加し紀井問題を１時間半にわたって報告。同講座への参加を通じて北九州で公害問題に取り組む人々のネットワークができる。
1973年２月７日	「紀井問題を支持する会」（地域での支援団体）発足、「紀井君の友人の会」（実態は久・和子の２名）とともに八幡区岸ノ浦の四畳半の部屋を「たまり場」として毎週例会を開き、「支持する会」ニュースを月刊で発行。
1973年５月６日	「労災、公害と医療をめぐるシンポジウム」（小倉）に参加、労災・公害被害者と交流する。
1973年６月23日	２度目の組合役員選挙に立候補するが落選。
1973年８月３日	「労災・職業病と闘う集会」を開催（八幡地区労会館、約70名参加）。
1973年10月27日	「水俣一揆――一生を問う人々」（土本典昭監督）の上映会を組織（新小倉ビル大ホール）。
1973年11月10日	「労災・公害闘争と大学教育・研究の社会的役割」シンポジウム（九州大学工学部）に参加。
1973年12月29日	三菱化成黒崎工場新宅勤労部長と紀井の間で「覚書」（和解）。
1974年１月７日	『労災ぼくめつ』第69号（終刊号）配布。紀井問題の終結。
1974年２月10－11日	北九州で第２回の公開自主講座「公害原論」開催（北九州労働会館）。
1974年３月15日	「らんるの旗」北九州上映実行委員会準備会開催。
1974年４月	名古屋国立試験所へ「研修」に出される（～74年10月）。
1974年５月９日	「らんるの旗」北九州上映会開催（戸畑市民会館）、「反公害センター」設立。
1974年６月28日	反公害センター第１回自主講座「食品と公害」。
1974年６月？	北部九州労働者安全センター（準）を結成、機関誌『炎突』を発刊。
1974年７月14日	「労災・職業病と闘う北九州集会」を開催、北部九州労働者安全センター（準）発足。
1974年10月？	福岡県金属試験所へ「研修」に出される（3ヵ月間）。

1975年5月－76年1月	名古屋国立試験所へ「研修」に出される（9ヵ月間）。
1975年9月13－15日	第2回九州住民闘争交流団結合宿（水俣市・水俣病センター相思社）に初めて参加、運営委員となる。
1975年10月	九州住民合宿「運営委員会」発足。
1975年12月	宮崎県日向市の旧松尾鉱山跡を訪問、砒素鉱害被害者と交流する。
1975－79年	北部九州労働者安全センターとともに産業医科大学開校阻止運動に取り組む。
1976－1984年	国立名古屋試験所への研修（1ヶ月のうち1週間、残りは黒崎工場で勉強）始まる（名古屋試験所で研修停止を言われるまで8年間続く）。
1976年4月18－19日	北九州労働者安全センター総括合宿。
1976年7月25日	福岡地区労災職業病連絡会議結成に参加。
1976年9月3－5日	第3回九州住民闘争交流団結合宿（相思社）に参加。
1977年3月13日	「反“むつ”九州会議」結成、参加。
1977年4月30日－5月4日	九州住民闘争奄美現地交流団に参加。
1977年8月27－29日	第4回九州住民闘争交流団結合宿（相思社）に参加。
1978年2月10日	「竜王撤去、全九州住民行動対行政闘争「九州一揆」」に取り組む。
1978年4月22－23日	北部九州住民闘争懇談会（行橋市）を組織。
1978年4月29日	「公害・労災職業病・医・薬害を考えるシンポジウム」（大分市）に参加。
1978年6月10－11日	北部九州労災・職業病交流集会（北九州市）を組織。
1978年6月17日	第2回北部九州住民闘争懇談会を組織。
1978年7月5日	Iさんと協議離婚成立。
1978年9月1日	第1回九州ブロックCTS反対住民交流集会（長崎県五島）に参加。
1978年9月12日	和子入籍。
1978年9月15－17日	第5回九州住民闘争交流団結合宿（鹿児島県志布志町）に参加。
1978年11月18－19日	九州住民闘争合宿運動第1回世話人会（水俣市）、世話人の1人として参加。
1979年1月14－15日	九州合宿運動第2回世話人会（水俣市）に参加。
1979年5月5－6日	九州労災職業病交流団結合宿（北九州市）を組織。
1979年6月23日	「志布志新港拡張阻止！新大隅開発計画粉砕！共同の闘いをめ

－7月30日	ざす九州キャラバン」(北部九州 :6月23-30日、中西部九州：7月5-10日、南部九州：7月23-30日)。
1979年6月25日	川内原発反対九電本店抗議共同行動に参加。
1979年8月3－5日	第6回九州住民闘争交流団結合宿（志布志）に参加。
1979年9月	水俣の蘭康則が女川へ移転、住民合宿「臨時事務局」を引き受ける（以後、86年1月に同運動を休止するまで事務局を担う)。
1979年10月1日	『蜂窩』第4期発刊（第20号)、発行人を引き受け、「第3期合宿運動」を提唱。
1980年2月9－11日	「動乱の1980年を迎えて生きざまを語り、状況を論じ、展望をぶっつけ合う、テッテイ論議の集い」(熊本県・玉名温泉）で合宿運動の存続を決定。
1980年4月27日	新大隅開発計画反対運動十周年記念総決起大会（東串良町柏原）に参加。
1980年7月26－28日	第2回琉球弧住民運動合宿で不祥事、徳之島合宿中止に。
1980年8月30－31日	第1回九州・山口のエネルギー基地化とたたかう合宿討論会（熊本市）を開催。
1980年10月	太平洋への核廃棄物投棄に反対するマリアナ同盟のデヴィッド・ロサリオの訪日に伴う九州・山口各地のキャラバンに協力、交流。
1981年1月24－25日	1981年度合宿運動会員総会（玉名温泉）を開催。
1981年3月22日	玄海原発「公開」ヒヤリングをつぶす九州・山口実行会議結成に参加。
1981年4月4－5日	合宿運動事務局（小林・中島・村田）沖縄訪問、琉球弧住民運動合宿との交流。
1981年6月23日 －7月6日	島根―玄海をつなぐ反原発キャラバンに参加。(6月29日「島根―玄海をつなぐ反原発下関集会」下関労働会館、30日「白島石油基地と玄海原発を考える北九州集会」)。
1981年8月29－30日	合宿運動拡大世話人会（玉名温泉）開催。
1981年11月21－23日	第2回九州・山口のエネルギー基地化とたたかう合宿討論会（日向市）で花崎皋平と出会う。
1982年3月22－24日	三里塚反対同盟の招待によるラルザック、フランクフルト住民運動家の訪日団九州班の訪問を案内。
1982年5月4日	第3回「地域をひらく」シンポジウム（名古屋）に参加、以後各回のシンポジウムに参加する。

1982年７月３日	対九電電源立地住民６月行動に参加。
1982年11月３日	反原子力九州・山口実行会議発足、九州エネルギー館抗議行動に参加。
1983年３－５月	『蜂窩』誌上で和子の「けい腕」問題論議。
1983年５月７－８日	合宿運動1983年度総会（玉名温泉）開催。
1983年６月４－５日	合宿運動臨時世話人会（熊本市民センター）開催、三里塚の石井恒司氏参加。
1983年６月30日－７月１日	第４回「地域をひらく」シンポジウム（富山）に参加。
1983年７月10－15日	空港よりも緑の大地を」九州・山口ブロック行動に参加。
1983年10月９－10日	土呂久鉱毒被害者の東京行動を励ます集い（水俣市）に参加。
1985年2月16日－3月10日	「海盗り」上映、「百年語り」（愚安亭遊佐）上演九州・山口キャラバンを担う。
1985年３月１日	「三・一文化祭」（北九州市）実行委員会に参加。
1985年３月21－30日	第２次「海盗り」「百年語り」九州・山口キャラバン。
1985年５月10日	『北九州かわら版』創刊に編集顧問として参加。
1985年５月12日	「つぶせ！指紋押捺制度　5.12市民集会」に実行委員として参加。
1985年５月20日	指紋押捺制度を撤廃させる会・北九州（撤廃会・北九州）結成に参加。
1985年６月	谷洋一によるインド・ボパール化学工場爆発事故の報告会に参加（参加者は久・和子の２名のみ）、和子、ブキメラ問題と出会う。
1985年８月15－22日	「つぶせ‼指紋押捺制度　九州一周キャラバン」に参加。
1985年９月21－23日	第５回「地域をひらくシンポジウム」を九州住民闘争交流団結合宿の最後の開催と兼ねて開く（玉名温泉）、事務局を担当。
1985年11月25日	北九州民衆ひろば準備会、代表世話人の１人として参加。
1985年12月20日	指紋押捺制度を撤廃させる会・北九州機関誌『おんどる』創刊、編集人をつとめる。
1986年１月19－20日	「指紋押捺制度撤廃をめざして――九州・山口地区関係者懇談会」（北九州市）に参加、その場で結成された「つぶせ指紋押捺制度‼　九州・山口連絡会議」にも参加。
1986年１月	『蜂窩』第75号（第５回地域をひらくシンポジウム特集）、終刊。
1986年５月11日	北九州民衆ひろば「祭りの広場」（戸畑市民会館）を開催。

1986年９月28日	地方自治懇話会発足に参加。
1987年５月31日	「民族差別に反対する北九州連絡会議」結成に参加。
1987年７月21日 －８月２日	第６回「地域をひらく」シンポジウム（金沢）に参加、『地域をひらく』誌の創刊を提起。
1987年11月15日	「地域をひらく」シンポジウムの機関誌『地域をひらく』を発刊、編集人をつとめる。
1988年３月20日	「改悪外登法に反対する九州・山口共同行動」結成に参加。
1988年５月31日	「改悪外登法に反対する九州・山口共同行動5.31熊本集会」に参加。
1988年８月７日	ピープルズ・プラン21世紀（PP21）北九州懇談会を開催、北九州準備会を組織。
1988年10月８－10日	第７回「地域をひらく」シンポジウム（米子）に参加。
1988年11月８日	和子、リサ・ゴー講演会「アジアの中の私たち」実行委を担う。のちの「アジア・女・北九州」につながる講演会となった。
1989年３月19日	PP21関連企画の第一弾として松井やより講演会「いま、アジアがみえますか」を開催。
1989年４月15日	PP21関連企画の第二弾として菅原一夫講演会「いま、フィリピンでは…」を開催。
1989年４月18日	PP21の一環として「強制連行の足跡を若者とたどる旅」（以下、「たどる旅」）実行委員会発足（PP21北九州実行委・下関実行委共催）、主要メンバーとして参加。
1989年５月28日	PP21関連企画の第三弾として村井吉敬講演会「アジアの民衆に問われている日本に住む私たち」を開催。
1989年８月23－30日	第１回たどる旅、国内コース（８月26－30日）案内を担当。
1989年10月	PP21松井やより講演会実行委から「アジア・女・北九州」（和子参加）が、「たどる旅」実行委から「強制連行の足跡を若者とたどる旅」（久参加）が新たに発足。
1989年11月３－５日	第８回「地域をひらく」シンポジウム（静岡・日本平）に参加。
1990年３月17－18日	地域をひらくシンポジウムの今後を考える「練り上げの場」（富山）に参加。
1990年４月25日－５月９日	和子、谷洋一らとベトナム・マレーシア旅行。初めてブキメラ村を訪れる。
1990年６月１－３日	たどる旅の下打合せのため、初の訪韓。
1990年８月14－22日	第２回たどる旅。

1990年9月16日	第1回小田山墓地追悼集会に参加。
1990年11月	「90年代の市民・民衆運動の展望を探る合宿懇談会」(岡山市)に参加。
1991年1月27日	和子、『ブキメラ村から通信』を創刊。
1991年4月25日 －5月8日	マレーシア・ブキメラ村民を迎えての「三菱化成の公害輸出を問う　ブキメラ村から」キャンペーン第1回始まる。
1991年4月29－30日	「ブキメラ村から」キャンペーンの一環として松井やより・田村慶子講演とブキメラ村住民の報告会を開催(29日・水巻町中央公民館、30日・小倉ひびき荘)。
1991年6月8－9日	「地域運動セミナー91」(名古屋)に参加。
1991年7月6－7日	第3回たどる旅事前合宿に参加(北九州市)。
1991年8月14－22日	第3回たどる旅。
1991年11月2－4日	第10回「地域をひらく」シンポジウム(今治)に参加、最後のシンポジウムとなる。
1991年12月20日	加藤慶二の病気により『強制連行の足跡を若者とたどる旅』の連絡先を引き受ける。
1991年12月22－29日	和子、第2回ブキメラ訪問。
1992年2月15－16日	「市民・民衆運動のメディアを考える合宿懇談会」(福山市)を呼びかけ、参加。
1992年5月8日 －6月6日	マレーシア・ブキメラ村民を迎えての第2回ブキメラキャンペーン。
1992年7月10－12日	和子、第3回ブキメラ訪問、イポー高等裁判所でARE操業停止判決を聞く。
1992年8月14－22日	第4回たどる旅。
1992年8月16－23日	和子、第4回ブキメラ訪問。
1992年10月15日	『強制連行の足跡を若者とたどる旅』の編集人を引き受ける。
1992年12月22－29日	和子、第5回ブキメラ訪問。
1993年7月末	長年活動拠点・印刷作業所として使用してきた「黒崎コミュニティー広場」がビルの老朽化により閉鎖。
1993年8月14－22日	第5回たどる旅。
1993年12月	和子、第6回ブキメラ訪問。
1994年1月	和子、「ブキメラ医薬援助基金・日本」設立。
1994年5月	第3回ブキメラキャンペーン(東京～水俣)。
1994年7月23日	「チマ・チョゴリの若者への嫌がらせを許さない緊急市民集会」開催、呼びかけ人として参加。

1994年8月14−22日	第6回たどる旅。
1994年12月	和子、第7回ブキメラ訪問。
1995年3月	三菱化学（三菱油化との合併による社名変更）を定年退職。
1995年6月	第4回ブキメラキャンペーン（北九州・山口）。
1995年8月11−17日	第7回たどる旅。
1995年9月	『北九州かわら版』発行を引き受ける。
1995年12月5日	『北九州かわら版同人ニュース』を創刊する。翌96年10月までに全5号を発刊。
1995年12月	第8回ブキメラ訪問。
1996年1月26日	佐藤晶講演会「米軍基地と日本をどうする：日出生台実弾演習場移転反対運動からの発言」（西小倉市民センター）よびかけ人の1人として開催に関わる。
1996年3月29−31日	第8回たどる旅国内コース。
1996年5月	村田家で猫を飼い始める。初代は「パンダ」と「トモコ」。
1996年8月14−20日	第8回たどる旅韓国コース。
1997年3月	パンダ、家出して行方不明になる。和子・久の2人で探すが見つからず、トモコに「パンダはどこに行ったのか」と尋ねると、トモコは側溝に入っていったので水路にはまったのではないかと諦める。
1997年4月22日	纐纈厚・金容漢講演会「韓国の反基地運動家を招いていま、沖縄・安保を考える」（北九州市立女性センター・ムーブ）実行委員会の1人として開催に関わる。
1997年4月	地区公民館長を引き受ける
1997年4月	第9回ブキメラ訪問。
1997年5月14日	「沖縄の土地取り上げを許さない5.14共同行動」に参加、共同行動関係者による「韓国・反基地・ピースチャンプル」結成に参加。
1997年6月21−22日	「南修治コンサート」（北九州市立女性センター・ムーブ／水巻町いきいきほーる）ブキメラ医薬援助基金・日本／いきいきほーる運営委員会主催。
1997年8月14−20日	第9回たどる旅。
1997年10月	「沖縄・反基地・平和」をキーワードにした『北九州かわら版』別冊の刊行を企画するが、未遂に終わる。 愛猫トモコ、庇から落ちて大怪我をする。
1997年11月	和子、三菱化成の転進援助制度を活用して1年間の休職を始

	める。
1997年11月30日	「新戦争マニュアルに異議あり！全国統一行動」の一環として纐纈厚講演会を開催（小倉ひびき荘、主催：新ガイドラインに異議あり！全国共同行動・北九州実行委員会）。
1998年3月5日	和子、中国・瀋陽で4カ月の語学留学（～7月2日）。
1998年4－5月	「つぶそう！周辺事態法全国共同行動」に参加（4月4-5日、5月14-15日）。
1998年7月7日	久、瀋陽で和子と合流し、中国旅行（8月2日帰国）。
1998年8月14－19日	第10回たどる旅（最終回）。
1998年9月7日	「関門港・市立病院など市が管理する施設の軍事利用を拒否してください」申入れ署名を呼びかけ人の1人として北九州市に提出。
1998年9月18日	「新ガイドラインに異議あり！北九州行動会議」結成に参加。
1998年10月4－14日	和子とブラジル旅行、有機コーヒー園などを見学。
1998年10月31日	和子、三菱化学を早期退職。
1998年11末	第10回ブキメラ訪問。
1999年6月9日	「新ガイドライン関連法案の成立に、怒りを持って抗議する福岡県北東部共同アピール」を取りまとめ、発表。
1999年7月10日	和子、「教えられなかった戦争・沖縄編」北九州上映会に尽力。
1999年4月	沖縄へのスタディ・ツアー。
1999年10月16－17日	「周辺事態法反対運動を軸とした合宿討論会」（北九州市）を開催、新ガイドラインに異議あり！北九州行動会議主催。
2000年1月	和子、高岩仁監督の私設応援団「映像文化協会九州支社」立ち上げ。
2000年2月	「中蘇離散家族会」よびかけによる韓国・天安市の「望郷の丘」にサハリン記念碑（慰霊碑）建立の募金に協力。
	第11回目のブキメラ村訪問。
2000年9月5日	11月の合宿討論会に向けて、『第2回合宿討論会に向けて』を創刊、全4号を発行。
2000年9月	頭を丸めて「村田入道」と名乗る。
2000年11月25－26日	「戦争への道を阻止するための合宿討論会」（佐世保市）を開催、合宿討論会運営委員会主催。
2000年12月9日	米ミサイル・フリゲート艦ゲイリーの門司港入港に抗議情宣。
2001年2月3日	日出生台での第3回米軍実弾演習に対する抗議集会に呼びかけ人の1人として参加。

2001年2月4日	長女、病気により死去。
2001年2月末	村田の新聞投書を見た元「サークル村」メンバーの加藤重一から電話があり、旧交を温める。
2001年7月5−12日	第12回目のブキメラ村訪問。
2001年8月14日	韓国・天安市でのサハリン犠牲者慰霊碑除幕式に参加。
2001年8月	新たな猫「マルコ」、村田家に登場。
2001年11月1日	小泉首相靖国神社参拝違憲九州・山口訴訟団（福岡地裁提訴、原告211名）に参加。
2001年11月17日	松原新一『幻影のコンミューン』（創言社、2001年4月）出版記念を兼ねた「関係者を偲ぶ集い」（中間市）を開催、司会進行を担当。
2002年2月9日	日出生台での第4回米軍実弾演習に対する抗議集会に呼びかけ人の1人として参加。
2002年2月	禁煙を決意し、実行する。
2002年4月	変形性膝関節症でひざ痛のため、杖を使用するようになる。
2002年4月19日	新たな猫「タンゴ」、村田家に登場。
2002年5月	胃潰瘍が発見され、投薬治療。
2002年7月9日	九州新幹線を問う沿線住民集会（水俣市・ほたるの家）に参加、松本勉と旧交を温める。
2002年8月2日	水巻町役場を訪れ、住基ネット導入に反対する申入書を手交。
2002年8月16日	米原子力空母エイブラハム・リンカーンの佐世保入港に対する抗議集会に参加。
2002年9月	「故谷川雁（流水院磐石居士）を偲ぶ集い」を旧「サークル村」有志で企画、谷川の墓参り（熊本県松橋・円光寺）をする。松本勉から中間に居を移す前の谷川の話を聞く。
2002年11月10−11日	加藤重一とともに水俣を再訪、松本勉に話を聞く。「その翌朝、前夜の盛り上がりをそのままにするのが惜しく思った三人は、同人誌の発行を思い立った」（「編集後記にかえて」『第Ⅲ期サークル村』第12号、2007年12月）。『第Ⅲ期サークル村』創刊が構想された。
2003年2月2−9日	第13回ブキメラ村訪問。
2003年3月	『第Ⅲ期サークル村』村開き準備号発行。
2003年3月19日	「地域を拓くシンポジウム」以来のつきあいである冬村達夫の訃報に接し、米子まで車を走らせる。
2003年7月1日	『第Ⅲ期サークル村』第1号発刊。大野隆司・加藤重一・小日

	向哲也・阪田勝・古川実・松本勉とともに世話人となり、編集製本スタッフも引き受ける。「松本勉さんに聞く　水俣時代の谷川雁さん」「マイドキュメント　大企業の向こうずねを蹴るⅠ」（以後連載、2005年7月刊の第8号で完結）を掲載。
2003年7月5日	『北九州かわら版』を2005年4月号で終刊にすると予告。
2003年8月25日 －9月3日	第14回ブキメラ村訪問、ペラ反放射能委員会（PARC）20周年集会に参加。
2003年9月6日	『サークル村』村開き記念パーティに参加。
2003年12月8日	さっぽろ自由学校「遊」でサークル村について話す。「ほっかいどうピースネット」結成準備会（札幌）に参加。
2004年2月14日	「北海道から平和発信！イラク派兵を認めない！」全国交流集会（主催：ほっかいどうピースネット）にて報告、のちの「田をつくる」の伏線となる。
2004年4月7日	2001年11月提訴の小泉靖国参拝違憲九州・山口訴訟で「実質勝訴」。
2004年8月	花崎皋平が村田邸を訪問、共同で「田をつくる」運動を始める。
2005年3月21日	第Ⅲ期サークル村座談会（福岡市・福岡男女共同参画推進センター「アミカス」）に出席。
2005年3月25日	「田をつくる」in米子シンポジウム「賛同のお願い」。
2005年4月5日	『北九州かわら版』終刊号（第Ⅳ期第44号、通巻218号）を発行。
2005年4月10日	『田をつくる』創刊号（号数と題号は『北九州かわら版』を継承）「米子シンポジウム」を告知。
2005年7月30日 －8月1日	「田をつくる」in米子シンポジウム。
2005年7月15日	『第Ⅲ期サークル村』第8号「Ⅲ期サークル村座談会」に発言掲載。
2005年9月4日	第1回第Ⅲ期サークル村読書会に参加（以後、2006年11月5日の第7回読書会まで参加）。
2006年1月18日	トモコ死亡（享年13）、5日間泣き、その後線香をあげて弔う。
2006年2月11日	田中正造大学20周年記念シンポジウムに花崎皋平と参加。
2006年4月1－2日	「田をつくる」ミニシンポ（三里塚「地球的課題の実験村」と共催。）
2006年8月5－6日	「護国神社聖戦大碑撤去全国集会」（金沢市）に花崎皋平と参

	加。
2006年９月19日	新たな猫「ワカメ」登場。平戸の公園で捨てられていた。それまでトモコ・パンダ・マルコ・タンゴは和子に押し切られて飼うことになったが、トモコが引き合わせたのかもと言い、初めて自分も同意して連れ帰る。
2006年９月23−24日	「第Ⅲ期サークル村」阿蘇集会（南阿蘇国民休暇村）に和子と参加。
2006年11月25日	「『ボタ山のあるぼくの町』出版を祝う会」（南浦洞別館）の幹事を務める。
2006年12月３日	三里塚闘争40周年たすき渡しの会に花崎皋平と参加。
2007年４月	水巻町頃末南区自治会区長に就任。
2007年５月20日	『頃末南区回覧板』（のち『頃末南区かわら版』）を創刊。
	ミニ討論会「グローバリゼーションに対抗する主体は？：ピープルネス・マルチチュード・プレカリアート」（東京・ピープルズ・プラン研究所）を開催。
2007年11月19−26日	「花崎皋平・村田久二人旅」（大阪・岡山・広島・下関・岡山）
2007年12月30日	『第Ⅲ期サークル村』第12号（2007年冬号、終刊号）に「編集後記にかえて」を発表。
2008年３月	白内障を手術。
2008年11月30日	「田をつくる」読者懇談会in東京（神楽坂SCATセミナールーム）に参加（以下、花崎皋平氏とともに12月１日　名古屋［熱田「働く人々の家」］、12月２日　大阪［市民オフィスＳＯＲＡ］、12月３日　岡山・広島、と列島横断）。
2009年２月７−10日	「田をつくる」長井シンポジウム（山形県長井市）を組織、参加。
2009年４月11日	『森崎和江コレクション　精神史の旅』完結祝賀会（田川市「あをぎり」）に参加。
2009年４月15日	安渓遊地・安渓貴子『出すぎる杭は打たれない：痛快地球人録』（みずのわ出版）発刊。第２章は「出すぎる杭は打たれない：公害輸出を告発した村田和子・久さん」。
2010年２月	『北九州かわら版』廃刊（『田をつくる』休刊）。
2011年２月５日	許すな！憲法改悪・市民運動全国交流集会in大分＆日出生台「公開講演会　沖縄・日出生台から日本のいまが見える」（大分市）に参加・発言。
2012年８月８日	膵臓がんにより死去、77歳。

（作成・道場親信）

村田久ミニコミ書誌

『だるま』(50年代中盤～後半、創刊年月・廃刊年月・全号数不明) 八幡だるま会
※1958年2月17日発行の第3号のみ現存。第1号は1956年9月、第2号は1957年3月末に発行された(未確認)。『だるま』と並行して『だるま会報』も毎月発行されていた(会報本体は未確認だが、第18号と第19号の計画案を確認。また1959年3月の拡大運営委員会の資料には、4月と5月の行事予定として第22号と第23号の発行計画が記されている)。

『サークル村』(1958年9月20日～1960年5月10日、1960年9月10日～1961年10月10日、全34号、31冊) 九州サークル研究会
※有名なので説明を省略する。村田の関わりについては第1章解題を参照。

『がいたん』(1960年?)
※第0号のみ確認。奥付はなく、村田による巻頭論文「落第生募集」(本書収録)の冒頭に「レッドパージから既に十年」という記述があるため、60年に発刊されたと推測される。連絡先として村田と片山亮の2名の名がある。村田の文章も含め0号は新しい「文化サークル」を設立するための呼びかけが中心であり、「狭義の意味での創造を直接の課題とせず、主要な動機を交流の広場に置くことから、機能未分化の綜合サークルの形をとることが予想される」と語られている。

『わが「おきなわ」』(1969年4月～1971年7月、全11号) おきなわを考える会
※東陽一のドキュメンタリー映画『沖縄列島』の上映会開催を目的として結成されたおきなわを考える会の機関誌。上映会は1969年10月3日開催(会は上映会終了後も存続した)。B5判。

『九州通信』(1969年10月～1971年2月、全10号、1970年6月「りんじ号」刊行) 九州活動者連合準備会
※第4号の発行は1970年2月と推測される。第6号は未確認。第7号、第8号は発行年月が欠落。

『地下通信』(1972年3月25日～6月、全3号)
※村田と三菱化成社員「垂水健」(村田が「大企業の向こうずねを蹴る」執筆の際に設定した仮名)が共同で出したミニコミ。村田「大企業の～」によれば、1972年3月に創刊し、4月に第2号、6月に第3号を発行したとある。

『労災ぼくめつ』(1972年7月24～1974年1月7日、全69号) 紀井君の友人の会
※本書所収、第3章「大企業の向こうずねを蹴る」に詳しい。ガリ版で印刷され週刊で配布されたB4判ビラ形式のミニコミ。ガリは連れ合いとなる和子が切った。

『紀井問題を支持する会ニュース』(1972年2月～1973年10月、全7号?) 紀井問題

を支持する会

※『労災ぼくめつ』（紀井君の友人の会）とは別にほぼ隔月で発行されたＢ５判のミニコミ。発行所は「岸の浦」の事務所。第２・４・６・７号が現存。第７号は『紀井問題ニュース』と題され、紀井問題を支持する会と紀井君の友人の会の共同編集となっている。

『自主講座事務局通信』『北九州反公害通信』（1973年３月15日～1975年６月１日？、全10号？）

※はじめ公開自主講座「公害原論」の北九州移動講座開催を契機として『自主講座事務局通信』が創刊され、その後『北九州反公害通信』と改題された。「反公害センター」発足とともに発行主体は同センターとなっている。センターは並行して『反公害センターニュース』も刊行している。『反公害通信』は第７～10号の現存が確認されている。村田が編集に関わっていたことは推測されるが、どの程度の関わりであったかは不明。

『反公害センターニュース』（1974年６月21日～廃刊時期不明、全号数不明）

※村田家には第７号（1975年４月15日発行）までが現存する。村田はセンターの「世話人」として編集に関わったと思われるが、第６号・７号の編集後記は「重」とあり、主として重富克彦氏が編集を担当した可能性が高いように思われる。

『炎突』（1974年７月？～1979年７月７日、全24号）北部九州労働者安全センター

※第１号・２号は未確認。1974年７月14日に行なわれた「労災・職業病と闘う北九州集会」で発足した「北部九州労働者安全センター（準）」（1977年10月２日に開催された第４回安全センター活動者会議において「（準）」を取り正式に「北部九州労働者安全センター」を名乗った）の機関誌として創刊、現存する第３号（1974年９月22日）の日付から見て、７月中に創刊されたのではないかと推測される。当初はＢ５判（1974年12月27日発行の第４号まで）、のち1975年６月18日発行の第５号よりＢ４判横（1978年７月８日発行の第20号まで）、1978年９月20日発行の第21号から最終号となる第24号まではふたたびＢ５判。２～３ヵ月に１号の割合で発刊された。

『蜂窩』（1976年４月20日～1986年１月、全75号）九州住民闘争交流団結合宿運営委員会事務局→九州住民闘争合宿運動事務局

※1974年８月に始まった九州住民闘争交流団結合宿の機関誌。1976年11月20日発行の第４号まではＢ５判新聞形式、1977年１月20日発行の第５号から1977年10月20日発行の第８号まではタブロイド判新聞形式、1978年３月１日発行の第９号から1979年７月５日発行の第19号まではＡ４判新聞形式、この間、第８号で事務局の所在地が水俣病センター相思社から水俣「遠見の家」に移動、1979年１月５日発行の第13号から発行者が九州住民闘争合宿運動世話人

会事務局に変更、さらに1979年10月1日発行の第20号から九州住民合宿運動事務局に変更され、発行人が村田久となる。以後、1986年1月発行の第75号で廃刊するまで発行責任者は村田が担い、B5判雑誌形式で発行された。また第13号からは月刊で発行されている。

『世話人会ニュース』(1979年9月〜80年?、全8号)

※詳細は次の項目を参照。

『九州住民闘争合宿運動会員通信』(1981年5月28日〜85年1月5日、全13号)

※第1号には「1979年9月、事務局をひきついで以来、「蜂窩」とは別に「世話人会ニュース」というコピー通信を27人前後(第4期会員は51名)の人々に送付して来た。/[…]「8号」まで送付したところで、1981年の会員総会を迎えたが、この会員総会で世話人17名(内、事務局4名)が確認され[…]1981年を歩みだすこととなった。/この「会員通信」は、これまでの「世話人会ニュース」にかわるもので、会計報告を始め、事務局会議、世話人会の報告など、ともすれば事務局のみに集中しがちな「合宿運動」内外の状況を、会員全体で共有するために、隔月毎に発行しようというものである」とある。当初は手書き謄写ファックス印刷だったが、1983年3月12日発行の第6号からはワープロ版下となり、最後の号となった第13号のみ『事務局通信』と改題されている。

『地域をひらく』(1987年11月15日〜1991年10月、全9号)「地域をひらく」編集委員会編集・発行

※1987年11月15日発行の準備号(第0号)から第6号までは村田久編集、1991年1月発行の第7号、10月発行(奥付に記載なし)の第8号は富山市の埴野謙二・佳子夫妻が編集・発行を担当している。

『おんどる』(1985年12月20日〜1989年9月、全10号)指紋押捺制度を撤廃させる会・北九州発行

※「撤廃させる会」の代表は李根秀、のち李相進で、事務局は加藤慶二が中心に担ったが、村田は機関誌『おんどる』の編集人をつとめた。第10号奥付には発行日なし、表紙に「1989年9月」とあり。

『強制連行の足跡を若者とたどる旅』(1989年5月?〜1995年9月10日、全33号)

※第1号から1989年11月発行の第3号までは、発行は「強制連行の足跡を若者とたどる旅実行委員会」、1990年2月25日発行の第5号以後は「(サークル)強制連行の足跡を若者とたどる旅」発行。第4号は確認できなかったが、第一回の旅の報告集『強制連行の足跡を若者とたどる旅1989年』(89年12月20日発行)が第4号としてカウントされているかもしれない(未確認)。第1号と第2号(89年6月?)は発行年月日の記載なし。連絡先・発行責任者は加藤慶二。1991年11月に加藤が闘病生活を始めると連絡先が村田となり、雑誌の編

集を担当していた反町裕司の転居に伴い編集人も村田が引き受けることになった。1991年10月15日発行の第12号からは「北九州かわら版　別冊」となる。その後『北九州かわら版』の編集体制の変更に伴い、「強制連行の足跡を若者とたどる旅」が3ヵ月に1度編集を担当することになり、編集担当号の『かわら版』にはサブタイトル「強制連行・差別・人権」が付され、内容的には『たどる旅』の編集がほぼ踏襲された。第10回「たどる旅」で活動そのものに区切りをつけることになり、『かわら版』第145号（第Ⅱ期第28号、1998年3月5日発行）で編集体制への参加も終了した。

『ブキメラ村から』（1991年1月27日〜1995年9月10日、全29号）

※第1号から1992年5月20日発行の5号までは『三菱化成の公害輸出を問うブキメラ村から通信』、第6号からは『ブキメラ村から』に題号変更して1995年9月10日の第29号まで発行した。この間1991年9月9日発行の第9号からは「北九州かわら版　別冊」として発行が続けられた。創刊号のみは、東京で発行されていた『月報パシフィカ』（反核パシフィックセンター東京）の別冊という形で刊行されている。第4号からは村田和子・久編集、同人かわら版発行。『北九州かわら版』の編集体制の変更に伴い、「ブキメラ医薬援助基金・日本」が3ヵ月に1度編集を担当することになり（編集担当号の『かわら版』にはサブタイトル「アジア・環境・女性」が付された）、独自のミニコミとしての『ブキメラ村から』は終了した（関連記事はその後も『かわら版』に断続的に掲載されていく）。

『北九州かわら版』（1985年5月10日〜2010年5月1日、全251号）同人・かわら版発行

※1985年5月10日創刊から1995年7月5日発行の第117号までが「第Ⅰ期」で、深江守氏を中心に編集・発行。1995年9月5日発行の第118号からは村田が発行を引き受け、「第Ⅱ期」となる（〜1999年9月5日発行、第161号）。以後、編集・発行体制はそのまま1999年10月5日発行の第162号から2000年12月5日発行の第173号が「第Ⅲ期」、2001年1月1日発行の第174号から2005年4月5日発行の第218号までが「第Ⅳ期」と区切られながら月刊で発行され、2005年4月10日発行の第219号から2010年2月1日発行の第250号までは『北九州かわら版』の題号を残したまま『田をつくる』を表題とし、通巻250号まで発行して廃刊した。この間、「第Ⅱ期」は、「同人・かわら版」と「強制連行の足跡を若者とたどる旅」「ブキメラ医薬援助基金・日本」の3者が交代で編集する形をとったが、「強制連行の足跡を若者とたどる旅」が活動の締めくくりを決め、「ブキメラ」の中心であった和子が中国に留学することになり、この編集体制は第145号（第Ⅱ期第28号、1998年3月5日発行）で終了している。

『北九州かわら版同人ニュース』（1995年12月5日〜1996年10月23日、全5号）村田

久編集・発行
※村田が『かわら版』発行を引き受けるにあたり、より広い基盤の上に発行体制を築くことを目して創刊。同人たちへの内部通信・発行状況の報告を主に掲載した。同人を新たに募り、38名まで増えたが、村田が多忙のため5号で休刊。

『第2回合宿討論会に向けて』(『北九州かわら版別冊』2000年9月5日～2000年11月5日、全4号)同人・かわら版発行、編集・発行人村田久
※1999年10月に北九州市で開催された「周辺事態法反対運動を軸とした合宿討論会」の第2回を佐世保で行うにあたり、村田が創刊したもの。第4号は2000年12月5日発行の『北九州かわら版』第174号の別冊となっている(奥付の発行日は2000年11月5日で「No.3」となっているが、表紙には「No.4」とある)。

『第Ⅲ期サークル村』(2003年7月1日～2007年12月30日、全12号)編集スタッフ・村田久・加藤重一・坂口博、第Ⅲ期サークル村発行
※かつての『サークル村』のメンバーが集まり、「第Ⅲ期」を名乗って刊行した雑誌。はじめから3年間、全12号と決めて編集・発行された。詳しい経緯は第6章を参照。

『田をつくる』(2005年4月10日～2010年5月1日、全32号)「田をつくる編集委員会」編、同人・かわら版発行
※2005年4月10日発行の『田をつくる』第0号(号数表記なし)が創刊号、ここから2006年3月25日発行の第8号までが「第Ⅰ期」、2006年5月25日発行の第9号から2007年3月25日発行の第16号までが「第Ⅱ期」、2007年4月25日発行の第17号から2008年3月25日発行の第22号までが「第Ⅲ期」、2008年5月25日発行の第23号から2010年2月1日発行の第31号までが「第Ⅳ期」となる。2009年9月25日発行の第30号までは隔月刊で刊行された。

『頃末南区かわら版』(2007年5月20日～2012年7月2日、全48号)頃末南区自治会発行、発行人・村田久
※第1号のみ「頃末南区回覧板」、2007年06月25日発行の第2号から「頃末南区瓦版」、2009年12月6日発行の第25号から「頃末南区かわら版」。

(作成・道場親信、『だるま』～『九州通信』水溜真由美)